Rechtsdogmatische Untersuchungen des Kreditkartengeschäfts unter besonderer Berücksichtigung der Minderjährigkeit eines Karteninhabers

Europäische Hochschulschriften
Publications Universitaires Européennes
European University Studies

Reihe II
Rechtswissenschaft

Série II Series II
Droit
Law

Bd./Vol. 3214

PETER LANG
Frankfurt am Main · Berlin · Bern · Bruxelles · New York · Oxford · Wien

Jens-Peter Damas

Rechtsdogmatische Untersuchungen des Kreditkartengeschäfts unter besonderer Berücksichtigung der Minderjährigkeit eines Karteninhabers

PETER LANG
Europäischer Verlag der Wissenschaften

Die Deutsche Bibliothek - CIP-Einheitsaufnahme

Damas, Jens-Peter:

Rechtsdogmatische Untersuchungen des Kreditkartengeschäfts unter besonderer Berücksichtigung der Minderjährigkeit eines Karteninhabers / Jens-Peter Damas. - Frankfurt am Main ; Berlin ; Bern ; Bruxelles ; New York ; Oxford ; Wien : Lang, 2001
(Europäische Hochschulschriften : Reihe 2, Rechtswissenschaft ; Bd. 3214)
Zugl.: Hannover, Univ., Diss., 2001
ISBN 3-631-38341-X

D 89
ISSN 0531-7312
ISBN 3-631-38341-X

www.peterlang.de

Meinen Eltern

Denn durch die Einfuhr dessen, was man entbehrte, und die Ausfuhr des Überschusses dehnte sich die Hilfeleistung über die Landesgrenzen hinaus aus, und so ergab sich mit Notwendigkeit die Verwendung von Geld. Denn nicht alle naturgemäß notwendigen Güter sind leicht zu transportieren. Also kam man überein, beim Tausch gegenseitig eine Sache zu nehmen und zu geben, die selbst nützlich und im täglichen Verkehr handlich war, wie Essen, Silber...

Aristoteles, Politik, Zürich 1971, S. 79 f.

'2 Espresso, bitte – ja: große – 6 Promessen? Bitte!' er schnippte zu dem Wort mit den Fingern, und sie schnippte es weiter zu dem Kassierer vorm großen Buch, der fliegend eintrug (... Alting notierte auf einem gelbkarierten Kärtchen die Zahl 6). 'Sie kennen kein Geld?! ... Hier gab es eben 'Promessen' und er erklärte mir diesen letzten währungstechnischen Fortschritt: *Jeder* erhält am Monatsersten die Mitteilung, daß ihm so und soviel Einheiten an Gehalt zustehen – und mit denen muß er dann eben auskommen!'

Wenn ein Volk ohnehin erst einmal vom Goldstandard abgekommen ist und gehörig lange bearbeitet wurde, bis es allen Ernstes glaubt, seine Regierung könne aus jedem Stück Papier einen veritablen Tausendmarkschein machen – dann sollte man auch, wie bei uns, das System durch einen coup de main vollenden: wörtliche Versprechen, eben 'Promessen', an Geldes Statt treten lassen.

Arno Schmidt, Tina oder über die Unsterblichkeit (veröffentlicht 1964, geschrieben in den 50er Jahren), Frankfurt a.M. 1976, S. 11.

Vorwort

Die Geschichte der juristischen Dogmatik im 20. Jahrhundert ist durch viele Hemmungen gekennzeichnet. Die politischen Verhältnisse (Weimarer Republik, NS-Zeit, 68iger Jahre) haben je auf ihre Art der Fortsetzung der dogmatischen Tradition des 19. Jahrhunderts entgegengewirkt. Zudem wurde das BGB vielfach als geschichtsloser Urknall behandelt, der eine Besinnung auf die Ursprünge des Werkes entbehrlich macht.

Mittlerweile jedoch sind die Probleme einer vernachlässigten Dogmatik augenfällig geworden. Die juristische Abbildung von bargeldlosem Zahlungsverkehr leidet unter Unklarheit und Uneinheitlichkeit. Hierfür verantwortlich sind zwei Gründe: zum einen eine verunglückte Kodifikation der Anweisung im BGB, die den verurkundeten Spezialfall regelt, aber zum formfreien Grundfall schweigt, und zum anderen eine Geisteshaltung der Rechtswissenschaft, die in manchen Fragen nur zögerlich bereit ist, eine etatistische Gesetzesorientierung aufzugeben. Um so erstaunlicher ist es, daß bei der Auslegung der §§ 107 und 110 BGB die durchdachte und gesetzlich festgelegte Dogmatik bedenkenlos übergangen wird.

Ist man sich aber bewußt, daß das BGB kein Kind ohne Vergangenheit ist, dann lassen sich durch geschichtliche und rechtsvergleichende Betrachtungen viele Probleme lösen. Mit der Absicht, Dogmatik im so verstandenen Sinne zu betreiben, wurden die Untersuchungen zu Kreditkarte und Minderjährigkeit angegangen.

Für seine Unterstützung danke ich Prof. Meder ganz besonders. Er hat die Arbeit durch intellektuelle Offenheit und zahlreiche Anregungen gefördert. Ferner danke ich Gerhard Kluge und meiner Freundin Eva Maria Gómez Dammeier für ihre freundliche Hilfe und ihre Anregungen bei der Redigierung des Textes.

Inhalt:

Literaturverzeichnis:

Adams, Michael: Zur Nichtigkeit des Preisaufschlagverbotes in Kreditkartenverträgen nach § 15 GWB; ZIP 1990, 632 ff.

Ahlers, Horst: Anmerkung zum Urteil des LG Bückeburg vom 30.Dezenber 1994 (20208/94) – WM 1995, S. 526; WuB I D 5a.-4.96.

Albert, Hans: Kritischer Rationalismus, Tübingen 2000.

Andersson, Gunnar: Kritik und Wissenschaftsgeschichte, Kuhns, Lakatos´ und Feyerabends Kritik des Kritischen Rationalismus, Tübingen 1988.

Arndts von Arnesberg, Karl Ludwig: Lehrbuch der Pandekten, 13. Auflage, Stuttgart 1886.

Astuti, Guido: I contratti obligatori, Band 1, Milano 1952.

Avancini, Peter/Iro, Gerd M./Koziol, Helmut: Österreichisches Bankvertragsrecht, Band 1, Wien 1987.

Avancini, Peter: Die Kreditkarte; in: Österreichische Landesreferate zum VIII. internationalen Kongreß für Rechtsvergleichung in Pescara 1970, Wien 1970, S. 99 ff.

Avancini, Peter: Rechtsfragen des Kreditkartengeschäfts; ZfRV 1969, S. 121 ff.

Bähr, Otto: Die Anerkennung als Verpflichtungsgrund, 2. Auflage, Cassel – Göttingen 1867.

Bähr, Otto: Ein weiterer Beitrag zum Bürgerlichen Gesetzbuch; ArchBürgR 2 (1889), S. 97 ff.

Bätschi, Josias: Das Schuldbekenntnis nach Schweizerrecht, Davos 1925.

Baumbach, Adolf/Hopt, Klaus J.: Handelsgesetzbuch, 29. Auflage, München 1995.

Beck, Peter: Einwendungen bei Eurocheque und Kreditkarte, Köln 1986.

Becker, Walter: Zur Herabsetzung der Volljährigkeitsgrenze; ZBlJR 1972, 380 ff.

Behrends, Okko: Das Bündnis zwischen Gesetz und Dogmatik und die Frage der dogmatischen Rangstufen; in: Gesetzgebung und Dogmatik, S. 9 ff.

Bekker, Ernst Immanuel: System des heutigen Pandektenrechts, 2 Bände, Weimar 1886, 1889.

Bekker, Ernst Immanuel: Überschau des geschichtlichen Entwicklungsganges der Römischen Actionen – Aufkommen, Wesen, Abkommen, Nachwirkungen; SZ 15 (1894), 145 ff.

Bergbohm, Karl: Jurisprudenz und Rechtsphilosophie, Leipzig 1892.

Berner Kommentar: Kommentar zum Schweizerischen Privatrecht, begr. von M. Gmür, fortgeführt von H. Becker, hrsg. von Arthur Meier-Hayoz/Heinz Hausheer, Band VI/1, Allgemeine Einleitung in das schweizerische Obligationenrecht und Kommentar zu Art. 1-18 OR, Bern 1986,
Band VI/2/6, Art. 425 – 491 OR, 2. Auflage, Bern 1962.

Bichler: Rechtliche Aspekte des Kreditkartengeschäfts; ÖBA 1986, 594 ff.

Biermann, Johannes: Bürgerliches Recht, Band 1: Allgemeine Lehren und Personenrecht, Berlin 1908.

Bitter, Georg: Kreditkarten: Risikoverteilung bei Mängeln des Valutaverhältnisses; ZBB 1996, S. 104 ff.

Bitter, Georg: Zum Widerruf der Anweisung im Kreditkartenverfahren; BB 1997, S. 480 ff.

Blaurock, Uwe: Das Kontokorrent; JA 1980, S. 691 ff.

Blume, W. von: Zustimmung kraft Rechtsbeteiligung und Zustimmung kraft Aufsichtsrechts; JherJb. 48 (1904), S. 417 ff.

Böttger, Günter: Zur rechtlichen Beurteilung des Kreditkartenverfahrens, Mainz 1979.

Brandis: Widerruflichkeit der Anweisung; JW 1931, S. 2223 f.

Bresser, Paul H.: Noch immer: Die Problematik des § 105 JGG; in: Festschrift Schaffstein, Göttingen 1975, S. 323 ff.

Bröcker, Norbert: Funktion und Begründung des abstrakten Schuldversprechens bei Giroüberweisung, Kreditkartengeschäft und POS-System; WM 1995, S. 468 ff.

Brox, Hans: Allgemeiner Teil des BGB, 23. Auflage, Köln – Berlin – Bonn – München 1999.

Brunner-Traut, Emma: Frühformen des Erkennens am Beispiel Altägyptens, Darmstadt 1990.

Bucher, Eugen: Obligationenrecht, Besonderer Teil, 3. Auflage, Zürich 1988.

Bucher, Eugen: Schweizerisches Obligationenrecht, Allgemeiner Teil ohne Deliktsrecht, 2. Auflage, Zürich 1988.

Bucher, Eugen: Was ist „Begriffsjurisprudenz"?; in: Krawietz, Werner (Hrsg.), Theorie und Technik der Begriffsjurisprudenz, Darmstadt 1976.

Buchka, Gerhard von: Vergleichende Darstellung des Bürgerlichen Gesetzbuches für das deutsche Reich und des Gemeinen Rechts, 3. Auflage, Berlin 1899.

Buhl, Heinrich: Beiträge zur Lehre vom Anerkennungsvertrage, Heidelberg 1875.

Bülow, Peter: Scheckrechtliche Anweisung und Überweisungsvertrag; WM 2000, S. 58 ff.

Burhoff, Detlef: Rechtsfragen beim Einsatz von Kreditkarten; NWB, Kreditkartengeschäft, Fach 21, S. 1233 ff.

Caemmerer, Ernst von: Bereicherungsansprüche und Drittbeziehungen; JZ 1962, S. 385 ff.

Canaris, Claus-Wilhelm, Der Bereicherungsausgleich im Dreipersonenverhältnis; in: Festschrift für Karl Larenz, München 1973, S. 799 ff.

Canaris, Claus-Wilhelm: Die Vertrauenshaftung im deutschen Privatrecht, München 1971.

Canaris, Claus-Wilhelm: Großkommentar HGB, Bankvertragsrecht III/3, 3. Auflage, 2. Bearbeitung 1981.

Canstein, Raban Freiherr von: Lehrbuch des Wechselrechts, Berlin 1890.

Capeller, R.: Lohnkonten Minderjähriger; BB 1961, S. 453 ff.

Cohn in: Handbuch des deutschen Handels- See- und Wechselrechts, Band. 3, Leipzig 1885.

Cosack, Konrad: Lehrbuch des Bürgerlichen Rechts, Band 1, Die allgemeinen Lehren und das Schuldrecht, 7. Auflage, Jena 1922.

Cosack, Konrad: Lehrbuch des Handelsrechts, 4. Auflage, Stuttgart 1898.

Creizenach, J.: Der kaufmännische Contocurrent in seiner rechtlichen Bedeutung, Mainz 1873.

Creutzig, Jürgen: Das selbständige Schuldversprechen. Eine vergleichende Darstellung nach dem englischen, deutschen, schweizerischen und französischen Recht, Basel 1969.

Crome, Carl: System des Deutschen Bürgerlichen Rechts, 5 Bände, Tübingen und Leipzig 1900-1912.

Crone, Hans Casper von der: Rechtliche Aspekte der direkten Zahlung mit elektronischer Überweisung (EFTPOS), Zürich 1988.

Cuq, Edouard: Manuel des institutions juridiques des Romains, 2. Auflage, Paris 1928.

Custodis, Hans: Das Kreditkartenverfahren, Köln 1970.

Dannemann, Arnold: Die Herabsetzung des Volljährigkeitsalters – ein humanitärer Fortschritt?; Mitarbeit 1973, S. 142 ff.

Danz, Erich: Die delegatio nominis und delegatio debiti eine Forderungs- und Schuldüberweisung; JherJb, 19 (1881), S. 69 ff.

Degenkolb, Heinrich: Zur Konstruktion und Systematik des Schuldversprechens; JherJb 56 (1911), 183 ff.

Dernburg, Heinrich: Das Bürgerliche Recht des Deutschen Reiches und Preußens, Band 2, Die Allgemeinen Lehren, 2. Auflage, Halle a.S. 1902.

Dernburg, Heinrich: Das Vormundschaftsrecht der preußischen Monarchie nach der Vormundschaftsordnung vom 5. Juli 1875, 3. Auflage, Berlin – Leipzig 1886.

Dernburg, Heinrich: Pandekten, Band 2, 6. Auflage, Berlin 1900.

Dernburg, Heinrich: System des Römischen Rechts, 2. Bände, 8. Auflage, Berlin 1911/ 1912.

Dillmann, Alexander: Die Handlungsfähigkeit der Minderjährigen nach dem Rechte des Bürgerlichen Gesetzbuches für das deutsche Reich, München 1905.

Duvernell, Wendelin: Die Probleme des § 110 BGB, Köln 1936.

Ebbecke: Die Ungültigkeit in ihren verschiedenen Gestaltungen; Beiträge zur Erläuterung des Deutschen Rechts, Band 63 (1919), S. 177.

Eckert, Jörn: Zivilrechtliche Fragen des Kreditkartengeschäfts; WM 1987, 161 ff.

Ehmann, Horst/Hadding, Walter: EG-Überweisungs-Richtlinie und Umsetzung, WM 1999, Sonderbeilage 3, S. 3 ff.

Ehrenzweig, System des österreichischen allgemeinen Privatrechts, Band 2, 1. Halbband, Das Recht der Schuldverhältnisse, 2. Auflage, Wien 1928.

Ehrlich, Eugen: Die juristische Konstruktion; in: Krawietz, Werner (Hrsg.), Theorie und Technik der Begriffsjurisprudenz, Darmstadt 1976.

Ehrlich, Eugen: Freie Rechtsfindung und freie Rechtswissenschaft, Leipzig 1903.

Endemann, Friedrich: Lehrbuch des Bürgerlichen Rechts, 3 Bände, 8./9. Auflage, Berlin 1901-1920.

Enneccerus, Ludwig/Lehmann, Heinrich: Recht der Schuldverhältnisse, 14. Auflage, Tübingen 1954.

Enneccerus, Ludwig/Nipperdey, Hans Carl : AT des Bürgerlichen Rechts, 2. Halbband, 15. Auflage, Tübingen 1960.

Entwurf eines bürgerlichen Gesetzbuches für das deutsche Reich, Berlin 1888.

Epple, Manfred H., An der Schwelle der 90er Jahre – Finanzverhalten im Wandel; in: Szallies/Wiswede, Wertewandel und Konsum, 2. Auflage, Landsberg/Lech 1991.

Erman, Walter: Handkommentar zum Bürgerlichen Gesetzbuch, 1. Band, 9. Auflage 1993.

Escher, Markus: Bankrechtsfragen des elektronischen Geldes; WM 1997, S. 1173 ff.

Esser, Josef/Weyers, Hans-Leo: Schuldrecht, ein Lehrbuch, Band 2, 7. Auflage, Heidelberg 1991.

Etzkorn, Jörg: Allgemeine Geschäftsbedingungen für Inhaber von Kreditkarten; WM 1991, S. 1901 ff.

Etzkorn, Jörg: Rechtsfragen beim grenzüberschreitenden Einsatz von Kreditkarten; in: Hadding, Walther/Schneider, Uwe H., Rechtsprobleme der Auslandsüberweisung, Berlin 1992, S. 121 ff.

Faltermeier, Hubert: Konstruktion und Problematik des Paragraphen 110 BGB, München 1978.

Ferid, Murad/Sonnenberger, Hans Jürgen: Das Französische Zivilrecht, 2. Auflage, Heidelberg 1986.

Feyerabend, Paul K.: Der wissenschaftstheoretische Realismus und die Autorität der Wissenschaften; in: Ausgewählte Schriften, Braunschweig 1978.

Feyerabend, Paul K.: Kuhns Struktur wissenschaftlicher Revolutionen – ein Trostbüchlein für Spezialisten?; in: Kritik und Erkenntnisfortschritt, Braunschweig 1974, S. 191 ff.

Fischer, Michael W.: Wissenschaftskritik und Naturrecht; in: Das Naturrechtsdenken heute und morgen: Gedächtnisschrift für René Marcic, Berlin 1983, S. 557 ff.

Flume, Werner: Allgemeiner Teil des Bürgerlichen Rechts, Band 2, Das Rechtsgeschäft, 3. Auflage, Berlin – Heidelberg – New York 1979.

Flume, Werner: Die Zahlungszuwendung im Anweisungs-Dreiecksverhältnis und die Problematik der ungerechtfertigten Bereicherung; NJW 1984, S. 464 ff.

Flume, Werner: Rechtsakt und Rechtsverhältnis: römische Jurisprudenz und modernrechtliches Denken, Paderborn – München – Wien – Zürich 1990.

Flume, Werner: Zum Bereicherungsausgleich bei Zahlungen in Drei-Personen-Verhältnissen; NJW 1991, S. 2521 ff.

Gefaeller, Wolfgang: Entstehung und Bedeutungswandel der Arbeitsmündigkeit (§ 113 BGB), Berlin 1967.

Getreuer, Georg: Kreditkartenverträge, Dissertation Wien 1990.

Gierke, Otto: Deutsches Privatrecht, Band 1, Leipzig 1895.

Giger, Hans/Schluep, Walter: Kreditkartensysteme – Eine ökonomisch-juristische Studie, Zürich 1985.

Goldschmidt, Levin: Handbuch des Handelsrechts, Erster Band, Zweite Abteilung, Erlangen 1868.

Goldschmidt, Levin: Inhaber-, Order- und exekutorische Urkunden im klassischen Altertum; in: Vermischte Schriften, Band. 2, Berlin 1901.

Goldschmidt, Levin: Universalgeschichte des Handelsrechts, Erste Lieferung, Stuttgart 1891.

Göschen, Johann Friedrich Ludwig: Vorlesungen über das gemeine Civilrecht, hrsg. von A. Exleben, 3 Bände, Göttingen 1838-1840.

Gößmann, Wolfgang: Recht des Zahlungsverkehrs, Überweisung – Lastschrift – Scheck – Zahlungssysteme, 3. Auflage, Berlin 1997.

Gößmann, Wolfgang: Rechtsfragen neuer Techniken des bargeldlosen Zahlungsverkehrs; in: Horn, Norbert (Hrsg.), Bankrecht 1998, Köln 1998, S. 67 ff.

Gramlich, Ludwig: „Elektronisches Geld" im Recht; DuD 1997, 383 ff.

Gramlich, Ludwig: Elektronisches Geld – Gefahr für Geldpolitik und Währungshoheit; CR 1997, 11 ff.

Gramlich, Ludwig: Elektronisches Geld, Manuskript zum Vortrag auf der D. G. R. I. Tagung 1997.

Greber, Julius: Das Kontokorrentverhältnis – Preisgekrönt von der juristischen Fakultät der Kaiser-Wilhelms Universität zu Strassburg, Freiburg i.B., Leipzig 1893.

Großkommentar Handelsgesetzbuch (Begr.: Staub, Hermann), Dritter Band, 2. Halbband §§ 352-372, 3. Auflage Berlin – New York 1978.

Grünhut, Carl Samuel in: Handbuch des Deutschen Handels-, See- und Wechselrechts, Band. 3, Leipzig 1885.

Grünhut, Carl Samuel: Wechselrecht, Band 1, Leipzig 1897 (Systematisches Handbuch der deutschen Rechtswissenschaft: Abt. 3, Teil 2)

Gschnitzer, Franz: Österreichisches Schuldrecht, Allgemeiner Teil, 2. Auflage, Wien – New York 1985.

Guggenheim, Daniel: Die Verträge der schweizerischen Bankpraxis, 3. Auflage, Zürich 1986.

Hachenburg, Max: Das Bürgerliche Gesetzbuch für das Deutsche Reich, Vorträge gehalten in den Jahren 1896/7, Mannheim 1898.

Hadding, Walther/Häuser, Franz: Gutschrift und Widerruf des Überweisungsauftrags im Giroverhältnis; WM 1988, 1149.

Hadding, Walther: Zahlung mittels Universalkreditkarte; in: Festschrift für Klemens Pleyer, Köln – Berlin – Bonn – München 1986, S. 17 ff.

Häde, Ulrich: Die Zahlung mit Kredit- und Scheckkarten, ZBB 1994, S. 33 ff.

Hagemeister, Hans-Otto: Grundfälle zu Bankgeschäften mit Minderjährigen, JuS 1992, S. 839 ff. u. 999 ff.

Hammann, Harald: Die Universalkreditkarte, Berlin 1991.

Hasenöhrl, Victor: Österreichisches Obligationenrecht, Band 1, 2. Auflage 1892.

Haun, Norbert in: Bankrecht und Bankpraxis, Zahlungsverkehr/ Kreditkartengeschäft, Hrsg. Hellner, Thorwald/Steuer, Stephan, Köln Loseblatt-Ausgabe 1999.

Heck, Philipp: Begriffsbildung und Interessenjurisprudenz, Tübingen 1932.

Heinzerling, Georg: Handlungsfähigkeit des Minderjährigen nach gemeinem Recht unter Berücksichtigung der Partikularrechte für das Deutsche Reich in erster und zweiter Lesung nebst bezüglichem Gegenentwurf, Darmstadt und Leipzig 1895.

Heise, Arnold/Cropp, Friedrich: Juristische Abhandlungen mit Entscheidungen des Oberappelationsgerichts der vier freien Städte Deutschlands, Band 1, Hamburg 1827, Band 2, Hamburg 1830.

Henle, Rudolf: Lehrbuch des Bürgerlichen Rechts, Band 1, Allgemeiner Teil, Berlin 1926.

Herold, Hermann/Lippisch, Wolfgang: Bank- und Börsenrecht – Systematischer Grundriß, 2. Aufl. 1962.

Hesse, Arnold: Die Vormundschaftsordnung vom 5. Juli 1875 und die darauf bezüglichen Gesetze, Berlin 1879.

Heymann, Ernst: Kommentar zum Handelsgesetzbuch, Band 4, Viertes Buch §§ 343-460, Anhang, Berlin – New York 1990.

Hölder, Eduard: Pandekten, Allgemeine Lehren, Freiburg i.Br. 1891.

Hönn, Günther: Kartellrechtliche Probleme moderner Zahlungssysteme; ZBB 1991, S. 6 ff.

Horn, Norbert: Die Kreditkarte im europäischen Gemeinschaftsrecht und in der deutschen Rechtsprechung; ZBB 1995, 273 ff.

Horn, Norbert: Kartellrechtliche Aspekte des Kreditkartengeschäfts; ZHR 157 (1993), S. 324 ff.

Huschke, Edaurd: Die vermögensrechtliche Handlungsfähigkeit der mündigen Minderjährigen in ihrer geschichtlichen Entwicklung; ZRG 13 (1878), S. 311 ff.

Jacobi, Ernst: Wechsel- und Scheckrecht unter Berücksichtigung des ausländischen Rechts, Berlin 1955.

Jakobs, Horst Heinrich: Wissenschaft und Gesetzgebung im bürgerlichen Recht nach der Rechtsquellenlehre des 19. Jahrhunderts, Paderborn – München – Wien – Zürich.

Janke, Ernst: Der Vertrag des minderjährigen nach gemeinem, preußischem und deutschem bürgerlichen Recht, Greifswald 1901.

Janner, Antonino: Wandlungen der Bereicherungslehre im Schweizerischen Recht, Basel 1943.

Jauernig: Bürgerliches Gesetzbuch mit Gesetz zur Regelung des Rechts der Allgemeinen Geschäftsbedingungen, hrsg. von Otmar Jauernig, 6. Auflage, München 1991.

Jhering, Rudolf von: Kritisches und exegetisches Allerlei; JherJb. 12 (1873), S. 313 ff.

Jörs, Paul/ Kunkel, Wolfgang: Römisches Privatrecht, 3. Auflage, Berlin – Göttingen – Heidelberg 1949.

Karlowa, Otto: Das Rechtsgeschäft und seine Wirkung, Berlin 1877.

Karlowa, Otto: Römische Rechtsgeschichte, 2 Bände, Leipzig 1885, 1901.

Kaser, Max: Das Römische Privatrecht, Erster Abschnitt, München 1955, Zweiter Abschnitt, München 1959, beide in: Handbuch der Altertumswissenschaften.

Kaser, Max: Römisches Privatrecht. Ein Studienbuch, 16. Auflage, München 1992.

Kaskel, Walter/Dersch, Hermann: Arbeitsrecht, 5. Auflage, Berlin 1957.

Keller, Friedrich Ludwig von: Pandekten, Leipzig 1861.

Kemmer, Franz: Der Kontokorrentverkehr, München 1897.

Kemper, Rainer: Verbraucherschutzinstrumente, Baden-Baden 1994.

Kenntner, Markus: Zum nachträglichen Widerruf einer Kreditkartenzahlung; BB 1995, 2281 ff.

Kienholz, Gerfried: Die Zahlung mit der Kreditkarte im Nah- und Fernabsatz, Dissertation Hannover 2000.

Kindel, Wilhelm: Das Rechtsgeschäft und sein Rechtsgrund, Berlin 1892.

Kipp, Theodor: Das römische Rech; in: Das gesamte deutsche Recht in systematischer Darstellung, hrsg. von Rudolf Stammler, Teil 2, Berlin 1931.

Kistemaker, Heinrich: Die Geschäftsfähigkeit Minderjähriger und die Zustimmung des gesetzlichen Vertreters, §§ 107-113 BGB, Borne – Leipzig 1910.

Klang, Heinrich: Kommentar zum Allgemeinen Bürgerlichen Gesetzbuch,
Band 4, Halbband. 1, §§ 859-1044, 2, Auflage, Wien 1968.
Band 6, (§§ 1293-1502), 2. Auflage, Wien 1951.

Kleiner, Beat: Die allgemeinen Geschäftsbedingungen der Banken, Giro- und Kontokorrentvertrag, 2. Auflage, Zürich 1963.

Klingmüller, Fritz: Das Schuldversprechen und Schuldanerkenntnis, Jena 1903.

Knothe, Hans-Georg: Die Geschäftsfähigkeit der Minderjährigen in geschichtlicher Entwicklung, Frankfurt a.M. 1983.

Koch, Eckart/Stübing, Jürgen: Allgemeine Geschäftsbedingungen, Neuwied – Darmstadt 1977.

Kohler Jürgen: Gesetzestreue oder Gesetzeskorrektur in der Rechtsanwendung; Jura 1984, S. 349 ff.

Köhler, Helmut: BGB, Allgemeiner Teil, 24. Auflage, München 1998.

Köhler, Jürgen: Grundstücksschenkung an Minderjährige – ein „lediglich rechtlicher Vorteil"?; JZ 1983, S. 225 ff.

Koller, Ingo: Die Bedeutung der dem Überweisungsbegünstigten erteilten Gutschrift im Giroverkehr, BB 1972, 687 ff.

Kommentar zum Allgemeinen bürgerlichen Gesetzbuch, Hrsg.: Rummel, Peter, Band 2 (§§ 1090 bis 1502 ABGB; Nebengesetze), Wien 1984.

Kommentar zum Schweizerischen Privatrecht, Hrsg.: Honsell, Heinrich: Obligationenrecht, Art. 1- 529 OR, 2. Auflage, Basel – Frankfurt a.M. – Helbig und Lichtenhahn 1996.

Köndgen, Johannes: Wandlungen im Bereicherungsrecht; in: Dogmatik und Methode, Festschrift für Josef Esser, Kronberg 1975, S. 55 ff.

Koppensteiner, Hans Georg/Kramer, Ernst: Ungerechtfertigte Bereicherung, 2. Auflage, Berlin, New York 1988.

Kötter, Hans Wilhelm: Zur Rechtsnatur der Leistungskondiktion; AcP 153 (1954), 193 ff.

Koziol, Helmut: Der Garantievertrag, Wien 1981.

Kraut, Wilhelm Theodor: Die Vormundschaft nach den Grundsätzen des Deutschen Rechts, 2 Bände, Göttingen 1835, 1847.

Krückmann, Paul: Institutionen des BGB, 5. Auflage, Berlin 1929.

Kübler, Friedrich: Feststellung und Garantie, Eine rechtsvergleichende und dogmatische Abhandlung wider die Lehre vom abstrakten Schuldvertrag im bürgerlichen und Handelsrecht, Tübingen 1967.

Kuhn, Thomas S.: Die Kopernikanische Revolution, Braunschweig und Wiesbaden 1980.

Kuhn, Thomas S.: Die Struktur wissenschaftlicher Revolutionen, 2. Auflage, Frankfurt a. M. 1976.

Kuhn, Thomas S.: Logik der Forschung oder Psychologie der wissenschaftlichen Arbeit?; in: Kritik und Erkenntnisfortschritt, Braunschweig 1974 , S. 1 ff.

Kümpel, Siegfried: Bank- und Kapitalmarktrecht, 2. Auflage, Köln 2000.

Kunkel, Volker: Das Junge Konto – Minderjährigenschutz im Rahmen des Girovertrages, Rechtspfleger 1997, S. 1 ff.

Kuntze, Johannes Emil: Deutsches Wechselrecht auf der Grundlage der allgemeinen Deutschen Wechselordnung und der Nürnberger Novellen, Leipzig 1862.

Kupisch, Berthold: Bankanweisung und Bereicherungsausgleich, WM 1979, Sonderbeilage Nr. 3.

Kupisch, Berthold: Gesetzespositivismus im Bereicherungsrecht, Berlin 1978.

Larenz, Karl/Canaris, Claus-Wilhelm: Lehrbuch des Schuldrechts, Zweiter Band, Besonderer Teil, 2. Halbband, München 1994.

Larenz, Karl/Wolf, Manfred: Allgemeiner Teil des Bürgerlichen Rechts, 8. Auflage, München 1997.

Lenel, Otto: Die cura minorum der klassischen Zeit; SZ 35 (1914), 129 ff.

Lindacher, Walter F.: Überlegungen zu § 110 BGB; in: Festschrift für Friedrich Wilhelm Bosch, 1976, S. 533 ff.

Lippmann, Leo: Die Wirkungen der Annahme der Anweisung nach gemeinem Rechte und dem bürgerlichen Gesetzbuche, Berlin 1903.

Loewenfeld, Günther: Die Anweisung in Gesetz und Verkehr, Berlin 1922.

Lütge, Friedrich: Einführung in die Lehre vom Gelde, 2. Auflage, München 1948.

Martinek, Michael in: Bankrechts-Handbuch, hrsg. von Herbert Schimanski, Band 2, München 1997.

Martinek, Michael: Moderne Vertragstypen, Band 3, München 1993.

Meder, Stephan: Die bargeldlose Zahlung – ein rechtshistorischer Beitrag zur dogmatischen Einordnung des Kreditkartenverfahrens, Frankfurt a.M. 1996.

Meder, Stephan: Die Kreditkartenzahlung als Anweisungsgeschäft; AcP 198 (1998), S. 72 ff.

Meder, Stephan: Kreditkartengeschäft und Anweisungswiderruf gegenüber dem Kartenherausgeber; NJW 1994, S. 2597 f.

Meder, Stephan: Kreditkartenmißbrauch: Die Verteilung des Haftungsrisikos im Telephone-Order-, Mail-Order und Internet-Verfahren; ZBB 2000, S. 89 ff.

Meder, Stephan: Rezension „Rechtsgeschichte und Privatrechtsdogmatik, hrsg. von Reinhard Zimmermann in Verbindung mit Rolf Knütel und Jens Meincke, Heidelberg 2000".

Meder, Stephan: Stillschweigende Annahme der Kontogutschrift und Verwahrungsvorbehalt; WM 1999, S. 2137 ff.

Meder, Stephan: Zur Unwiderruflichkeit der Zahlungsanweisung des Kreditkarteninhabers gemäß § 790 BGB; NJW 1993, S.3245 ff.

Medicus, Dieter: Allgemeiner Teil des BGB, 7. Auflage, Heidelberg 1997.

Medicus, Dieter: Bürgerliches Recht, 17. Auflage, Köln – Berlin – Bonn – München 1996.

Menger, Anton: Das bürgerliche Recht und die besitzlosen Volksklassen. Eine Kritik des Entwurfs eines bürgerlichen Gesetzbuches für das deutsche Reich, Tübingen 1890.

Metz, Rainer: Bankgeschäfte von Jugendlichen; VuR 1993, S. 69 ff.

Mitteis, Ludwig: Trapezitika; Zeitschrift der Savigny-Stiftung für Rechtsgeschichte, Romanistische Abteilung, Band 19, S. 198 ff.

Mittermaier, C. J. A.: Grundsätze des gemeinen deutschen Privatrechts mit Einschluß des Handels-, Wechsel- und Seerechts, 2. Bände, 7. Auflage, Regensburg 1847.

Mommsen, Friedrich: Beiträge zum Obligationenrecht, 3 Bände, Braunschweig 1853, 1855.

Mommsen, Theodor: Römische Geschichte, 5. Auflage, Berlin 1868.

Möschel, Wernhard: Fehlerhafte Banküberweisung und Bereicherungsausgleich; JuS 1972, S. 297 ff.

Motive zu dem Entwurf eines Bürgerlichen Gesetzbuchs, 6 Bände, Berlin – Leipzig 1888.

Münchener Kommentar zum Bürgerlichen Gesetzbuch, hrsg. von Kurt Rebmann und Franz-Jürgen Säcker,
Band 1. Allgemeiner Teil (§§ 1-240), AGB-Gesetz, 3. Auflage, München 1993,
Band 2. Schuldrecht, Allgemeiner Teil (§§ 241-432), 3. Auflage, München 1994,
Band 4 Schuldrecht, Besonderer Teil II (§§ 606-704), 3. Auflage, München 1997,
Band 5. Schuldrecht, Besonderer Teil III (§§ 705-853), 3. Auflage, München 1997,
Band 8. Familienrecht II, 3. Auflage, München 1992.

Neubecker, Friedrich Karl: Der abstrakte Vertrag in seinen historischen und dogmatischen Grundzügen; ArchBürgR 22 (1903), S. 34 ff.

Neumann, Dania: Die Rechtsnatur des Netzgeldes, München 2000.

Nierwetberg, Rüdiger: Der „Taschengeldparagraph" (§ 110 BGB) im System des Minderjährigenrechts; Jura 1984, 127 ff.

Oechsler, Jürgen: Anm. zum Urteil des Kammergerichts vom 8. Juni 1993 (13 U 119/93) – WM 1993, S. 2044; WuB I D 5.-3.94.

Oechsler, Jürgen: Grundprobleme der Zivilrechtsdogmatik des Kredikartengeschäfts; WM 2000, S. 1613 ff.

Oertmann, Paul: Kommentar zum Bürgerlichen Gesetzbuche und seinen Nebengesetzen, Allgemeiner Teil, 2. Auflage, Berlin 1908.

Opaschowski, Horst W.: Freizeitkonsum und Lebensstil, in: Szallies/Wiswede, Wertewandel und Konsum, 2. Auflage, Landsberg/Lech 1991.

Palandt, Otto: Bürgerliches Gesetzbuch, Kommentar, 53. Auflage, München 1994.

Pawlowski, Hans-Martin: Allgemeiner Teil des BGB, 5. Auflage, Heidelberg 1998.

Pense, Joerg: Kreditkartenbedingungen in den Grenzen des AGB-Gesetzes, Bielefeld 1998.

Pfeiffer, Thomas: Kreditkartenvertrag; in: Westphahlen, Vertragsrecht und AGB-Klauselwerke, Loseblattsammlung 1995.

Pichler, Rufus: Rechtsnatur, Rechtsbeziehungen und zivilrechtliche Haftung beim elektronischen Zahlungsverkehr im Internet, Münster 1998.

Pinger, Winfried: Was leistet der Leistungsbegriff im Bereicherungsrecht?; AcP 179 (1979), S. 301 ff.

Pisko, Oskar: Lehrbuch des österreichischen Handelsrechts, Wien 1923.

Planck, Gottlieb: Entwurf eines Familienrechts für das Deutsche Reich, Berlin 1880.

Planck's Kommentar zum Bürgerlichen Gesetzbuch nebst Einführungsgesetz, Hrsg.: E. Strohal, ,
1. Band, Allgemeiner Teil (§§ 1-240), 4. Auflage, Berlin 1913.
2. Band, 2. Hälfte, Recht der Schuldverhältnisse (Besonderer Teil), 4. Auflage, Berlin 1928.

Plucinsky: Zur Lehre von der Assignation und Delegation; AcP 60 (1877), S. 289 ff.

Popper, Karl R.: Logik der Forschung, 7. Auflage, Tübingen 1982.

Preisigke, Friedrich: Girowesen im griechischen Ägypten, Hildesheim – New York 1971.

Priewasser, Erich: Kartengesteuerte Zahlungssysteme, Stuttgart 1981.

Protokolle der Kommission für die Zweite Lesung des Entwurfs des Bürgerlichen Gesetzbuchs, 7 Bände, Berlin 1897-1899.

Puchta, Georg Friedrich: Vorlesungen über das heutige römische Recht, 6. Auflage, Leipzig 1873.

Puchta, Georg-Friedrich: Cursus der Institutionen, 2. Bände, 10. Auflage, Leipzig 1893.

Puchta, Georg-Friedrich: Pandekten, 12. Auflage, Leipzig 1877.

Reeb, Hartmut: Grundprobleme des Bereicherungsrechts, München 1975.

Regelsberger, Ferdinand: Pandekten, Band 1, Leipzig 1893,

Reichsgerichtsrätekommentar: Das Bürgerliche Gesetzbuch mit besonderer Berücksichtigung der Rechtsprechung des Rechtsgerichts und des Bundesgerichtshofes, Kommentar, hrsg. von Mitgliedern des Bundesgerichtshofes,
Band I, §§ 1-240, 12. Auflage, Berlin – New York 1982.
Band II, 4. Teil, §§ 631-811, 12. Auflage, Berlin – New York 1978.

Reinfeld, Richard: Rechtsfragen des Interchange-Kreditkartensystems am Beispiel von VISA und EUROCARD; WM 1994, S. 1505 ff.

Reiser, Cristof: Anm. zum Urteil des LG Frankfurt a.M. vom 19. Januar 1993 (2/26 O 311/92) – WM 1994, 111; WuB I D 5a.-2.95.

Reiter, Gerhard: Kritische Lebensereignisse und Verschuldungskarrieren von Verbrauchern, Berlin 1991.

Reuter, Dieter/Martinek, Michael: Ungerechtfertigte Bereicherung, Tübingen 1983.

Rhode, Hans Walter: Die Möglichkeit einer mündlichen, direkten, oder auf Leistung nicht vertretbarer Sachen gerichteten Anweisung nach bürgerlichem Recht und ihre rechtliche Bedeutung, Kaldenkirchen 1930.

Riedel, Ernst: Das Bürgerliche Gesetzbuch in Vergleichung mit dem Preußischen Recht, Band 1, Allgemeiner Teil, Berlin 1896.

Rosshirt, Conrad Franz: Gemeines deutsches Civilrecht, 3 Bände, Heidelberg 1840-1841.

Rümelin, Max: Zur Lehre von den Schuldversprechen und Schuldanerkenntnissen des BGB, Tübingen 1905/06.

Safferling, Joseph: Zur Auslegung des sogen. Taschengeldparagraphen, Rechtspfleger 1972, 124 ff.

Salpius, Botho von: Novation und Delegation nach römischem Recht, Berlin 1864.

Sandkühler, Gerd: Bankrecht, 2. Auflage, Köln – Berlin – Bonn – München 1993.

Savigny, Friedrich Carl von: System des heutigen römischen Rechts, 8 Bände, Berlin 1840- 1849.

Savigny, Friedrich Carl von: Von dem Schutz des Minderjährigen im Römischen Recht, und insbesondere von der Lex Plaetoria, Vermischte Schriften II, Berlin 1850, S. 321 ff.

Schatter : Die Ermächtigung des gesetzlichen Vertreters an Minderjährige, in Arbeit zu treten (§ 113 BGB); RdA 1951, S. 445 ff.

Schaub, Günter: Arbeitsrechts-Handbuch, 8. Auflage, München 1996.

Scheerer, Hans-Peter: Bankgeschäfte des Minderjährigen; BB 1971, 981 ff.

Schefold, Die Geschäfts- und Prozeßfähigkeit der Minderjährigen und das elterliche Verwaltungsrecht; AcP 94 (1903), S. 305 ff.

Scherner, Karl Otto: BGB – Allgemeiner Teil, München 1995.

Schey, Josef Freiherr von: Die Obligationsverhältnisse des österreichischen allgemeinen Privatrechts, Wien 1890.

Schinnerer, Erich/Avancini, Peter: Bankverträge, Band 1, Wien 1975.

Schlosser, Peter/Coester-Waltjen, Dagmar/Graba, Hans-Ulrich: Kommentar zum Gesetz zur Regelung des Rechts der Allgemeinen Geschäftsbedingungen, Bielefeld 1977.

Schluep/Baudenbacher, Das Kreditkartengeschäft; SPR VII/2, 1979, S. 890 ff.

Schmidt-Salzer, Joachim: Allgemeine Geschäftsbedingungen, 2. Auflage, München 1977.

Schöchle, Sabine: Kartengebundene Zahlungssysteme in Deutschland, 5. Auflage, Hammer 1995.

Schön, Wolfgang: Prinzipien des bargeldlosen Zahlungsverkehrs; AcP 198 (1998), S. 401.

Schönle, Herbert: Bank- und Börsenrecht, 2. Auflage, München 1976.

Schönle, Herbert: Ort und Zeit bargeldloser Zahlung; in: Festschrift für Werner, Berlin – New York 1984, S. 817 ff.

Schröder, Jan: Das Verhältnis von Rechtsdogmatik und Gesetzgebung in der neuzeitlichen Rechtsgeschichte (am Beispiel des Privatrechts); in: Gesetzgebung und Dogmatik, S. 37 ff.

Schulz, Ewald: Gibt es einen Generalkonsens im Minderjährigenrecht?; DB 1963, 407 f.

Schulz, Fritz: Classical Roman Law, Oxford 1951.

Schweickhardt, Armin: Das abstrakte Schuldbekenntnis in rechtsvergleichender Darstellung, Dissertation Basel 1935.

Schweppe, Albrecht: Das Römische Privatrecht in seiner heutigen Anwendung, 5 Bände, 4. Auflage, Göttingen 1828-1833.

Schwintowski, Hans-Peter/Schäfer, Frank A.: Bankrecht, Köln 1997.

Seuffert, Johann Adam: Praktisches Pandektenrecht, 3 Bände, 2. Auflage, Würzburg 1849.

Seuffert, Lothar: Zur Geschichte der obligatorischen Verträge, Nördlingen 1881.

Sintenis, Carl Friedrich Ferdinand: Das practische gemeine Civilrecht, 3. Bände, 2. Auflage, Leipzig 1860, 1861.

Soergel, Hans Theodor/Siebert, Wolfgang: Bürgerliches Gesetzbuch,
Band 1, Allgemeiner Teil §§ 1-240, 12. Auflage, Stuttgart – Berlin – Köln 1988.
Band 2, Schuldrecht I (§§ 241-432), 12. Auflage, Stuttgart – Berlin – Köln 1990.
Band 3, Schuldrecht II (§§ 433-515), AGB-Gesetz, AbzG, EAG, EKG, UN-KaufAbk, 12. Auflage, Stuttgart – Berlin – Köln 1991.
Band 4, Schuldrecht III (§§ 705-853), 11. Auflage, Stuttgart – Berlin – Köln 1985.

Sohm, Rudolph/Mitteis, Ludwig/Wenger, Leopold: Institutionen, Geschichte und System des römischen Privatrechts, 17. Aufl., Berlin 1949.

Staub, Hermann: Kommentar zum Allgemeinen Deutschen Handelsgesetzbuch, Berlin 1896.

Stauder, Bernd/Weisensee, Gerd J.: Das Kreditkartengeschäft, Frankfurt a.M. 1970.

Staudinger, Julius von: Kommentar zum Bürgerlichen Gesetzbuch,
Erstes Buch, Allgemeiner Teil §§ 90-240, 12. Auflage 1980,
Zweites Buch, Recht der Schuldverhältnisse §§ 244-248 (Geldrecht), 13. Auflage 1997,
Zweites Buch, Recht der Schuldverhältnisse §§ 652-704, 13. Auflage 1995,
Zweites Buch, Recht der Schuldverhältnisse §§ 779-811, 13. Auflage 1997,
Gesetz zur Regelung des Rechts der Allgemeinen Geschäftsbedingungen (AGBG), 13. Auflage 1998.

Stobbe, Otto: Handbuch des Deutschen Privatrechts, 1. und 2. Auflage Berlin 1885.

Streit, Georg: Kartenzahlung und Verbraucherverschuldung aus rechtlicher Sicht, Berlin 1997.

Stürner, Rolf: Der lediglich rechtliche Vorteil; AcP 173 (1973), S. 402 ff.

Sullivan, Teresa A./Warren, Elisabeth/Westbrook, Jay Lawrence: As we forgive our debetors, New York – Oxford 1989.

Taupitz, Jochen: Zivilrechtliche Haftung bei Kreditkartenmißbrauch, Frankfurt a.M. – Berlin – Bern – New York – Paris – Wien 1995.

Theusner, Felix: Der Kontokorrentvertrag, Halle a.S. 1901.

Thielmann, Georg: Gegen das Subsidiaritätsdogma im Bereicherungsrecht, AcP 187 (1987), S. 23 ff.

Thöl, Heinrich: Das Handelsrecht, Erster Band, 6. Auflage, Leipzig 1879.

Thur, Andreas von/Peter, Hans: Allgemeiner Teil des Schweizerischen Obligationenrechts, Erster Band, 3. Auflage, Zürich 1979.

Thur, Andreas von: Der allgemeine Teil des Deutschen Bürgerlichen Rechts, Band 2, Erste Hälfte, München – Leipzig 1914.

Thur, U. von: Zur Lehre von der Anweisung; JherJb 48 (1904), S. 1 ff.

Ulmer, Eugen: Akkreditiv und Anweisung; AcP 126 (1926), S. 129 ff. u. 257 ff.

Ulmer, Eugen: Das Recht der Wertpapiere, Stuttgart – Berlin 1938.

Ulmer, Peter/Brandner, Hans Erich/Hensen, Horst-Diether/Schmidt Harry: Kommentar zum AGB-Gesetz, 7. Auflage, Köln 1993.

Unger, Joseph: Die rechtliche Natur der Inhaberpapiere, Leipzig 1857.

Unger, Joseph: System des österreichischen allgemeinen Privatrechts, 2. Bände, 5. Auflage, Leipzig 1892.

Usslar, Levin von/Morgen, Robert von: Aktuelle Rechtsfragen der Kreditkarten-Praxis, Hamburg 1989.

Vortmann, Jürgen: Bankgeschäfte mit Minderjährigen, WM 1994, S. 965 ff.

Wächter, Carl Georg von: Pandekten, 2 Bände, hrsg. von O. v. Wächter, Leipzig 1880, 1881.

Wächter, Michael: K. R. Popper und Wertungsprobleme im zivilrechtlichen Urteil – Ein Beitrag zur Folgendiskussion; JuS 1986, S. 763 ff.

Wackernagel, Wilhelm: Die Lebensalter. Ein Beitrag zur vergleichenden Sitten- und Rechtsgeschichte, Basel 1862.

Weber, Rolf H.: Elektronisches Geld, Erscheinungsformen und rechtlicher Problemaufriß, Zürich 1999.

Weisensee, Gerd J.: Die Kreditkarte – ein amerikanisches Phänomen, Bern – Stuttgart 1970.

Weller, Michael: Das Kreditkartenverfahren, Köln – Bonn – Berlin – München 1986.

Welter, Reinhard: Anm. zum Urteil des LG Heidelberg vom 15. Dezember 1987 (4 S 14/87) – WM 1988. 733; WuB I D 5-3.88.

Wendt, Otto: Das allgemeine Anweisungsrecht, Jena 1895.

Werner, Stefan in: Bankrecht und Bankpraxis, Zahlungsverkehr/Geldkarte, Hrsg. Hellner, Thorwald/Steuer, Stephan, Köln Loseblatt-Ausgabe 1999.

Werner, Stefan: Anm. zum Urteil des OLG Köln vom 1. August 1995 (22 U 19/95) – WM 1995, 1914; WuB I D 5a.-I.96.

Werner, Stefan: Rechtsfragen des elektronischen Geldes; in: Handbuch Multimedia-Recht, Teil 13. 5, München 1999.

Werner, Stefan: Rechtsprobleme im elektronischen Zahlungsverkehr; Beilage 12 zu Heft 40/1999 BB.

Wieser, Eberhard: Der Anwendungsbereich des „Taschengeldparagraphen" (§ 110 BGB); FamRZ 1973, 434 f.

Windscheid, Bernhard/Kipp, Theodor: Lehrbuch des Pandektenrechts, 3. Bände, 9. Auflage, Frankfurt a.M. 1906.

Wolf, Manfred/Horn, Norbert/Lindacher, Walter F.: AGB-Gesetz, Kommentar, 3. Auflage, München 1994.

Wolf, Manfred: Kommentar zum Urteil des OLG Karlsruhe vom 28. November 1990 – 1 U 189/90; EWiR § 9 AGBG 3/91, 209 f.

Wolff: Die Bürgschaft für eine Contocurrentforderung; Busch's Archiv Bd. 12 (1868), S. 83 ff.

Würsch, Josef: Die Kreditkarte nach schweizerischem Privatrecht unter Berücksichtigung von Checkkarte und Bancomatkarte, Liebefeld 1975.

Yoshino, Hajime: Die logische Struktur der Argumentation bei der juristischen Entscheidung; in: Methodologie und Erkenntnistheorie der juristischen Argumentation, Rechtstheorie (Beiheft 2), Berlin 1981, S. 235 ff.

Yung, Walter, La théorie de l'obligation abstaite et la reconnaissance de dette non causée en droit suisse, Thèse Genève 1930.

Zahrnt, Christoph: Die Kreditkarte unter privatrechtlichen Gesichtspunkten; NJW 1972, S. 1077 ff.

Zitelmann, Ernst: Die Rechtsgeschäfte im Entwurf eines Bürgerlichen Gesetzbuches für das Deutsche Reich. Erster Teil, in: Beiträge zur Erläuterung und Beurteilung des Entwurfs eines Bürgerlichen Gesetzbuches für das deutsche Reich, hrsg. von E. J. Bekker und O. Fischer, Band 1, Heft 7 und 8, Berlin 1889.

Zürcher Kommentar: Kommentar zum schweizerischen Zivilgesetzbuch, hrsg. von A. Egger,
Teilband 5, 1a, Allgemeine Einleitung, Vorbemerkungen zu Art. 1 OR, Kommentar zu den Art. 1-17 OR, 3. Auflage, Zürich 1973.
Band 3, Art. 419-529, 2. Auflage, Zürich 1945.

Abkürzungsverzeichnis

a.A.	andere Ansicht
AcP	Archiv für die civilistische Praxis
ADHGB	Allgemeines Deutsches Handelsgesetzbuch
AGB	Allgemeine Geschäftsbedingungen
AGBG	Gesetz zur Regelung des Rechts der Allgemeinen Geschäftsbedingungen
ALR	Allgemeines Landrecht für die Preußischen Staaten von 1794
aOR	Bundesgesetz über das Obligationenrecht vom 14. Juni 1881 (altes OR)
ArchBürgR	Archiv für bürgerliches Recht
Art.	Artikel
AT	Allgemeiner Teil
BB	Betriebsberater (Zeitschrift)
Begr.	Begründer
BGB	Bürgerliches Gesetzbuch
BGE	Entscheidungen des Schweizerischen Bundesgerichts, Amtliche Sammlung
BGHZ	Entscheidungen des Bundesgerichts in Zivilsachen
BK	Berner Kommentar
BR	Bürgerliches Recht
BT	Besonderer Teil
BuB	Bankrecht und Bankpraxis (Loseblattsammlung)
C.	Codex Iustinianus
CCF	Code Civil (Frankreich)
CR	Computer und Recht
D.	Digesten
DuD	Datenschutz und Datensicherung
EWiR	Entscheidungen zum Wirtschaftsrecht
FamRZ	Zeitschrift für das gesamte Familienrecht
Gai.	Institutionen des Gaius
ggf.	gegebenenfalls
Gruchot	Beiträge zur Erläuterung des Deutschen Rechts, Gegründet von Dr. J. A. Gruchot
h.L.	herrschende Lehre

h.M.	herrschende Meinung
hrsg.	herausgegeben
Hrsg.	Herausgeber
i.V.m.	in Verbindung mit
Inst.	Institutionen Justinians
JA	Juristische Arbeitsblätter
JherJb.	Jherings Jahrbücher für Dogmatik des bürgerlichen Rechts
JuS	Juristische Schulung
JW	Juristische Wochenschrift (Zeitschrift)
JZ	Juristenzeitung
KWG	Gesetz über das Kreditwesen
MünchKomm	Münchener Kommentar zum BGB
NJW	Neue Juristische Wochenschrift
NWB	Neue Wirtschafts-Briefe
ÖBA	Österreichisches Bank-Archiv
OGH	Oberster Gerichtshof
OLGE	Die Rechtsprechung der Oberlandesgerichte auf dem Gebiet des Zivilrechts
OR	Schweizerisches Obligationenrecht
OR/Bearbeiter	Kommentar zum Schweizerischen Privatrecht, Hrsg.: Honsell, Obligationenrecht.
Prot.	Protokolle
QuHGZ	Quartalshefte der Girozentrale
RdA	Recht der Arbeit, Zeitschrift für die Wissenschaft und Praxis des gesamten Arbeitsrechts
RGRK	Reichsgerichtsrätekommentar
RGZ	Entscheidungen des Reichsgerichts in Zivilsachen
Rpfleger	Der Deutsche Rechtspfleger (Zeitung)
SeuffArch	Seufferts Archiv für Entscheidungen der obersten Gerichte in den deutschen Staaten
sog.	sogenannt
SPR	Schweizerisches Privatrecht
SZ	Zeitschrift der Savigny-Stiftung für Rechtsgeschichte, romanistische Abteilung
u.	und
VersR	Versicherungsrecht

VuR	Verbraucher und Recht (Zeitschrift)
WM	Zeitschrift für Wirtschafts- und Bankrecht
WuB	Entscheidungssammlung zum Wirtschafts- und Bankrecht
z.B.	zum Beispiel
ZBB	Zeitschrift für Bankrecht und Bankwirtschaft
ZBlJR	Zentralblatt für Jugendrecht und Jugendwohlfahrt
ZfRV	Zeitschrift für Rechtsvergleichung
ZHR	Zeitschrift für das gesamte Handelsrecht und Wirtschaftsrecht
ZK	Zürcher Kommentar
ZRG	Zeitschrift für Rechtsgeschichte

1. Kapitel – Einführung

Der Ursprung des Geldes liegt in dem Entstehen einer arbeitsteiligen Tauschwirtschaft. Um den Tausch effektiver zu gestalten, war es nötig, daß bestimmte Waren – sie mußten allgemein zu gebrauchen, zählbar, nach Möglichkeit auch kostbar und vor raschem Verderben geschützt sein – zu überindividuell anerkannten Tauschmitteln wurden[1]. Als solche Tauschmittel wurden zunächst Edelmetalle verwendet, dann folgte das Münzwesen. Der Staat legte dabei kraft seiner Münzhoheit verbindlich den realen Metallwert fest (Münze als beglaubigter Barren)[2]. Die Wertschwankungen der Edelmetalle durch zeitweilige Knappheiten oder Marktüberflutungen drängten aber zu einer weiteren Abstraktion, nämlich zur Trennung des Geldwertes vom Substanzwert der Geldzeichen. Die Loslösung von der metallistischen Grundlage des Geldwesens ließ seit dem 18. Jahrhundert Scheidemünzen und Papiergeld entstehen. Die letzte Stufe auf dem Weg zur Entsubstanzialisierung des Geldes bildet die Entstehung des Buchgeldes (oder Giralgeldes). Dieses zeichnet sich dadurch aus, daß nicht eine Sachsubstanz wie bei der Barzahlung bewegt wird, sondern eine Forderung gegen die Bank – das „Buchgeld". Anstelle des gefahrvollen Transports von Geldscheinen und Münzen bedarf es hierzu nur des Austauschs von Informationen zwischen Kunde und Bank und der Banken untereinander[3]. Dieser Informationsaustausch läßt sich sehr schnell und rationell abwickeln und bietet daher eine bequeme Form, Forderungen zu begleichen.

Bargeld als das „klassische" Zahlungsmittel ist immer noch sehr weit verbreitet, doch der Anteil der Barzahlung am Gesamtwert der Zahlungen eines Jahres ist gering. Der bargeldlose Zahlungsverkehr tritt in weitem Umfang an die Stelle der früheren Barzahlung. Neben der Überweisung hat neuerdings vor allem die Möglichkeit der Zahlung „mit Karte" eine große Bedeutung erlangt, sei es in Form der Kreditkarte, der EC-Karte oder Geldkarte. In diesem Zusammenhang taucht dann auch gelegentlich der Begriff des „elektronischen Geldes" auf. Damit wird aber nichts grundsätzlich Neues bezeichnet, es handelt sich vielmehr nur um eine spezielle Form der Übertragung des Buchgeldes durch den Einsatz elektronischer Medien[4].

---

[1] Vgl. Lütge, Einführung in die Lehre vom Gelde, S. 23 f.

[2] Vgl. Goldschmidt, Handbuch des Handelsrechts I/2, S. 1093 ff., 1177.

[3] Sandkühler, Bankrecht, S. 85.

[4] Gramlich, CR 1997, S. 11 (12); Werner in: Handbuch Multimedia-Recht, Teil 13.5, Rechtsfragen des elektronischen Geldes, Rn. 3.

Es überrascht wenig, daß auch Minderjährige in immer stärkerem Maße an die Inanspruchnahme von Bankdienstleistungen herangeführt werden. Für die Banken und Sparkassen sind die Jugendlichen ein interessanter Kundenkreis, weil sie am Beginn ihrer Geschäftsbeziehung zu einem Kreditinstitut stehen. Sie haben im Gegensatz zu vielen Erwachsenen noch keine feste Bindung zu einer bestimmten Bank aufgebaut. Es bestehen damit gute Aussichten, daß eine einmal eröffnete Geschäftsbeziehung über die Zeit der Minderjährigkeit hinaus bestehen bleibt. Der Jugendliche von heute ist damit der potentiell lukrative Kunde von morgen. Seitens der Jugendlichen werden dabei aufgrund der gewandelten Einstellung der Bevölkerung zum Geld umfangreiche Anforderungen an die Banken gestellt. Man begnügt sich nicht damit, Geld auf dem Sparbuch einzuzahlen und abzuheben, sondern es wird die unbeschränkte Verfügungsmacht über das Konto ebenso erwartet wie die Ausgabe von Schecks und Kreditkarten oder die Einräumung eines Dispositionskredits. War bislang der Besitz einer eigenen Kreditkarte bei Jugendlichen aber wohl eher die Ausnahme, so könnte sich dieser Umstand in den nächsten Jahren unter dem Einfluß des Internets deutlich ändern. Die größten Umsatzträger im Internet, wie beispielsweise große Versandhandelsunternehmen oder virtuelle Kaufhäuser, nutzen das Internet ganz überwiegend als reines Bestellmedium. Hierbei beschränkt sich der Einsatz des Internets unter rechtlichen Gesichtspunkten auf die digitalisierte Abgabe von Bestellungen durch Internet-User. Bei diesen Geschäften kommt es dann regelmäßig, wie z.B. bei Kleidung oder Elektrogeräten, weiterhin zu einer konventionellen Lieferung außerhalb des Netzes einerseits und andererseits auch zu einer konventionellen Zahlung außerhalb des Netzes[5]. Mit zunehmender Anzahl von Geschäften, die über das Internet abgewickelt werden, ist es aber der zweckmäßige nächste Schritt, die Daten der Kreditkarte bei einer Online-Bestellung über das WWW (World Wide Web) einfach mitzuschicken[6]. Ob die Kreditkartenzahlung im Wettstreit der Internetzahlungsmöglichkeiten das Rennen machen wird, ist offen. Sollte sich die Kreditkartenzahlung im Internet durchsetzen, könnte der Besitz einer Kreditkarte bei Jugendlichen demnächst recht verbreitet sein. In der rechtswissenschaftlichen Literatur ist der Minderjährige im bargeldlosen Zahlungsverkehr aber bis-

[5] Escher, Markus: Aktuelle Rechtsfragen des Zahlungsverkehrs im Internet, in: Lehmann, Michael (Hrsg.), Rechtsgeschäfte im Netz - Electronic Commerce, Schäffer-Poeschel-Verlag 1999, Seite 225 ff. (http://www.gsk.de/escher/zvi.html).

[6] Corinna Nalbach, Zahlungsverkehr, http://www.jura.uni-tuebingen.de/ri/96ws/nabach/index.htm.

her kaum ins Gesichtsfeld gerückt[7], und auch die rechtliche Konstruktion des Kreditkartenverfahrens ist trotz jahrzehntelanger Diskussion umstritten. Im folgenden soll daher die dogmatische Konstruktion der Kreditkartenzahlung untersucht werden, und die Besonderheiten der Teilnahme des Minderjährigen an diesem Verfahren sollen lokalisiert werden.
Bei der Frage, wie das Kreditkartenverfahren dogmatisch zu konstruieren ist, war zwischen den Möglichkeiten Forderungskauf, abstraktes Schuldanerkenntnis, Garantievertrag und angenommene Anweisung zu unterscheiden. Für die Darstellung der Forderungskaufkonstruktion boten sich die Kreditkartenbedingungen der Eurocard an. Die beiden anderen Modelle - Weisungsmodell (mit abstraktem Schuldversprechen oder Garantievertrag) und Modell der angenommenen Anweisung - werden in Deutschland in erster Linie von der Literatur vertreten. Dabei schlägt dem Modell der angenommenen Anweisung viel Widerstand entgegen, der aus grundlegenden Mißverständnissen der Anweisung folgt. Um solche Mißverständnisse zu beseitigen, wird die historische Entwicklung der Anweisung von den Anfängen im römischen Recht bis zum BGB nachgezeichnet. Dabei zeigt sich, daß die Anweisung des BGB wechselartig ausgestaltet ist. Dies steht einer Anwendung der BGB-Anweisungsregeln auf nicht schriftliche Anweisungen (und also auch auf das Kreditkartenverfahren) jedoch nicht entgegen. Besonders muß darauf hingewiesen werden, daß die allgemein anerkannten „Anweisungsfälle" im Bereicherungsrecht von der Anweisung nach §§ 783 ff. BGB im Grundsatz nicht verschieden sind. Die Anweisung im Bereicherungsrecht ist der Grundfall der Anweisung. Diese im römischen Recht entstandene Anweisung fingiert die Zuwendung eines Leistungsmittles (z.B. Kreditkartenunternehmen) an einen Empfänger bereicherungsrechtlich als Leistung des Anweisenden an den Empfänger. Auf dieses Grundmodell haben die § 783 ff. einige Bausteine aufgesetzt, so die Möglichkeit, die Anweisung anzunehmen. Die römische Anweisung ist aber selbstverständlich in der BGB-Anweisung enthalten, und die BGB-Anweisung ist lediglich ein Institut des Bereicherungsrechts mit angehängtem abstrakten Schuldversprechen. Daher ist auch die geschäftsbesorgungsrechtliche Ebene von der Anweisung deutlich zu trennen. (Bereicherungsrechtliche) Anweisung und (geschäftsbesorgungsrechtliche) Weisung stehen beim bargeldlosen Zahlungsverkehr nebeneinander; sie sind etwas gänzlich Verschiedenes.

[7] Ansätze zur Sichtung der Problematik finden sich nur bei Kunkel, Rpfleger 1997, S. 1 ff.; Hagemeister, JuS 1992, S. 839 ff.; Metz, VuR 1993, S. 69 ff.; Vortmann, WM 1994, S. 965 ff; Canaris, Bankvertragsrecht, Rn. 373-375.

Die Unstimmigkeit der Argumente gegen Anweisungskonstruktionen wird auch durch einen Vergleich mit dem Ecash demonstriert, da beim Ecash Anweisungskonstruktionen nicht so entschieden abgelehnt werden wie bei der Kreditkarte, obwohl der Zahlungsvorgang beim Ecash keinen Anlaß zu einer unterschiedlichen Behandlung gibt.
Dem Zweck, die Anweisungskonstruktion zu unterstützen, dient auch die Darstellung des österreichischen und des schweizerischen Rechts. In Österreich und der Schweiz wird nämlich der gesamte bargeldlose Zahlungsverkehr als angenommene Anweisung konstruiert. Auch die Praxis erkennt dies an, denn in Österreich und der Schweiz konstruieren auch die allgemeinen Geschäftsbedingungen der Eurocard das Kreditkartenverfahren als angenommene Anweisung. Die Gegenüberstellung der Geschäftsbedingungen der Eurocard aus Deutschland, Österreich und der Schweiz ist daher besonders instruktiv, da sich hierdurch das Modell der angenommenen Anweisung als praxistauglich erweisen läßt.
Im weiteren Verlauf der Arbeit findet sich die Darstellung des Minderjährigenrechts. Dabei wird zunächst der ungestörte Ablauf des Kreditkartenverfahrens untersucht (§§ 107 ff. BGB), dann der gestörte Ablauf (bereicherungsrechtliche Abwicklung) und zuletzt wird die Einschlägigkeit des Genehmigungserfordernisses des § 1822 Nr. 8 (Aufnahme von Geld auf Kredit) für die Kreditkarte untersucht.
Insbesondere stellte sich die Frage, ob die Anweisung rechtlich vorteilhaft oder nachteilhaft i.S.d § 107 BGB ist. Außerdem war zu klären, ob und inwieweit § 110 BGB (Taschengeldparagraph) auf das Kreditkartenverfahren angewendet werden kann. Obwohl die angesprochenen Paragraphen schon seit über 100 Jahren existieren, ist der dahintersteckenden Dogmatik verhältnismäßig wenig Aufmerksamkeit geschenkt worden. Deshalb wurde die geschichtliche Entwicklung der Regelungen über die Geschäftsfähigkeit des Minderjährigen dargestellt und in ihrer Bedeutung für die heutige Dogmatik gewürdigt.
Auch bei der bereicherungsrechtlichen Abwicklung des Kreditkartenverfahrens und der Frage der Anwendbarkeit des § 1822 Nr. 8 auf das Kreditkartenverfahren war eine historische Herangehensweise geboten. Erst die Zusammenschau der historischen Entwicklung, der gesetzgeberischen Motive, der Literaturansicht und Rechtsprechung vermag die richtige Perspektive für die dogmatische Einordnung und Lösung der aufgeworfenen Fragen zu schaffen. Der Unmündige in der bereicherungsrechtlichen Rückabwicklung z.B. ist ein „Klassiker“ des römischen Rechts. Es ist deshalb naheliegend, die römische Rechtsauffassung der heutigen h.M. gegenüberzustellen und nach den Gründen für die unterschiedliche Wertung zu fragen.

I. Der Begriff der Kreditkarte

Der Begriff „Kreditkarte" wird nicht einheitlich verwendet. Vielmehr wird zwischen der Kundenkreditkarte und der Universalkreditkarte unterschieden[8]. Die bis in das 19. Jahrhundert zurückreichende Entwicklung des Kreditkartengeschäfts[9] nahm dabei mit der Kundenkreditkarte ihren Anfang.

II. Die Kundenkreditkarte

Kundenkreditkarten werden von einem einzelnen Unternehmen herausgegeben und bleiben in ihrer Verwendung auf dieses Unternehmen und seine Zweigstellen begrenzt. Es handelt sich daher um ein Zweiparteiensystem. Inhaltlich handelt es sich um eine moderne Form des „Anschreibenlassens"[10]. Der Kunde kann beim Kartenherausgeber und seinen Filialen Waren und Dienstleistungen erhalten und muß erst bei der periodisch erfolgenden Abrechnung bezahlen. Der Zweck der Karte besteht in der Absatzförderung durch die Einräumung eines kreditierten Kaufs und die Zurverfügungstellung einer kostenlosen bargeldlosen Zahlungsmöglichkeit[11]. Zudem soll die Karte eine dauerhafte Bindung des Kunden an das Unternehmen begünstigen und die unternehmensinterne Erfassung und Zuordnung getätigter Umsätze ermöglichen[12]. Ihren Anwendungsbereich findet die Kundenkreditkarte bei großen Unternehmen mit einem weiten Filialnetz[13], z.B. Hotelketten, Fluggesellschaften, Mietwagenfirmen, Tankstellenketten, Kraftfahrzeugherstellern und Kaufhäusern (Massa-Card, Karstadt Exklusiv Kundenkarte, Goldene Kundenkarte von Hertie). Im Oktober 1995 gab es 3,017 Millionen Kundenkarten mit Zahlungsfunktion[14]. Die der Kundenkreditkarte innewohnende Begrenztheit auf das ausgebende Unternehmen stellt jedoch einen bedeutenden Nachteil dar und hat zur Entwicklung einer nicht auf das ausgebende Unternehmen beschränkten Kreditkarte, der sog. „Universalkreditkarte" beigetragen.

---

[8] Schwintowski/Schäfer, Bankrecht, § 6, Rn. 3.

[9] Stauder/Weisensee, Das Kreditkartengeschäft, S. 20 f.; Weller, Das Kreditkartenverfahren, S. 11 ff.

[10] Weller, Das Kreditkartenverfahren, S. 50.

[11] Pfeiffer in: Westphalen, Kreditkartenvertrag, Rn. 6.

[12] Martinek, Moderne Vertragstypen III, S. 63.

[13] Schwintowski/Schäfer, Bankrecht, § 6, Rn.4.

[14] Haun in: Hellner/Steuer, Bankrecht und Bankpraxis, Rn. 6/1843 (Fn.1).

III. Die Universalkreditkarte

Im Gegensatz zur Kundenkreditkarte stellt sich die sog. „Universalkreditkarte“ grundsätzlich als ein Dreiparteiensystem dar, bestehend aus Kartenherausgeber, Karteninhaber und Vertragsunternehmen. Der Kartenherausgeber schiebt sich dabei als Zahlungsabwickler zwischen die Beziehung von Karteninhaber (= Kunde) und Vertragsunternehmen.

1. Geschichte und Verbreitung

Das erste Kreditkartenunternehmen wurde 1950 in den USA gegründet. Der Gründer (McNamara) ließ sich (angeblich) dadurch inspirieren, daß er in einem Restaurant wegen Bargeldmangels nicht zahlen konnte und daher ausharren mußte, bis seine Frau Bargeld vorbeibrachte. Auf diese Weise soll der Name „Diners Club“ zustande gekommen sein[15]. 1958 folgte dann die American Express Company, und es schloß sich im gleichen Jahr die Bank of Amerika an, deren Kreditkarte später die Basis für Visacard bildete. 1966 folgte die Mastercard, die im europäischen Raum mit Eurocard kooperiert.
Galt die Bundesrepublik Deutschland in bezug auf Kreditkarten lange als „Entwicklungsland“, so sind in letzter Zeit erstaunliche Zuwachsraten zustande gekommen. Dies zeigt der Vergleich der Zahlen von 1985-1998.

Karteninhaber 1985-1998

Jahr	**EUROCARD/ MasterCard**	**Visa**	**American Express**	**Diners Club**
1985	348.000	120.000	420.000	220.000
1986	472.000	130.000	480.000	260.000
1987	675.000	170.000	590.000	300.000
1988	984.000	375.000	725.000	345.000
1989	1.850.000	481.000	750.000	350.000
1990	2.600.000	1.074.000	750.000	350.000
1991	3.300.000	1.352.000	950.000	360.000
1992	4.260.000	1.850.000	1.000.000	360.000
1993	5.100.000	2.303.000	1.200.000	340.000
1994	6.000.000	2.707.000	1.200.000	340.000
1995	6.900.000	3.340.000	1.200.000	340.000
1996	7.400.000	4.100.000	1.200.000	340.000
1997	7.900.000	4.800.000	1.200.000	340.000
1998	8.300.000	4.800.000	1.200.000	300.000

[15] Weller, Das Kreditkartenverfahren, S. 14 f.

Umsatz 1985-1998 (in Millionen DM)

Jahr	EUROCARD/ MasterCard	Visa	American Express	Diners Club
1985	1.500	(733)	3.100	1.200
1986	2.200	(820)	3.200	1.300
1987	3.200	(1.000)	4.500	1.500
1988	4.600	2.790	4.795	1.651
1989	8.200	2.069	4.200	1.600
1990	12.200	3.071	5.300	1.600
1991	16.100	4.485	6.000	1.600
1992	20.100	5.614	7.000	2.000
1993	24.300	7,180	12.000	2.000
1994	27.100	8.900	12.000	1.350
1995	28.900	10.200	k. A.	1.350
1996	31.000	12.400	k. A.	1.850
1997	32.000	14.600	k. A.	1.900
1998	33.300	16.400	k.A.	1.200

Akzeptanzstellen 1985-1998

Jahr	EUROCARD/ MasterCard	Visa	American Express	Diners Club
1985	46.000	26.000	49.000	46.000
1986	61.000	31.000	56.000	50.000
1987	76.000	45.000	70.000	63.000
1988	107.000	81.000	90.000	80.000
1989	145.000	115.000	90.000	90.000
1990	180.000	153.000	120.000	90.000
1991	216.000	190.000	160.000	150.000
1992	248.000	204.000	160.000	160.000
1993	273.000	223.000	175.000	160.000
1994	293.000	255.000	180.000	160.000
1995	306.000	281.000	180.000	170.000
1996	311.000	290.000	220.000	180.000
1997	333.000	335.000	220.000	180.000
1998	362.300	360.000	222.000	188.000

Quelle: Presseveröffentlichungen bzw. eigene Publikationen der Kartengesellschaften; Statistik: EURO Kartensysteme EUROCARD und eurocheque GmbH • Public Relations http://www.eurocard.de/jo/jo_frame_daten_fakten.html

Die Marktanteile der vier größten Kreditkartensysteme beliefen sich 1997 für Eurocard auf 56 %, Visa 34 %, American Express 8 % und Diners Club 2 %. Der durchschnittliche Umsatz, der mit einer einzelnen Eurocard Kreditkartenzahlung beglichen wird, lag 1997 bei DM 171. Der Transaktionsumsatz pro Karteninhaber und Jahr ging 1998 (von 1997: DM 4100) auf DM 3858 zurück.

2. Verfahren und Beteiligte

Das Verfahren bei der Bezahlung mit der Universalkreditkarte gestaltete sich dabei dem Grundsatz nach folgendermaßen: Der Kunde hat von einem Unternehmen eine Leistung in Anspruch genommen. Gehört das Unternehmen nun zum Vertragsnetz des Kartenherausgebers (und ist somit „Vertragsunternehmen"), dann kann der Kunde, statt sofort in „bar" zahlen zu müssen, bei Vorlage einer Kreditkarte mit diesem „Plastikgeld" zahlen. Die Daten der Kreditkarte werden durch einen Druckstempler oder durch elektronische Ablesung des rückseitigen Magnetstreifens auf einen Belastungsbeleg übertragen, der auch den Rechnungsbetrag der in Anspruch genommenen Leistung enthält. Das Vertragsunternehmen reicht dann den vom Karteninhaber unterzeichneten Beleg beim Kartenherausgeber ein, und dieser erstattet dem Vertragsunternehmen die Rechnungssumme unter Abzug eines vereinbarten Betrages, des „Disagios", das in der Regel 3-5 % des Rechnungsbetrages ausmacht[16]. Zuletzt läßt sich der Kartenherausgeber die an die Vertragsunternehmen gezahlten Beträge nach monatlicher Abrechnung erstatten, was regelmäßig durch Lastschriftverkehr von einem Konto des Karteninhabers geschieht. Der Karteninhaber zahlt dem Kartenherausgeber für die Nutzungsmöglichkeit der Karte eine pauschale Jahresgebühr.

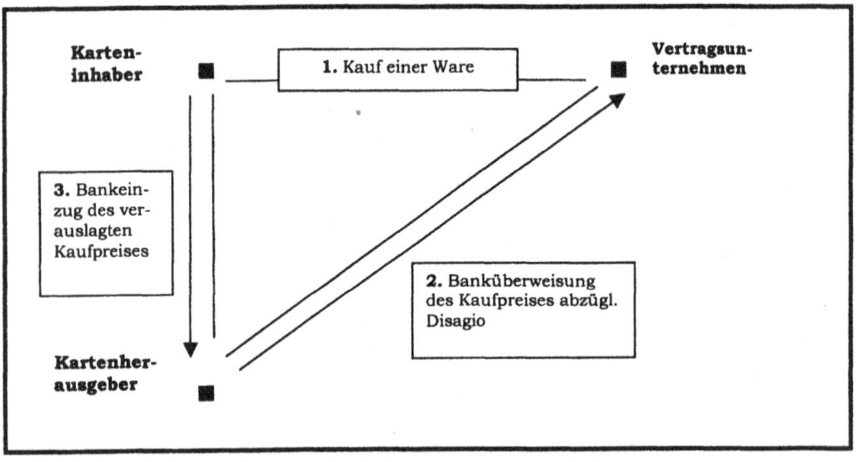

Schematische Darstellung der Parteibeziehungen bei der Zahlung mit Kreditkarte am Beispiel des Kaufs

[16] Vgl. Martinek in: Bankrechts-Handbuch, § 67, Rn.4.

Versucht man die Rechtsverhältnisse in diesem System zu ordnen, so bestehen drei Leistungsbeziehungen:

- **Valutaverhältnis:** Vertragsunternehmen – Karteninhaber
- **Deckungsverhältnis:** Kartenherausgeber – Karteninhaber
- **Vollzugsverhältnis:** Kartenherausgeber – Vertragsunternehmen.

Der Rahmenvertrag zwischen Kartenherausgeber und Karteninhaber wird dabei als Emissionsvertrag, derjenige zwischen Karteninhaber und Vertragsunternehmen als Akquisitionsvertrag bezeichnet.

3. Lizenzmodell[17] und Kooperationsmodell[18]

Liegen die Verhältnisse bei Diners Club und American Express dreigliedrig wie beschrieben, so sind die Beziehungen bei Eurocard und Visa komplizierter, da nicht sämtliche Funktionen des Kartenherausgebers in einer juristischen Person wahrgenommen werden. Bei American Express beispielsweise gibt das Unternehmen (American Express Inc.) oder ein exklusives nationales Tochterunternehmen die Kreditkarte heraus. Demgegenüber handelt es sich bei Eurocard um ein offenes, bankgestütztes Lizenzsystem[19], bei dem grundsätzlich jeder, der in den definierten Lizenznehmerkreis fällt, d.h. Finanzinstitut ist, eine Lizenz erwerben kann. Eurocard gibt dabei eine Hauptlizenz für jedes Land aus. Diese Hauptlizenz besitzt in Deutschland die „EURO Kartensysteme Eurocard und eurocheque GmbH", deren Geschäftsanteile vom deutschen Kreditgewerbe gehalten werden. Dabei handelt es sich um die frühere „GZS Gesellschaft für Zahlungssysteme mbH", die nach einer Betriebsabspaltung umfirmierte. Durch die Hauptlizenz ist die EURO Kartensysteme GmbH berechtigt, Eurocards zu emittieren und Vertragsunternehmen anzuwerben. Das Emissionsgeschäft überläßt die EURO Kartensysteme GmbH aber weitgehend den Banken. Sie räumt den Finanzinstituten durch Unterlizenz gegen Zahlung einer einmaligen Lizenzgebühr das nicht ausschließliche und nicht übertragbare Recht ein, Karten herauszugeben. Das Akquirierungsgeschäft (also die Rechtsbeziehung zum Vertragsunternehmen) nimmt dagegen der Lizenzgeber EURO Kartensysteme GmbH wahr. Die Banken vertreiben dann im eigenen Namen die Karten, sind Vertragspartner des

---

[17] Haun in: BuB, Zahlungsverkehr/Kreditkartengeschäft, Rn. 6/1859.
[18] Haun in: BuB, Zahlungsverkehr/Kreditkartengeschäft, Rn. 6/1860.
[19] Etzkorn in: Hadding/Schneider, Rechtsprobleme der Auslandsüberweisung, S. 121 (124); Reinfeld, WM 1994, S. 1505 (1507).

Karteninhabers und tragen das wirtschaftliche Risiko, denn der bei einer Kartennutzung dem Vertragsunternehmen von der EURO Kartensysteme GmbH zu erstattende Betrag wird bei der Bank zurückgefordert[20]. Die lizenznehmenden Banken sind dafür im Gegenzug berechtigt, die Jahresgebühr zu vereinnahmen, und sie erhalten einen Teil der Disagio-Gewinne, die bei der Abrechnung der EURO Kartensysteme GmbH mit dem Vertragsunternehmen anfallen. Rechtliche Probleme dieses Verfahrens haben allerdings nur für die Beziehung zwischen Lizenzgeber und Lizenznehmer eine Bedeutung[21]. Für die dogmatische Betrachtung des Kreditkartenverhältnisses kann daher auch beim Lizenzmodell von Eurocard und Visa an einer Dreierkonstellation festgehalten werden, indem man Emissions- und Akquirierungsgeschäft zu diesem Zweck in einer Person fingiert[22].
Neben diesem Lizenzmodell existiert für die Eurocard in der Bundesrepublik Deutschland das Kooperationsmodell, bei dem der Emittent der von den Kreditinstituten ausgegebenen Karten die EURO Kartensysteme ist, so daß die rechtlichen Beziehungen aus dem Emissionsvertrag zwischen der EURO Kartensysteme und dem Karteninhaber bestehen.

4. Wirtschaftliche Gründe für die Zurverfügungstellung der Kartenzahlungsmöglichkeit

Da die Zurverfügungstellung der Zahlungsmöglichkeit mit Kreditkarte mit Aufwand verbunden ist, fragt es sich, welche wirtschaftlichen Interessen sich dahinter verbergen. Von seiten des Kartenherausgebers besteht ein finanzielles Interesse[23], da das Kreditkartengeschäft anders als der sonstige Zahlungsverkehr als gewinnträchtig gilt. Der Profit ergibt sich dabei primär aus dem Disagio und nicht in erster Linie aus der Jahresgebühr. Das Kreditkartengeschäft geht daher vom finanziellen Aufwand her im wesentlichen zu Lasten des Handels und der Dienstleistungsbetriebe. Neben diesem unmittelbaren Gewinn durch Vergütung der Zahlungsvornahme besteht noch eine weitere Gewinnquelle durch Nutzung der dem Karteninhaber bekannten Daten über

---

[20] Dem liegt bei der vertraglichen Vereinbarung zwischen EURO Kartensysteme GmbH und Bank ein Forderungskauf derjenigen Forderung zugrunde, die die EURO Kartensysteme GmbH (nach den Eurocard-AGB wiederum durch Kauf) von dem Vertragsunternehmen erworben hat.
[21] Vgl. Reinfeld, WM 1994, S. 1505 (1514).
[22] Vgl. Pfeiffer in: Westphalen, Kreditkartenvertrag, Rn. 4.
[23] Vgl. Giger/Schluep, Kreditkartensysteme, S. 124 ff.; Martinek in: Bankrechts-Handbuch, § 67, Rn. 5.

die mit der Karte abgewickelten Geschäfte des Karteninhabers. Aufgrund dieser Informationen ist der Kartenherausgeber nämlich in der Lage, „Kundenprofile" in bezug auf die Kaufpräferenzen zu erstellen und diese an entsprechende an der Marktanalyse interessierte Unternehmen zu verkaufen. Aus der Sicht der Unterlizenznehmer (also der Banken) ist die Kreditkartenherausgabe zudem ein Mittel zur Kundenbindung, nach dem Motto: Karte - Konto - Kunde. Darüber hinaus besteht ein Werbeeffekt, da der Name des Finanzinstituts auf der Karte abgedruckt werden darf. Absatzpolitischen Zwecken dienen auch die jüngst als Co-Branding in Erscheinung getretenen Mischformen zwischen Zwei- und Dreiparteiensystemen. Die von einem Anbieter (z.B. ADAC) zum Bezug seiner Leistung herausgegebene Kundenkarte kann dabei aufgrund einer Kooperation mit einem Kreditkartenherausgeber auch als Universalkreditkarte genutzt werden.
Es bestehen aber auch wirtschaftliche Interessen der Vertragsunternehmen an der Beteiligung am Kreditkartenverbund, die dem finanziellen Aufwand (Disagio) für die Teilnahme am System gegenüberstehen. Einzelhandels- und Dienstleistungsunternehmen akzeptieren Kreditkarten zwecks Verkaufsförderung, denn sie erschließen sich damit zusätzliches Kundenpotential, z.B. Touristen. Darüber hinaus besteht die Chance vom größeren finanziellen Spielraum der Karteninhaber durch Umsatzsteigerungen zu profitieren, da Kartenkunden erfahrungsgemäß bei Einkäufen mehr Geld ausgeben als Barzahler. Kreditkarten tragen tendenziell auch zum Ausgleich von Absatzschwankungen bei, da sie dem Inhaber eine gleichmäßige Zahlungsfähigkeit unabhängig von den meist nur periodisch erfolgenden Gehaltszahlungen oder sonstigen Einkom-mensquellen verschaffen. Zudem mindert die Kartenzahlung für das Vertragsunternehmen die Kosten und Risiken der Bargeldhaltung.

5. Wirtschaftliche Gründe für die Nutzung der Kreditkarte durch den Konsumenten

Ist die Zurverfügungstellung der Zahlungsmöglichkeit mit Kreditkarte für Kartenherausgeber und Vertragsunternehmen von wirtschaftlichem Interesse, so stellt dieses Interesse doch nur die eine Bedingung für die Existenz dieser bargeldlosen Zahlungsmöglichkeit dar. Die andere Bedingung ist die Nutzung und Akzeptanz durch den Konsumenten. Die große Zahl der Karteninhaber und die damit getätigten Umsätze lassen sich durch das Bedürfnis des Konsumenten nach Zahlung ohne Bargeld in den Alltagsgeschäften erklären. Die Gründe die zum Bedürfnis nach Bargeldersatz durch Kreditkarte führen, liegen im Wunsch des Konsumenten in der finanziellen Disposition nicht an mitgeführtes Bargeld gebunden zu sein, sondern eine größere zahlungsmäßige Handlungsfreiheit mit der Möglichkeit zu Spontankäufen zu haben[24]. Ein weiterer Pluspunkt der Karte für den Inhaber ist der Aspekt der Sicherheit und Verlustbegrenzung. Wer nämlich wenig Bargeld mit sich trägt, dem kann auch nur wenig gestohlen werden, und wird die Kreditkarte gestohlen und mißbräuchlich verwendet, dann haftet der Inhaber bis zum Zeitpunkt der Verlustmeldung dem Kartenherausgeber[25] mit maximal DM 100 und nach erfolgter Meldung gar nicht mehr. Geschätzt wird auch die Möglichkeit mit der Karte im Ausland ohne kostspieliges und umständliches Geldwechseln bezahlen zu können.

6. Besonderheiten bei der Internetzahlung[26] – das SET Verschlüsselungsverfahren

Unter der Voraussetzung der physischen Kartenvorlage, die den Händler in die Lage versetzt, vorgegebene Sicherheitsmerkmale der Karte bis hin zur Unterschrift zu prüfen, werden von der Händlerbank in vertraglich festgelegten Grenzen „Zahlungsgarantien" gegeben. Dieser wesentliche Vorteil für den Händler besteht auch dann, wenn der Karteninhaber später gegenüber seiner Bank keine Zahlung leisten sollte oder es sich bei der Karte etwa um eine Verlustkarte handelt. Der Nachteil liegt darin, daß der Händler an sein Ladengeschäft gebunden ist, also einen eingeschränkten Aktionsradius hat und deshalb auch nur eine eingeschränkte Anzahl von Kunden erreichen kann. Neben der klassischen Vorlage einer Zahlungskarte hat sich seit langem das Mail- bzw. Phone Order Verfahren etabliert, welches insbesondere Kataloghändlern erlaubt, Angebote mit dem Zahlungsmittel Kreditkarte abzuwickeln. Bei schriftlichen Bestellungen oder Orders, die über das Telefon eingehen, reicht in aller Regel die Angabe der Kartennummer und die Nennung des Kartenverfalldatums, um den Zahlungsvorgang abzuwickeln. Diese zunächst einfach anmutende Zahlungsweise, die sowohl manuell als auch über Terminalanbindungen abgewickelt werden kann, hat für Händler aber einen ganz entscheidenden Nachteil. Die vertraglichen Regelungen, und dies ist gängige Praxis aller Kartenprodukte, sehen vor, daß im Falle einer Reklamation, sofern eindeutige Nachweise fehlen, keine Zahlungsgarantie geleistet wird. Das Haf-

[24] Giger/Schluep, Kreditkartensysteme, S. 127.
[25] Eurocardbedingungen Nr.9
[26] zum Ganzen http://www.visa.de/ks/service/setinfo.htm und die WebSeite des Electronic Commerce InfoNet (www.ecin.de) unter dem Titel "SET- Einstiegsinformationen für Händler".

tungsrisiko liegt also mit wenigen Einschränkungen auf der Händlerseite.
Durch die Ausweitung des Internet und die damit verbundene Ausweitung von Dienstleistungs- und Handelsangeboten im Internet hat sich die Notwendigkeit ergeben, Kartenzahlungen auch über offene Netze zu akzeptieren. In bezug auf die Abwicklungsseite wurden hier die bekannten Verfahrensweisen aus Mail- und Phone Order Geschäften adaptiert. Für den Händler bedeutet dies, daß das Risiko auch bei der Internetübermittlung von Kartendaten nicht durch Abgabe von Zahlungsgarantien durch die Händlerbank getragen wird. Mehr noch kann hier von einem erhöhten Risiko ausgegangen werden, da Kartendaten über offene Netze transportiert werden und Nachweise der Bestellung oder Lieferung nur schwer zu erbringen sind, insbesondere dann, wenn es sich um Güter handelt, die direkt über das Netz geliefert werden, wie z.B. Software oder auch Leistungen im Bereich Beratung oder Information.
Problematisch ist das Mitschicken der (unverschlüsselten) Kartendaten besonders deshalb, weil die Kreditkarteninformationen auf ihrem Weg zum Empfänger bei fehlender Verschlüsselung im „Klartext" vorliegen und sich mit Hilfe von spezieller Software, sog. Paketsniffer (Packetschnüffler), unterwegs gezielt abhören lassen. Um die Kartendaten über das Internet zu verschicken, werden diese nämlich zu Paketen zusammengestellt und mit Kopfzeilen versehen, die die WWW-Adresse des Empfängers enthalten. Aufgrund dieser Kopfzeilen wird dann das Paket auf den Weg geschickt und passiert dabei fremde Rechnersysteme. Auf einem solchen System kann ein Programm installiert werden, das Pakete nach bestimmten Merkmalen „durchschnüffelt", z.B. nach bestimmten Stichworten wie „Kreditkarte". Findet es ein solches Paket, werden die zugehörigen Daten einfach abgespeichert. Mit diesen Daten können dann weitere (mißbräuchliche) Transaktionen erfolgen. Zwar gab es schon früher einen Mißbrauch von Kreditkarten, so beispielsweise durch „dumpster diving", dem Durchsuchen von Papierkörben in der Nähe von Restaurants nach weggeworfenen Zahlungsbelegen mit Kreditkartendaten, oder durch betrügerische Angestellte, die bei der Bezahlung die Kartendaten einfach kopieren. Das Ausspähen dieser Informationen im Internet stellt jedoch eine neue Dimension dar, denn jetzt können die notwendigen Daten automatisch gesammelt werden. Eine nachträgliche Rekonstruktion des Datenweges ist in aller Regel nicht möglich. Die Sicherheit der Übertragung von Kreditkartendaten im Internet erfordert deshalb eine Verschlüsselung[27].

[27] Vgl. http://www.ecin.de/sicherheit/grundbegriffe.html#ssl

Man unterscheidet zwei Arten von Verschlüsselungsmethoden: symmetrische und asymmetrische. Bei der symmetrischen Verschlüsselung ist das Kennwort für die Ver- und Entschlüsselung identisch. Das ist solange eine sichere Lösung, wie die damit verschlüsselten Daten an einem Ort bleiben, also beispielsweise, wenn man eine Exceltabelle mit einem Paßwort schützt. Schwierigkeiten entstehen allerdings dann, wenn man diese Daten übertragen will. Man benötigt nämlich einen sicheren Weg, den Schlüssel - also das Kennwort - zu übertragen. Diese Schwierigkeit wurde 1976 aus dem Weg geräumt, als Whitfield Diffie und Martin Hellmann die sogenannte Public-Key-Verschlüsselung erfanden, ein asymmetrisches Verfahren. Nun hatte man zwei verschiedene, aber miteinander verbundene Schlüssel für Ver- und Entschlüsselung. Der sogenannte öffentliche Schlüssel ("public key"), den ruhig jeder kennen darf, dient zur Verschlüsselung der Daten. Um die Daten wieder lesbar zu machen, benötigt man einen zweiten, den sogenannten privaten Schlüssel (private key). Bekannt geworden ist das Public-Key-Verfahren durch das Emailverschlüsselungsprogramm PGP - Pretty Good Privacy - von Phil Zimmermann.
Aber auch dieses System hat einen Nachteil: Public-Key-Verfahren brauchen bis zu tausendmal länger für das Verschlüsseln als Private-Key- (= symmetrische) Verfahren und benötigen Schlüssel, die bis zu zehnmal so lang sind, um einen gleichen Sicherheitsstandard zu gewährleisten.
Die gängigen Browser haben ein Verfahren zur sicheren Datenübertragung eingebaut, daß die Stärken der symmetrischen und asymmetrischen Verschlüsselung nutzt und die Nachteile vermeidet: Zuerst wird eine "langsame" Public-Key-Verbindung zwischen Browser (= Kunde) und Server (= Anbieter) aufgebaut, über die ein symmetrischer Schlüssel und die elektronischen Ausweise = Zertifikate sicher ausgetauscht werden. Für die eigentliche Datenübertragung benutzt man dann das schnellere symmetrische Verfahren. Dieses von Netscape Communications entwickelte sog. SSL-Protokoll war im Netscape Navigator von Anfang an und im Microsoft Internet Explorer ab der Version 3.0 eingebaut.
Webseiten, die Daten nach diesem Verfahren gesichert in Empfang nehmen, erkennt man in der Adresse am "s" in https://www... anstatt http://www..., sowie am unteren Bildschirmrand im Netscape Navigator am geschlossenen Schlüssel, der sonst unterbrochen ist, bzw. im Internet Explorer am geschlossenen Vorhängeschloß, das sonst offen ist.
1995 hat Microsoft eine Variante von SSL, die sog. Private Communications Technology (PCT), vorgeschlagen und in den Internet Explorer 3.0 eingebaut, und im Mai 1997 hat die Internet Engineering Task

Force - IETF -, die für die Internetstandards zuständig ist, ebenfalls eine Erweiterung des SSL-Protokolls namens Transport Layer Security (TLS) in Angriff genommen.
So gut und verbreitet das SSL-Verfahren auch ist, so birgt es aber weiterhin die Gefahr von Mißbräuchen, weil einerseits die Identität des Kunden für den Händler nicht zweifelsfrei feststeht und andererseits der Händler die Kreditkartendaten für weitere oder höhere als die vom Kunden gewollten Transaktionen mißbrauchen könnte[28]. Zur Minimierung dieser Gefahren haben die Firmen Visa und MasterCard in Zusammenarbeit mit IBM, Netscape und Microsoft den SET-Standart entwickelt.
Die Verbesserung durch SET liegt nicht nur in der Verlängerung des Schlüssels, also einer geringfügigen technischen Modifikation, die man bei SSL auch einführen könnte, sondern in der Änderung und Erweiterung des Kauf- und Abrechnungsvorgangs. Es sind nicht mehr nur Händler und Käufer, sondern zusätzlich eine Bank an einem Geschäft beteiligt und bei sämtlichen Kommunikationsvorgängen zwischen den beteiligten Rechnern muß sich jedesmal jeder gegenüber jedem durch einen elektronischen Ausweis legitimieren. Der Händler bekommt die Kreditkartennummer nicht zu sehen, die Bank erfährt nicht, was der Kunde gekauft hat, und zum Schluß ist das Geschäft für alle Beteiligten sicher abgewickelt.
Dies begründet auch den wesentlichen Vorteil für Händler, die sich entschließen, SET für Zahlungen im Internet einzusetzen. SET-Zahlungen werden vertraglich behandelt wie Zahlungen, die im Ladengeschäft stattfinden. Der Händler erhält bei der SET-Zahlung eine vollständige Zahlungsgarantie seiner Händlerbank.

Die Zahlungsabwicklung über SET:
Das Wesen von SET besteht darin, daß sowohl Karteninhaber als auch der Händler ein SET-Zertifikat erhalten. Die Zertifikate werden von den jeweiligen Banken, im Falle des Karteninhabers von der kartenausgebenden Bank (Issuer), im Falle des Händlers von der Händlerbank (Acquirer), ausgegeben. Das Zertifikat des Kunden wird - ähnlich einem Kartenantrag - durch eine einmalige Autorisierung erteilt. Es identifiziert den rechtmäßigen Karteninhaber bei Transaktionen im Internet. Außerdem ist noch das SET-Wallet notwendig, das kostenlos runtergeladen werden kann. In dem SET Wallet werden alle für den Einkauf notwendigen Zahlungsinformationen abgelegt. Ferner wird hier das SET-Zertifikat gespeichert. Mit dem Zertifikat weist man sich als Inha-

[28] Weber, Elektronisches Geld, S. 53.

ber der verwendeten Kreditkarte aus, so als ob eine Kartenvorlage im Ladengeschäft stattfinden würde. Der Händler muß einen SET fähigen Server installieren, der es ermöglicht, SET-Transaktionen aufzunehmen, um diese an seine Händlerbank weiterzugeben.
Die Händlerbank betreibt einen sog. Payment Gateway. Dieser nimmt SET-Transaktionen von Händlern auf und setzt diese in die derzeit gängigen ISO Formate um, die beispielsweise im Visa Netzwerk (Visa-Net) benutzt werden. Der Zahlungsverkehr zwischen Händlerbank und kartenausgebender Bank läuft wie bisher in internen Netzwerken, also nicht über offene Netze ab. Zur gegenseitigen Kenntlichmachung der SET Fähigkeit wurde ein SET Warenzeichen entwickelt, welches der Händler nach entsprechender Zertifizierung auf seiner Web Seite zeigen darf.

Das Bezahlen:
SET basiert auf einer Kombination von verschiedenen Verschlüsselungen.
Der Karteninhaber wählt bei seiner Bestellung via Internet die Zahlungsart "Kreditkarte". Er übermittelt so die Transaktion oder die Bestellung elektronisch zum Händler. Zuerst wird das digitale Zertifikat des Händlers geprüft. Dies geschieht durch die Wallet Software des Karteninhabers. Sollte der Händler kein Zertifikat besitzen, wird der Nutzer sofort darüber informiert und kann seine Bestellung abbrechen.
Das Zertifikat des Bestellers wird zusammen mit seiner Bestellung übermittelt. Dem Händler ist es demnach möglich, den Karteninhaber zu identifizieren. SET verschlüsselt die Informationen, fügt eine digitale Unterschrift hinzu und stellt sicher, daß niemand die Daten lesen oder sogar verändern kann.
Nachdem die verschlüsselten Daten beim Händler angekommen und vom Händler-Server verifiziert wurden, schickt er die Daten immer noch verschlüsselt an den Acquirer weiter.
Angekommen beim Acquirer, entschlüsselt sein Server die Informationen. Nun sendet er eine Autorisierungsnachricht zum Issuer der Karte.
Zum Schluß wird die Autorisierung über ein nicht offenes Netzwerk übertragen und wieder verschlüsselt. Via Datenautobahn erhält der Händler die Autorisation. Er bestätigt die Bestellung und kann im Anschluß seine Waren verschicken.

7. Gefahren der Kreditkarte[29], insbesondere bei der Verwendung durch Minderjährige

Die Kreditkarte bringt durch ihre zahlungsmäßige Struktur im Vergleich zur Barzahlung einige Gefährdungsmomente mit sich, die - besonders einen in Geldangelegenheiten unerfahrenen Menschen - zu Vermögensdispositionen führen kann, die er im nachhinein bedauert. Verantwortlich für diese Gefährdung ist zunächst die innerhalb des von der Bank genehmigten finanziellen Verfügungsrahmens ermöglichte „unbegrenzte" Liquidität[30], die nicht wie beim Bargeld durch den Betrag des mitgeführten Geldes begrenzt ist. Die Unbequemlichkeit der Geldbeschaffung durch Aufsuchen eines Kreditinstituts entfällt. Ein spontaner Kaufimpuls kann damit sofort realisiert werden. Bargeld dagegen hätte erst beschafft werden müssen; um sich überhaupt zwecks Geldabhebung zur Bank zu begeben, hätte erst die Abwägung getroffen werden müssen, daß der Nutzen des Kaufs den Aufwand der Bargeldbeschaffung überwiegt. Der Kaufentschluß wäre möglicherweise gar nicht erst gefaßt worden, jedenfalls aber stände auf dem Weg zur Bank oder zum Geldautomaten eine gewisse Zeit zur Verfügung, die Entscheidung zu überdenken. Ein weiteres Gefährdungspotential liegt in der Zahlungsmodalität der Karte. Da die Kreditkarte im Unterschied zum Bargeld dem Inhaber nach dem Zahlungsvorgang gleich wieder zurückgegeben wird, verliert der Zahlende physisch nichts. Das Verlustgefühl, daß Überlegungen zur Zweckhaftigkeit einer Anschaffung motiviert, ist verringert oder ganz ausgeschaltet[31]. Man kann deshalb vermuten, daß die Kartennutzung von Konsumenten teilweise gar nicht als Ausgabe empfunden wird[32]. Zwar müßte eigentlich das fehlende Gefühl des Verlustes von Bargeld durch ein entsprechendes Bewußtsein der unausweichlichen Belastung aufgrund der folgenden Monatsabrechnung ersetzt sein, doch der Verbraucher neigt zur Verdrängung unangenehmer Realitäten[33], und diese Verdrängung wird durch die erst später eintreffende Monatsabrechnung im Gegensatz zur sofortigen Barzahlung ermöglicht. Der Erwerb eines Konsumguts kann dann aufgrund des fehlenden Verlustgefühls als einseitig positiver Vorgang erscheinen, da der Vertragsschluß im Valutaverhältnis

---

[29] Vgl. zum Ganzen: Streit, Kartenzahlung und Verbraucherverschuldung aus rechtlicher Sicht, S. 77 ff.

[30] Schöchle, Kartengebundene Zahlungssysteme in Deutschland, S. 243; Priewasser, Kartengesteuerte Zahlungssysteme, S. 73.

[31] Epple, An der Schwelle der 90er Jahre - Finanzverhalten im Wandel, in: Szallies/Wiswede, S. 441, 458 f.

[32] Sullivan/Warren/Westbrook, As we forgive our debetors, S. 178.

[33] Kemper, Verbraucherschutzinstrumente, S. 49.

nur unter dem Aspekt der Leistung des Vertragsunternehmens gesehen wird. Die Möglichkeit zu Impuls- und Schnellkäufen wird dabei vom Handel teilweise gezielt gefördert, wenn beispielsweise beim Teleshopping aufgefordert wird, nach Präsentation eines bestimmten Angebotes sofort unter Angabe der Kreditkartennummer zu bestellen, wobei darauf hingewiesen wird, daß das Produkt nicht in gewöhnlichen Geschäften erhältlich ist oder nur kurze Zeit so günstig erworben werden kann (Einführungspreis, Treuepreis). Eröffnet und begünstigt die Technik der Kartenzahlung also unüberlegtes Kaufverhalten, so muß es deshalb nicht notwendigerweise auch zum unüberlegten Konsum kommen. Vielmehr hängt dies vom konkreten Gebrauch der Karte durch den Kunden ab. Besonders anfällig für unüberlegte Ausgaben sind dabei bestimmte Käufertypen, nämlich der kompulsive und der demonstrative Käufer[34]. Der demonstrative Käufer will mit dem Konsum Liquidität und Bonität beweisen, um seinen angestrebten oder vorhandenen sozialen Status durch ein bestimmtes Konsumverhalten in der Freizeit zu begründen oder zu untermauern[35]. Der kompulsive Käufer will mit dem Konsum negative Emotionen abbauen. Es handelt sich um eine regelrechte Flucht vor den Ansprüchen anderer oder sonstigem äußeren Druck (Frustkauf)[36]. Nach schlechten Erfahrungen meint der Verbraucher, „sich etwas gönnen" zu müssen. Dabei erscheint in der konkreten Situation der Kauf als unbedingt notwendig, um ein erleichterndes Glücksgefühl zu schaffen, wohingegen die Ware für sich genommen nur von sekundärer Bedeutung ist[37]. Diese beiden Käufertypen, die aus Zwecken der Anpassung und Geltung oder des Erlebnisses einkaufen, neigen besonders zu Spontankäufen und einem Leben „über die eigenen Verhältnisse". Da Geltung und Anpassung im Jugendalter eine große Rolle spielen und das Erwachsenwerden häufig mit emotionalen Schwankungen verbunden ist, rekrutieren sich die genannten Käufertypen nicht unerheblich aus Jugendlichen. Die Zahlungsmöglichkeit mit Kreditkarte begründet daher gerade für Jugendliche die Gefahr unzweckmäßiger Käufe, so daß eine sorgfältige Kontrolle des Karteneinsatzes durch die Eltern wünschenswert erscheint. Eine solche Kontrolle ist den Eltern allerdings aufgrund der monatlichen Abrechnung mit genauer Angabe der getätigten Umsätze vergleichsweise gut möglich.

---

[34] Opaschowski, Freizeitkonsum und Lebensstil, in: Szallies/Wiswede, S. 109, 116 ff.

[35] Opaschowski, Freizeitkonsum und Lebensstil, in: Szallies/Wiswede, S. 109, 113.

[36] Vgl. Reiter, Kritische Lebensereignisse und Verschuldungskarrierren von Verbrauchern, S. 228.

[37] Schöchle, Kartengebundene Zahlungssysteme in Deutschland, S. 245.

8. Rechtliche Funktionen der Kreditkarte

War bislang nur von der wirtschaftlichen Funktion der Kreditkarte und ihren Gefährdungspotentialen die Rede, so ist im folgenden der Blick auf die rechtlichen Funktionen zu richten.

a) Bargeldersatzfunktion

Die Funktion der Kreditkarte wird in erster Linie durch das praktische wirtschaftliche Bedürfnis des Konsumenten nach Zahlung ohne Bargeld bestimmt[38], wie die Anekdote über den Gründer von Diners Club bestätigt. Diese erwünschte Möglichkeit, Waren oder Dienstleistungen bargeldlos in Anspruch zu nehmen, wird als „Bargeldersatzfunktion" bezeichnet[39].

b) Attraktivitätserhöhende Zusatzfunktionen

Wenn auch die Möglichkeit, ein Bargeldsurrogat zu haben, die Intention zur Schaffung der Kreditkarte war, so sind Kreditkarten häufig mit zusätzlichen Nutzungsmöglichkeiten ausgestattet, um ihre Attraktivität zu erhöhen. So ist es möglich, die Karte zur Bargeldauszahlung oder zur Bargeldbeschaffung an Geldautomaten mit einer dem Karteninhaber zugeteilten Geheimzahl (PIN) zu nutzen[40]. Des weiteren werden teilweise Assistance-Leistungen in Form von Versicherungsschutz, Reiseplanung, Hotel- und Mietwagenreservierung angeboten. Eurocard ermöglicht zudem das bargeldlose Telefonieren an den Chip-Kartentelefonen der Deutschen Telekom im Inland und im Ausland sowie die Nutzung der öffentlichen Telefax-Geräte[41].

c) Beweisfunktion

Von diesen rechtsgeschäftlich vereinbarten Funktionen ist die materiale Funktion der Kreditkarte zu trennen. Die Funktion der Kreditkarte in ihrer stofflichen Beschaffenheit als bedruckte Plastikkarte besteht darin, eine Beweisurkunde[42] zu bilden, die den berechtigten Inhaber

---

[38] Canaris, Bankvertragsrecht, Rn. 1623; Giger/Schluep, Kreditkartensysteme, S. 146; Schluep/Baudenbacher, SPR VII/2 (1979), S. 890 (891); Weisensee, Kreditkarte, S. 60 ff.

[39] OLG Schleswig WM 1991, S. 453 (454); Bitter, ZBB 1996, S. 104 (108).

[40] Haun in: BuB, Zahlungsverkehr/Kreditkartengeschäft, Rn. 6/1865.

[41] Kümpel, Bank- und Kapitalmarktrecht, Rn. 4.915.

[42] Pfeiffer in: Westphalen, Kreditkartenvertrag, Rn. 11; Schönle, Bank- und Börsenrecht, S. 346; Weller, Das Kreditkartenverfahren, S. 122, 124.

als Vertragspartner des Kartenherausgebers ausweist, der legitimiert ist, für sich das Recht auf bargeldlose Zahlung mittels der Kreditkarte aus dem zwischen dem Kartensystem und dem Vertragsunternehmen geschlossenen Vertrag in Anspruch zu nehmen.

d) Kreditfunktion

Der Name „*Kredit*karte" läßt erwarten, daß wenigstens einer der beteiligten Parteien ein Kredit gewährt wird. Als Anknüpfungspunkt für eine solche Kreditfunktion der Karte kommen zwei Faktoren in Betracht: einerseits 12 ein abrechnungsbedingter Zahlungsaufschub und andererseits eine vertraglich eingeräumte Guthabenüberziehungsmöglichkeit. Eine im Kreditkartenvertrag vorgesehene Berechtigung zur Überschreitung der vorhandenen Kontendeckung stellt sich zweifelsfrei als Einräumung eines Kredits dar. Bei Eurocard, Visa, American Express und auch Diners Club ist aber grundsätzlich in den Vertragsvereinbarungen die sofortige Zahlung (nach eintreffen der monatlichen Sammelrechnung) vorgesehen. Der Karteninhaber darf deshalb (ohne spezielle Überziehungsbefugnis) nur im Rahmen seiner Einkommens- und Vermögensverhältnisse mit der Karte zahlen, so daß ein Ausgleich der Umsätze bei Fälligkeit gewährleistet ist. Bei diesen Vertragsverhältnissen könnte sich die Kreditfunktion also nur auf einen abrechnungstechnischen Zahlungsaufschub beziehen.
Ein solcher Zahlungsaufschub findet sich sowohl im Verhältnis Karteninhaber/Vertragsunternehmen als auch im Verhältnis Karteninhaber/Kartenherausgeber)[43]. Das Vertragsunternehmen, das mit dem Karteninhaber ein Geschäft getätigt hat, verzichtet auf die sofortige Bezahlung, und es vergeht eine gewisse Zeit, bis die Rechnungsbelege beim Kartenherausgeber eingereicht sind und dieser gezahlt hat. Der Kartenherausgeber seinerseits fordert vom Karteninhaber auch nicht sofortige Bezahlung seiner Aufwendungen, sondern stellt dem Karteninhaber seine Zahlungen nur periodisch (i.d.R. monatlich) in Rechnung. Ob ein solcher Zahlungsaufschub aber als „Kredit" zu bezeichnen ist, wird kontrovers beurteilt[44]. Die Frage gewinnt rechtliche Bedeutung allerdings erst mit Blick auf die Implikationen für einen minderjährigen Karteninhaber. Bei diesem ist nämlich zu klären, ob ein familiengerichtliches (früher: vormundschaftliches) Genehmigungser-

---

[43] Vgl. Hammann, Die Universalkreditkarte, S. 28.

[44] Dafür: BGH WM 1990, 1059 f. (ohne Begründung); Canaris, Bankvertragsrecht, Rn. 1623; dagegen: Hammann, Die Universalkreditkarte, S. 28; Hadding, Festschrift für Pleyer, S. 17 f.; Giger/Schluep, Kreditkartensysteme, S. 154; Weller, Das Kreditkartenverfahren, S. 54 ff., 59.

fordernis gemäß § 1822 Nr. 8 BGB (Aufnahme von Geld auf den Kredit des Mündels) besteht. Daher soll die Frage nach dem „Kreditcharakter" der Kreditkarte erst in diesem Zusammenhang näher behandelt werden.

9. Barzahlung als Leitbild von Vertragsüberprüfung und Vertragskonstruktion

Um die Rechtsbeziehungen im Kreditkartenverfahren zu normieren, schufen die Kartenherausgeber ihren Interessen entsprechende AGB. Solche AGB sind am AGBG zu messen. Eine Inhaltskontrolle gemäß §§ 9 bis 11 AGBG findet gemäß § 8 AGBG aber nur dann statt, wenn die Bestimmungen in den Allgemeinen Geschäftsbedingungen von Rechtsvorschriften abweichen oder diese ergänzend regeln. Schon deshalb ist es notwendig, nach einem gesetzlichen Leitbild für die Zahlung zu fragen. Versucht man des weiteren – unabhängig von einer tatsächlichen vertraglichen Ausgestaltung – nur nach den gesetzlichen Instituten des BGB die Rechtsbeziehungen im Kreditkartenverfahren zu konstruieren, etwa weil die AGB nicht in den Vertrag mit einbezogen wurden, dann bedarf man eines Entscheidungskriteriums, welche der möglichen Rechtskonstruktionen den Vorzug verdient. Auch dieses Kriterium kann nur in der rechtlichen Funktion der Karte als Bargeldersatz gesehen werden[45]. Die geeignetste Rechtskonstruktion in diesem Sinne ist deshalb diejenige, die den Kartenzahlungsvorgang im höchsten Grade bargeld- ähnlich abbildet. Um die bargeldlose Zahlung beurteilen zu können, ist es deshalb auch erforderlich, sich kurz der Barzahlung zuzuwenden.

10. Barzahlung als gesetzlicher Normfall der Zahlung und ihre Strukturprinzipien

Unter Barzahlung versteht man die Übereignung von Geldzeichen, die üblicherweise zur Erfüllung einer Geldschuld erfolgt. Ist im Vertrag nichts weiter verabredet, hat die Zahlung in bar zu erfolgen[46]. Mit Eigentumserwerb des Bargelds erlischt die Geldschuld gemäß § 362 Abs. 1 BGB. Lehnt der Gläubiger die Barzahlung ab, kommt er in Annahmeverzug mit der Folge, daß er von nun ab die Kosten und Risiken der Geldleistung trägt. Leistet der Schuldner der Geldleistung nicht, dann kann der Gläubiger einen Zahlungstitel erstreiten und in das Vermö-

---

[45] Vgl. Pfeiffer in: Westphalen, Kreditkartenvertrag, Rn. 12.
[46] Vgl. nur Palandt/Putzo, § 433, Rn. 34.

gen des Schuldners vollstrecken. Auch bei dieser Vollstreckung gilt das Barzahlungsprinzip, denn gepfändetes Geld ist dem Gläubiger körperlich abzuliefern (§ 815 Abs. 1 ZPO) und gepfändetes Mobiliarvermögen ist gegen Barzahlung (§ 817 Abs. 2 ZPO) zu versteigern, wobei dann der Erlös dem Gläubiger auszuhändigen ist (§ 819 ZPO). Gleiches gilt für den Versteigerungserlös in der Immobiliarzwangsvollstreckung (§ 177 Abs. 1 ZVG).
Wie sich zeigt ist die Barzahlung also der gesetzlich vorgesehene Normalfall der Zahlung. Dem Grundtatbestand der Zahlung liegen dabei bestimmte Prinzipien zugrunde[47]. Diese Grundsätze ordnen dem Zahlenden, dem Empfänger und Dritten die Risiken bei der durch die Zahlung zu bewirkenden Wertübertragung zu und begrenzen sie zugleich.

Unmittelbarkeitsgrundsatz:
Die Vermögensverschiebung bei der Barzahlung vollzieht sich ohne Mitwirkung Dritter. Das Eigentum Dritter am Bargeld oder eine sonstige Belastung ist rechtlich ohne Bedeutung, da der Empfänger unbelastetes Eigentum am Bargeld erhält (§§ 929, 932, 935 Abs. 2 i.V.m. Abs. 1, 936 Abs. 1 u. Abs. 2).

Abstraktheitsgrundsatz:
Hat der Empfänger das Bargeld erhalten, ist seine Eigentumsposition gegenüber Mängeln im kausalen Verhältnis in dinglicher Hinsicht immun. Er kann lediglich einem schuldrechtlichen Rückübertragungsanspruch ausgesetzt sein.

Vertragsgrundsatz:
Die Eigentumsübertragung des Bargeldes gemäß § 929 S.1 BGB setzt einen dinglichen Vertrag (Einigung) voraus. Durch dieses beiderseitige Rechtsgeschäft wird einerseits der Zahlende vor unkontrollierten Vermögensverlusten geschützt, anderseits der Empfänger vor ungewollten Zuwendungen bewahrt.

Grundsatz der Gefahrtragung des Zahlenden:
Trotz der Auslegungsregel des § 270 Abs. 1 BGB ist bei der Geldschuld der Leistungsort im Zweifel nicht der Wohnsitz des Gläubigers, sondern wegen § 270 Abs. 4 i. V. m. § 269 Abs. 1 BGB der des Schuldners. Entgegen den allgemeinen Gefahrtragungsregeln (§§ 243 Abs. 2, 447 BGB) bleibt der Schuldner gemäß § 270 Abs. 1 BGB aber bis zur Erfüllung durch Eigentumserwerb des Gläubigers zur Zahlung ver-

[47] Zu den Prinzipien im Ganzen: Schön, AcP 198 (1998), S. 401 (405).

pflichtet, unabhängig von seiner Zahlungsfähigkeit oder dem Schicksal der von ihm zur Zahlung vorgesehenen Geldzeichen. Der Schuldner allein trägt daher die Geldleistungsgefahr.

2. Kapitel – Die Rechtsbeziehungen der am Kreditkartenverfahren beteiligten Parteien nach den AGB im einzelnen

Die Kreditkartenherausgeber regeln (wie schon erwähnt) ihre Rechtsbeziehungen zum Vertragsunternehmen und zum Karteninhaber im Wege der Selbstorganisation durch AGB. Daher soll zunächst die rechtliche Konstruktion der Kreditkarte insoweit betrachtet werden, wie sie sich aus den AGB ergibt. Dabei werden exemplarisch die Allgemeinen Geschäftsbedingungen der Eurocard zugrunde gelegt, weil Eurocard die bedeutendste Marktstellung in Deutschland hat. Dabei werden allerdings nur diejenigen AGB-Klauseln behandelt, die für das Systemverständnis relevant sind.

I. Das Rechtsverhältnis Kartenherausgeber – Vertragsunternehmen

Wenn ein Kunde eine Kreditkarte nutzen möchte, ist es erforderlich, daß sich das Vertragsunternehmen auf diese Zahlungsweise einläßt. Das Vertragsunternehmen wird dies allerdings nur dann tun, wenn ihm vom Kreditkartenunternehmen zugesagt wird, daß der Herausgeber die Beträge ausgleicht, die der Kunde mit Karte zu zahlen wünscht. Zu diesem Zweck schließt der Kartenherausgeber mit dem Vertragsunternehmen einen Rahmenvertrag, der die Einzelheiten regelt.

1. Der Akquisitionsvertrag als Rahmenvereinbarung

Da die Pflege des Netzes der Akzeptanzstellen und die Akquisition neuer Vertragsunternehmen zu den vertraglichen Pflichten des Kartenherausgebers gegenüber dem Karteninhaber gehört, hat der zu diesem Zweck mit dem Vertragsunternehmen geschlossene Vertrag den Namen Akquisitionsvertrag[48].

2. Rechtsnatur des Akquisitionsvertrages

Der Akquisitionsvertrag läßt sich dabei als Rahmenvertrag in Form eines Dauerschuldverhältnisses beschreiben[49]. Da der Akquisitionsver-

---

[48] Pfeiffer in: Westphalen, Kreditkartenvertrag, Rn. 13 (andere Bezeichnungen sind noch: Händlervertrag, Teilnehmervertrag oder Servicevereinbarung).

[49] Hadding, Festschrift für Pleyer, S. 17 (26); Eckert, WM 1987, S. 161 (164); Staudinger/Martinek, § 675, Rn. B 93; Taupitz, Zivilrechtliche Haftung bei Kreditkartenmißbrauch, S. 56.

trag eine Vielzahl ganz unterschiedlicher gegenseitiger Rechte und Pflichten regelt (etwa das Versprechen zum Abkauf der Verbindlichkeiten des Karteninhabers einerseits und die Verpflichtung, Kartenzahlungen zu akzeptieren, andererseits), ist es nicht möglich, ihn einem gesetzlichen oder anerkannten Vertragstyp zuzuordnen. Der Akquisitionsvertrag stellt einen Vertrag sui generis dar[50]. Wenn an den Akquisitionsvertrag AGB-rechtliche Maßstäbe angelegt werden, müssen sich diese deshalb an der Bargeldersatzfunktion der Kreditkarte orientieren[51].

a) Akzeptanzpflicht und Preisaufschlagsverbot

Teilnahmebedingungen am Eurocard-Service

§ 1 Karten-Annahme
Jeder Karteninhaber, der eine von EURO Kartensysteme EUROCARD und eurocheque GmbH (nachfolgend EURO Kartensysteme) vertretene Karte (EUROCARD, MasterCard sowie zukünftige Karten) besitzt, ist berechtigt, die Leistungen des Vertragsunternehmens bargeldlos zu Barzahlungspreisen und -bedingungen in Anspruch zu nehmen, wenn die Karte
zeitlich gültig und unterschrieben,
nicht durch Sperrlisten oder andere Benachrichtigungen widerrufen und
nicht erkennbar verändert oder unleserlich ist und der Leistungsbeleg
bei Vorlage unterschrieben wurde und
die Unterschrift auf dem Leistungsbeleg mit der auf der Karte übereinstimmt.
Wenn diese Voraussetzungen erfüllt sind und ausschließlich dann, wird das Vertragsunternehmen die vorgelegte Karte zu Barzahlungspreisen und -bedingungen entsprechend den Regelungen dieser Vereinbarung akzeptieren, andernfalls ist die EURO Kartensysteme nicht zur Zahlung verpflichtet. Zahlungen, die dennoch von der EURO Kartensysteme geleistet werden, kann die EURO Kartensysteme jederzeit zurückfordern oder verrechnen.

Als wesentliche Vertragspflicht übernimmt es das Vertragsunternehmen, jeden Karteninhaber des Kartensystems mit Kreditkarte bezahlen zu lassen (Akzeptanzpflicht). Diese Vereinbarung stellt einen Vertrag zugunsten Dritter dar[52] und gewährt dem Karteninhaber den An-

---

[50] Eckert, WM 1987, S. 161 (164); Pfeiffer in: Westphalen, Kreditkartenvertrag, Rn. 15.
[51] Pfeiffer in: Westphalen, Kreditkartenvertrag, Rn. 13.
[52] LG Düsseldorf WM 1991, S. 1027 (1029); Häde, ZBB 1994, S. 33 (38); Heymann/Horn, HGB, § 372 Anh. III, Rn. 158; Canaris, Bankvertragsrecht, Rn. 1649; Hadding, Festschrift für Pleyer, S. 17 (22); Stauder/Weisensee, Das Kreditkartengeschäft, S. 86, 91 u. 107; Weller, Das Kreditkartenverfahren, S. 118 f., Pfeiffer in:

spruch, mit Karte zahlen zu können, ohne im Vergleich zur Barzahlung einem Aufpreis ausgesetzt zu sein (Preisaufschlagsverbot). Nur durch ein solches Preisaufschlagsverbot kann die Kreditkarte weite Verbreitung finden und dem Bargeld Konkurrenz machen. AGB-rechtlich bestehen gegen das Preisaufschlagsverbot keine Bedenken, da es ja die Bargeldersatzfunktion der Kreditkarte sichert[53]. Kartellrechtlich ist die Wirksamkeit der Klausel dagegen im Hinblick auf § 15 GWB und § 26 II GWB umstritten[54].
Die Akzeptanzpflicht bezieht sich dabei natürlich nur auf die Annahme der Kartenzahlung, nicht aber auf den Abschluß eines Vertrages mit dem Karteninhaber überhaupt (also kein Kontrahierungszwang)[55].

b) Abrechnungsmodalitäten und Genehmigungsvorbehalt

In den AGB werden des weiteren die Modalitäten der Abrechnung sowie des Zahlungsvorgangs festgelegt.

Teilnahmebedingungen am Eurocard-Service

§ 2 Allgemeine Richtlinien
Die Leistungsbelege kann das Vertragsunternehmen entweder elektronisch, mit Hilfe eines von der EURO Kartensysteme initialisierten und genehmigten Terminals, das mit einem Drucker ausgestattet ist, oder manuell unter Verwendung eines Handdruckers erstellen. Der Leistungsbeleg muß am Kassenpunkt bei papiermäßiger Abrechnung in dreifacher und bei elektronischer Abrechnung in zweifacher Ausfertigung erstellt werden.
Auf dem Leistungsbeleg müssen bei elektronischer Abwicklung sämtliche Kartendaten - bei beleghafter Abwicklung der vollständige Abdruck der Karte - sowie Name und Anschrift des Vertragsunternehmens, das Transaktionsdatum und der Gesamtbetrag sowie die mitgeteilte Genehmigungsnummer gem. § 3 dieser Vereinbarung deutlich lesbar übertragen werden.

Westphalen, Kreditkartenvertrag, Rn. 35; a.A.: Zahrnt, NJW 1972, S. 1077 (1079, Fn. 26), ohne dogmatische Begründung, nur mit dem Verweis: „Man stelle sich die Situation eines Weltreisenden vor, der - der Werbung folgend - nur die Karte und das Händlerverzeichnis mitnimmt. Deswegen ist beim Händlervertrag auch eine Abschlußpflicht des Händlers gegenüber dem Kunden anzunehmen".

[53] Pfeiffer in: Westphalen, Kreditkartenvertrag, Rn.109; Gößmann in: Horn/ Schimansky, Bankrecht 1998, S. 67 (109).

[54] Für Zulässigkeit: Horn, ZHR 157 (1993), S. 324 ff.; für Unzulässigkeit: LG Düsseldorf WM 1990, S. 1688 (1690), Adams, ZIP 1990, S. 632; Hönn, ZBB 1991, S. 6 (14); Martinek, Moderne Vertragstypen III, S. 131 ff.

[55] Häde, ZBB 1994, S. 33 (38); Heymann/Horn, HGB § 372 Anh. III, Rn. 158; Canaris, Bankvertragsrecht, Rn. 1649; Hadding, Festschrift für Pleyer, S. 17 (22); Schwintowski/Schäfer, Bankrecht, § 6, Rn. 33 u. 37; Pfeiffer in: Westphalen, Kreditkartenvertrag, Rn. 35; Wolf in: Wolf/Horn/Lindacher, AGBG, § 9, Rn. K 64.

Das Vertragsunternehmen wird darauf achten, daß sowohl die Unterschrift auf dem Leistungsbeleg mit der auf der Karte übereinstimmt als auch die auf dem Leistungsbeleg ausgedruckten Daten mit denen der Karte identisch sind. Das Vertragsunternehmen verpflichtet sich des weiteren, die Originalbelege mindestens 12 Monate aufzubewahren, die Aufbewahrungspflichten des Vertragsunternehmens gem. § 147 AO und § 257 HGB bleiben hiervon unberührt.

Insbesondere verpflichtet sich das Vertragsunternehmen die Umsätze bei Überschreitung der seitens des Kartenherausgebers vorgegebenen genehmigungsfreien Höchstbeträge (floor-limit) von dem Kartenherausgeber autorisieren zu lassen.

Teilnahmebedingungen am Eurocard-Service

§ 3 Autorisierung
Das Vertragsunternehmen ist, soweit es an einem Kassenplatz über ein zuvor von der EURO Kartensysteme zugelassenes Terminal verfügt, verpflichtet, die Autorisierung und/oder die Umsatzabwicklung an diesem Kassenplatz über dieses Terminal elektronisch zeitgleich und online vorzunehmen. Das Vertragsunternehmen wird, sobald es an einem Kassenplatz ein Terminal aufgestellt hat, dies und die Terminal-ID-Nummer der EURO Kartensysteme bekanntgeben, damit das Terminal initialisiert und zur Kartenabwicklung zugelassen werden kann.
Bei Nutzung eines Terminal ist das Vertragsunternehmen verpflichtet, jeden über das Terminal abgewickelten Geschäftsvorgang, unabhängig von der Höhe, über das Terminal genehmigen zu lassen (Null-Limit).
Sollte aus technischen Gründen das Terminal, die Leitungsverbindung oder das Rechenzentrum von der EURO Kartensysteme gestört und dadurch eine elektronische Genehmigungsanfrage bzw. Transaktionsübertragung nicht möglich sein, gelten die folgenden Regelungen in Ziffer 2 über die nicht elektronische Abwicklung.

Bei manueller Belegerstellung, von der das Vertragsunternehmen nur bei einer Störung gem. Ziffer 1 bzw. beim Fehlen eines zugelassenen Terminals am Kassenplatz Gebrauch machen wird, ist die Verpflichtung von der EURO Kartensysteme zur Zahlung pro Karteninhaber und Vorgang beschränkt auf den genehmigungsfreien Höchstbetrag von zur Zeit (siehe Vorderseite). Dieser Betrag ist kein Mindestgarantiebetrag. Er ist variabel und kann durch die EURO Kartensysteme jederzeit, anhängig von der Mißbrauchsentwicklung im Vertragsunternehmen, geändert werden. Eine Limitsenkung auf Null ist hierin eingeschlossen.
Bei einem höheren Betrag wird das Vertragsunternehmen vor Ausstellung des Leistungsbeleges die Zustimmung von EURO Kartensysteme einholen. Der Genehmigungsdienst von der EURO Kartensysteme erteilt bei Zustimmung eine Genehmigungsnummer, die auf dem Leistungsbeleg einzutragen ist.

Ohne Genehmigung gemäß Ziffer 1 oder 2 des § 3 dieser Vereinbarung ist die EURO Kartensysteme zur Zahlung nicht verpflichtet, die EURO Karten-

> systeme ist berechtigt, von dem Vertragsunternehmen Maßnahmen zu verlangen, die geeignet sind, die Berechtigung des Karteninhabers zum Einsatz der Karte festzustellen. Zahlungen, die trotz fehlender Zustimmung erfolgen, können jederzeit zurückgefordert werden, sofern die Zahlung vom Karteninhaber nicht ohne Einleitung gerichtlicher Maßnahmen erlangt werden kann. Des weiteren ist die EURO Kartensysteme berechtigt, bei Nichtbeachtung der für die Kartenannahme und Autorisierung verlangten Maßnahmen durch das Vertragsunternehmen fristlos zu kündigen.

Das floor-limit kann dabei je nach Branche variieren (vgl. die Abbildungen auf den folgenden Seiten).

Einzelhandel-Servicevereinbarung[56]:

EUROCARD

MasterCard

Einzelhandel-Servicevereinbarung

Vertragsunternehmen:

Branche

Unternehmensname

genaue Inhaberbezeichnung

Straße / Hausnummer

PLZ Ort

Vorwahl Telefon Fax

Konto-Nummer Bankleitzahl Bank/Ort

15__ - ____ - ____
EUROCARD-Vertragspartnernummer

Wird von der EURO Kartensysteme ausgefüllt:
☐ Einzelunternehmen ☐ Zentrale
☐ Filiale Haupt-VU: 15__ - ___ - ___
☐ Abrechnung über Haupt-VU
☐ BSW zu 15__ - ___ - ___
Eingegeben:
Kontrolliert:

Für das erste Kalenderjahr wird ein Basis-Disagio von 3,9 % + MwSt. vereinbart

Staffel zum Basis-Disagio gem. § 8 Satz 2 der Teilnahmebedingungen:

	bis DM 50.000.-	3,90 % + MWSt.	über	400.000.- bis DM 600.000.-	3,50 % + MWSt.
über	50.000.- bis DM 100.000.-	3,80 % + MWSt.	über	600.000.- bis DM 1.500.000.-	3,35 % + MWSt.
über	100.000:- bis DM 200.000.-	3,70 % + MWSt.	über	1.500.000.- bis DM 3.000.000.-	3,20 % + MWSt.
über	200.000.- bis DM 400.000.-	3,60 % + MWSt.	über	3.000.000.- bis DM 6.000.000.-	3,10 % + MWSt.
			über	6.000.000.-	3,00 % + MWSt.

Genehmigungsfreie Höchstbeträge gemäß § 3 Ziffer 2 der umseitig abgedruckten Teilnahmebedingungen: z.Zt. EUROCARD DM 500.-, MasterCard DM 500.-

Gewünschte Vertragslaufzeit (Bitte ankreuzen):

☐ Es wird eine feste Laufzeit von 3 Jahren bis zum Ende des Monats, in dem diese Vereinbarung in Kraft tritt, vereinbart, wobei das jeweilige Basis-Disagio in diesem Zeitraum um 0,2 %-Punkte **reduziert** wird.

☐ Es wird eine feste Laufzeit von 5 Jahren bis zum Ende des Monats, in dem diese Vereinbarung in Kraft tritt, vereinbart, wobei das jeweilige Basis-Disagio in diesem Zeitraum um 0,3 %-Punkte **reduziert** wird.

Sofern nichts angekreuzt ist, kann der Vertrag jederzeit mit einer Kündigungsfrist von 6 Monaten zum Jahresende gekündigt werden

Gewünschter Zahlungsrhythmus (Bitte ankreuzen, Standardzahlung ist wöchentlich):

☐ Bankarbeitstägliche Zahlung; jeweiliges Basis-Disagio **plus** 0,2 %-Punkte
☐ Wöchentliche Zahlung; jeweiliges Basis-Disagio **plus/minus** 0 %-Punkte
☐ 14-tägige Zahlung; jeweiliges Basis-Disagio **minus** 0,1 %-Punkte
☐ Monatliche Zahlung; jeweiliges Basis-Disagio **minus** 0,3 %-Punkte

Abrechnung der Umsätze, die bis zur Einleitung des Abrechnungslaufes der EURO Kartensysteme EUROCARD und eurocheque GmbH vorliegen.

Bemerkungen: ____________________

Terminal-Identifikations-Nummer (wenn vorhanden): ____-__________
Reduzierung des Basis-Disagio für elektronische Abrechnung: **0,15%-Punkte**

Abdruckmaschine gewünscht: ☐ Ja ☐ Nein Servicemappe gewünscht: ☐ Ja ☐ Nein

Mit den Teilnahmebedingungen einverstanden: Angenommen:

Ort/Datum Frankfurt/Main, den

X

Rechtsverbindliche Kundenunterschrift und Firmenstempel

EURO Kartensysteme EUROCARD und eurocheque GmbH

Name des(r) Unterschreibenden in Druckbuchstaben

EURO Kartensysteme EUROCARD und eurocheque GmbH 60298 Frankfurt Telefon (069) 7922-0. Telefax (069) 7922-4655
Handelsregister Frankfurt/M., HRB 7550 Vorsitzender des Aufsichtsrates: Dr. Wolfgang Arnold Geschäftsführer: Jan A.M. Hendrikx

[56] Entnommen: BuB, Zahlungsverkehr/Kreditkartengeschäft, Rn. 6/2039.

Hotel-Service-Vereinbarung[57]:

EUROCARD MasterCard

Hotel/Restaurant-Servicevereinbarung

Vertragsunternehmen:

Branche

Unternehmensname

genaue Inhaberbezeichnung

Straße / Hausnummer

PLZ Ort

Vorwahl Telefon Fax

15__ - ____ - ____
EUROCARD-Vertragspartnernummer

Wird von der EURO Kartensysteme ausgefüllt:
☐ Einzelunternehmen ☐ Zentrale
☐ Filiale Haupt-VU: 15__ - ____ - ____
☐ Abrechnung über Haupt-VU
☐ BSW zu 15__ - ____ - ____
Eingegeben:
Kontrolliert:

Konto-Nummer Bankleitzahl Bank/Ort

Für das erste Kalenderjahr wird ein Basis-Disagio von 3,9 % + MwSt. vereinbart

Staffel zum Basis-Disagio gem § 8 Satz 2 der Teilnahmebedingungen:

	bis DM 25.000.-.	3,90 % + Mwst	über 200.000.-	bis DM 400.000.-	3,30 % + Mwst.
über 25.000.-	bis DM 50.000.-.	3,75 % + Mwst	über 400.000.-	bis DM 800.000.-	3,15 % + Mwst.
über 50.000.-	bis DM 100.000.-	3,60 % + Mwst.	über 800.000.-		3,00 % + Mwst.
über 100.000.-	bis DM 200.000.-.	3,45 % + Mwst			

Genehmigungsfreie Höchstbeträge gemäß § 3 Ziffer 2 der umseitig abgedruckten Teilnahmebedingungen:

Hotel	**z.Zt. EUROCARD DM 2.000.-, MasterCard DM 2.000.-**	
Restaurant	**z.Zt. EUROCARD DM 500.-, MasterCard DM 500.-**	

Gewünschte Vertragslaufzeit (Bitte ankreuzen):

☐ Es wird eine feste Laufzeit von 3 Jahren bis zum Ende des Monats, in dem diese Vereinbarung in Kraft tritt, vereinbart, wobei das jeweilige Basis-Disagio in diesem Zeitraum um 0,2 %-Punkte **reduziert** wird.

☐ Es wird eine feste Laufzeit von 5 Jahren bis zum Ende des Monats, in dem diese Vereinbarung in Kraft tritt, vereinbart, wobei das jeweilige Basis-Disagio in diesem Zeitraum um 0,3 %-Punkte **reduziert** wird.

Sofern nichts angekreuzt ist, kann der Vertrag jederzeit mit einer Kündigungsfrist von 6 Monaten zum Jahresende gekündigt werden

Gewünschter Zahlungsrhythmus (Bitte ankreuzen, Standardzahlung ist wöchentlich):

☐ Bankarbeitstägliche Zahlung;	jeweiliges Basis-Disagio **plus** 0,2 %-Punkte
☐ Wöchentliche Zahlung;	jeweiliges Basis-Disagio **plus/minus** 0 %-Punkte
☐ 14-tägige Zahlung;	jeweiliges Basis-Disagio **minus** 0,1 %-Punkte
☐ Monatliche Zahlung;	jeweiliges Basis-Disagio **minus** 0,3 %-Punkte

Abrechnung der Umsätze, die bis zur Einleitung des Abrechnungslaufes der EURO Kartensysteme EUROCARD und eurocheque GmbH vorliegen.

Bemerkungen: ____________________

Terminal-Identifikations-Nummer (wenn vorhanden): ____-__________
Reduzierung des Basis-Disagio für elektronische Abrechnung: **0,15%-Punkte**

Abdruckmaschine gewünscht: ☐ Ja ☐ Nein   Servicemappe gewünscht: ☐ Ja ☐ Nein

Mit den Teilnahmebedingungen einverstanden: Angenommen:

Ort/Datum   Frankfurt/Main, den

X ____________________
Rechtsverbindliche Kundenunterschrift und Firmenstempel

____
Name des(r) Unterschreibenden in Druckbuchstaben

____
EURO Kartensysteme EUROCARD und eurocheque GmbH

EURO Kartensysteme EUROCARD und eurocheque GmbH 60298 Frankfurt Telefon (069) 7922-0. Telefax (069) 7922-4655
Handelsregister Frankfurt/M., HRB 7550 Vorsitzender des Aufsichtsrates: Dr Wolfgang Arnold Geschäftsführer: Jan A.M. Hendrikx.

[57] Entnommen: BuB, Zahlungsverkehr/Kreditkartengeschäft, Rn. 6/2040.

Das „Null-Limit“ als umfassender (von der Höhe des Betrages unabhängiger) Genehmigungsvorbehalt gibt dem Kartenherausgeber ein Instrument an die Hand, abhanden gekommene oder mißbräuchlich eingesetzte Karten - auch wenn vom ursprünglich berechtigten Karteninhaber eingesetzt - aufzuspüren und einzuziehen[58]. Das Genehmigungserfordernis steht dabei im engen Zusammenhang mit der Pflicht des Vertragsunternehmens zur Terminalwartung[59] und den Sorgfaltspflichten des Karteninhabers[60]. Der Genehmigungsvorbehalt ist AGB-rechtlich als wirksam anzusehen[61], denn schließlich wird

---

[58] OLG Frankfurt a.M. NJW-RR 1991, S. 1465; Martinek in: Bankrechts-Handbuch, § 67, Rn. 52; Gößmann in: Horn/Schimansky, Bankrecht 1998, S. 67 (111).

[59] **Teilnahmebedingungen am Eurocard-Service**

§ 4 Terminalwartung

Das Vertragsunternehmen verpflichtet sich, für jedes von ihm genutzte Terminal einen Wartungsvertrag abzuschließen, der die ordnungsgemäße Funktionsfähigkeit und - im Falle des Terminalausfalles - die unverzügliche Bereitstellung geeigneten Ersatzes vorsieht. Sobald bei Ausfall eines Terminals Ersatz bereitgestellt ist, wird das Vertragsunternehmen dies und die Terminal-ID-Nummer der Euro Kartensysteme bekanntgeben, damit das Ersatzterminal initialisiert und zur Kartenabwicklung zugelassen werden kann.

[60] **Eurocard Kundenbedingungen**

5. Sorgfalts- und Mitwirkungspflichten des Karteninhabers

Der Karteninhaber hat die EUROCARD nach Erhalt unverzüglich auf dem Unterschriftsfeld zu unterschreiben und sie mit besonderer Sorgfalt aufzubewahren. Denn jede Person, die im Besitz der EUROCARD ist, hat die Möglichkeit, mit ihr mißbräuchliche Verfügungen zu tätigen.

Der Karteninhaber hat auch dafür Sorge zu tragen, daß keine andere Person Kenntnis von seiner PIN erlangt. Sie darf insbesondere nicht auf der EUROCARD vermerkt oder in anderer Weise zusammen mit dieser aufbewahrt werden. Denn jede Person, die im Besitz der EUROCARD ist und die PIN kennt, hat die Möglichkeit auch zusammen mit PIN und EUROCARD Verfügungen zu tätigen (z.B. Geld am Geldautomaten abzuheben).

Stellt der Karteninhaber den Verlust der EUROCARD oder mißbräuchliche Verfügungen mit seiner EUROCARD fest, so sind die EURO Kartensysteme - Tel.: 069/7933-0 - oder das Kreditinstitut, und zwar möglichst die kontoführende Stelle, oder eine Repräsentanz des EUROCARD-/MasterCard-Verbundes unverzüglich zu unterrichten, um die EUROCARD sperren zu lassen. Bei mißbräuchlicher Verwendung der EUROCARD ist Anzeige zu erstatten.

[61] LG Düsseldorf WM 1984, S. 990 (992); OLG Frankfurt a.M. WM 1992, S. 1475 (1478); OLG Köln WM 1995, S. 1914 (1916); Burhoff, NWB, Kreditkartengeschäft, Fach 21, S. 1233 (1240); Kümpel, Bank- und Kapitalmarktrecht, Rn. 4.905; Schmidt in: Ulmer/Brandner/Hensen, AGBG, Anhang §§ 9-11, Rn. 454; Wolf in: Wolf/Horn/Lindacher, AGBG, § 9, Rn. K 65.

hierdurch nur die Risikolage, trotz Vorleistung keine Gegenleistung zu erhalten, die auch bei der Barzahlung besteht, auf die Kreditkarte übertragen. Will das Vertragsunternehmen Sicherheit, so muß es bei Barzahlung auf einer Zug um Zug Abwicklung bestehen, und bei der Kartenzahlung entspricht dieser Vorsichtsmaßnahme die Autorisierung durch den Kartenherausgeber. Unterläßt das Vertragsunternehmen eine solche Vorsichtsmaßnahme, dann muß es (bargeldäquivalent) das Risiko der Bonität und des Mißbrauchs tragen[62].
Zahlt der Kartenherausgeber trotz einer ungenehmigten Limitüberschreitung, dann ist fraglich, was dies für die Rechtsstellung des Vertragsunternehmens bedeutet. Einer Deutung der Zustimmung als aufschiebende Bedingung (§ 158 BGB) für die Begründung der Zahlungspflicht des Kreditkartenherausgebers[63] steht entgegen, daß im Falle eines gedeckten Kontos des Karteninhabers (und keines Mißbrauchs) durchaus ein Zahlungsanspruch des Vertragsunternehmens bestehen soll, da hier kein Schutzbedürfnis des Kartenherausgebers besteht[64]. Man könnte die Zahlung als Annahme eines Antrags seitens des Vertragsunternehmens sehen, den Betrag trotz Verstoßes gegen die Genehmigungspflicht einzuziehen[65]. Anderer Ansicht zufolge solle sich eine Pflicht des Kartenherausgebers nach Treu und Glauben unter dem Gesichtspunkt des Verbots widersprüchlichen Verhaltens ergeben, sofern der Kartenherausgeber in Fällen ungenehmigter Limitüberschreitungen üblicherweise zunächst dem Vertragsunternehmen den Betrag vergütet und eine Einziehung versucht. Hierdurch werde das berechtigte Vertrauen des Vertragsunternehmens begründet, seitens des Kartenherausgebers den vergüteten Betrag nicht allein wegen der Limitüberschreitung zurückzufordern[66]. Entgegen dieser Ansicht ist aber zu berücksichtigen, daß der Kartenherausgeber bei Vorlage des Belegs zunächst durch automatische Belegbearbeitung „blind" zahlt und erst im Falle einer Reklamation durch den Karteninhaber die Rückforderung geltend macht. Das Massengeschäft läßt nämlich eine individuelle Belegbearbeitung im Interesse von Schnelligkeit und Kostenersparnis nicht zu[67]. In dem Tätigwerden des Kartenherausgebers

---

[62] OLG Köln WM 1995, S. 1914 (1917).
[63] So Custodis, Das Kreditkartenverfahren, S. 80; Weller, Das Kreditkartenverfahren, S. 142 ff.
[64] Vgl. auch ausführlich zur Bedingung beim Akquisitionsvertrag: Meder, ZBB 2000, S. 89 (92f).
[65] OLG Frankfurt a.M. NJW-RR 1991, S. 1465; Pfeiffer in: Westphalen, Kreditkartenvertrag, Rn. 115; Weller, Das Kreditkartenverfahren, S. 145.
[66] OLG Köln WM 1995, S. 1914 (1916).
[67] Gößmann in: Horn/Schimansky, Bankrecht 1998, S. 67 (114).

kann daher weder eine konkludente rechtsgeschäftliche Erklärung noch ein Vertrauenstatbestand gesehen werden[68]. Bei ungenehmigter Limitüberschreitung ist der Kartenherausgeber daher weder zur Vergütung noch zum Einziehungsversuch verpflichtet. Hat das Kartenunternehmen aber schon gezahlt, dann hat es den Anspruch auf Rückzahlung und zwar des gesamten Betrages, denn die genehmigungsfreie Höchstsumme ist keine Mindestgarantie. Erwartet nämlich im Falle der Barzahlung ein vorleistender Anbieter spätere Zahlung und bleibt diese aus, dann müßte er den Ausfall auch in voller Höhe tragen[69].

c) Disagio

Ein weiterer Regelungsgegenstand ist das Disagio[70], also der Betrag, den der Kartenherausgeber bei Ausgleich der Forderungen des Vertragsunternehmens abziehen darf und der ihm zugute kommt, weil gegenüber dem Karteninhaber der volle – nicht um das Disagio reduzierte – Betrag geltend gemacht wird. Das Disagio ist dabei die Gegenleistung des Vertragsunternehmens an das Kartenunternehmen für die Eröffnung des Zugangs zu einem solventen Kundenkreis und die Bezahlung der eingereichten Rechnungen[71] . Es findet sich dabei eine Staffelung des Disagios nach der Umsatzhöhe des Vertragsunternehmens (vgl. Hotel-Service-Vereinbarung und Einzelhandel-Service-vereinbarung).

---

[68] Werner, WuB I D 5a.-I.96.

[69] Gößmann in: Horn/Schimansky, Bankrecht 1998, S. 67 (115).

[70] **Teilnahmebedingungen am Eurocard-Service**

§ 8 Disagio

Für Abrechnungen, die im ersten Kalenderjahr erfolgen, wird ein Basis-Disagio von (siehe Vorderseite) vereinbart. Danach richtet sich die Höhe des Basis-Disagios nach dem im vorangegangenen Kalenderjahr abgerechneten Umsatz und wird jeweils am 1. April eines Jahres für die Dauer der folgenden 12 Monate gemäß der auf der Vorderseite aufgeführten Umsatzstaffelungen vereinbart.

Zur Berechnung des Disagios ist der auf dem Leistungsbeleg ausgewiesene Endbetrag maßgeblich.

Die EURO Kartensysteme gewährt dem Vertragsunternehmen auf jede elektronisch autorisierte und elektronisch zeitgleich und online übermittelte Transaktion eine Verringerung des vereinbarten Basis-Disagios. Die Höhe der Disagio-Verringerung liegt im Ermessen von EURO Kartensysteme und beträgt derzeit 0,15 % Punkte.

[71] Eckert, WM 1987, S. 161 (164); Martinek in: Bankrechts-Handbuch, § 67, Rn. 35; Schwintowski/Schäfer, Bankrecht, § 6, Rn. 33.

d) Beschwerden und Reklamationen

Ferner werden die Rechtsfolgen für den Fall von Beschwerden und Reklamationen geregelt.

Teilnahmebedingungen am Eurocard-Service

§ 9 Beschwerden und Reklamationen
Beschwerden und Reklamationen eines Karteninhabers, die sich auf im Grundgeschäft gewährte Leistungen des Vertragsunternehmens beziehen, wird das Vertragsunternehmen unmittelbar mit dem Karteninhaber regulieren.
Weigert sich der Karteninhaber, wegen einer Beschwerde oder Reklamationen an die EURO Kartensysteme den vollen Betrag zu zahlen, weil der Ware oder Leistung schriftlich zugesicherte Eigenschaften fehlen oder die nicht einer schriftlichen Produktbeschreibung entspricht, wird das Vertragsunternehmen der EURO Kartensysteme den nicht gezahlten Betrag erstatten; die EURO Kartensysteme ist auch zur Verrechnung berechtigt. In beiden Fällen wird die EURO Kartensysteme die Forderung gegen den Karteninhaber in Höhe des der EURO Kartensysteme erstatten oder verrechneten Betrages wieder auf das Vertragsunternehmen übertragen.

e) Abkaufverpflichtung des Kartenherausgebers

Schließlich enthalten die Teilnahmebedingungen am Eurocard-Service die Verpflichtung des Kartenherausgebers, die Ansprüche des Vertragsunternehmens gegen den Karteninhaber zu kaufen.

Teilnahmebedingungen am Eurocard-Service

§ 6 Übertragung von Forderungen
Das Vertragsunternehmen verkauft ausschließlich der EURO Kartensysteme alle Forderungen gegen Karteninhaber der von der EURO Kartensysteme gem. Ziffer 1 dieser Vereinbarung vertretenen Karten nach Maßgabe dieser Vereinbarung. EURO Kartensysteme erstattet dem Vertragsunternehmen den Forderungsbetrag abzüglich des vereinbarten Disagios und der Mehrwertsteuer auf das Disagio.
Das Vertragsunternehmen wird der EURO Kartensysteme die mittels eines Terminals erfaßten Transaktionsdaten elektronisch zeitgleich und online übermitteln oder die manuell erstellten Leistungsbelege unabhängig vom auf der Vorderseite vereinbarten Abrechnungsrhythmus spätestens nach Ablauf von sieben Tagen nach Ausstellung zuleiten und die Forderung dadurch an die EURO Kartensysteme abtreten. An die EURO Kartensysteme elektronisch übermittelte Transaktionsdaten, die unvollständig erfaßt oder nicht zeitgleich und online übermittelt worden sind bzw. nicht ordnungsgemäß ausgefüllte oder nach Fristablauf zugeleitete Leistungsbelege verpflichten die EURO Kartensysteme nicht zur Zahlung. Zahlungen, die dennoch geleistet werden, können jederzeit zurückgefordert oder verrechnet werden, sofern Zahlung vom Karteninhaber nicht ohne Einleitung gerichtlicher Maßnahmen erlangt werden kann.

Die EURO Kartensysteme wird die Zahlungen entsprechend dem (auf der Vorderseite) vereinbarten Abrechnungsrhythmus leisten.

3. Der einzelne Abrechnungsvorgang als Forderungskaufvertrag

Mit einer solchen Formulierung[72] kommt ein Forderungskaufvertrag zwischen dem Vertragsunternehmen und dem Kartenherausgeber zustande, der durch die Abtretung der Forderung seitens des Vertragsunternehmens und durch die Zahlung des um das vereinbarte Disagio verminderten Nennbetrags der Forderung (Kaufpreis) seitens des Kartenherausgebers erfüllt wird[73]. Der Annahme eines Forderungskaufs steht nicht entgegen, daß es um den Kauf künftiger Forderungen des Unternehmens geht. Diese können nämlich Gegenstand eines derartigen Rechtsgeschäftes sein, sofern sie hinreichend bestimmbar sind[74].

---

[72] Ähnlich auch VISA:

Allgemeine Geschäftsbedingungen VISA/ELECTRON-Exklusiv-Vertrag des B+S Card Service

2. Abrechnungsvoraussetzungen

B+S kauft alle fälligen Forderungen des Vertragsunternehmens gegen Karteninhaber, gemäß diesem Vertrag, wenn
die vorgelegte Karte zeitlich (von...bis...) gültig war und die Unterschrift des Inhabers trägt;
die vorgelegte Karte nicht auf einer Sperrliste oder Sperrdatei oder anderen Mitteilung gegenüber dem Vertragsunternehmen für ungültig erklärt ist;
der Kartenvorleger mit einem eventuellen Foto auf der Karte übereinstimmt;
die vorgelegte Karte nicht erkennbar verändert wurde oder unleserlich ist;
...;
der Karteninhaber den Belastungsbeleg in Gegenwart eines Vertreters des Vertragsunternehmens übereinstimmend mit dem Namenszug auf der Karte unterzeichnet und das Vertragsunternehmen eine Kopie des von ihm unterzeichneten Belastungsbelegs ihm ausgehändigt hat;
der Gesamtbetrag nicht den umseitig genannten, genehmigungsfreien Höchstbetrag übersteigt oder eine Genehmigung von B+S gemäß Ziffer 4 erteilt wurde; ...

5. Forderungsabtretung

Das Vertragsunternehmen tritt hiermit alle Forderungen gegen Karteninhaber aus Lieferungen und Leistungen, die unter Verwendung einer Karte gemäß diesem Vertrag begründet wurden, an B+S mit Wirkung zum Eintritt der Fälligkeit ab. B+S nimmt diese Abtretung an. Die Forderungen gehen jeweils mit Eingang der jeweiligen VISA-Belastungsbelege bzw. der entsprechenden Datensätze bei B+S auf B+S über ...

[73] Kümpel, Bank- und Kapitalmarktrecht, Rn. 4.958.

[74] Vgl. nur Palandt/Heinrichs, § 398, Rn. 11.

Diese Voraussetzung ist aber erfüllt, denn in §§ 1 und 6 der Teilnahmebedingungen am Eurocard Service sind die Umstände beschrieben, welche die abzukaufende Forderung konkretisieren. Das Vertragsunternehmen erlangt dabei nicht nur eine Teilleistung in Form des um das Disagio verminderten Rechnungsbetrages, vielmehr erhält es einen Anspruch auf den vollen Rechnungsbetrag, der lediglich durch Aufrechnung um den Disagio-Gegenanspruch gekürzt wird[75]. Der Forderungskaufvertrag ist aufschiebend bedingt durch das Erfordernis der Beachtung der im Rahmenvertrag im einzelnen festgelegten Auszahlungsvoraussetzungen[76].

a) Veritätsrisiko[77]

Der BGH[78] hat in einem Kreditkarten-Fall, der die Eurocard betraf, die rechtliche Qualifizierung der Zahlungspflicht des Kartenherausgebers als Forderungskauf bestätigt. Nach dem BGB gehört zum gesetzlichen Leitbild des Forderungskaufs eine Veritätshaftung des Verkäufers gemäß §§ 437, 440, 325 BGB. Die Veritätshaftung läßt sich aus der besonderen Schutzbedürftigkeit des Rechtskäufers begründen, der sich auf die Behauptungen des Verkäufers verlassen muß, ohne daß ein Rechtsschein für diesen spräche. Diesem Leitbild entsprechend sieht der BGH in der genannten Entscheidung auch in den Eurocard AGB eine Veritätshaftung und zwar in der Formulierung der Rückbelastungsklausel. Dieser Entscheidung lagen allerdings ältere und deshalb inhaltlich etwas andere Kreditkarten AGB der Eurocard zugrunde. Darin lautete die Rückbelastungsklausel:

> **5. Beschwerden und Reklamationen**
> Beschwerden und Reklamationen wegen erbrachter Leistungen Ihres Unternehmens werden Sie unmittelbar mit dem Karteninhaber regulieren. Wenn sich ein Karteninhaber im Zusammenhang mit einer solchen Beschwerde und Reklamation weigert, die uns übertragene Forderung zu begleichen, werden Sie uns den in Frage stehenden Betrag erstatten. Wir sind auch berechtigt, einen solchen Betrag von anderen Zahlungen in Abzug zu bringen oder anderweitig Rückerstattung zu fordern. Die uns übertragene Forderung gegen den Karteninhaber werden wir an sie zurückübertragen.

---

[75] Martinek in: Bankrechts-Handbuch, § 67, Rn. 35.

[76] Vgl. Hadding, Festschrift für Pleyer, S. 17 (32); Pfeiffer in: Westphalen, Kreditkartenvertrag, Rn. 20; Taupitz, Zivilrechtliche Haftung bei Kreditkartenmißbrauch, S. 59 f.; Weller, Das Kreditkartenverfahren, S. 153.

[77] Zur Vertiefung des Veritätsrisikos speziell bei Geschäften ohne Kartenvorlage: Meder, ZBB 2000, S. 89 (99 f.).

[78] BGH NJW 1990, S. 2880 (2881).

Nach Meinung des BGH verstößt die formularmäßige Vereinbarung eines Forderungskaufs im Zusammenhang mit dem Kreditkartengeschäft auch nicht gegen § 9 AGBG. Insbesondere sei die Vereinbarung nicht deshalb unangemessen, weil sie dem Vertragsunternehmen gemäß § 437 BGB das Veritätsrisiko aufbürde. Wenn die Wirksamkeit eines Vertrages nämlich beispielsweise wegen fehlender Geschäftsfähigkeit einer Partei, Gesetzes- oder Sittenwidrigkeit oder Anfechtung wegen Irrtums oder widerrechtlicher Drohung scheitere, so folge dies nicht aus seiner Eigenschaft als Kreditgeschäft. Das Risiko, in derartigen Fällen keinen Entgeltanspruch für die schon erbrachte Leistung zu erwerben, bestehe für das Vertragsunternehmen vielmehr beim Bargeschäft in gleicher Weise; der Kunde könne die Rückabwicklung des Leistungsaustausches nach den Vorschriften über die ungerechtfertigte Bereicherung (§§ 812 ff. BGB) verlangen. Ebenso hat das Gericht die Überlegung der Revision zurückgewiesen, durch die Vereinbarung des Forderungskaufs werde das Vertragsunternehmen benachteiligt, weil es dem Kartenherausgeber bei einem nicht zustande gekommenen Vertrag mit dem Karteninhaber die gesamte Leistung zurückerstatten müsse, während es beim Barzahlungsgeschäft nach der herrschenden Saldotheorie den Wert der eigenen Leistung abziehen könne. Die seltenen Fälle, in denen sich dieser Nachteil auswirke, berechtigten nicht zu der Annahme einer unangemessen Benachteiligung, weil dem Vertragsunternehmen gegen den Karteninhaber der Rückgewähranspruch aus § 812 Abs. 1, S. 1 BGB verbleibe. Überdies sei die Saldotheorie in den Fällen, in denen der Vertrag wegen fehlender oder beschränkter Geschäftsfähigkeit unwirksam sei oder wegen arglistiger Täuschung angefochten werde, nicht anwendbar.
Nach der aktuellen Fassung der Teilnahmebedingungen am Eurocard-Service stellt sich die Lage in bezug auf die Veritätshaftung freilich anders dar. Bei Betrachtung der jetzigen Kartenbedingungen wird man davon auszugehen haben, daß die Veritätshaftung in § 6 und § 9 der (aktuellen) Teilnahmebedingungen am Eurocard-Service abbedungen ist[79]. Während nach der Vorgängerfassung jedwede Beschwerde des Karteninhabers ausreichte, um den Rückforderungsanspruch auszulösen, kann der Kartenherausgeber jetzt die Zahlung nur verweigern, wenn qualifizierte Einwendungen erhoben werden. Die Beschränkung auf zwei enge Tatbestände zeigt die veränderte Funktion der Rückforderungsklausel. Während die alte Fassung eine echte Rechtsmängelhaftung begründete, dient die neue Fassung als Schutz vor Mißbrauch des Kartensystems durch das Vertragsunternehmen. Der Kartenher-

[79] Gößmann in: Horn/Schimansky, Bankrecht 1998, S. 67 (108).

ausgeber will vermeiden an das Vertragsunternehmen zahlen zu müssen, wenn der Karteninhaber die Zahlung aus Gründen verweigert, die in dem Verantwortungsbereich des Vertragsunternehmens liegen. Von einer Veritätshaftung kann jetzt keine Rede mehr sein, denn der Kartenherausgeber würde auch dann zahlen, wenn eine Forderung nicht besteht, aber die formalisierten Voraussetzungen für die Kartenannahme gegeben sind.
Teilweise wird gegen die Konstruktion eines Forderungskaufs eingewandt, daß durch die Abbedingung von §§ 437, 440 Abs. 1 BGB im Akquisitionsvertrag und von § 404 BGB im Emissionsvertrag soweit vom gesetzlichen Leitbild abgewichen werde, daß der Zahlungsvorgang nicht mehr als Forderungskauf behandelt werden könne[80]. Dagegen ist aber einzuwenden, daß es den Parteien im Rahmen der Vertragsfreiheit grundsätzlich freisteht auch ungewöhnliche und atypische Konstruktionen zu wählen. Der Umstand, daß die abbedungenen Normen dispositiver Natur sind, zeigt des weiteren, daß dem Gesetz jedenfalls kein Leitbild des Forderungskaufs zugrunde liegt, das die Unabdingbarkeit der genannten Vorschriften voraussetzt[81].

b) Einwendungsdurchgriff

Der Vertrag zwischen Kartenherausgeber und Karteninhaber sieht zwar vor, daß Reklamationen und Beanstandungen aus dem mit der Kreditkarte bezahlten Geschäft zwischen Inhaber und Vertragsunternehmen dem Anspruch des Kartenherausgebers gegen den Inhaber nicht entgegengehalten werden können, doch behält sich der Kartenherausgeber in § 9 der gültigen Bedingungen für die Eurocard gleichwohl ein Rückforderungsrecht vor, wenn der Karteninhaber gegenüber dem Kartenherausgeber wegen Gewährleistungsmängeln die Zahlung verweigert. Der Karteninhaber muß allerdings seine Weigerung begründen und zwar damit, daß der Ware oder Leistung eine schriftlich zugesicherte Eigenschaft fehlt oder daß sie nicht einer schriftlichen Produktbeschreibung entspricht. Nach § 5 der Vorgängerbedingungen für die Eurocard durfte der Kartenherausgeber die Zahlung sogar dann schon versagen, wenn sich der Karteninhaber mit einer Beschwerde wegen erbrachter Leistungen des Vertragsunternehmens weigerte, die Forderung auszugleichen.

---

[80] LG Düsseldorf, WM 1984, S. 990 (992); Hadding, Festschrift für Pleyer, S. 17 (29).
[81] Böttger, Zur rechtlichen Beurteilung des Kreditkartenverfahrens, S. 12 (Anm. 20); Eckert, WM 1987, S. 161 (163).

Die Rechtsprechung hat bereits die Altfassung für wirksam erachtet und einen Verstoß gegen § 9 AGBG verneint[82]. Ein Rückbelastungsverbot des Kartenherausgebers benachteilige das Vertragsunternehmen nicht, denn es sei interessengerecht, wenn Vertragsunternehmen und Karteninhaber als die am Kaufvertrag unmittelbar Beteiligten die Reklamationen des Karteninhabers, namentlich Mängelrügen, unter sich ausmachten. Auch wenn mit der Rückforderung auf das bloße Behaupten eines Mangels ein wirtschaftlicher Nachteil für das Vertragsunternehmen verbunden sei, denn immerhin muß es unter möglicherweise erschwerten Bedingungen seine Ansprüche gegen den Karteninhaber durchsetzen, seien diese Nachteile nicht unangemessen, weil das Vertragsunternehmen insgesamt aus der Teilhabe am Kreditkartensystem profitiere.

Diese Argumentation ist nicht unproblematisch, denn wenn der Karteninhaber die Zahlung verweigert und der Kartenherausgeber den gezahlten Kaufpreis zurückfordert, dann wird dem Vertragsunternehmen das Vorleistungsrisiko nachträglich auferlegt. Grundsätzlich ist das Vertragsunternehmen nämlich gemäß § 320 BGB nur zur Leistung verpflichtet, wenn es gleichzeitig die Gegenleistung oder ein entsprechend sicheres Äquivalent erhält. Dieses Prinzip gilt gleichermaßen auch in der Rückabwicklung, sei es gemäß §§ 348, 467 BGB bei Rücktritt bzw. Wandlung oder gemäß der Saldotheorie bei der Rückabwicklung nach Bereicherungsrecht[83]. Wenn der Kunde aber nun die Zahlung verweigert und der Kartenherausgeber den gezahlten Forderungskaufpreis zurückfordert, dann hat das Vertragsunternehmen im Gegensatz zur Lage bei der Barzahlung kein Druckmittel in der Hand, da der Kunde ihm ja nichts gezahlt hat. Der Umstand, daß das Vertragsunternehmen vom Kreditkartenverfahren profitiert, ist kaum geeignet den Nachteil auszugleichen, denn der Kartenherausgeber profitiert vom Kartenverfahren ja ebenfalls.

Für die geltenden EUROCARD Bedingungen ist es dagegen so, daß die (eingeschränkte) Rückforderungsklausel inhaltlich angemessen ist. Bei den geltenden Bedingungen kann der Kartenherausgeber nur insoweit Rückerstattung verlangen, als der Kunde nicht gezahlt hat, weil der Ware oder Leistung schriftlich zugesicherte Eigenschaften fehlen oder sie nicht einer schriftlichen Produktbeschreibung entspricht. Der Kartenherausgeber will sich also nur gegen eine Zahlungsverweigerung des Kunden absichern, die ihre Ursache im Verantwortungsbereich des Vertragsunternehmens hat. Sofern sich das Vertragsunternehmen

---

[82] LG Heidelberg WM 1988, S. 773.

[83] Bitter, BB 1997, S. 480 (482).

dem Kunden gegenüber redlich verhält und nur Waren und Dienstleistungen anbietet, die der Produktbeschreibung oder Eigenschaftszusicherung entsprechen, dann kann es auch nicht mit einer Rückforderung belastet werden. Daher ist die Klausel durchaus fair. Der eigentlich kritische Punkt der Rückforderungsklausel liegt eher auf der Ebene der Einbeziehung in den Vertrag (§ 3 AGBG). Ein Verstoß gegen § 3 AGBG ist dann anzunehmen, wenn zwischen den durch die Umstände bei Vertragsschluß begründeten Erwartungen des Vertragspartners und dem tatsächlichen Inhalt der AGB ein deutlicher Widerspruch besteht[84]. Die Vorschrift greift aber nur ein, wenn einer Klausel ein starkes Überraschungsmoment im Sinne eines Überrumpelungseffektes innewohnt[85]. D.h. die Klausel muß nach den Umständen so ungewöhnlich sein, daß der Kunde mit ihr keinesfalls zu rechnen braucht. Eine inhaltliche Unangemessenheit ist dazu weder erforderlich noch ausreichend[86]. Das Vertragsunternehmen tritt an das Kreditkartenverfahren mit der Erwartungshaltung heran, durch den Einsatz der Karte zur Zahlung eine der Barzahlung gleiche Sicherheit zu erhalten[87]. Wenn, wie beim Kreditkartenverfahren, ein Zahlungsmittler (Kartenherausgeber) in dem Verhältnis von Kunde und Vertragsunternehmen zwischengeschaltet ist, dann kann und wird das Vertragsunternehmen nicht erwarten, daß Abrechnungsschwierigkeiten, die das Vertragsunternehmen durch unrechtmäßiges Verhalten verursacht, zu Lasten des Zahlungsmittlers gehen sollen. Dies steht auch nicht im Widerspruch zur Erwartung der Bargeldäquivalenz der Karte, denn wenn das Vertragsunternehmen seine Verpflichtungen gegenüber dem Kunden einhält (und dies hat das Vertragsunternehmen ja selbst in der Hand), dann ist die durch die Kartenzahlung erlangte Position unangreifbar. Die Rückforderungsklausel in den aktuellen Bedingungen ist daher nicht überraschend[88].

II. Das Rechtsverhältnis Kartenherausgeber – Karteninhaber

Die Rechtsbeziehung zwischen Kartenherausgeber und Karteninhaber wird als Emissionsvertrag oder Kreditkartenvertrag bezeichnet.

---

[84] Palandt/Heinrichs, § 3 AGBG, Rn. 3.

[85] BGHZ 84, S. 109 (113); 100, S. 82 (85); NJW 1990, S. 576 (577).

[86] Palandt/Heinrichs, § 3 AGBG, Rn. 3.

[87] Vgl. Bitter, BB 1997, S. 480 (483).

[88] Anders aber: Bitter, ZBB 1996, S. 104 (121 f.); Bitter, BB 1997, S. 480 (483); Heymann/Horn, HGB § 372 Anh. III, Rn. 157; Horn, ZBB 1995, S. 273 (278); Welter, WuB I D 5.-3.88.

1. Die Einbeziehung der AGB in den Emissionsvertrag[89]

Da für eine Vielzahl von Verträgen vorformuliert, handelt es sich bei den Kartenbedingungen der Kartenherausgeber um AGB im Sinne des § 1 AGB-Gesetzes. Die Einbeziehung der AGB ist dabei nicht unproblematisch, da über die allgemeinen Rechtsgeschäftsgrundsätze des BGB die strengeren Formvorschriften des AGB-Gesetzes zusätzlich berücksichtigt werden müssen. Die einzelnen Kreditkartenherausgeber haben dabei unterschiedliche Vorgehensweisen. Häufig treten Kartenherausgeber an ihren potentiellen Kundenkreis heran, indem sie „Antragsformulare" in Zeitschriften abdrucken oder Werbebroschüren bei Vertragsunternehmen auslegen, in denen sie den Interessenten auffordern, das Antragsformular mit den persönlichen Daten ausgefüllt zurückzuschicken. Zum anderen schicken die Kartenherausgeber dem Kunden auch das Antragsformular auf dessen Nachfrage zu.
Die wirksame Einbeziehung der AGB in den Kreditkartenvertrag bemißt sich in der Regel nach § 2 AGB-Gesetz[90]. Während individuell gestaltete vertragliche Abmachungen nach den allgemeinen gesetzlichen Vorschriften über rechtsgeschäftliche Willenserklärungen zwischen den Parteien wirksam werden, stellt § 2 AGBG zusätzliche Voraussetzungen im Sinne von Sondernormen[91] hinsichtlich einseitig vorformulierter Vertragsbedingungen auf. Daneben ist (wie beim vertraglichen Schuldverhältnis auch sonst) grundsätzlich auch eine rechtsgeschäftliche Vereinbarung erforderlich. Nach den Voraussetzungen des § 2 AGBG müssen im Hinblick auf den Kreditkartenvertrag drei Bedingungen erfüllt sein. Der Kartenherausgeber muß ausdrücklich auf die Existenz von AGB hinweisen, weiterhin muß er dem Karteninteressenten die Möglichkeit eröffnen, vom Inhalt der AGB in zumutbarer Weise Kenntnis zu nehmen, und schließlich muß der Karteninteressent sein Einverständnis mit den AGB erklären.

a) Einbeziehung der AGB durch Selbsthinweis des Herausgebers auf dem Antragsformular

Wenn der Kunde das Antragsformular ausgefüllt zurückschickt, kann schon darin ein Angebot zur Einbeziehung der AGB des Kartenheraus-

---

[89] Vgl. zum Ganzen: Pense, Kreditkartenbedingungen in den Grenzen des AGB-Gesetzes, S. 15 ff.

[90] § 2 AGBG gilt jedoch gemäß § 24 S. 1 Nr. 1 AGBG dann nicht, wenn die Kreditkartenbedingungen gegenüber einem Kaufmann verwendet werden und der Vertrag zum Betrieb seines Handelsgewerbes gehört.

[91] Ulmer in: Ulmer/Brandner/Hensen/Schmidt, § 2 AGBG, Rn. 18.

gebers liegen, wenn das Angebot einen „Selbsthinweis“[92] des Kartenherausgeber auf seine AGB enthält[93].
Dem von § 2 AGBG geforderten Kriterium des ausdrücklichen Hinweises genügen auf der Vorderseite des Antrags angebrachte klare und deutlich vom übrigen Text abgehobene Hinweise, die auf umseitig abgedruckte oder separat beigelegte AGB hinweisen. Ein ausdrücklicher Hinweis im Sinne des § 2 Abs.1 Nr.1 AGBG liegt nämlich dann vor, wenn die andere Vertragspartei in klarer, unmißverständlicher und auffälliger Art und Wiese auf die AGB hingewiesen wird, so daß diese auch von einem Durchschnittskunden bei nur flüchtigem Hinsehen nicht übersehen werden können[94]. Ein bloß „konkludenter“ Hinweis durch alleinigen Abdruck der AGB auf der Rückseite oder Beilage der AGB ohne Hinweis auf der Vorderseite genügt diesen Anforderungen dagegen nicht[95]. Das Erfordernis der Ausdrücklichkeit soll nämlich gerade die Einbeziehung von AGB dem Kunden ins Bewußtsein rufen[96], um ihm die Chance zu geben, die Gefahren der zu verwendenden AGB zu realisieren. Diese strengen Anforderungen herabzusetzen, besteht kein Grund, da es dem Kartenherausgeber problemlos möglich ist, innerhalb des schriftlichen Antragsverfahren auf die AGB entsprechend hinzuweisen. Neben der schlichten Existenz muß der Hinweis außerdem noch bestimmte drucktechnische Anforderungen erfüllen[97]. Ein nur an versteckter Stelle in kleiner, eng gedruckter Schrift angebrachter Hinweis genügt diesen Anforderungen ebensowenig[98], wie die Un-

---

[92] Zum Beispiel: „...aufgrund der abgedruckten AGB, von denen ich Kenntnis genommen habe und mit deren Geltung ich einverstanden bin, beantrage ich eine Kreditkarte...“

[93] BGH NJW-RR 1987, S. 112 (113); Soergel/Stein § 2 AGBG, Rn. 11; Ulmer in: Ulmer/Brandner/Hensen/Schmidt, § 2 AGBG, Rn. 32.

[94] BGH ZIP 1981, S. 1220 (1221); BGH WM 1986, S. 1194 (1196).

[95] LG Frankfurt a.M. NJW 1991, S. 2842 (2842); BGH WM 1983, S. 268 (269); BGH WM 1986, S. 1194 (1196); BGH NJW 1987, S. 2431 (2432); Erman/Hefermehl, § 2 AGBG, Rn.4; Koch/Stübing, § 2 AGBG, Rn. 17; Schlosser/Coester-Waltjen/Graba, § 2 AGBG, Rn. 31; Schmidt-Salzer, Allgemeine Geschäftsbedingungen, S. 87; Ulmer in: Ulmer/Brandner/Hensen/Schmidt, § 2 AGBG, Rn. 24; Wolf in: Wolf/Horn/ Lindacher, § 2 AGBG; Rn. 7 ff; anderer Ansicht, sofern das schlüssige Verhalten des Verwenders denselben Erklärungsgehalt aufweise wie ein in Worte gefaßter schriftlicher Hinweis: Medicus, Allgemeiner Teil des BGB, Rn. 409; Soergel/Stein, § 2 AGBG, Rn. 8; Staudinger/Schlosser, § 2 AGBG, Rn. 4.

[96] BGH NJW-RR 1987, S. 112 (113); BT-Drucksache 7/3919, S. 13.

[97] In der Regel befindet sich der Hinweis auf den Kreditkartenbedingungen ohne drucktechnische Hervorhebung im Kleinstdruck versteckt zwischen Erläuterungen über die Kartengebühr sowie Schufa-Regelungen.

[98] BGH NJW-RR 1987, S. 112 (113); OLG Düsseldorf VersR 1982, S. 872; LG Frankfurt a.M. NJW-RR 1992, S. 441 (442).

terbringung des Hinweises im „Fließtext“[99] zu anderen Themen. Der Hinweis muß vielmehr von anderen Mitteilungen – seien es Schufaerläuterungen oder andere Abwicklungshinweise – räumlich deutlich abgegrenzt und in einer leicht lesbaren Schrift verfaßt sein. Liegt ein derartiger ausdrücklicher Hinweis vor, ist als zweite Anforderung des § 2 AGBG noch notwendig, daß dem Kunden die zumutbare Kenntnisnahmemöglichkeit geschaffen wird. Problematisch ist diesbezüglich die Praxis verschiedener Kartenherausgeber, in den Kartenanträgen zwar auf das Bestehen der Kartenbedingungen hinzuweisen, diese selbst aber weder mitabzudrucken noch beizulegen, sondern sie dem Kunden – und zwar nur dann, wenn dieser es ausdrücklich verlangt – separat zuzuschicken. Das Vorgehen erklärt sich aus dem werbetechnischen Anliegen, den potentiellen Kunden nicht mit umfangreichen AGB auf dem Antragsformular abzuschrecken. Dies ist aber nicht ausreichend[100], denn das „Verschaffen“ der Kenntnisnahmemöglichkeit ist aus Erwägungen des Verbraucherschutzes als aktive Verhaltenspflicht des Verwenders zu verstehen, so daß die bloße Bereithaltung der AGB unzureichend ist[101]. Die Verschaffungspflicht darf nicht auf den Kunden abgewälzt werden, selbst dann nicht, wenn ein Großteil der Karteninhaber kein Interesse am Inhalt der Kartenbedingungen hat, gleich ob die Bedingungen unmittelbar vorliegen oder erst angefordert werden müssen. Die Obliegenheit des AGB-Verwenders, dem Kunden eine zumutbare Kenntnisnahmemöglichkeit zu schaffen, dient allein dem Kunden; daher liegt es in seinem Belieben, diese Möglichkeit zu nutzen oder nicht[102].

Den Nichtabdruck der Kartenbedingungen wollen manche Kartenherausgeber dadurch kompensieren, daß sie in eben diesen Bedingungen den Zeitpunkt des Vertragsschlusses einseitig festlegen, indem sie die Zusendung der Kreditkarte als Angebot und die anschließende Benutzung als Annahme bestimmen. Bei Übersendung der Bedingungen zusammen mit der Karte würde dann im Zeitpunkt des Vertragsschlusses – also bei Annahme des Angebots durch Benutzung der Karte – eine zumutbare Kenntnisnahmemöglichkeit vorliegen. Diese Versuch, die rechtliche Qualifikation des Parteihandelns einseitig festzulegen, bleibt allerdings ohne Wirkung, da bei Abgabe des Angebots dem Kun-

---

[99] OLG Hamm NJW-RR 1986, S. 927 (930).

[100] LG Frankfurt a.M. NJW-RR 1992, S. 441; OLG Köln WM 1993, S. 369.

[101] LG München ZIP 1980, S. 992 (993); Palandt/Heinrichs, § 2 AGBG, Rn. 9; Staudinger/Schlosser, § 2 AGBG, Rn. 31; Soergel/Stein, § 2 AGBG, Rn. 18; Ulmer in: Ulmer/Brandner/Hensen/Schmidt, § 2 AGBG, Rn. 45, 48.

[102] Erman/Hefermehl, § 2 AGBG, Rn. 11; Ulmer in: Ulmer/ Brandner/ Hensen/ Schmidt, § 2 AGBG. Rn. 46.

den diese Qualifizierung der Kartenbeantragung unbekannt ist, da ihm die Bedingungen ja gerade noch nicht vorliegen, so daß die Beantragung als verbindliches Angebot ausgelegt werden muß. Die zum Zeitpunkt der Antragsverwendung durch den Karteninteressenten für den Kartenherausgeber bestehende Verschaffungspflicht wird deshalb auch durch die nachträgliche Festlegung des Vertragszeitpunktes nicht berührt.
Hat der Kartenherausgeber die vom AGB-Gesetz vorgegebenen Anforderungen erfüllt, dann gibt der Karteninteressent ein Angebot auf Abschluß eines Kreditkartenvertrages unter Einbeziehung der Kartenbedingungen ab. Der Kartenherausgeber prüft die wirtschaftliche Bonität des Antragstellers, wobei in der Regel ein Bruttoeinkommen von DM 2000 bis 2500 im Monat ausreicht. Personen ohne eigenes Einkommen haben die Möglichkeit eine Familienzusatzkarte zu erhalten, sofern ein anderes Familienmitglied als Hauptkarteninhaber die Bonitätskriterien erfüllt. Mit Zusendung der Kreditkarte nimmt der Kartenherausgeber dann das Angebot an. Damit kommt der Kreditkartenvertrag unter Einbeziehung der AGB des Herausgebers zustande.

b) Der Kartenantrag ohne Einbeziehung der AGB des Kartenherausgebers

Anders gestaltet sich die Rechtslage, wenn die AGB nicht in das Angebot des Antragstellers mit einbezogen sind. Es kommt dann § 6 AGBG zum Tragen. § 6 AGBG zielt auf die Aufrechterhaltung des Vertrages und ordnet deshalb trotz der möglicherweise eintretenden Lückenhaftigkeit des Vertrages durch Ausfall der AGB die grundsätzliche Wirksamkeit der restlichen Vertragsbestandteile an[103]. Daraus ergibt sich, daß der Kartenantrag als wirksames – die AGB nicht enthaltendes – Angebot zum Abschluß eines Kartenvertrages anzusehen ist. Die Hauptpflichten der Parteien sind wegen der Üblichkeit des Kreditkartenvertrages bekannt, so daß das Angebot bezüglich der essentialia negotii entsprechend auszulegen ist.

c) Die Annahme des Angebots durch den Kartenherausgeber

Lag dem Karteninteressenten bereits ein den Vorgaben des AGB-Gesetzes entsprechendes Antragsformular vor, bereitet der Vertragsschluß keine Probleme. Mit der Zusendung der Kreditkarte nimmt der

---

[103] Staudinger/Schlosser, § 6 AGBG; Rn. 1; Schmidt in: Ulmer/Brandner/Hensen/Schmidt, § 6 AGBG, Rn. 1.

Kartenherausgeber das Kartenangebot an und seine Bedingungen werden Vertragsbestandteil[104]. Reicht der Kunde dagegen einen Kartenantrag ein, dessen AGB nicht den Vorgaben des § 2 AGB entsprechen, dann hängt die Einbeziehung der AGB von der Art und Weise der Annahme durch den Kartenherausgeber ab. Reagiert der Kartenherausgeber mit der bloßen Kartenzusendung, dann liegt ein Vertragsschluß ohne Einbeziehung der Kartenbedingungen vor. Legt der Kartenherausgeber aber bei der Zusendung der Karte noch die Kartenbedingungen bei, dann ist dies als modifizierte Annahme nach § 150 Abs. 2 anzusehen[105]. Indem der Karteninhaber die unter dem Geltungsvorbehalt der Kartenbedingungen angebotene Kreditkarte unterschreibt und zur Bezahlung verwendet, nimmt er den neuen Antrag konkludent an[106]. Ein Zugang der Erklärung ist nach § 151 Satz 1 BGB nicht erforderlich, es genügt, daß der Wille zur Annahme nach außen unzweideutig in Erscheinung tritt[107]. § 151 BGB ist auf das AGBG anwendbar. Das in § 2 Abs. 1 geforderte Einverständnis des Kunden stellt nämlich keine Sonderregelung gegenüber den §§ 145 ff. BGB dar[108], der Gesetzgeber wollte durch die Formulierung des § 2 Abs. 1 AGBG lediglich klarstellen, daß die Einbeziehung nicht durch einseitige Maßnahmen des Verwenders erfolgen kann[109].

2. Der Inhalt des Emissionsvertrages

Eurocard Kundenbedingungen - Euro Kartensysteme

1. Verwendungsmöglichkeiten der Eurocard
Mit der von der EURO Kartensysteme ausgegebenen EUROCARD kann der Karteninhaber im Inland und als weitere Dienstleistung auch im Ausland im Rahmen des EUROCARD-/MasterCard-Verbundes
- bei Vertragsunternehmen Waren und Dienstleistungen bargeldlos bezahlen und
- darüber hinaus als weitere Dienstleistung an Geldautomaten sowie an Kassen von Kreditinstituten – dort zusätzlich gegen Vorlage eines Ausweispapiers – Bargeld beziehen (Bargeldservice); über die Höchstbeträge beim Bezug von Bargeld wird der Karteninhaber gesondert unterrichtet.

Die Vertragsunternehmen sowie die Kreditinstitute und die Geldautomaten

---

[104] Pense, Kreditkartenbedingungen in den Grenzen des AGB-Gesetzes, S. 55.
[105] Pense, Kreditkartenbedingungen in den Grenzen des AGB-Gesetzes, S. 57.
[106] Vgl. Pense, Kreditkartenbedingungen in den Grenzen des AGB-Gesetzes, S. 63.
[107] BGHZ 74, S. 352 (356); Medicus, Allgemeiner Teil des BGB, Rn. 382.
[108] BGH WM 1982, S. 444 (445); Staudinger/Schlosser, § 2 AGBG, Rn. 36.
[109] Wolf in: Wolf/Horn/Lindacher, § 2 AGBG, Rn. 42; Pense, Kreditkartenbedingungen in den Grenzen des AGB-Gesetzes, S. 58.

im Rahmen des Bargeldservice sind an den Akzeptanzsymbolen zu erkennen, die auf der EUROCARD zu sehen sind. Soweit mit der EUROCARD zusätzliche Leistungen (z.B. Versicherungen) verbunden sind, wird der Karteninhaber hierüber gesondert informiert.

6. Zahlungsverpflichtung des Karteninhabers
Die EURO Kartensysteme wird die bei der Benutzung der EUROCARD entstandenen sofort fälligen Forderungen der Vertragsunternehmen gegen den Karteninhaber erwerben. Der Karteninhaber ist seinerseits verpflichtet, der EURO Kartensysteme den Forderungsbetrag zu erstatten. Die EUROCARD-Umsätze werden nach vorheriger Rechnungsstellung dem vom Karteninhaber angegebenen Konto belastet.

Der Emissionsvertrag soll dem Karteninhaber ermöglichen, die Karte zur Zahlung zu nutzen. Eine Nutzung ist aber nur möglich, wenn ein Netz von Vertragsunternehmen besteht. Daher könnte man eine Pflicht des Kartenherausgebers zur Aufrechterhaltung und ggf. Erweiterung des Netzes als dienstvertragliche Komponente des Emissionsvertrages annehmen[110]. Betrachtet man aber die Bedingungen, dann läßt sich aus dem Wortlaut eine solche Pflicht nicht entnehmen. Dem Karteninhaber wird nur die Befugnis eingeräumt, im Rahmen der vorhandenen Vertragsunternehmen die Karte zur bargeldlosen Zahlung einzusetzen, daher ist das Netz von Vertragsunternehmen lediglich Geschäftsgrundlage[111]. Dieser Umstand stellt sich für den Karteninhaber aber kaum als Nachteil dar, denn eine Verpflichtung des Kartenherausgebers zur Unterhaltung und Erweiterung des Netzes hätte für den Karteninhaber vor Gericht kaum Nutzen. Die drohende Möglichkeit der Kündigung des Kreditkartenvertrages ist ein einfacheres und besseres Instrument, um den Kartenherausgeber zur Schaffung und Unterhaltung eines umfangreichen Vertragsunternehmensnetzes zu motivieren.
Damit der Karteninhaber mit der Karte reibungslos zahlen kann, ist des weiteren erforderlich, daß er einen Anspruch auf Akzeptierung der Karte gegenüber dem Vertragsunternehmen hat. Diesen Anspruch hat der Kartenherausgeber durch Vertrag mit dem Vertragsunternehmen zugunsten des Karteninhabers zu realisieren. Das Bestehen eines solchen Anspruchs sichert der Kartenherausgeber insoweit gegenüber dem Karteninhaber ab, als er diesbezüglich in Nr. 1 Eurocard Kundenbedingungen eine Garantie übernimmt[112].

---

[110] Vgl. Pfeiffer in: Westphalen, Kreditkartenvertrag, Rn. 23.
[111] Burhoff, NWB, Kreditkartengeschäft, Fach 21, S. 1233 (1235); Eckert, WM 1987, S. 161 (165).
[112] Vgl. Eckert, WM 1987, S. 161 (164).

a) Garantie für die Abtretung der Verbindlichkeit des Karteninhabers

Da es dem Karteninhaber darauf ankommt, seine Verbindlichkeit gegenüber dem Vertragsunternehmen loszuwerden, könnte man meinen, der Emissionsvertrag müsse eine Verpflichtung zur Zahlung der Verbindlichkeit enthalten. Interessanterweise regelt der Emissionsvertrag aber gerade keine Pflicht des Kartenherausgebers gegenüber dem Karteninhaber zur Zahlung der Verbindlichkeit des Karteninhabers dem Vertragsunternehmen gegenüber. Die AGB enthalten nur die Feststellung, daß der Kartenherausgeber vom Vertragsunternehmen die Forderungen gegen den Karteninhaber erwerben wird. Im allgemeinen wird jedoch im Schrifttum[113] von einem Geschäftsbesorgungsvertrag mit dem Ziel der Erfüllungsübernahme zwischen Kartenherausgeber und Karteninhaber ausgegangen. Auch vom Boden der Abtretungskonstruktion aus könne grundsätzlich nicht angenommen werden, daß die Einlösungspflicht des Kartenherausgebers entfallen solle[114]. Dieser Auffassung muß aber die Gefolgschaft versagt bleiben. Bei der Forderungskauflösung (=Abtretungskonstruktion) ist die Annahme eines Geschäftsbesorgungsvertrages konstruktiv nicht notwendig, da auf einen Aufwendungsersatzanspruch gemäß §§ 675, 670 verzichtet werden kann. Mit der abgetretenen Forderung hat das Kartenunternehmen ja schon eine Rückgriffsmöglichkeit gegen den Karteninhaber. Überdies hieße die Annahme des Geschäftsbesorgungsvertrages den Parteiwillen zu ignorieren. Es findet sich in den AGB nämlich kein Anhaltspunkt für einen Geschäftsbesorgungsvertrag. Zudem gibt es in den AGB keine Erwähnung der Unwiderruflichkeit der Weisung oder einer Weisung überhaupt. Bei solchen recht ausführlichen und präzisen AGB ist aber anzunehmen, daß die Kreditkartenherausgeber die Weisung geregelt oder zumindest erwähnt hätten. Wenn dies nicht der Fall ist, läßt sich daraus nur schließen, ein Geschäftsbesorgungsvertrag solle nicht vereinbart sein. Diese These wird auch durch die Geschichte der Eurocardbedingungen erhärtet. In den 1969 gültigen Bedingungen der Eurocard[115] ging man nämlich noch von einem Weisungsmodell mit einer dem Vertragsunternehmen gegenüber abzugebenden Garantie aus, und die Weisung war ausdrücklich als unwider-

---

113 In dieser Weise ausdrücklich: Taupitz, Zivilrechtliche Haftung bei Kreditkartenmißbrauch, S. 61; Eckert WM 1987, S. 161 (164); Canaris, Bankvertragsrecht, Rn. 1629; Kümpel, Bank- und Kapitalmarktrecht, Rn. 4.925.

114 Canaris, Bankvertragsrecht, Rn. 1629.

115 Abgedruckt bei Custodis, Das Kreditkartenverfahren, S. 137 ff.

rufbar vereinbart[116]. Die Eurocardbedingungen von 1979/80[117] konstruieren dagegen das Kreditkartenverfahren schon als Abtretungsmodell, aber von einem Auftrag oder einer Weisung ist keine Rede, obwohl das Problem des Weisungswiderrufs bekannt war. Man kann daher auch nicht unterstellen, in den gegenwärtigen Eurocardbedingungen sei die Frage des Weisungswiderrufs übersehen worden.
Ganz abgesehen vom Wortlaut der Bedingungen stellt sich zudem grundsätzlich die Frage, welchen Nutzen die Zahlungsverpflichtung des Herausgebers gegenüber dem Karteninhaber diesem bringen soll. Mit der Zuleitung der Leistungsbelege an den Kartenherausgeber durch das Vertragsunternehmen wird nämlich die Forderung gegen den Kunden gemäß § 3 der Teilnahmebedingungen an den Kartenherausgeber abgetreten. Das Vertragsunternehmen kann sich dann nur noch aus der Kaufpreisforderung an den Kartenherausgeber halten. Daß der Kartenherausgeber an das Vertragsunternehmen nicht zahlt, wird im Zeitpunkt der Abtretung damit allein zum Problem des Vertragsunternehmens. Der Karteninhaber hat also kein eigenes Interesse an der Zahlung des Kartenherausgebers an das Vertragsunternehmen. Ein Interesse des Karteninhabers besteht vielmehr daran, daß keine Forderung des Vertragsunternehmens mehr gegen ihn existiert. Dies wird auf der Grundlage der Abtretungskonstruktion aber nicht durch Zahlung der Schuld erreicht, sondern durch Abtretung derselben. Die Frage stellt sich deshalb, wie *dieses* Interesse des Karteninhabers abgesichert werden kann. Hierzu käme eine Garantie oder ein Erfüllungsanspruch in Betracht. Unter dem Punkt „6. Zahlungsverpflichtung des Kunden“[118] ist aber nur davon die Rede, daß sich das Kredit-

---

[116] **Bedingungen für Kreditkarteninhaber – Eurocard (1969):**
5. Kontoinhaber und Karteninhaber beauftragen unwiderruflich die Gesellschaft, die Rechnungen, die der Karteninhaber mit seiner Unterschrift versehen hat, auszugleichen. ...

[117] Abgedruckt bei Canaris, Bankvertragsrecht, Rn. 1639, 1646.

[118] Vgl. besonders deutlich die
Eurocard-Kundenbedingungen (Muster für Banken):

6. Zahlungsverpflichtung des Kunden
Das Kreditinstitut hat sich gegenüber den Vertragsunternehmen verpflichtet, die bei der Benutzung der EUROCARD entstandenen, sofort fälligen Forderungen gegen den Karteninhaber zu erwerben und zu bezahlen. Es wird sie mindestens einmal monatlich zusammen mit den Ansprüchen aus dem Bargeldservice stellen. Der Betrag ist fällig, nachdem die Bank dem Karteninhaber Abrechnung erteilt hat.
Die Erstattungspflicht besteht nur dann nicht, wenn eine wirksame Forderung des Vertragsunternehmens nicht begründet wurde. Der Kontoinhaber

institut gegenüber dem Vertragsunternehmen zum Erwerb der Forderung verpflichtet, nicht aber von einer Verpflichtung gegenüber dem Karteninhaber. Die Formulierung der Nr. 6 Eurocard Kundenbedingungen deutet mit ihrer feststellenden Art und der Nichterwähnung einer Weisung auf eine Garantie hin. Der Kartenherausgeber garantiert also für die Befreiung des Karteninhabers gegenüber dem Vertragsunternehmen durch Abtretung der Verbindlichkeit an ihn.
Es läßt sich daher festhalten, daß die Annahme eines Forderungskaufs mit der Konstruktion eines Geschäftsbesorgungsvertrages nicht zu harmonisieren ist. Daher muß dem Wortlaut entsprechend von einem (reinen) Forderungskaufmodell ausgegangen werden.
Wenn im folgenden vom „Forderungskaufmodell" die Rede ist, dann ist stets dieses Modell (ohne Geschäftsbesorgungselement) gemeint.

b) Einwendungsausschluß

> **8. Reklamationen und Beanstandungen**
> Reklamationen und Beanstandungen aus dem Vertragsverhältnis zwischen Karteninhaber und Vertragsunternehmen sind unmittelbar zwischen diesen zu klären; sie berühren nicht die Zahlungsverpflichtung des Karteninhabers nach Nr.6 dieser Bedingungen. ...

Die Möglichkeit des Karteninhabers, gemäß § 404 BGB dem Herausgeber Einwendungen aus dem Verhältnis zum Vertragsunternehmen entgegenzuhalten, wird ausgeschlossen. Dieser Ausschluß des § 404 BGB mittels AGB ist zulässig[119], denn dem Karteninhaber verbleibt die Möglichkeit, gegen das Vertragsunternehmen vorzugehen, so daß er durch den Einwendungsausschluß nicht rechtlos gestellt wird[120].

c) Kredit

In bezug auf die abgetretene Forderung des Vertragsunternehmens an den Kreditkartenherausgeber räumt der Kartenherausgeber dem Karteninhaber eine Stundung ein, da die Forderungen, obwohl sie sofort

hat sonstige Reklamationen aus seinem Verhältnis zu dem Vertragsunternehmen unmittelbar mit dem Unternehmen zu klären.

119 BGH WM 1990, S. 1059 (1061); Canaris, Bankvertragsrecht, Rn. 1632.
120 Taupitz, Zivilrechtliche Haftung bei Kreditkartenmißbrauch, S. 67.

fällig sind, erst später (in monatlichen Abständen) geltend gemacht werden. Die darüber hinausgehende Einräumung eines Kredits ist dagegen nicht gewollt:

Eurocard Kundenbedingungen - Euro Kartensysteme

4. Finanzielle Nutzungsgrenze
Der Karteninhaber darf seine EUROCARD nur im Rahmen seiner Einkommens- und Vermögensverhältnisse verwenden, so daß ein Ausgleich der EUROCARD-Umsätze gewährleistet ist.

d) Die Zusatzkarte

Eurocard Kundenbedingungen - Euro Kartensysteme

10. Gesamtschuldnerische Haftung mehrerer Antragsteller
Für die Verbindlichkeiten aus einer gemeinsam beantragten EUROCARD haften Antragsteller und Mitantragsteller als Gesamtschuldner, d.h. die EURO Kartensysteme kann von jedem Antragsteller die Erfüllung sämtlicher Ansprüche fordern.
Sowohl Antragsteller, als auch Mitantragsteller können das Vertragsverhältnis nur mit Wirkung für beide Antragsteller durch Kündigung beenden. Jeder Antragsteller hat dafür Sorge zu tragen, daß die gekündigte EUROCARD mit Wirksamwerden der Kündigung unverzüglich an die EURO Kartensysteme zurückgegeben wird. Die Aufwendungen, die aus der weiteren Nutzung der gekündigten EUROCARD bis zu ihrer Rückgabe an die EURO Kartensysteme entstehen, haben die Antragsteller ebenfalls gesamtschuldnerisch zu tragen. Unabhängig davon wird die EURO Kartensysteme zumutbare Maßnahmen ergreifen, um Verfügungen mit der gekündigten EUROCARD nach Erklärung der Kündigung zu unterbinden.

Bei Abschluß eines Kartenvertrages für eine Zusatzkarte, wird (beim Kooperationsmodell) stets ein eigenes Antragsformular verwendet. Auf dem für alle Kartenanträge einheitlichen Formular wird dazu das Feld: „Ich beantrage die Ausstellung einer Eurocard/Eurocard Gold als Zusatzkarte gemeinsam mit nachstehendem/r Mitantragsteller/in ...“ angekreuzt. Für die Zusatzkarte haften somit als Antragsteller der Haupt- und der Zusatzkarteninhaber. Eine Haftung des Zusatzkarteninhabers für die Umsätze der Hauptkarte kommt dagegen nicht in Betracht, da er die Hauptkarte nicht mitbeantragt hat und dementsprechend auch nicht als Antragsteller im Sinne dieser Haftungsbestimmung angesehen werden kann[121].

---

[121] Haun in: BuB, Zahlungsverkehr/Kreditkartengeschäft, Rn. 6/1978.

Die gesamtschuldnerische Haftung des Hauptkarteninhabers für Umsätze des Zusatzkarteninhabers ist nicht zu beanstanden[122]. Es handelt sich nämlich um das Wesensmerkmal, das eigentliche Prinzip der Zusatzkarte. Ohne diese Mithaftung würde die Zusatzkarte zur Hauptkarte. Die Zusatzkarte mit ihrer gesamtschuldnerischen Haftung soll aber gerade die Möglichkeit eröffnen, einem Antragsteller mit negativer Bonitätsprüfung die Möglichkeit zur Kartennutzung zu geben. Hierfür ist aber ein finanziell positiv bonitätsgeprüfter Mitschuldner erforderlich. Für den Hauptkarteninhaber ist dies nicht unangemessen, da er die Möglichkeit hat, den Zusatzkarteninhaber zu bestimmen und durch Kündigung seine Mithaftung zu beenden.

e) Besonderheiten für einen Minderjährigen bei der Zusatzkarte

Innerhalb des Kooperationsmodells darf die Eurocard nicht an Minderjährige unter 16 Jahren ausgegeben werden. Dies beruht auf einer Abstimmung, die zwischen den Bankverbänden und der Euro Kartensysteme getroffen wurde. Ist das ausgebende Kreditinstitut dagegen Eigenemittent im Rahmen des Lizenzmodells, dann ist es die autonome Entscheidung des Kreditinstituts, die Karte auch an jüngere Minderjährige auszugeben.

Ziffer 10 der Kundenbedingungen wird (beim Kooperationsmodell) durch folgende Erklärung modifiziert:

[122] OLG München NJW-RR 1988, S. 1076; OLG Frankfurt NJW-RR 1989, S. 1523 (1524).

Zusatzerklärung
für die Vergabe von EUROCARD-Karten/ Visa-Karten
an Minderjährige

Erziehungsberechtigter/Vormund

____________________, ____________________

Name Vorname

____________________, ____________________

Name Vorname

EUROCARD-Nummer der Hauptkarte (sofern eine Zusatzkarte ausgegeben werden soll)
- - - - - - - - - - - - - - - -

VISA-Karten-Nummer der Hauptkarte (sofern eine Zusatzkarte ausgegeben werden soll)
- - - - - - - - - - - - - - - -

Minderjährige(r)

____________________, ____________________

Name Vorname

Geburtsdatum - - .- -. - - - -

Abweichend von Ziffer 10 der EUROCARD-Kundenbedingungen bzw. Ziffer 11 der Bedingungen für die Verwendung der VISA-Karte haftet der/die Minderjährige nicht für die bis zur Vollendung seines/ihres achtzehnten Lebensjahres von ihm/ihr getätigten Umsätze. In diesem Zeitraum werden/wird ausschließlich die/der Erziehungsberechtigte(n)/Vormund sämtliche von dem/der Minderjährigen getätigten Umsätze begleichen. Die im Zusammenhang mit der EUROCARD-Karte/VISA-Karte des/der Minderjährigen zu entrichtenden Beträge werden mittels Lastschrift ausschließlich von einem Konto der/des Erziehungsberechtigten/Vormunds eingezogen.

Genehmigt der/die Minderjährige nach Vollendung des achtzehnten Lebensjahres die von ihm/ihr zuvor getätigten Umsätze, so haftet er/sie gesamtschuldnerisch mit den/dem Erziehungsberechtigten/Vormund für die so genehmigten Umsätze entsprechend Ziffer 10 der Eurocard-Kundenbedingungen bzw. Ziffer 11 der Bedingungen für die Verwendung der VISA-Karte.

____________________, ____________________

Ort/Datum Unterschrift der/des Erziehungsberechtigten/Vormunds

____________________, ____________________

Ort/Datum Unterschrift der/des Minderjährigen

Stand: 1999

Es handelt sich dabei um eine befreiende Schuldübernahme nach § 414 BGB zwischen dem Gläubiger und dem Übernehmer. Die Klausel ist AGB-rechtlich zulässig, da sie im Sinne des Minderjährigenschutzes ist. Es wird damit der Anfälligkeit von Jugendlichen für unzweckmäßige Ausgaben Rechnung getragen. Rechtlich ist die Klausel deshalb notwendig, weil der Emissionsvertrag der Eurocard ohne die Schuldübernahme nach § 1822 Nr. 8 BGB genehmigungsbedürftig wäre[123].
Die Genehmigungsklausel des Textes ist ebenfalls zulässig, da hiermit lediglich deklaratorisch an die in § 1829 Abs. 3 BGB vorgesehene Möglichkeit der nachträglichen Genehmigung durch den Volljährigen angeknüpft wird.
Eine Genehmigung kann aber nicht schon in der Weiterbenutzung der Karte nach dem 18. Lebensjahr gesehen werden, da mit dem Karteneinsatz nur Rechtsfolgen in Bezug auf das gerade getätigte Geschäft herbeigeführt werden sollen.

III. Das Rechtsverhältnis Karteninhaber – Vertragsunternehmen

Die Rechtsnatur des Valutaverhältnisses richtet sich allein nach dem zwischen dem Inhaber und dem Unternehmer geschlossenen schuldrechtlichen Vertrag (z.B. Kaufvertrag).
Der Karteninhaber hat dabei gegenüber dem Vertragsunternehmen einen Anspruch (§ 328 BGB) auf Akzeptierung der Karte aus dem insoweit drittbegünstigenden Akquisitionsvertrag.

---

[123] Vgl. im einzelnen S. 181.

3. Kapitel – Alternativen zum Modell des Forderungskaufs

Neben dem Modell des Forderungskaufs – wie es in den besprochenen AGB formuliert ist – gibt es noch andere Möglichkeiten, die Zahlungsbeziehung (Karteninhaber – Kartenherausgeber – Vertragsunternehmen) rechtlich abzubilden. Dabei stehen sich in der gegenwärtigen Diskussion[124] das „Weisungsmodell" und das „Anweisungsmodell" gegenüber.

I. Das Weisungsmodell

Im Zentrum des Weisungsmodells steht ein abstraktes Schuldversprechen. Dieses soll dem Vertragsunternehmen die notwendige bargeldgleiche Sicherheit bieten.

1. Exkurs: Zur Geschichte des Schuldversprechens

Die Anerkennung des abstrakten Schuldversprechens, wie sie im BGB mit den §§ 780 und 781 existiert, ist aber keineswegs eine Selbstverständlichkeit, vielmehr hat das abstrakte Schuldversprechen eine bewegte Geschichte hinter sich.

a) Römisches Recht[125]

Bereits die Römer im vorklassischen Recht kannten zwei Arten von Rechtsgeschäften, nämlich die rechtsgrundabhängigen und die rechtsgrundunabhängigen. Während Kennzeichen der ersteren war, daß der Rechtsgrund dieser Geschäfte, die causa, in ihnen erwähnt wurde, war sie in letzteren vom Vertragsinhalt ausgeschlossen und wurde durch eine bestimmte Form ersetzt[126]. Der Abschluß des Schuldversprechens geschah typischerweise durch die mündliche stipulatio. Anfangs wurde die stipulatio „anschaulich und volkstümlich

---

[124] Es wird darauf verzichtet, Modelle aus der Anfangszeit der rechtlichen Beschäftigung mit der Kreditkarte zu erörtern, die sich nicht durchzusetzen vermochten, weil sie zur rechtlichen Abbildung der Kreditkartenzahlung weniger geeignet sind, wie den Schuldbeitritt (Avancini, ZfRV 1969, S. 121 (129)), die befreidende Schuldübernahme § 414 BGB (Hadding, Festschrift für Pleyer, S. 17 (30)), die selbstschuldnerische Bürgschaft (Zahrnt, NJW 1972, S. 1077), Kreditauftrag § 778 BGB und Kreditbrief (Zahrnt, NJW 1972, S. 1077 (1078) oder das Dokumentenakkreditiv (Custodis, Das Kreditkartenverfahren, S. 96).

[125] Grundlegend jetzt: Meder, Die bargeldlose Zahlung, S. 174 ff.

[126] Creutzig, Das selbständige Schuldversprechen, S. 1.

gegliedert“[127] in einem mündlichem Frage-und-Antwort-Spiel vollzogen: der Gläubiger (stipulator) fragte den Schuldner (promissor), ob er die – in der Frage näher bezeichnete – Leistung verspreche, worauf dieser die der Frage kongruente Antwort gab. „Centum dari mihi spondes?“ „Spondeo“[128]. In dieser ältesten Zeit hatte die stipulatio ihre causa ausnahmslos außerhalb des eigentlichen Vertragsinhalts. Ein Zurückgreifen des vom stipulator in Anspruch genommenen promissors auf die causa war, auch wenn sie fehlte oder mangelhaft war, ausgeschlossen[129]. In der Folgezeit – der Klassik – trat neben diese Stipulationsform eine weitere, für welche die Formel „fidem promittere“ gebräuchlich war. Diese neue Form hatte einen außerordentlich weiten Anwendungsbereich, denn jede zulässige Leistung konnte unter jeder zulässigen Bedingung zum Inhalt eines klagbaren Versprechens gemacht werden[130], und sogar die causa der stipulatio konnte, wenn sie ganz allgemein gehalten war, in ihr erwähnt werden, ohne ihr den Charakter eines selbständigen Geschäfts zu nehmen: „Centum dotis causa dari fidem promittes?“ „Promitto“[131]. Der Gläubiger konnte nach wie vor aus der stipulatio als einem rechtsgrundunabhängigen Geschäft klagen, war die causa aber erwähnt, dann konnte der Schuldner bei Wegfall oder Mangelhaftigkeit derselben alle Einreden aus dieser causa geltend machen[132]. War die causa nicht erwähnt, dann wurde dem Schuldner insoweit geholfen, als daß der Prätor die exceptio doli[133] gegen die Geltendmachung des Anspruchs und condictiones zur Zurückerlangung des ohne causa Geleisteten gewährte[134].
In jedem Fall hatte aber der Schuldner das Fehlen oder die Mangelhaftigkeit der causa nachzuweisen[135].
In der nachklassischen Zeit wurde die mündliche stipulatio nahezu völlig vom schriftlichen Schuldversprechen, dem Schuldschein, verdrängt[136]. Eine stipulatio war nicht mehr erforderlich, sondern allein

---

[127] Klingmüller, Das Schuldversprechen, S. 6.
[128] Vgl. D. 45, 1, 5, 1; Gai. III, 92-127; Inst. III, 15.
[129] Creutzig, Das selbständige Schuldversprechen, S. 2.
[130] Kaser, Handbuch I, § 128 II; Creutzig, Das selbständige Schuldversprechen, S. 3.
[131] Vgl. Klingmüller, Das Schuldversprechen, S. 10.
[132] Creutzig, Das selbständige Schuldversprechen, S. 3.
[133] Gai. 4, 116, 119; Ulp. D. 44, 4, 2, 3.
[134] Kaser, Handbuch I, § 128 II; Creutzig, Das selbständige Schuldversprechen, S. 3.
[135] Kaser, Handbuch I, § 128 II; Creutzig, Das selbständige Schuldversprechen, S. 3.
[136] Kaser, Handbuch II, § 263.

die Urkunde (cautio) verpflichtete[137]. Mit der von Caracalla 215 n. Chr. eingeführten „exceptio non numeratae pecuniae" konnte der aufgrund einer cautio in Anspruch genommene Schuldner - ohne Beweis dafür antreten zu müssen - bestreiten, jemals etwas empfangen zu haben. Nun war es kein weiter Schritt mehr zur Beseitigung des rechtsgrundunabhängigen Charakters der stipulatio überhaupt, denn wenn eine cautio indiscreta (eine Urkunde ohne Angabe des Rechtsgrundes) als zur Klagebegründung ungenügend angesehen wurde und der Kläger die Beweislast für das Vorhandensein einer causa trug, dann war die Rechtslage des stipulators nicht günstiger als diejenige des Darlehensgläubigers, der bei Ausstellung der Vertragsurkunde das Wort „Darlehen" versehentlich vergessen hatte. Das Versprechen unterschied sich nicht mehr von rechtsgrundunabhängigen Verträgen[138].

b) Deutsches Recht

In Deutschland war seit dem 14. Jahrhundert die Klagbarkeit formloser Verträge anerkannt[139]. Ausgangspunkt dafür waren einzelne Bestimmungen des kanonischen Rechts, die entsprechend der kirchlichen Auffassung, daß die Nichteinhaltung eines gegebenen Versprechens eine Lüge und damit eine Sünde sei, die Formulierung enthielten: „Pax servetur, pacta custodiantur" [140]. Man kam aufgrund dieser Vorschriften allmählich allgemein zu der Auffassung, daß jeder formlose Vertrag imstande sei, ein vollwirksames klagbares Forderungsrecht zu erzeugen[141]. Trotz dieses Grundsatzes galten aber - und zwar noch bis in das 19. Jahrhundert hinein - rechtsgrundunabhängige Verpflichtungsgeschäfte als unzulässig, wobei man sich besonders auf die Quellen D. 22, 3, 25, 4 de prob. und C. IV, 30, 13 stützte, wonach eine cautio indiscreta als zur Klagebegründung nicht ausreichend angesehen wurde und dem stipulator die Beweislast für das Vorhandensein einer causa auferlegt wurde[142].
Eine Wende vollzog sich zunächst im Handelsrecht, wo mit dem Wechsel, dem Anweisungsakzept und den Inhaberpapieren durch Gewohn-

---

[137] Yung, La théorie de l'obligation abstraite, S. 26.
[138] Astuti, I contratti obbligatori I, p. 126 ff; Creutzig, Das selbständige Schuldversprechen, S. 5.
[139] Creutzig, Das selbständige Schuldversprechen, S. 12.
[140] C. I X de pact. I, 35.
[141] Seuffert, Zur Geschichte der obligatorischen Verträge, §§ 1, 6-8; Buhl, Beiträge zur Lehre vom Anerkennungsvertrage, § 6; Creutzig, Das selbständige Schuldversprechen, S. 12.
[142] Creutzig, Das selbständige Schuldversprechen, S. 12.

heitsrecht dem Bedürfnis nach Begründung materiell rechtsgrundunabhängiger Verbindlichkeiten nachgegeben wurde[143]. Im Sachenrecht war Savigny - anknüpfend an die traditio zu Zeiten Justinians - der Meinung, die Eigentumsübertragung sei ein materiell abstrakter Vertrag[144]: die Einigung der Parteien über den Eigentumsübergang (verbunden mit der Besitzübergabe) genüge für die Übertragung des Eigentums; eine Einigung über die causa oder gar deren Erwähnung sei dagegen nicht erforderlich. Und auch für die Anerkennung rechtsgrundunabhängiger Verpflichtungsgeschäfte wurde eine Theorie vorgestellt: Es sei nicht einzusehen, weshalb der nackte Wille (abstrakte Verpflichtungswille), Schuldner zu werden, zur Begründung einer Verpflichtung nicht ausreichen solle; sollten in dieser Richtung Schranken bestehen, so seien sie Ausnahmen von dem Grundsatz der Privatautonomie und müßten daher bewiesen werden[145]. Dieser letztere Ansatz konnte indessen keine Verbreitung finden[146]. Erst Otto Bähr bewirkte mit seinem 1855 in erster Auflage erschienenen Werk „Die Anerkennung als Verpflichtungsgrund" einen Meinungsumschwung, der schließlich zur Schaffung der §§ 780, 781 BGB führte.
Bähr konstruierte die Hingabe des Schuldscheins in ähnlicher Weise wie die Übergabe der Kaufsache[147]. Die Hingabe des Schuldscheins stelle einen obligatorischen Vertrag dar, der vom zugrundeliegenden Schuldverhältnis gelöst und insoweit verselbständigt werde, als Einwendungen aus der causa nur im Wege der Kondiktion geltend gemacht werden könnten. Vorbild für einen solchen abstrakten Vertrag stelle die stipulatio des römischen Rechts dar[148]. Ferner ging Bähr bei seinen Überlegungen auch vom Grundprinzip der Autonomie des Willens aus und folgerte daraus, daß der Wille auch die Fähigkeit habe, die Verbindung von Vertrag und causa aufzugeben und das einfache Versprechen isoliert zu einem vollendeten Vertrag zu machen[149]. Ausdrücklich rückte er aber von der Theorie des „abstrakten Verpflichtungswillens" ab:

---

143 Creutzig, Das selbständige Schuldversprechen, S. 13.
144 Savigny, System III, S. 321.
145 Heise/Cropp, Juristische Abhandlungen I, S. 365; Creutzig, Das selbständige Schuldversprechen, S. 14.
146 Dagegen besonders Salpius, Novation und Delegation nach römischen Recht, S. 483, 504 f.; Karlowa, Das Rechtsgeschäft und seine Wirkung, S. 171 ff., 259.
147 Bähr, Anerkennung, S. 14 ff.; Creutzig, Das selbständige Schuldversprechen, S. 16.
148 Bähr, Anerkenung, S. 21 f; vertiefend Meder, Die bargeldlose Zahlung, S. 210 f.
149 Bähr, Anerkenung, S. 169.

> Ein „abstraktes Zahlungsversprechen" kommt in Wirklichkeit nicht vor. Oder glaubt man, daß zwei Menschen zu einander sagen: „Ich verspreche Dir hiermit 1000 Mark", und daß dann der Empfänger des Versprechens Klage erheben könnte: Verklagter hat mir 1000 Mark versprochen. Ich bitte, ihn zu deren Zahlung zu verurteilen. Eine solche Klage wäre ein Unding. Nicht um die Wirksamkeit des *abstrakten* , sondern um die des *abstrahierenden* Zahlungsversprechens handelt es sich, d.h. des Zahlungsversprechens, welches auf den vorhandenen Bestand einer Schuld Bezug nimmt und diesen durch ein erneutes Versprechen sichert[150].

Im Zentrum von Bährs Überlegungen steht deshalb das Anerkenntnis. Das Anerkenntnis an sich soll – ohne an eine Form gebunden zu sein – einen selbständigen Verpflichtungsgrund abgeben. Dabei soll in der Anerkennung der Schuld der Wille zum abstrakten Schuldversprechen mitenthalten sein. Wer bekunde, schuldig zu sein, wolle sich auf diese Schuld verpflichten. Das Beweismittel für eine Schuld wollen, heiße zugleich die Schuld versprechen[151].
Der Erfolg, den Bährs Theorie namentlich in der Praxis errang, deutet darauf hin, wie groß gerade das Bedürfnis nach einem selbständigen, weil rechtsgrundunabhängigen Schuldvertrag war[152]. Dieser Erfolg erklärt sich daraus, daß es Bähr gelang, eine Reihe gewohnheitsrechtlich entstandener Regeln der sich rasch entwickelnden Institute des Handelsrechts mit den Formeln und Vorstellungen der überlieferten romanistischen Terminologie in Einklang zu bringen[153].

2. Das abstrakte Schuldversprechen des BGB

Die Lehre vom abstrakten Schuldvertrag konnte sich in den Beratungen der Zweiten Kommission endgültig durchsetzen. Maßgeblich für die Entstehung der abstrakten Verpflichtung sei der Wille der Parteien, einen neuen selbständigen Verpflichtungsgrund zu schaffen[154]. Diese Auffassung hat dann auch im Wortlaut des § 780 BGB ihren Niederschlag gefunden („daß das Versprechen die Verpflichtung selbständig begründen soll").
Die Gesetzesverfasser gingen dabei davon aus, daß Schuldversprechen und Schuldanerkenntnis sich nur in der Wahl des Ausdrucks unter-

---

[150] Bähr, Ein weiterer Beitrag zum bürgerlichen Gesetzbuch, ArchBürgR 2 (1889), S. 97 (106); Creutzig, Das selbständige Schuldversprechen, S. 16.
[151] Bähr, Anerkenung, S. 258 („Aber ein Beweismittel für die Schuld wollen, heißt die Schuld wollen, und die Schuld wollen, heiß die Schuld versprechen").
[152] Creutzig, Das selbständige Schuldversprechen, S. 18.
[153] Kübler, Feststellung und Garantie, S. 71.
[154] Prot. II, S. 502, 506.

scheiden[155]. Schuldversprechen und Schuldanerkenntnis sind also nur äußerlich verschiedene Erscheinungsformen des abstrakten Schuldvertrages und unterliegen denselben Rechtsregeln[156].
Ob es sich bei einem Vertrag um ein abstraktes Verhältnis handelt, entscheidet der Abstraktionswille. Ein Schuldversprechen oder Schuldanerkenntnis wird dann begründet, wenn eine abstrakte Verbindlichkeit nach dem im Vertrag ausgedrückten Parteiwillen zustande kommen soll[157]. Damit erweist sich die Entstehung einer abstrakten Verbindlichkeit primär als ein Auslegungsproblem[158]. Ob die Schuldurkunde den Schuldgrund erwähnt oder verschweigt, ist lediglich ein erster Auslegungshinweis. Das rein formale Kriterium, ob der Schuldgrund in der Urkunde mehr oder weniger oder überhaupt nicht benannt ist, ermöglicht keinen zuverlässigen Schluß auf das Vorliegen oder Fehlen des Abstraktionswillens[159]. Demgemäß ist anerkannt, daß eine lediglich kausale Verpflichtung trotz völlig abstrakt lautender Schuldurkunde[160] und andererseits ein abstraktes Anerkenntnis oder Versprechen trotz ausführlicher Darstellung des Verpflichtungsgrundes[161] gegeben sein kann.
Der notwendige Abstraktionswille bildet auch den Hauptansatzpunkt einer Kritik[162] an der gesetzgeberischen Konzeption. In diesem Sinne wird geltend gemacht, daß ein auf Abstraktion gerichteter Parteiwille unmöglich sei; es gebe kein abstraktes Wollen[163].
Diese Kritik verkennt aber, daß der Parteiwille nicht direkt auf die komplizierte juristische Vorstellung der Abstraktion gerichtet sein muß. Ausreichend ist vielmehr der Wille zur Erreichung eines bestimmten wirtschaftlichen Zwecks, sofern dieser Zweck nur durch Abstraktion erreicht werden kann[164]. Liegt nämlich der Wille zur Errei-

---

[155] Motive II, S. 690; Prot. II, S. 499 ff.
[156] Staudinger/Marburger, Vorbem. zu §§ 780 ff., Rn. 4; RGRK/Steffen, Vor. § 780, Rn. 6.
[157] MünchKomm/Hüffer, § 780, Rn. 16; Staudinger/Marburger, Vorbem. zu §§ 780 ff., Rn. 7
[158] Staudinger/Marburger, Vorbem. zu §§ 780 ff., Rn. 9; RGRK/Steffen, § 780, Rn. 8.
[159] Staudinger/Marburger, Vorbem. zu §§ 780 ff., Rn. 12.
[160] BGH WM 1976, S. 907 (909).
[161] RGZ 74, S. 339 (341).
[162] Vgl. auch mit anderem Ansatzpunkt die neuere Stellungnahme von Kübler, Festellung und Garantie, 90 ff., 120 ff., 124 ff., 164 ff.
[163] Neubecker, ArchBürgR 22 (1903), S. 34 (73 ff.); Kindel, Das Rechtsgeschäft und sein Rechtsgrund, S. 14, 99 f.
[164] Rümelin, Zur Lehre von den Schuldversprechen und Schuldanerkenntnissen des BGB, S. 65 ff.; Degenkolb, JherJb 56 (1911), S. 183 (197); Münch-

chung eines bestimmten wirtschaftlichen Zwecks vor und kann dieser nur durch Abstraktion verwirklicht werden, dann ist in dem auf den wirtschaftlichen Zweck gerichteten Willen der Abstraktionswille logisch mitenthalten.
Von den materiellen Auslegungskriterien für den Abstraktionswillen ist die Frage nach der Beweislast zu unterscheiden. Sie trägt grundsätzlich derjenige, der sich auf das Vorliegen des abstrakten Schuldvertrages beruft, i.d.R. also der Gläubiger[165]. Eine gesetzliche Vermutung zugunsten des abstrakten Schuldvertrages bei fehlender Angabe des Verpflichtungsgrundes in der Schuldurkunde ist im Gesetzgebungsverfahren bewußt abgelehnt worden, hauptsächlich weil man befürchtete, aus der nur allgemeinen Erwähnung des Schuldgrundes könne dann eine Vermutung gegen eine abstrakte Verpflichtung abgeleitet werden[166]. Dennoch dürfte aber nach dem aus der Entstehungsgeschichte ersichtlichen Zweck der §§ 780, 781 BGB, mit der Zulassung abstrakter Schuldverträge die Klage aus abstrakt lautenden Schuldscheinen zu ermöglichen[167], bei abstrakt formulierter Schuldurkunde eine Beweislastumkehrung zugunsten des Gläubigers anzunehmen sein, denn angesichts des geringen Beweiswertes solcher Urkunden wäre die Klagbarkeit daraus sonst weitgehend theoretischer Natur[168]. Dementsprechend obliegt dann dem Schuldner der Nachweis, daß es sich nur um ein kausales Anerkenntnis bzw. Versprechen handelt oder daß die Urkunde lediglich Beweiszwecken dient[169].
Die in den §§ 780, 781 BGB angeordnete Schriftform dient der Rechtssicherheit, sie soll klare Beweisverhältnisse schaffen und Mißbrauch ausschließen, namentlich verhindern, daß der Schuldner an jeder beliebigen mündlichen Äußerung festgehalten wird[170]. Sie bezweckt dagegen nicht, den Schuldner vor Übereilung oder Über-vorteilung zu schützen und wäre dafür auch kein geeignetes Mittel[171]. Die notwendige Form richtet sich nach § 126 BGB, so daß eigenhändige Namensunterschrift oder notariell beglaubigtes Hand-zeichen des Ausstellers erforderlich sind. Dem Formerfordernis unter-liegt dabei nur die Erklä-

Komm/Hüffer, § 780, Rn. 16; Staudinger/Marburger, Vorbem zu §§ 780 ff., Rn. 8.

[165] Staudinger/Marburger, Vorbem zu §§ 780 ff., Rn. 14.

[166] Prot. II, S. 506 f.

[167] Vgl. Motive II, S. 690; Prot. II, S. 502 ff.

[168] Staudinger/Marburger, Vorbem. zu §§ 780 ff., Rn. 14.

[169] Palandt/Thomas, § 780, Rn. 3; Staudinger/Marburger, Vorbem. zu §§ 780 ff., Rn. 14.

[170] Motive II, S. 688 ff.; Prot. II, S. 505; Staudinger/Marburger, § 780, Rn. 7.

[171] Soergel/Häuser, vor §§ 780, 781, Rn. 6; Staudinger/Marburger, § 780, Rn. 7.

rung des Schuldners[172]. Auch dieses entfällt allerdings gemäß § 350 HGB, wenn das Versprechen oder Anerkenntnis auf der Seite des Schuldners ein Handelsgeschäft darstellt. Die Willenserklärung des Gläubigers ist dagegen stets formlos gültig[173].

3. Das Rechtsverhältnis Karteninhaber – Vertragsunternehmen

Wenn die Kreditkarte zur Zahlung eingesetzt wird, dann bezahlt nicht der Karteninhaber, sondern der Herausgeber übernimmt dem Vertragsunternehmen gegenüber eine neue Verpflichtung. Nach der Auslegungsregel des § 364 Abs. 2 handelt es sich bei der neuen Verpflichtung um eine Leistung erfüllungshalber[174]. Die Kaufpreisforderung wird dementsprechend zunächst gestundet[175], und das Vertragsunternehmen muß Befriedigung beim Kartenherausgeber suchen. Die ursprüngliche Verbindlichkeit erlischt also nicht. Der Händler kann vielmehr auf diese zurückgreifen, falls die Zahlung vom Kartenherausgeber ausbleibt. Erst wenn der Schuldner die neue Schuld erfüllt, erlischt auch die alte[176].

4. Der Akquisitionsvertrag[177]

Im Akquisitionsvertrag des Weisungsmodells verpflichtet sich der Kartenherausgeber zur Bezahlung der vom Vertragsunternehmen eingereichten Rechnungen. Diese Verpflichtung wird teilweise als Garantievertrag[178], teilweise als abstraktes Schuldversprechen im Sinne des § 780 BGB[179] gedeutet.

---

[172] RGZ 98, S. 124 (127 ff.); Staudinger/Marburger, § 780, Rn. 9.

[173] RGZ 61, S. 414 (415); Staudinger/Marburger, § 780, Rn. 9.

[174] Vgl. LG Düsseldorff WM 1991, S. 1027 (1029); Meder, NJW 1993, S. 3245 (3246); Canaris, Bankvertragsrecht, Rn. 1650; Gößmann, Recht des Zahlungsverkehrs, Rn. 414; Pfeiffer in: Westphalen, Kreditkartenvertrag, Rn. 32; Schwintowski/Schäfer, Bankrecht § 6, Rn. 37; Taupitz, Zivilrechtliche Haftung bei Kreditkartenmißbrauch, S. 56 f.; Weller, Das Kreditkartenverfahren, S. 108 ff.; Zahrnt NJW 1972, S. 1077 (1080).

[175] LG Düsseldorf WM 1991, S. 1027 (1029); Etzkorn, WM 1991, S. 1901 (1902).

[176] BGHZ 96, S. 182 (186).

[177] Vertiefend Meder, ZBB 2000, S. 89 (91 ff.).

[178] Kümpel, Bank- und Kapitalmarktrecht, Rn. 4.949; Bitter, BB 1997, S. 480 (485); Bitter, ZBB 1996, S. 104 (119); Heymann/Horn, HGB, § 372 Anh. III, Rn. 144; Horn, ZBB 1995, S. 273 (277); Schönle, Bank- und Börsenrecht, S. 345; Stauder/Weisensee, Das Kreditkartengeschäft, S. 84 ff.; Zahrnt, NJW 1972, S. 1077 (1078).

[179] Baumbach/Duden/Hopt, HGB, (7) BankGesch, Rn. F/12; Bröcker, WM 1995, S. 468 (475); Hadding, Festschrift für Pleyer, S. 17 (31 f.); Martinek in: Bankrechts-

Gegen die Annahme eines Garantievertrages wird insbesondere geltend gemacht, daß das Kreditkartenunternehmen Erstschuldner und nicht Ausfallschuldner sei[180]. Bei einem Garantievertrag begründet jemand nämlich eine Verpflichtung, dem Gläubiger für den Eintritt eines bestimmten Erfolges einzustehen, ihn schadlos zu halten, wenn sich ein bestimmtes Risiko realisiert hat[181]. Der Kartenherausgeber wolle aber nicht bloß die Zahlung des Karteninhabers absichern, also zahlen, wenn der Karteninhaber selber nicht zahlt, sondern er wolle in jedem Fall (und zwar unabhängig vom Karteninhaber) zahlen, sofern die Kreditkarte verfahrensmäßig ordnungsgemäß eingesetzt wurde.
Die Kritik ist zutreffend, wenn man Kartenherausgeber und Karteninhaber als getrennte und selbständige Subjekte betrachtet. Kümpel[182] zeigt indessen, daß man auch die Annahme einer Garantie schlüssig begründen kann, wenn man die Zahlung des Kartenherausgebers (unselbständig) dem Karteninhaber zurechnet. Unausgesprochen geht Kümpel hier wohl von der Sichtweise aus, wie sie z.B. bei der Überweisung gängig ist. Dabei betrachtet man (obwohl eigentlich die Bank zahlt) den auftraggebenden Kunden als den eigentlichen Zahler und die ausführende Bank lediglich als unselbständiges Werkzeug. Übernimmt man diese Wertung auch für die Kreditkarte, dann kann man den Karteninhaber (obwohl das Kartenunternehmen zahlt) als primären Schuldner auffassen. Der Karteninhaber erfüllt seine Pflicht durch Weisung an den Kartenherausgeber, die Verpflichtung gegenüber dem Vertragsunternehmen zu erfüllen. Diese Weisung werde zudem vom Vertragsunternehmen selbst dem Kartenherausgeber übermittelt, wenn er die offenen Rechnungsbeträge vereinbarungsgemäß per Lastschrift vom Emittenten einziehe[183]. Angesichts dieser Kontrollmöglichkeit des Vertragsunternehmens erschöpfe sich sein Interesse an der Absicherung seines Zahlungsanspruchs aus dem Grundgeschäft (Valutaverhältnis) auf solche Ausnahmefälle, in denen eine Verpflichtung zur grundsätzlich vorgesehenen Erfüllungsübernahme zumindest problematisch erscheine. Hierzu gehöre insbesondere der Fall, daß eine abhanden gekommene Kreditkarte mißbräuchlich von einem Dritten verwendet werde, der wegen fehlender materieller Berechtigung den Kartenherausgeber nicht rechtswirksam zur Zahlung an das Vertragsunternehmen anweisen könne. Angesichts der mit dem Karteneinsatz verknüpften Zahlungsanweisung bestehe auch aus der Sicht

Handbuch, § 67, Rn. 43; Pfeiffer in: Westphalen, Kreditkartenvertrag, Rn. 20.
[180] Staudinger/Marburger, § 783, Rn.49; Canaris, Bankvertragsrecht, Rn. 1626.
[181] MünchKomm/Möschel, Vor. § 414, Rn. 19.
[182] Kümpel, Bank- und Kapitalmarktrecht, Rn. 4.949 ff.
[183] Kümpel, Bank- und Kapitalmarktrecht, Rn. 4.949.

des Vertragsunternehmens kein echtes Bedürfnis für die Begründung einer zusätzlichen gleichstufigen Zahlungsverbindlichkeit des Kartenemittenten in Form eines Schuldversprechens (780 BGB)[184].
Der Garantiekonstruktion, wie sie Kümpel versteht, ist jedoch entgegenzuhalten, daß sie in sich inkonsequent ist, wenn dem Kartenherausgeber gleichzeitig sich ausschließende Rollen zugewiesen werden. In bezug auf die Zahlung an das Vertragsunternehmen wird der Kartenherausgeber nämlich als unselbständiges Werkzeug betrachtet, beim Garantievertrag aber als selbständiger Garantiegeber. Wegen dieses Widerspruchs ist die Annahme eines abstrakten Schuldversprechens vorzugswürdig.

5. Das Zustandekommen der abstrakten Verpflichtung

Nicht nur die Frage, welche abstrakte Verpflichtung vorliegt, auch die Frage nach dem „Wie" des Zustandekommens wird unterschiedlich beurteilt.

a) Aufschiebend bedingtes, rahmenmäßiges Schuldversprechen

Teilweise wird zur Konstruktion des abstrakten Versprechens ein rahmenmäßig vereinbartes Schuldversprechen angenommen, das unter der aufschiebenden Bedingung der Einreichung einwandfrei ausgefüllter und vom Karteninhaber unterschriebener Belastungsbelege stehe[185]. Die aufschiebende Bedingung konkretisiere das abstrakte Schuldversprechen zugleich. Diese Ansicht entspricht konstruktiv der von Schönle[186] und dem BGH[187] für die Gutschrift beim Überweisungsauftrag vertretenen Linie[188].

---

[184] Kümpel, Bank- und Kapitalmarktrecht, Rn. 4.951.

[185] So Hadding, Festschrift für Pleyer, S. 17 (32); ähnlich auch Canaris, Bankvertragsrecht, Rn. 1626, der von einem antizipierten, globalen abstrakten Schuldversprechen ausgeht.

[186] Schönle, Festschrift für Werner, S. 817 (826). Ähnlich ist auch die Theorie vom ausfüllenden Gestaltungsrecht von Koller (BB 1972, 687 (692)). Mit dem Girovertrag sei danach zugleich rahmenartig ein abstraktes Schuldversprechen vereinbart und dem Kreditinstitut die Befugnis eingeräumt, durch rechtsgeschäftliche Ausübung eines Gestaltungsrechts den Anspruch aus der Gutschrift im Einzelfall nach Inhalt und Höhe zu konkretisieren. Auf den Zugang der gestaltenden Erklärung sei verkehrstypisch verzichtet.

[187] BGHZ 103, S. 143 (146).

[188] Bröcker, WM 1995, S. 468 (475).

b) Bröckers vertretungsrechtlicher Ansatz durch Außenvollmacht im Akquisitionsvertrag

Nach anderer Auffassung[189] sei die Annahme eines globalen abstrakten Schuldversprechens dagegen wirklichkeitsfern. Bei genauerer Betrachtung werde deutlich, daß diese Vertragsauslegung eigentlich kein einzelnes globales Schuldversprechen zum Inhalt hat, sondern tatsächlich mit einer unbegrenzten Vielzahl aufschiebend bedingter Verträge operieren müsse. Ein Bedingungseintritt könne nämlich keinen Vertrag begründen, sondern vielmehr nur einen bereits bestehenden in Kraft setzen[190]. Es erscheine aber als konstruiert, dem Abschluß des Akquisitionsvertrages zugleich die Erklärungen über unbestimmt viele und nach Höhe und Zeitpunkt unvorhersehbare, den rechtsgeschäftlichen Voraussetzungen nach gleichwohl vollständige Schuldversprechensverträge beizulegen.

Die Lösung sei nach Bröcker[191] vielmehr im Vertretungsrecht zu suchen, da hiermit das Kreditkartengeschäft umfassend auf das bestehende und normierte Instrumentarium zurückgeführt werde und auf systemfremde Hilfskonstruktionen wie den Globalvertrag verzichtet werden könne. Dieser Ansicht zufolge ist der Akquisitionsvertrag dahingehend zu interpretieren, daß der Kartenherausgeber gegenüber dem Vertragsunternehmen eine Außenvollmacht nach § 167 Abs. 1, 2. Alt. BGB für jeden (berechtigten) Karteninhaber erteile. Problematisch werde der Anspruch des Vertragsunternehmens allerdings in den Fällen, in denen ein Nichtberechtigter - z.B. ein Fälscher oder Dieb - mittels Kreditkarte zahle. Unter der Voraussetzung schuldloser Verkennung der Nichtberechtigung soll das Vertragsunternehmen gleichwohl seine im Valutaverhältnis erbrachte Leistung beim Kartenherausgeber liquidieren können, denn das Risiko eines trotz sorgfältiger Prüfung nicht erkennbaren Mißbrauchs erhalte nach dem Akquisitionsvertrag eindeutig der Kartenherausgeber zugewiesen. Der Anspruch des Vertragsunternehmens müsse daher auf andere Weise als durch Stellvertretung begründet werden. Die Lösung bestehe darin, den Akquisitionsvertrag dahingehend auszulegen, daß für den Kartenherausgeber die Verpflichtung bestehe, das von dem vollmachtlosen Nichtberechtigten schwebend unwirksam geschlossene Schuldversprechen zu genehmigen, sofern dem Vertragsunternehmen

[189] Hadding/Häuser, WM 1988, S. 1149 (1151); Bröcker, WM 1995, S. 468 (470) - beide allerdings konkret bezogen auf den Girovertrag.

[190] Vgl. Palandt/Heinrichs, Einf. v. § 158, Rn. 8.

[191] Bröcker, WM 1995, S. 468 (476).

hinsichtlich der Kartenannahme keine Fahrlässigkeit zur Last falle[192]. Bröcker räumt ein, daß dieser Ansatz zunächst eine schwächere Rechtsstellung des Vertragsunternehmens als im Normalfall zur Folge habe. Er meint aber, es bestünden letztlich in bezug auf die Sicherheit des Anspruchs aus § 780 BGB keine nennenswerten Unterschiede, da der Kartenherausgeber die Beweislast für die Nichtberechtigung des Kartenzahlers und deren Erkennbarkeit trage.
Betrachtet man diesen vertretungsrechtlichen Ansatz, dann drängt sich der Eindruck auf, er wird seinem Anspruch nicht ganz gerecht. Der Vorteil der Konstruktion soll ja gerade darin bestehen, auf ein globales Schuldversprechen zu verzichten. Statt dessen ist dann aber von einer „globalen" Genehmigungspflicht des Kartenherausgebers auszugehen.

c) Kümpels vertretungsrechtlicher Ansatz: die Kreditkarte als Mitteilung der Bevollmächtigung

Auch Kümpel[193] bevorzugt in bezug auf das Zustandekommen der abstrakten Verpflichtung des Kartenherausgebers gegenüber dem Vertragsunternehmen eine vertretungsrechtliche Konstruktion. Der Karteninhaber gebe als bevollmächtigter Vertreter des Kartenherausgebers einen Antrag ab, den das Vertragsunternehmen konkludent annehme. Die Kreditkarte legitimiere den Karteninhaber zu einer solchen Stellvertretung, denn sie solle den Karteninhaber als Vertragspartner des Herausgebers ausweisen, der zur Inanspruchnahme der Kartenzahlungsmöglichkeit befugt ist. Diese Legitimationsfunktion lasse die Kreditkarte zu einer Legitimationsurkunde mit Rechtsscheinwirkung werden, woraus folge, daß das gutgläubige Vertragsunternehmen in seinem Vertrauen auf die materielle Berechtigung des Karteninhabers und damit seinen Status als Bevollmächtigter des Kartenherausgebers geschützt werde. Die Kreditkarte habe deshalb eine ähnliche Wirkung wie eine Vollmachtsurkunde gemäß § 172 BGB[194].
Zweifellos ist Kümpels Vorschlag eine praktikable Möglichkeit, die abstrakte Verpflichtung zu begründen. Er erscheint jedoch als etwas konstruiert, da nach dem mutmaßlichen Verständnis der am Kreditkartenverfahren beteiligten Parteien der Karteninhaber nicht als Vertreter

[192] Bröcker, WM 1995, S. 468 (477).
[193] Kümpel, Bank- und Kapitalmarktrecht, Rn. 4.953 f.
[194] Ebenso Oechsler, WM 2000, 1613 (1619).

des Herausgebers angesehen werden wird. Zudem besteht noch eine einfachere Möglichkeit der Konstruktion, wie das folgende Modell von Meder zeigt.

d) Meders Konstruktion einer stillschweigenden Vertragsannahme

Meder[195] macht bei seinem Ansatz zur einzelvertraglichen Konstruktion des abstrakten Schuldversprechens die Grundsätze der stillschweigenden Vertragsannahme fruchtbar.
Ein Angebot zum Abschluß des abstrakten Schuldversprechens liege in der Ausfertigung des Leistungsbelegs durch den Händler. Durch eine stillschweigende Vertragsannahme komme dann der Vertrag zustande. Die stillschweigende Annahme habe dabei den Vorteil, daß weder ein Zugang der Erklärung noch eine erkennbare Annahmehandlung erforderlich sei. Diese Handhabung stehe im Interesse beider Parteien, da nicht nur den Händlern, sondern auch den Emittenten daran gelegen sei, daß mit der Ausstellung eines ordnungsgemäßen Belegs eine der Barzahlung vergleichbare Sicherheit geschaffen werde. Voraussetzung für eine stillschweigende Vertragsannahme sei nach allgemeiner Meinung, daß eine laufende Geschäftsbeziehung bestehe, aus der sich ergebe, daß das Unterlassen einer Willensäußerung als Annahme eines Angebots gelten solle. Die Voraussetzung liege vor, da Herausgeber und Händler mit Abschluß des Rahmenvertrages eine Geschäftsbeziehung in Gang gebracht hätten, in deren Verlauf fortwährend neue Zahlungsverpflichtungen ohne ausdrückliche Erklärung der Annahme entstehen sollten.

e) Stellungnahme: Das globale Schuldversprechen als verkappte Einzelvertragsfiktion

Da mit dem Modell der stillschweigenden Vertragsannahme eine leistungsfähige Konstruktion vorhanden ist, fragt es sich, welche Erwägungen noch für eine globales Schuldversprechen vorgebracht werden können.
Sehr instruktiv ist in diesem Zusammenhang der Beitrag von Koller[196] aus dem Jahre 1972 zur Konstruktion der Überweisungsgutschrift.

---

[195] Meder, ZBB 2000, S. 89 (91 f.); Meder, WM 1999, S. 2137 (2138 f.).
[196] Koller, BB 1972, S. 687 ff.

Zur Kritik an einer Individualvertragskonstruktion und für den Globalvertrag führt er folgendes aus[197] (wobei eine Konstruktion durch stillschweigende Vertragsannahme noch nicht in der Diskussion war):

> Die Anhänger der These vom Individualvertrag sind der Ansicht, daß jede Gutschrift einen gesonderten abstrakten Schuldversprechensvertrag begründe. Sie haben von dem Ausgangspunkt dieser These her freilich mit dem Problem zu kämpfen, daß sie erklären müssen, wann und wie die Offerte auf Abschluß eines Schuldversprechensvertrages über einen bestimmten Geldbetrag zugegangen ist. Da der Empfänger in der Regel vor der Gutschrift keine Kenntnis von dem Überweisungsvorgang erlangt, griff man zu verschiedenen Fiktionen, deren wichtigste hier kurz dargestellt seien. So wies man der Bank die Rolle der Vertreterin des Kunden zu, die den Vertrag als Selbstkontrahentin schließe, oder unterstellt aber dem Empfänger, er habe zugleich mit dem Antrag auf Abschluß des Girovertrages eine Vielzahl von Offerten zu abstrakten Schuldversprechen abgegeben und auf den Zugang der Annahmeerklärung gemäß § 151 BGB verzichtet.
> Daß die Empfängerbank sich nicht als Vertreterin ihres Kunden sieht, bedarf wohl keiner besonderen Begründung. Lebensfremd ist aber auch die Unterstellung, der Empfänger habe eine Vielzahl von Offerten abgegeben. Denkt man diese Konstruktion nämlich zu Ende, so muß man fingieren, daß der Empfänger eine ungeheure Zahl von Offerten zu den verschiedensten Beträgen abgegeben habe. Das gilt letztlich auch von der These, daß der Empfänger ein für allemal sämtliche Angebote der Bank aus der Gutschrift angenommen und auf den Zugang der Gutschrifts-Offerten verzichtet habe; denn die Parteien werden vielmehr davon ausgehen, daß sie mit dem Girovertrag ein Rechtsverhältnis begründen, durch das die Empfängerbank – im untechnischen Sinne – ermächtigt wird, ohne weitere Mitwirkung des Empfängers durch Gutschrift eine unentziehbare Forderung zu begründen.

Die Kritik am „fiktiven“ Charakter der von Koller betrachteten Konstruktionsmöglichkeiten ist richtig. Übersehen wird dabei allerdings, daß die Konstruktion durch globales Schuldversprechen ebenfalls eine Fiktion[198] ist, nämlich die Fiktion eines Einzelvertrages.
Dieses Wesen des globalen Schuldversprechens ist freilich hinter den Worten „konkretisierungsbedürftiges globales Schuldversprechen“ nicht leicht zu sehen. Das globale Schuldversprechen entpuppt sich jedoch, wenn man versucht den Inhalt desselben von der Rechtsfolge her in einfache klare Worte zu fassen. Das „globale Schuldversprechen“ hat dann folgenden Inhalt: Die Parteien vereinbaren (global), daß ein bestimmtes Handeln, welches einen Geldbetrag personal zuordnet,

[197] Koller, BB 1972, S. 687 (691 f.).
[198] Der Begriff „Fiktion“ wird hier im Sinne von Koller verwendet.

die Bedeutung haben soll, als wenn mit Inhalt und Umfang dieses Handelns ein einzelner Schuldanerkenntnisvertrag abgeschlossen worden wäre.
Für die Überweisung bedeutet dies: Empfänger und Empfängerbank vereinbaren, daß die Gutschrift so anzusehen ist, als wenn Empfänger und Empfängerbank ein abstraktes Schuldversprechen in Höhe der Gutschrift abgeschlossen hätten.
Für das Kreditkartenverfahren bedeutet dies: Kartenherausgeber und Vertragsunternehmen vereinbaren, daß die Weiterleitung ordnungsgemäß ausgefüllter Belege so anzusehen ist, als hätten Kartenherausgeber und Vertragsunternehmen ein abstraktes Schuldversprechen in der Höhe des Belegs geschlossen.
Obwohl man die ordnungsgemäß ausgefüllten Belege beim Kreditkartenverfahren unproblematisch als stillschweigend angenommene Anweisung sehen kann und obwohl man die Kontogutschrift bei der Überweisung als stillschweigend angenommenes Angebot für ein abstraktes Schuldversprechen sehen kann[199], wird beim Modell des globalen Schuldversprechens an die Weiterleitung der Belege (bei der Kreditkarte) und an die Gutschrift (bei der Überweisung), die Fiktion geknüpft, daß dieselben Handlungen als einzelnes Schuldversprechen gelten sollen, wo man doch auch ohne diese Fiktion, durch simplen Vertragsschluß mit stillschweigender Annahme das Schuldversprechen konstruieren kann. Genau darin liegt die innere Absurdität des globalen Schuldversprechens.
Darüber darf man aber nicht verkennen, daß auch die anderen Konstruktionen ein fiktives Moment in sich haben, sei es eine Vertreterkonstruktion (worauf ja auch schon Koller hingewiesen hat) oder die stillschweigende Vertragsannahme. Unterschiedlich ist aber die „Stelle“ an der die Fiktion konstruktiv eingebaut ist.
Beim globalen Schuldversprechen ist die Fiktion ohne Zweifel am unglücklichsten.
Am dogmatisch saubersten ist die Lösung über die stillschweigende Vertragsannahme. Insbesondere liegt bei dieser Lösung die Fiktion offen zu Tage, während bei der Vertretungskonstruktion und beim globalen Schuldvertrag die Fiktion sozusagen getarnt ist.
Die Konstruktion der stillschweigenden Vertragsannahme hat aber noch einen weiteren Vorteil, nämlich den, daß die Fiktion bei dieser Konstruktion in gewissen Grenzen disponibel ist. Der „stillschweigend Annehmende“ kann sich gegen die Fiktion verwahren, was aber nur dann erheblich ist, wenn er sich zu seinem vorangegangenem Verhal-

---

[199] So Meder, WM 1999, 2137 (2138).

ten nicht in Widerspruch setzt[200]. Bei den anderen Konstruktionen ist die Fiktion dagegen irreversibel, was praktisch zu Problemen führt. In diesem Sinne hat schon Meder[201] für die Überweisung darauf hingewiesen, daß im Fall einer rechtsgrundlosen Überweisung oder einer Überweisung auf das falsche Konto des Gläubigers dem Empfänger ein Zurückweisungsrecht zustehen muß, und ein solches ist (dogmatisch einwandfrei) nur über die flexible Fiktion der stillschweigenden Annahme zu verwirklichen.

6. Der Emissionsvertrag

Im Verhältnis von Kartenherausgeber und Karteninhaber übernimmt der Herausgeber eine entgeltliche erfolgsbezogene Geschäftsbesorgung im Sinne des § 675 BGB[202], die auf eine Erfüllungsübernahme der vom Karteninhaber unter Einsatz der Karte eingegangenen Verpflichtungen gerichtet ist. Als Gegenleistung für diese Geschäftsbesorgung zahlt der Karteninhaber eine Jahresgebühr.
Der Zweck der Konstruktion dieses Geschäftsbesorgungsvertrages besteht darin, das Interesse des Karteninhabers an der Befreiung von seiner Verbindlichkeit gegenüber dem Vertragsunternehmen abzusichern und dem zahlenden Kartenherausgeber einen Rückgriffsanspruch gegen den Karteninhaber zu verschaffen. Dem Kartenherausgeber steht nämlich für die beglichenen Rechnungsbeträge ein Aufwendungsersatzanspruch gemäß §§ 675, 670 BGB zu.

a) Der Aufwendungsersatzanspruch im einzelnen

Gemäß § 670 BGB ist der Auftraggeber zum Ersatz derjenigen Aufwendungen verpflichtet, die der Beauftragte zum Zweck der Ausführung des Auftrags gemacht hat und den Umständen nach für erforderlich halten durfte. Was der Kartenherausgeber für erforderlich halten darf, hängt vom Inhalt des Emissionsvertrags ab. Der Emissionsvertrag ist dabei so zu verstehen, daß der Kartenherausgeber Verbindlichkeiten des Karteninhabers, die unter Einsatz der Karte zustande gekommen sind, bezahlen muß, dies aber nur dann, wenn eine darauf

---

[200] Meder, WM 1999, 2137 (2139).
[201] Meder, WM 1999, 2137 (2139 ff.).
[202] OLG Stuttgart, WM 1991, S. 453; Bitter, ZBB 1996, S. 104 (105); Canaris, Bankvertragsrecht, Rn. 1628; Eckert, WM 1987, S. 161 (164); Hadding, Festschrift für Pleyer, S. 17 (34); Martinek in: Bankrechts-Handbuch, § 67, Rn. 7; Schwintowski/Schäfer, Bankrecht § 6, Rn. 38; Usslar/Morgen, Aktuelle Rechtsfragen der Kreditkarten-Praxis, S. 31.

gerichtete Einzelweisung durch den Karteninhaber gegeben wurde. Der Emissionsvertrag regelt nur als Rahmenvertrag die gattungsmäßig[203] bestimmte Geschäftsbesorgungspflicht des Kartenherausgebers, und diese Pflicht wird durch die Weisung konkretisiert, eine bestimmte Verbindlichkeit des Karteninhabers gegenüber dem Vertragsunternehmen zu tilgen[204].

Demzufolge darf der Kartenherausgeber seine Aufwendungen dann für erforderlich halten, wenn ihnen eine wirksame Weisung zugrunde liegt. Fehlt eine Weisung, dann besteht folglich kein Aufwendungsersatzanspruch[205], genauso wie bei einem wirksamen Widerruf der Weisung[206], bei Nichtigkeit der Weisung aus Rechtsgründen[207] oder im Falle der Fälschung[208].

b) Problem: Abschied vom Weisungsmodell durch das Überweisungsgesetz?

Seit dem 14.08.1999 ist die Bankrechtsdogmatik nicht mehr die alte. Grund dafür ist das Inkrafttreten der Umsetzung der Richtlinie 97/5/EG des Europäischen Parlaments und des Rates vom 27.01.1997 für grenzüberschreitende Überweisungen - das Überweisungsgesetz. Dessen Vorschriften sind für den grenzüberschreitenden Überweisungsverkehr innerhalb der Europäischen Union (EU) und der Staaten des Europäischen Wirtschaftsraumes (EWR) ab dem 14. August 1999 anzuwenden. Für den Inlandsüberweisungsverkehr und den Überweisungsverkehr in Staaten außerhalb des EU- und EWR-Raumes (Drittstaaten) gilt das Überweisungsgesetz nach Art. 228 II EGBGB dagegen erst ab dem 1. Januar 2002; bis dahin finden die durch Rechtsprechung und Vertrag geprägten bisherigen Rechtsgrundsätze Anwendung.

Mit der EU-Überweisungsrichtlinie wurde das Ziel verfolgt, den grenzüberschreitenden Überweisungsverkehr im europäischen Binnenmarkt

---

[203] Sog. Gattungshandlungsschuld wie die Geschäftsbesorgungspflicht beim Girovertrag (Kümpel, Bank- und Kapitalmarktrecht, Rn. 4.933 (Fn. 1280)).

[204] Bitter, ZBB 1996, S. 104 (106); Hadding, Festschrift für Pleyer, S. 17 (35); Taupitz, Zivilrechtliche Haftung bei Kreditkartenmißbrauch, S. 64.

[205] BGHZ 91, S. 221 (224); Beck, Einwendungen bei Eurocheque und Kreditkarte, S. 98; Hadding, Festschrift für Pleyer, S. 17 (38); Hammann, Die Universalkreditkarte, S. 164; Martinek, Moderne Vertragstypen III, S. 86.

[206] OLG Karlsruhe, WM 1991, S. 184 (187); Wolf in: Wolf/Horn/Lindacher, § 9, Rn. K 53.

[207] Canaris, Bankvertragsrecht, Rn. 1635; Reiser, WuB I D 5a.-2.95.

[208] LG Aachen, NJW-RR 1994, S. 1009 f.; OLG Schleswig, WM 1991, S. 453; OLG Karlsruhe, WM 1991, S. 184 (187 f.).

zu beschleunigen und für den Kunden transparenter zu gestalten. Zudem soll die rechtliche Stellung des Kunden durch ein Verbot des »double-charging« und eine »Geld-zurück-Garantie« bei Fehlschlagen der Überweisung verbessert werden. Die Richtlinie enthält im wesentlichen die folgenden vier Vorgaben für den grenzüberschreitenden Überweisungsverkehr:

1. Informationspflicht der Bank gegenüber dem Kunden über die Dauer, die Entgelte und die sonstigen Kosten von Überweisungen (Art. 3);
2. fristgerechte Ausführung von Überweisungen (Regelausführungsfrist von fünf Bankgeschäftstagen - Art. 6);
3. ungekürzte Ausführung von Überweisungen, bei denen der Überweisende alle Entgelte trägt (Verbot des »double-charging« bei OUR-Überweisungen - Art. 7 Abs. 1);
4. kostenlose Erstattung fehlgeschlagener Überweisungen bis zu einem Betrag von 12.500 Euro (»Geld-zurück-Garantie« - Art. 8).
5. Ferner schreibt die EU-Überweisungsrichtlinie den Mitgliedstaaten vor, geeignete außergerichtliche Schlichtungsverfahren für Streitigkeiten über grenzüberschreitende Überweisungen einzurichten (Art. 10).

Die Bundesregierung hat die Richtlinie allerdings nicht 1:1 umgesetzt, sondern hat die Überweisungsrichtlinie zum Anlaß für die Neuordnung des Überweisungsrechts genommen, um auch Inländern die Vorteile der Richtlinie zugute kommen zu lassen[209]. Dabei wurde davon ausgegangen, daß eine sachgerechte Umsetzung der Überweisungsrichtlinie dazu zwinge, „die bisherigen Grundsätze des deutschen Überweisungsrechts in allen wesentlichen Fragen aufzugeben"; Banküberweisungsaufträge werden sonach nicht mehr als geschäftsbesorgungsrechtliche Weisungen im Sinne des § 665 BGB auf der Grundlage des Girovertrages, sondern jeweils als „Überweisungsverträge" verstanden, die Werkverträge sein sollen und deshalb nicht mehr widerrufen, sondern nur noch gekündigt werden können[210].
Für das Kreditkartenverfahren ist die Frage zu klären, ob die Neuordnung des Überweisungsrechts auch Auswirkungen auf die bisherige Kreditkartendogmatik hat.

---

[209] Ehmann/Hadding, WM 1999, Sonderbeilage 3, S. 3 (8).
[210] Ehmann/Hadding, WM 1999, Sonderbeilage 3, S. 3.

(1) Der Wortlaut des Überweisungsgesetzes

Das Überweisungsgesetz käme zur Anwendung, wenn es sich bei einem Kreditkartenunternehmen um ein Unternehmen handelt, das gewerbsmäßig Überweisungen ausführt (§§ 675 a Abs. 3 Nr. 2, 676 a BGB). Standardfall eines solchen Unternehmens ist das Kreditinstitut (vgl. § 676 a BGB). Der Begriff des Kreditinstituts ist entsprechend § 1 Abs. 1 KWG aufzufassen (§ 675 a Abs. 1 S. 2 BGB).
Kreditkartenunternehmen gehören allerdings nicht zu den Kreditinstituten i.S.d. § 1 Abs. 1 KWG, vielmehr zählen sie zu den Finanzinstituten (§1 Abs. 3 Nr.4). Damit hängt alles an der Frage, ob das Kreditkartengeschäft eine gewerbliche Überweisungsausführung ist.
Der Begriff „Überweisung“ kann jedoch nicht als Oberbegriff auch der Kartenzahlung aufgefaßt werden. Weder im Alltagssprachgebrauch noch in der bankrechtlichen Literatur wird die Kartenzahlung als Überweisung im weiteren Sinne verstanden.

(2) Keine analoge Anwendung

Das Überweisungsgesetz könnte daher nur Bedeutung für das Kreditkartenverfahren im Wege analoger Anwendung finden. Erste Voraussetzung einer analogen Anwendung wäre eine planwidrige Regelungslücke. Eine solche ist allerdings nicht ersichtlich, da das Kreditkartenverfahren wie schon vor dem Überweisungsgesetz auf § 675 BGB gestützt werden kann.
Zweifel daran, daß die Analogie nicht einschlägig ist, könnten sich daraus ergeben, daß das Weisungsmodell und die Überweisungskonstruktion von Schönle und dem BGH (zum alten Recht) im Grundsatz gleich sind[211]. In beiden Fällen liegt dem Valutaverhältnis ein rahmenmäßiger Geschäftsbesorgungsvertrag zugrunde, der durch die Weisung konkretisiert wird, und im Vollzugsverhältnis besteht ein rahmenmäßiges abstraktes Schuldversprechen, das unter der aufschiebenden Bedingung der ordnungsgemäßen Kartennutzung/der Gutschrift steht.
Warum soll man eine identische dogmatische Konstruktion einmal nach dem Überweisungsgesetz beurteilen und einmal nicht? Die Legitimation für diesen Umstand findet sich darin, daß die konstruktive Gleichheit eine „zufällige“, nicht durch eine Gleichheit des Zahlungsvorgangs begründete ist. Man hat der Einfachheit halber das Kreditkartenverfahren dogmatisch der Überweisung nachgebildet. Es könnte jedoch beim Kartenverfahren auf die Annahme eines zu konkretisie-

[211] Vgl. S. 64.

renden Geschäftsbesorgungsvertrags verzichtet werden. Statt dessen könnte der Geschäftsbesorgungsvertrag von vornherein (wie das abstrakte Schuldversprechen) auf alle Fälle ordnungsgemäßer Kartennutzung bezogen werden. Eine konkretisierende Weisung wäre dann entbehrlich.

(3) Ausblick: Kartenverfahren bei Anwendung des Überweisungsgesetzes

Wollte man dennoch das Überweisungsgesetz auf das Kreditkartenverfahren analog anwenden, dann wäre auch das ohne schwerwiegende Probleme möglich[212]. Das Gesetz ist zwar mit der Einzelvertragslösung und der Kündigungsmöglichkeit des § 676 a Abs. 3 nicht gerade ein gesetzliches Grundmodell des Kreditkartenverfahrens, doch durch eine entsprechende Konstruktion kann der Mangel ausgeglichen werden. Man könnte nämlich das Vertragsunternehmen als Vertreter des Kreditkartenverfahrens ansehen. Der Kunde gibt mit dem Einsatz der Karte zur Zahlung ein Angebot zur „Überweisung“ ab, das das Vertragsunternehmen annimmt. Durch diese Konstruktion wäre dem Kartenherausgeber das Kontrahierungsbelieben genommen.
Die Kündigungsmöglichkeit könnte ebenfalls neutralisiert werden. Hierzu müßte man den Beginn der Ausführungsfrist in der Kartenverwendung sehen. Die Frist wäre aus dem Sinn des Kartenverfahrens heraus konkludent vereinbart.
Auf der Ebene des Valutaverhältnisses bleibt die Problematik des Weisungswiderrufs in neuem Gewand erhalten. Lediglich der Widerruf wird durch die Kündigung ersetzt.

(4) Keine Relevanz des Überweisungsgesetzes

Aufgrund der vorhergegangenen Überlegungen ergibt sich, daß an der Darstellung des Weisungsmodells, wie sie vor dem Überweisungsgesetz möglich war, nichts geändert werden muß. Das Überweisungsgesetz ist nämlich auf Kartenverfahren nicht anwendbar.
Selbst wenn man aber die Kartenverfahren auch dem Überweisungsgesetz unterstellen wollte, dann bestünde die Berechtigung zur Darstellung der Kartendogmatik nach altem Recht jedenfalls darin, daß die alten Probleme nur unter neuem Namen auftauchen und daher eine Orientierung an der bisherigen Entwicklung sinnvoll ist.

---

[212] Anders Bülow, WM 2000, S. 58 (59 f.).

Im Folgenden soll daher die Untersuchung des Weisungsmodells mit einer genaueren Betrachtung der Weisung fortgesetzt werden.

c) Die Weisung

Die Weisung besteht beim Weisungsmodell in der Unterzeichnung des Leistungsbelegs, oder bei telefonischen Bestellungen in der Nennung der Kartendaten. Diese Weisung übermittelt das Vertragsunternehmen als Bote[213] an das Kartensystem, wenn es dem Kartenherausgeber die Leistungsbelege zuleitet. Die Weisung ist eine empfangsbedürftige Willenserklärung, auf welche die Regeln über Rechtsgeschäfte anzuwenden sind[214]. Da die Erteilung einer Weisung Anspruchsvoraussetzung für den Aufwendungsersatzanspruch ist, trägt grundsätzlich der Kartenherausgeber die Beweislast für das Vorhandensein sowie die Echtheit des Auftrags[215].

d) Die Widerruflichkeit der Weisung

Die Weisung ist eine einseitige Anordnung des Auftraggebers, die dem Beauftragten Gegenstand und Art und Weise seines Tuns vorschreibt[216]. Wenn der Auftraggeber das Recht hat, Weisungen zu erteilen, dann muß ihm auch das Recht zustehen, Gegenorder zu geben. Die Weisung ist daher grundsätzlich widerruflich[217]. Nicht mehr möglich ist der Widerruf dagegen, wenn der Beauftragte die Weisung bereits ausgeführt hat[218], denn wenn die tatsächliche Leistungsbewirkung schon erfolgt ist, geht die Weisung diese zu unterlassen ins Leere. Der Widerruf ist dabei selbst Weisung, nämlich Gegenweisung.

e) Worin besteht die Ausführung der Weisung ?

Wenn der Widerruf der Weisung nach Ausführung nicht mehr möglich

[213] Kümpel, Bank- und Kapitalmarktrecht, Rn. 4.933; Hadding, Festschrift für Pleyer, S. 17 (35); Martinek, Moderne Vertragstypen III, S. 83.
[214] MünchKomm/Seiler, § 665, Rn. 5.
[215] BGH, WM 1984, S. 1213; Baumbach/Hopt, HGB, (7) BankGesch, Rn. F/11; Heymann/Horn, HGB § 372 Anh. III, Rn. 153; Hadding; Festschrift für Pleyer, S. 17 (38).
[216] MünchKomm/Seiler, § 665, Rn. 3.
[217] RGZ 90, S. 129 (130); Erman/Ehmann, Rn. § 665, Rn. 2; MünchKomm/Seiler § 665, Rn. 7; RGRK/Steffen § 665, Rn. 4; Soergel/Mühl, § 665, Rn. 12.
[218] Erman/Ehmann, § 665, Rn. 2; Hadding/Häuser, WM 1988, S. 1149 (1153); Hammann, Die Universalkreditkarte, S. 169; MünchKomm/Seiler, § 665, Rn. 7; Oechsler, WuB I D 5.-3.94.

ist, dann stellt sich die Frage, worin die Ausführung der Weisung besteht. Teilweise wird die Ausführung der Weisung schon in der Erfüllung der aufschiebenden Bedingung der abstrakten Zahlungsverpflichtung des Kartenherausgebers erblickt[219]. Schon in diesem Fall habe der Geschäftsbesorger nämlich eine irreversible Vermögensdisposition getroffen.
Nun ist es nicht von der Hand zu weisen, daß der Kartenherausgeber mit dem Bedingungseintritt gegenüber dem Vertragsunternehmen verpflichtet ist. Teilweise wird aber bezweifelt, daß diese Vermögensdisposition irreversibel sei, da sich die Kreditkartenunternehmen durch Vereinbarung von Rückforderungsklauseln gerade das Recht vorbehalte, eine bereits an das Vertragsunternehmen erbrachte Leistung wieder zurückzufordern[220]. Zur Beurteilung dieser Argumentation gilt es die unterschiedlichen Rückforderungsklauseln auseinanderzuhalten.
Stellt man auf eine umfassende Rückforderungsklausel ab, wie sie den älteren Eurocard-Bedingungen zugrunde lag, dann erlangt das Rückforderungsrecht insofern keine Bedeutung, als die Klausel AGB-rechtlich unwirksam ist. Bezieht man sich auf die derzeit gültige Rückforderungsklausel der Eurocard-Bedingungen, dann scheitert der Gedankengang am eingeschränkten Umfang der Klausel. Der Kartenherausgeber kann nämlich nur dann zurückfordern, wenn der Ware eine zugesicherte Eigenschaft fehlt oder sie nicht einer schriftlichen Produktbeschreibung entspricht. Bei Zahlungsverweigerung des Kunden, die auf anderen Gründen beruht, besteht daher kein Rückforderungsrecht[221]. Von einer grundsätzlichen Revisibilität des abstrakten Schuldversprechens kann daher keine Rede sein. Die Aussage, daß es sich bei dem abstrakten Schuldverhältnis im Falle des Bedingungseintritts um eine irreversible Vermögensdisposition handelt, ist daher durchaus richtig.
Es stellt sich aber die Frage, ob diese Vermögensdisposition gerade in Ausführung der Weisung getroffen wurde. Hierzu muß man sich vergegenwärtigen, daß die Weisung zum Inhalt hat, die Forderung der Vertragsunternehmen gegen den Karteninhaber zum Erlöschen zu bringen. Den Abschluß eines abstrakten Schuldversprechens des Kartenherausgebers gegenüber dem Vertragsunternehmen hat die Weisung

---

[219] Hadding, Festschrift für Pleyer, S. 17 (37); Hammann, Die Universalkreditkarte, S. 172; Martinek, Moderne Vertragstypen III, S. 79; Martinek in: Bankrechts-Handbuch, § 67, Rn. 21; Oechsler, WuB I D 5.-3.94.
[220] LG Tübingen, NJW-RR 1995, S. 746; Kenntner, BB 1995, S. 2281 ff.; Wolf, EwiR § 9 AGBG 3/91, 209 (210).
[221] Vgl. S. 39.

aber nicht zum Inhalt[222]. Die Weisung ist daher erst dann ausgeführt, wenn das Vertragsunternehmen eine entsprechende Kontogutschrift bei seiner kontoführenden Bank erhalten hat[223].
Nehmen wir aber einmal an, daß in der Weisung miterklärt ist, der Kartenherausgeber solle zur Absicherung des Vertragsunternehmens diesem gegenüber ein abstraktes Schuldversprechen übernehmen. Damit das Vertragsunternehmen seinen Zahlungsanspruch aus dem Schuldversprechen in der Hand hat, ist dann zweierlei notwendig: einerseits muß das globale, aufschiebend bedingte Schuldversprechen im Akquisitionsvertrag vereinbart werden, und andererseits ist der Eintritt der aufschiebenden Bedingung erforderlich. Man könnte nun versuchen, den Eintritt der aufschiebenden Bedingung als Weisungsausführung anzusehen. Der Eintritt der Bedingung (nämlich die ordnungsgemäße Zahlung) ist aber kein Ereignis, das der Kartenherausgeber vornehmen könnte. Der Kartenherausgeber hat darauf vielmehr überhaupt keinen Einfluß. Damit bleibt nur die Möglichkeit, den Abschluß des aufschiebend bedingten abstrakten Schuldversprechens als Weisungsdurchführung anzusehen. Da die Weisung aber in der Verwendung der Kreditkarte und der Weiterleitung der Daten zu sehen ist, liegt das abstrakte Schuldversprechen zeitlich vor der Weisung, die zum Inhalt hat, eben dieses Versprechen erst nachfolgend zu übernehmen. Der Anspruch des Vertragsunternehmens aus einem abstrakten Schuldversprechen kann daher auch nicht die Ausführung der dahingehenden Weisung des Karteninhabers sein[224].

f) Ausschluß des Weisungswiderrufs wegen Rechtsmißbrauchs

Weisungen können nach Inhalt und Umfang nicht unbeschränkt sein. Eine Grenze bildet das dem Beauftragten Zumutbare (§ 242 BGB)[225]. Nach einer Ansicht[226] könne der Karteninhaber die Gegenweisung dem

[222] Taupitz, Zivilrechtliche Haftung bei Kreditkartenmißbrauch, S. 93 f.
[223] Pense, Kreditkartenbedingungen in den Grenzen des AGB-Gesetzes, S. 78.
[224] Vgl. auch Pense, Kreditkartenbedingungen in den Grenzen des AGB-Gesetzes, S. 78: „Darüber hinaus gründet die Rechtsposition des Vertragsunternehmens zu diesem Zeitpunkt noch allein auf den in den Händlerbedingungen getroffenen Vereinbarungen. Diese können die Frage, ob die konkrete Weisung aus Sicht des anweisenden Karteninhabers bereits ausgeführt ist, nicht beeinflussen".
[225] MünchKomm/Seiler, § 665, Rn. 12.
[226] AG Frankfurt a.M. NJW-RR 1994, S. 1010; Besprechung bei Meder, NJW 1994, S. 2597 f.

Kartenherausgeber nicht zumuten, da der Karteninhaber damit vom Herausgeber einen Vertragsbruch dem Vertragsunternehmen gegenüber verlange.
Diese Meinung geht aber zu unrecht davon aus, daß aus dem Weisungswiderruf auch die Pflicht folge, nicht an das Vertragsunternehmen zu zahlen. Der Kartenherausgeber hat sich aber dem Karteninhaber gegenüber nur dazu verpflichtet, noch zu konkretisierende Verbindlichkeiten zu erfüllen. Nimmt der Karteninhaber mit seiner Gegenweisung die Pflicht, eine bestimmte Verbindlichkeit zu erfüllen, zurück, dann folgt daraus nicht die Verpflichtung, die Verbindlichkeit nicht zahlen zu dürfen, sondern es entfällt bloß die Pflicht, die Verbindlichkeit zahlen zu müssen. Etwas anderes könnte nur gelten, wenn sich der Kartenherausgeber dem Inhaber gegenüber im Rahmenvertrag verpflichtet hätte, durch widerrufene Weisungen wieder dekonkretisierte Verbindlichkeiten nicht auszuführen. Eine solche Verpflichtung geht der Kartenherausgeber jedoch bewußt nicht ein. Damit bleibt es dem Kartenherausgeber unbenommen, seine Verbindlichkeit gegenüber dem Vertragsunternehmen zu erfüllen, das Recht kann ihn gemäß § 267 Abs. 1 daran nicht hindern.
Aber selbst wenn eine Verpflichtung des Kartenherausgebers gegenüber dem Karteninhaber bestünde, nicht an das Vertragsunternehmen zahlen zu dürfen, dann wäre der Weisungswiderruf nicht rechtsmißbräuchlich. Der Karteninhaber kann nämlich nicht wissen, inwieweit eventuell Rückforderungsklauseln im Akquisitionsvertrag vereinbart sind, so daß der Kartenherausgeber der Weisung entsprechen kann, ohne seine Verpflichtung gegenüber dem Vertragsunternehmen zu verletzen. Subjektiv mißbräuchlich ist die Gegenweisung daher nicht. Und auf objektiver Ebene liegt es im Risikobereich des Kartenherausgebers, sich nicht (im Emissionsvertrag und Akquisitionsvertrag) weitergehender zu verpflichten, als das Leistungsvermögen reicht. Wenn jemand denselben Gegenstand an zwei Käufer verkauft, dann würde ja auch niemand den einen Vertrag für unwirksam halten, weil der Verkäufer nur einen der beiden Verträge erfüllen kann und dem anderen Vertragspartner gegenüber vertragsbrüchig wird.
Eine andere Quelle der Unzumutbarkeit der Gegenweisung könnte sich aus dem Verhältnis des Karteninhabers zum Vertragsunternehmen ergeben. Wenn der Weisungswiderruf sich nämlich als Vertragsbruch gegenüber dem Vertragsunternehmen darstellte, dann könnte dem Kartenherausgeber ggf. Beihilfe zum Vertragsbruch des Kunden vorgeworfen werden (mit einer entsprechenden Haftung aus § 826

BGB)[227]. Eine solche Verpflichtung des Karteninhabers gegenüber dem Vertragsunternehmen, die Weisung gegenüber dem Kartenherausgeber nicht zu widerrufen, besteht indes nicht. Der Karteninhaber steht (abgesehen von dem Vertrag, der durch die Kartennutzung gezahlt werden soll) zum Vertragsunternehmen in keiner Pflichtenstellung. Lediglich der Kartenherausgeber hat gegenüber dem Vertragsunternehmen mit dem Akquisitionsvertrag Verpflichtungen übernommen.
Eine Unwirksamkeit des Weisungswiderrufs aus dem Gedanken des Rechtsmißbrauchs läßt sich daher nicht herleiten.

g) Widerrufsausschluß als verfahrensbedingte Notwendigkeit

Ein anderer die Widerruflichkeit der Weisung ausschließender Umstand könnte in einer sonst vorliegenden Funktionsstörung des Verfahrens liegen. In diesem Sinne wird geltend gemacht, daß sich die Unwiderruflichkeit verfahrensbedingt ergebe, da die Ersatzfunktion der Karte für Bargeld entfiele, würde man einen Widerruf der Weisung zur Zahlung zulassen[228]. Pense[229] erläutert hierzu: Die Karte fungiere als Bargeldersatz, der Inhaber verknüpfe mit der Verwendung jedoch nicht die zusätzliche Erwartung, darüber hinaus bei der Abwicklung möglicher Reklamationsansprüche im Verhältnis zum Vertragsunternehmen besser gestellt zu werden als im Falle der Barzahlung[230]. Bei der Barzahlung müsse der Kunde, sofern er das Geschäft rückabwickeln möchte, den gezahlten Betrag vom Vertragspartner zurückfordern. Gewähre man dem Kunden in Anbetracht dessen bei der Benutzung einer Kreditkarte ein Weisungswiderrufsrecht, dann könne er die Zahlung an den Vertragspartner von vornherein zurückhalten und sei bei der Rückabwicklung des Geschäfts insoweit besser gestellt als bei der Barzahlung, da es dann dem Vertragspartner obliege, den Zahlungsanspruch durchzusetzen. Diese Folge rechtfertige der Sinn und Zweck des Kreditkartensystems jedoch keinesfalls, sondern führe im Gegenteil dazu, daß das Gleichgewicht im Dreiecksverhältnis zwischen Kartenherausgeber, Karteninhaber und Vertragsunternehmen gestört werde[231]. Unter diesen Voraussetzungen sei es kaum denkbar, daß einzelne Warenanbieter oder Dienstleistungsunternehmen bereit seien, sich einem Kreditkartensystem anzuschließen. Dem Vorteil eines Beitritts zu einem Kreditkartensystem, der in der Erschließung eines brei-

[227] Ahlers, WuB I D 5a.-4.96.
[228] OLG Schleswig WM 191, S. 453 (454); Etzkorn, WM 1991, S. 1901 (1906).
[229] Pense, Kreditkartenbedingungen in den Grenzen des AGB-Gesetzes, S. 83 f.
[230] Pense, Kreditkartenbedingungen in den Grenzen des AGB-Gesetzes, S. 83.
[231] Pense, Kreditkartenbedingungen in den Grenzen des AGB-Gesetzes, S. 84.

ten Kundenkreises liege, stehe dann der gewichtigere Nachteil entgegen, sich mit den Kunden auch nach Erbringung der eigenen vertraglichen Leistung wegen der Bezahlung auseinandersetzen zu müssen. Dieser Ansicht zufolge besteht also das Problem des Weisungswiderrufs darin, daß die Position des Vertragsunternehmens geschwächt wird. Um entscheiden zu können, ob diese Ansicht zutrifft, ist es notwendig, sich die Rechtsfolgen des Weisungswiderrufs zu vergegenwärtigen.

(1) Die Rechtsfolgen des Weisungswiderrufs

Wegen der Abstraktheit des Schuldversprechens kann sich der Kartenherausgeber auf Mängel des Deckungsverhältnisses zwischen ihm und dem Karteninhaber grundsätzlich nicht berufen. Problematisch könnte lediglich die grundsätzlich gemäß § 812 Abs. 2 gegebene Kondiktionsmöglichkeit sein. Der Kartenherausgeber könnte nämlich möglicherweise das abstrakte Schuldversprechen oder, wenn bereits gezahlt worden ist, den geleisteten Betrag kondizieren. Statt der Kondiktion des abstrakten Zahlungsversprechens könnte der Kartenherausgeber dem Zahlungsanspruch des Vertragsunternehmens auch die Bereicherungseinrede entgegenhalten. Voraussetzung wäre aber, daß der Kartenherausgeber einen unmittelbaren Kondiktionsanspruch gegen das Vertragsunternehmen hätte. Ob dies der Fall ist, richtet sich nach den bereicherungsrechtlichen Grundsätzen in Dreiecksbeziehungen.

(2) Der Bereicherungsausgleich in Dreiecksbeziehungen[232]

Der Bereicherungsausgleich beim Widerruf der Weisung (im Rahmen des Weisungsmodells) gehört zu den sog. Anweisungsfällen. Das spezifisch bereicherungsrechtlich relevante Dreiecksverhältnis der Anweisungslage ist dann gegeben, wenn jemand (der Angewiesene) auf Anweisung eines anderen (Anweisender) einem Dritten (Anweisungsempfänger), dem der Anweisende in der Regel etwas schuldet, diese vom Anweisenden geschuldete Leistung als Erfüllungsgehilfe aus seinem eigenen Vermögen erbringt[233]. Bei einer solchen typischen Anweisungslage ist es unstreitig, daß die Zuwendung des Angewiesenen an den Anweisungsempfänger, mit dem in der Regel keinerlei eigene Rechtsbeziehungen bestehen, bei intakten Kausalverhältnissen kraft

---

[232] Vgl. zum Bereicherungsausgleich bei der Kreditkarte die ausführliche Darstellung der h.L. und Rspr. bei Hammann, Die Universalkreditkarte, S. 223 ff.
[233] MünchKomm/Lieb, § 812, Rn. 30.

des übereinstimmenden Willens der Beteiligten als Simultanleistung sowohl im Deckungsverhältnis als auch im Valutaverhältnis Erfüllungswirkung herbeiführen soll[234]. Diese Zerlegungsthese wird schon in D 24, 1, 3, 12 Ulpian 32 ad Sabinum als Ansicht des Celsus für die Anweisungsleistung des Schuldners an die Frau des anweisenden Gläubigers berichtet[235]. Die Rechtsfolge wird allerdings unterschiedlich erklärt. Rspr.[236] und h.L.[237] wollen Bereicherungsgläubiger und Bereicherungsschuldner ausgehend vom „modernen Leistungsbegriff", bestimmen. Leistung sei dabei als bewußte und zweckgerichtete Mehrung fremden Vermögens zu verstehen. Die Abwicklung übers Dreieck bei den Anweisungsfällen ergebe sich danach daraus, daß der Angewiesene nicht an den Empfänger, sondern an den Anweisenden und dieser seinerseits an den Empfänger leiste, da der Angewiesene mit seiner Zuwendung an den Empfänger einen Leistungszweck nur gegenüber dem Anweisenden und dieser mit der Anweisung einen Leistungszweck nur gegenüber dem Empfänger verfolge[238].
Nach anderer Ansicht[239] ergebe sich die Rückabwicklung in den Kausalbeziehungen, wenn Erfüllungswirkung wegen der Rechtsgrundlosigkeit nicht eingetreten sei, aus der Erteilung der Anweisung und deren Befolgung durch den Angewiesenen. Die Anweisung ermächtigt nämlich den Angewiesenen, für Rechnung des Anweisenden an den Empfänger zu leisten, und bewirkt durch eine meistens von dem Angewiesenen als Boten des Anweisenden dem Empfänger übermittelte Tilgungsbestimmung, daß die Zuwendung des Angewiesenen an den Empfänger als Leistung des Anweisenden an den Empfänger gilt. Die rein tatsächlich verstandene Zuwendung des Angewiesenen an den Empfänger wird also bei normativer Betrachtungsweise in eine Leistung des Angewiesenen an den Anweisenden und des Anweisenden an den Empfänger umgewandelt[240].
Gerechtfertigt und wertungsmäßig bestätigt wird die Zerlegungsthese

[234] BGHZ 40, S. 272 (277); 61, S. 289 (291).
[235] Vgl. Flume, Rechtsakt und Rechtsverhältnis, S. 64 ff.
[236] Grundlegend BGHZ 40, S. 272 (277) ausgehend von Kötter, AcP 153 (1954), S. 193 ff.
[237] Vgl. Reuter/Martinek, Ungerechtfertigte Bereicherung, S. 81; Staudinger/Lorenz, § 812, Rn. 4 u. 5.
[238] BGH NJW 1994, S. 2357 (2358); Reuter/Martinek, Ungerechtfertigte Bereicherung, S. 394; Staudinger/Lorenz, § 812, Rn. 49; Koppensteiner/Kramer, Ungerechtfertigte Bereicherung, S. 25; Reeb, Grundprobleme des Bereicherungsrechts, S. 21; Köndgen, Festschrift für Esser, S. 55 (69).
[239] Kupisch, Gesetzespositivismus, S. 20 u. 23; Kupisch, WM 1979 Sonderbeilage Nr. 3, S. 6; MünchKomm/Lieb, § 812, Rn. 31.
[240] Vgl. Thielmann, AcP 187 (1987), S. 23 (42).

mit drei Erwägungen: Jeder Partei eines fehlerhaften Kausalverhältnisses sollen ihre Einwendungen gegen die jeweils andere Seite erhalten bleiben; jede Partei soll vor Einwendungen aus fremden gestörten Leistungsverhältnissen, die den Vertragspartner mit Dritten verbinden, geschützt sein, und schließlich soll das Insolvenzrisiko angemessen, d.h. in dem Sinn verteilt werden, daß jede Partei nur die Folgen der Zahlungsunfähigkeit desjenigen zu tragen hat, den sie sich selbst als Partner ausgesucht hat[241].
Zwar handelt es sich beim Weisungsmodell der Kreditkarte nicht um eine Anweisung im Sinne der §§ 783 ff. BGB. Man geht im Bereicherungsrecht aber allgemein davon aus, daß die Anweisung im Sinne der §§ 783 ff. BGB den Grundfall für die meisten bereicherungsrechtlichen Dreiecksverhältnisse darstellt. Um die Parallele zur Anweisung im Sinne der §§ 783 ff. BGB deutlich zu machen, werden deshalb auch Konstruktionen zu den Anweisungsfällen gezählt, denen keine bürgerlichrechtliche Anweisung zugrunde liegt[242]. Die Parallele des Weisungsmodells zu den Anweisungsfällen ergibt sich dadurch, daß auch die Zahlung des Kreditkartenunternehmens nicht in dem Verhältnis Wirkung entfalten soll, in dem sie real erfolgt, sondern im Valuta- und Deckungsverhältnis. Dort soll sie simultan die bestehenden Leistungspflichten zum Erlöschen bringen.

(3) Die Besonderheit einer zusätzlichen eigenen Leistungspflicht des Angewiesenen gegenüber dem Empfänger

Bei dem Weisungsmodell der Kreditkarte besteht nun allerdings noch eine Besonderheit im Vergleich zu dem eben beschriebenen Standardmodell. Die Besonderheit besteht darin, daß der Angewiesene aus dem abstrakten Schuldversprechen gegenüber dem Vertragsunternehmen eine eigene Leistungspflicht gegenüber dem Empfänger hat. Damit ergibt sich die Frage, ob sich an den genannten bereicherungsrechtlichen Grundsätzen etwas ändert, denn man muß ja davon ausgehen, daß der Kartenherausgeber auch auf die im Vollzugsverhältnis bestehende Verpflichtung leistet, um diese zum Erlöschen zu bringen. Die gleiche Problematik stellt sich bei der angenommenen Anweisung und der Überweisung, sofern man dem Empfänger nach der Gutschrift einen eigenen Anspruch auf Zahlung aus der Gutschrift gegen die Bank

---

241 MünchKomm/Lieb § 812, Rn. 32 a; Larenz/Canaris, Lehrbuch des Schuldrechts II/2, § 70 VI 1 b.
242 Vgl. Ulmer, AcP 126 (1926), S. 129 (142); Soergel/Mühl, § 812, Rn. 51.

zuerkennt[243]. Führt die zusätzlich bestehende Verpflichtung im Vollzugsverhältnis dazu, daß die Bank (oder beim Kreditkartenverfahren der Kartenherausgeber) nicht mehr Leistungspflichten im Deckungs- und Valutaverhältnis erfüllt, sondern in erster Linie eine eigene Leistung erbringt?
Für den „modernen Leistungsbegriff" ergibt sich die Lösung aus einer unterschiedlichen Gewichtung der drei Leistungsverhältnisse. Der Anspruch im Vollzugsverhältnis diene lediglich dazu, die Stellung des Vertragsunternehmens zu stärken[244]. Er sei daher als bloßes Durchsetzungsmittel mit Hilfsfunktion anzusehen[245].
Für den normativen Ansatz gilt im Ergebnis das gleiche, denn danach wird die Abwicklung übers Dreieck allein mit der Zurechnung der Zuwendung des Angewiesenen auf Deckungs- und Valutaverhältnis erklärt, die ihren Grund in der Anweisung findet. An dieser Zurechnung vermag aber eine zusätzliche Verpflichtung des Angewiesenen nichts zu ändern[246].

(4) Folgen des Widerrufs für den Bereicherungsausgleich

Widerruft nun der Karteninhaber rechtzeitig die dem Kartenherausgeber erteilte Weisung, dann ist damit die, die Abwicklung übers Dreieck erst rechtfertigende, Anweisung weggefallen. Damit bleibt der Umwandlungseffekt aus. Eine Kondiktion müßte direkt im Verhältnis des Angewiesenen zum Empfänger stattfinden, und zwar auch bei intakten Grundverhältnissen, denn die Zuwendung des Angewiesenen an den Empfänger wird mangels wirksamer Anweisung nicht in Leistungen innerhalb des Deckungs- und Valutaverhältnisses zerlegt[247]. Der Kartenherausgeber könnte das abstrakte Schuldversprechen sowie den gezahlten Betrag kondizieren oder dem Vertragsunternehmen auf seinen Anspruch aus dem Schuldversprechen die Einrede der ungerechtfertigten Bereicherung (§ 821 BGB) entgegenhalten.
Dieses Ergebnis wird aber verbreitet[248] als unbillig empfunden, weshalb unterschiedliche Argumente geltend gemacht werden, um die Ab-

---

[243] Vgl. Staudinger/Lorenz, § 812, Rn. 56, 57.
[244] Hammann, Die Universalkreditkarte, S. 248.
[245] Canaris, Festschrift für Karl Larenz, S. 799 (806); Pinger, AcP 179 (1979), S. 301 (320); Reuter/Martinek, Ungerechtfertigte Bereicherung, S. 486.
[246] Kupisch, Gesetzespositivismus, S. 83; MünchKomm/Lieb, § 812, Rn. 43.
[247] Thielmann, AcP 187 (1987), S. 23 (42).
[248] BGHZ 61, S. 289 (293 f.); BGHZ 87, S. 393 (397 f.); BGHZ 89, S. 376 (380 f.); Caemmerer JZ 1962, S. 385 (387); Reuter/Martinek, Ungerechtfertigte Bereicherung, S. 432 f.

wicklung übers Dreieck aufrecht erhalten zu können. Der wichtigste Ansatz ist dabei die Anwendung der Regeln über den veranlaßten Rechtsschein. Da der Angewiesene die Tilgungsbestimmung des Anweisenden als Bote überbringe, könne man die gleichen Überlegungen wie bei der Anscheinsvollmacht heranziehen. In diesem Sinne soll die Anscheinsbotenmacht des Angewiesenen einen Rechtsscheinstatbestand darstellen[249]. Will man diesem Ansatz folgen, dann ist des weiteren die Zurechenbarkeit des vom scheinbar Angewiesenen gesetzten Rechtsscheins erforderlich. Bei der Anscheinsbotenmacht im Rahmen des Bereicherungsausgleichs soll die bloße Veranlassung ausreichen[250]: Wer eine bestimmte Entwicklung einmal angestoßen, also verursacht habe, müsse sich auch ihren weiteren Verlauf zurechnen lassen. Hält man die Rechtsscheinsgrundsätze für anwendbar, dann tritt im Valutaverhältnis Tilgungswirkung ein, so daß der Anweisende von einer Verbindlichkeit befreit wird und dem Angewiesenen deshalb Wertersatz schuldet[251].
Aus den bereicherungsrechtlichen Verhältnissen ergibt sich daher, daß jedenfalls dann, wenn der Karteninhaber dem Vertragsunternehmen den Widerruf mitteilt, ein Anspruch des Vertragsunternehmens gegen den Kartenherausgeber nicht besteht. Ist der Widerruf dem Vertragsunternehmen nämlich bekannt, dann liegt der Anschein einer Botenmacht nicht vor. Lehnt man dagegen die Anwendbarkeit der Rechtsscheinsregeln überhaupt ab, dann ist ein Anspruch des Vertragsunternehmens allein schon wegen des Widerrufs nicht gegeben, ohne daß es auf eine weitere Voraussetzung ankommt[252].

(5) Folgen der bereicherungsrechtlichen Lage für die Vertragsauslegung

Angesichts der bereicherungsrechtlichen Lage wird man davon auszugehen haben, daß es zweifelhaft ist, ob und in welchem Umfang sich Vertragsunternehmen auf das Kreditkartenverfahren einlassen. Dem Kartenherausgeber wird es möglicherweise nicht gelingen, ein flächendeckendes Netz von Vertragsunternehmen zu etablieren. Da das Bestehen eines solchen flächendeckenden Netzes aber auch im Interesse

---

[249] Canaris, Bankvertragsrecht, Rn. 439 (Rechtsanalogie zu den §§ 170, 171 Abs. 2, 172 Abs. 2, 173); Reuter/Martinek, Ungerechtfertigte Bereicherung, S. 432 f.; Thielmann, AcP 187 (1987), S. 23 (43).

[250] BGHZ 111, S. 382 (386); Köndgen, Festschrift für Esser, S. 55 (70).

[251] MünchKomm/Lieb, § 812, Rn. 70 b; Reuter/Martinek, Ungerechtfertigte Bereicherung, S. 433.

[252] Anders beim Modell der angenommenen Anweisung S. 109.

des Karteninhabers ist, könnte man daran denken, von einem stillschweigend vereinbarten Widerrufsausschluß auszugehen[253], denn nach der aufgezeigten Rechtslage könnte ein Widerrufsausschluß in der Tat eine verfahrensbedingte Notwendigkeit darstellen. Es ist aber zunächst noch eine vorrangige Frage zu beantworten, nämlich diejenige, ob nicht mit der Anweisung i.S.d. §§ 783 ff. BGB ein *gesetzliches* Modell für das Kreditkartenverfahren zur Verfügung steht, das die Interessen der Beteiligten dem Zweck des Kreditkartenverfahrens entsprechend berücksichtigt.

II. Das Anweisungsmodell

Das Anweisungsmodell der Kreditkarte gründet auf den §§ 783 ff. BGB. Die gesetzliche Regelung ist aber in mehrfacher Hinsicht etwas unglücklich, so daß es notwendig ist, sich die Entwicklung der Anweisung von der reinen Form im römischen Recht zur jetzigen Ausformung zu vergegenwärtigen, um die Idee der Anweisung erkennen zu können.

1. Die historische Entwicklung des Anweisungsgeschäfts[254]

Auch bei den Ägyptern, Griechen und Römern gab es einen bargeldlosen Zahlungsverkehr, der in Überschreibungen von Geldsummen von einem Konto auf das andere bestand[255]. Es war nicht nur üblich, das Geld bei den Bankiers aufzuheben, sondern es spielte sich auch der ganze geldgeschäftliche Verkehr der Kaufleute und Privatleute in den Händen der Bankiers ab[256].

Ursprünglich verwendeten die römischen Privat- und Geschäftsleute metallbeschlagene Kisten (arca) zur Aufbewahrung von Geld. Die eigene Aufbewahrung hatte aber den Nachteil, daß das Geld dem Risiko des Brandes und des Diebstahls ausgesetzt war. Zudem war der Transport des Geldes kostspielig und ebenfalls mit Risiken verbunden.

---

[253] Vertreten von: OLG Schleswig WM 1991, S. 453 (454); Pfeiffer in: Westphalen, Kreditkartenvertrag, Rn. 68.

[254] Vgl. hierzu Meder, Die bargeldlose Zahlung, S. 174 ff.; sowie die zusammenfassenden Darstellungen bei Loewenfeld, Die Anweisung in Gesetz und Verkehr, S. 1 ff. und Meder, AcP 198 (1998), S. 72 (78).

[255] Goldschmidt, Universalgeschichte des Handelsrechts, S. 205; Loewenfeld, Die Anweisung in Gesetz und Verkehr, S. 4.

[256] Mommsen, Römische Geschichte, Bd. 1, S. 843; Mitteis, Zeitschrift der Savigny-Stiftung für Rechtsgeschichte, Romanistische Abteilung, Band 19, S. 198 (236); Meder AcP 198 (1998), S. 72 (78 f., Fn. 17).

Aus diesem Grunde wurde damals der Geldverkehr in erheblichem Umfang in die Hände von Bankiers (argentarii) gelegt[257]. Die Banken als Schuldner konnten ein hohes Maß an Sicherheit gewähren, da sie unter strenger staatlicher Aufsicht standen und zur genauen Buchführung und regelmäßiger Vorlegung ihrer Rechnungen verpflichtet waren.

Wer seine Geldzahlungen im Girowege leisten wollte, mußte ein Giroguthaben besitzen, d.h. er mußte bei irgendeiner Bank zunächst das nötige Stammguthaben einzahlen; in welcher Höhe diese erstmalige Einzahlung gefordert wurde, wie hoch später der Mindestsatz sein mußte, und ob ein völliges Ausschöpfen gestattet war, ist unbekannt[258]. Jedenfalls war es zweckmäßig, überschüssige Gelder, die man in den Händen hatte, an die Bank als Guthaben abzustoßen. Auch pflegte man strittige Gelder, die während eines gerichtlichen Streitverfahrens in der Schwebe bleiben mußten, als Guthaben an eine Bank zu überweisen.

Giroanweisungen an die Bank enthalten in der Regel eine mehr oder weniger ausführliche Darlegung darüber, wofür die Zahlung geschehen soll; der Grund dafür kann darin liegen, daß der Bank eine notarielle Bedeutung innewohnte, wodurch die Giroanweisung auch dann beeinflußt wurde, wenn die Girozahlung von einer notariellen Beurkundung nicht abhing[259].

Ein Beispiel für eine Giroanweisung gibt folgender Papyrus[260] (99 n. Chr.):

> Aphrodus, Tochter des Satyros, mit ihrem Frauenvormunde, dem Anverwandten Ammonios, Sohne des Herakleides, an den Bankhalter Sambas, genannt auch Didymos, Gruß. Zahle aus an Charition, genannt auch Tasucharion, Tochter des Charidemos, und an Charition, Tochter des Didymos, im Beisein ihrer beiderseitigen als Frauenvormünder wirkenden Ehemänner, nämlich in Hinsicht der Charition, genannt auch Tasucharion, im Beisein des Apollonios, Sohn des Apollonios, und in Hinsicht der anderen Charition, im Beisein des Heron, Sohnes des Didymos, den Kaufpreis für den halben Anteil an einem Hause mit einem Hofe nebst Beiplätzen und allem Zubehöre im Dorfe Theadelpheia des Themistes-Kreises, gemäß den ihnen zuteil gewordenen Abtretungsurkunden, in Höhe von 600 Silberdrachmen, von dem in meinem Girokonto vorhandenen Guthaben, schreibe 600 Dr. Im Jahre 2 des Imperator Caesar Nerva Traianus Augustus Germanicus, am 28. Tybi.
>
> (2. Hand) Ich Charition, Tochter des Didymos, im Beisein meines Frauenvormundes, nämlich meines Ehemannes Heron, Sohnes des Didymos, gebe dir diese

[257] Meder, AcP 198 (1998), S. 72 (79, Fn. 17).
[258] Preisigke, Girowesen im griechischen Ägypten, S. 185.
[259] Preisigke, Girowesen im griechischen Ägypten, S. 204.
[260] Übersetzung aus: Preisigke, Girowesen im griechischen Ägypten, S. 207.

Quittung zur Einverleibung in deine Akten, und ich habe abgehoben die mir zufallenden 300 Silberdrachmen, schreibe 300 Dr. Ich Heron unterschreibe, zugleich namens meiner schreibunkundigen Ehefrau. Im Jahre 2 des Imperator Caesar Nerva Traianus Augustus Germanicus, am 28. Tybi.

(3. Hand) Ich Charition, genannt auch Tasucharion, Tochter des Charidemos, im Beisein meines als Frauenvormund wirkenden Ehemannes Apollonios, Sohnes des Apion, habe die 300 Drachmen, schreibe 300 Dr., abgehoben. Ich Apollonios unterschreibe, zugleich namens meiner schreibunkundigen Ehefrau.

Die Giroanweisung trägt am Fuß die Quittungen der beiden Verkäuferinnen, was nicht bei allen Giroanweisungen der Fall ist. Da die Giroanweisung für die Bank ein wichtiger Beleg ist, den sie keinesfalls aus den Händen geben darf, folgt daraus, daß die beiden Quittungen nicht für den Giroaussteller, sondern für die Bank bestimmt waren; so wurde diese Giroanweisung für die Bank ein Doppelbeleg, der die Bank gegen den Giroaussteller und gleichzeitig gegen die beiden Geldempfängerinnen deckt[261]. Man muß sich dabei vorstellen, daß die Giroanweisungen vielleicht recht oft nicht vom Giroaussteller selber geschrieben wurden, sondern von einem Schreiber derjenigen Bank, an die die Giroanweisung gerichtet war; wenn der Aussteller nicht schreiben konnte, oder auch aus anderen Gründen, war dieser Weg der bequemste[262]. Man begab sich, wenn man eine Girozahlung leisten wollte, auf die Bank; dort hatte man für bequeme Gelegenheit zum Schreiben gesorgt, dort waren Schreiber, die ein sachgemäßes Schriftstück aufsetzen konnten und infolge ständiger Übung in Notariatsdingen mit Rat und Tat helfen konnten[263]. Der Gang zur Bank mag für diejenigen, die mit Geldangelegenheiten öfter zu tun hatten, ohnehin zu den regelmäßigen Bedürfnissen gehört haben. Die Beglaubigung der Echtheit der Giroanweisung geschah dadurch, daß der Giroaussteller eigenhändig sein Tonsiegel darunter abdrückte[264].

Das rechtliche Mittel, um den Zahlungsverkehr abzuwickeln, war die delegatio. In Übereinstimmung mit der heutigen Lehre sahen die Römer in der delegatio den Anstoß zu einer Ausgleichsbeziehung, die von einer Person mit einem doppelten Leistungsinteresse in Gang gebracht wird. Der Anweisende (Delegant) will dem Anweisungsempfänger (Delegatar) eine Zuwendung machen und benutzt dazu eine Leistung, die er vom Angewiesenen (Delegaten) zu erwarten hat[265]. Der Zweck der Leis-

[261] Preisigke, Girowesen im griechischen Ägypten, S. 208.
[262] Preisigke, Girowesen im griechischen Ägypten, S. 208 f.
[263] Preisigke, Girowesen im griechischen Ägypten, S. 209.
[264] Preisigke, Girowesen im griechischen Ägypten, S. 128 u. 209.
[265] Vgl. Ulpian D. 46, 2, 11:

tung des Delegaten besteht also darin, daß sie auf zwei Kausalreihen angerechnet werden soll, auf die des Angewiesenen zum Anweisenden und die des Anweisenden zum Anweisungsempfänger[266]. Die römischen Rechtsgelehrten gingen bei der Definition der delegatio von der Verwendung der delegatio als Anweisung auf Schuld zur Tilgung von Verbindlichkeiten aus[267]. Die Anweisung konnte aber auch zu anderen Zwecken eingesetzt werden, wie zum Beispiel der Schenkung oder Darlehensgewährung[268]. Hinsichtlich des Gegenstandes der mittels Anweisung zu bewerkstelligenden Leistung werden im römischen Recht zwei Hauptfälle unterschieden: Die Anweisung kann sich entweder auf ein dare (oder facere), regelmäßig eine Geldleistung beziehen oder auf die Übernahme einer Verpflichtung, ein promittere, das in der Regel durch Stipulation vollzogen wird. Die erste Form nennt man Zahlungsanweisung, die zweite Verpflichtungsanweisung oder Kreditanweisung[269]. Aus dem Girowesen erklärt sich die Verwendungsform der delegatio, die nicht solvendi causa, sondern promittendi causa erfolgte[270] und die die Römer fast ausschließlich unter delegatio verstanden[271]. Die delegatio promittendi causa ist eine durch Überschreibung erfolgte Zahlung, also eine Erfüllung des der delegatio zugrunde liegenden Rechtsgeschäftes[272]. Wirtschaftlich entspricht sie daher der Giroanweisung[273]. Alle Beteiligten, Aussteller, Empfänger und die angewiesene Bank sind sich einig, daß die Leistung aus der delegatio nicht durch Auszahlung, sondern durch Überschreibung erfolgen

Delegare est vice sua alium reum dare creditori vel cui iusserit. fit autem delegatio vel per stipulationem vel per litis contestationem.

Delegieren heißt an seiner Stelle einen anderen Schuldner dem Gläubiger oder demjenigen stellen, welchem es nach dem Geheiß des Gläubigers geschehen soll. Es geschieht aber die Delegation entweder durch Stipulation oder durch Litiscontestation.

266 Meder, Die bargeldlose Zahlung, S. 178.
267 Loewenfeld, Die Anweisung in Gesetz und Verkehr, S. 2.
268 Kaser, Römisches Privatrecht, § 54 III, S. 247.
269 Meder, Die bargeldlose Zahlung, S. 179.
270 Loewenfeld, Die Anweisung in Gesetz und Verkehr, S. 4 f.
271 Loewenfeld, Die Anweisung in Gesetz und Verkehr, S. 6.
272 Loewenfeld, Die Anweisung in Gesetz und Verkehr, S. 5.
273 Cohn in: Handbuch des deutschen Handels- See- und Wechselrechts III, 1055 f.: „Die Girozahlung ist weder Kompensation, noch Skontration, noch stets Hingabe an Zahlungsstatt, noch auch immer Novation oder Expromission, stets aber Ueberweisung zum Sichverpflichten (Kreditanweisung, Delegation). Der zahlende Girokunde ist Delegant, der zu Bezahlende Delegatar, die Bank Delegat."; vgl. auch Wendt, Das allgemeine Anweisungsrecht (1895), S. 148.

soll[274]. Aus diesem Umstand erklärt sich der Rechtssatz „solvit qui delegat" („Anweisung ist Zahlung")[275]. Goldschmidt[276] will daher diesen Rechtssatz auch nur auf die delegatio im Bankverkehr anwenden.

2. Exkurs: Die erfüllungsrechtliche Behandlung von Buchgeld in Deutschland

In Deutschland war die Frage, ob das Buchgeld dem Bargeld im Rahmen der Erfüllung gleichgestellt werden kann, schon beim „roten Check", so wurde die Giroanweisung im Giroverkehr der Reichsbank genannt, strittig. Nach einer Ansicht sollte der Satz: „solvit qui delegat" auch in diesem Falle gelten[277], nach anderer Meinung sollte zur Tilgung der Schuld die Zustimmung des Gläubigers erforderlich sein[278]. An dieser Differenz der Meinungen (Erfüllung i.S. des § 362 Abs. 1 BGB oder Leistung an Erfüllungs Statt i.S. des § 364 I BGB) hat sich bis heute nichts geändert[279]. Dabei spricht viel dafür, den römischen Satz auch für die gegenwärtige Situation zu akzeptieren. Nach der Verkehrsanschauung stellen sich Bar- und Buchgeld nämlich nur als unterschiedliche Zahlungsmodalitäten dar[280], ohne daß damit erfüllungsrechtlich Unterschiede verbunden sein sollen. Für den kaufmännischen Verkehr war dies auch schon vor Jahrzehnten anerkannt[281]. Bei der heutigen Verbreitung von Girokonten unter Privatleuten gibt es keinen Grund dem Buchgeld die Erfüllungswirkung abzusprechen.

3. Die Anweisung vom Mittelalter bis zur Schaffung des BGB

Ein völlig anderes Konzept als der Verpflichtungsanweisung der Römer

---

[274] Vgl. auch Meder AcP 198 (1998), S. 72 (80): „Zu beachten ist allerdings, daß die Römer eine Verpflichtungsanweisung in der Regel nicht deshalb erteilt haben, weil sie nicht sofort zahlen konnten oder wollten, sondern weil es dem Interesse des Anweisungsempfängers entsprach, sich anstelle einer Barzahlung oder einer Zahlungsanweisung mit einer Kreditanweisung zufrieden zu geben. Da der Anweisungsempfänger diesen Zahlungsmodus selbst gewählt hatte, erschien es gerechtfertigt, ihm die damit verbundenen Gefahren aufzubürden".

[275] Loewenfeld, Die Anweisung in Gesetz und Verkehr, S. 5.

[276] Goldschmidt, Inhaber-, Order- und exekutorische Urkunden im klassischen Altertum, Verm. Schriften II, S. 206 (Anm. 1).

[277] Lippmann, Die Wirkungen der Annahme der Anweisung, S. 39.

[278] RG JW 1892, S. 477 (483).

[279] Vgl. nur einerseits Palandt/Heinrichs § 362, Rn. 9; andererseits: Soergel/Zeiss, § 362, Rn. 4.

[280] Staudinger/K. Schmidt, Vorbem zu §§ 244 ff., C 45.

[281] Vgl. RG Recht 1909, Nr. 2789; OLG Dresden OLGE 37, S. 20 (21).

lag der Anweisung des Mittelalters zugrunde. Diese sollte mehrere Auszahlungen durch eine einzige Auszahlung ersetzen, die dann aber auch tatsächlich erfolgte[282]. An die römische delegatio (promittendi causa) anzuknüpfen, war dagegen nicht möglich, da die delegatio einen ausgebreiteten, organisierten Bankverkehr erforderte[283]. Die delegatio wurde deshalb in Deutschland nicht verwendet[284]. In einer Zeit, in der die Anweisung nur als Zahlungsanweisung zwecks wirklicher Auszahlung des Geldes bekannt war, mußte zudem der Satz „Anweisung ist Zahlung" unerklärlich gewesen sein. Es galt nämlich seinerzeit die Anweisung gerade umgekehrt nicht als Zahlung[285]. Die gemeinrechtliche Dogmatik hat sich deshalb dem vorgefundenen einheimischen Rechtszustand angepaßt[286]. Es wurde ein neuer Name für die „Anweisung" geschaffen, der der italienischen Handelssprache entnommen war: assignatio[287]. Die assignatio brachte man mit dem römischen Mandat in Verbindung und deutete sie als Doppelauftrag, obwohl die Römer selbst ein Institut des Doppelmandats nicht gekannt hatten[288]. Nach der Doppelmandatstheorie ist mit der Anweisung dem Assignaten (Angewiesenen) ein mandatum solvendi (Zahlungsauftrag), dem Assignatar (Anweisungsempfänger) ein mandatum accipiendi (Einkassierungsauftrag) gegeben[289]. Die Abweichungen der Anweisung vom mandatum, wie die Entstehung einer selbständigen Verpflichtung aus der Annahme, stützte man auf Gewohnheitsrecht. Die Vorlegung der Anweisung zwecks Annahme wurde dahingehend aufgefaßt, daß der Anweisungsempfänger hierdurch ein Versprechen für sich zu eigenem Recht haben wolle, und die Annahme der Anweisung dahingehend, daß der Angewiesene ein selbständiges von seinem Verhältnis zum Anweisenden unabhängiges Zahlungsversprechen dem Anweisungsempfänger geben wolle[290]. Mit Blick auf die Kreditkarte ist bei der Mandatstheorie besonders interessant, daß sich für sie genauso wie für das Weisungsmodell der Kreditkarte die Problematik des Widerrufsausschlusses stellte. Das Mandat ist nämlich (wie der Auftrag gemäß §§ 662 ff. im BGB) grundsätzlich frei widerruflich, und nichts

---

282 Loewenfeld, Die Anweisung in Gesetz und Verkehr, S. 5.
283 Loewenfeld, Die Anweisung in Gesetz und Verkehr, S. 6.
284 Danz, JherJb, 19 (1881), S. 67 (76); Wendt, Allgemeines Anweisungsrecht, S. 147.
285 Salpius, Novation und Delegation nach römischen Recht, S. 11.
286 Salpius, Novation und Delegation nach römischen Recht, S. 13.
287 Salpius, Novation und Delegation nach römischen Recht, S. 14.
288 Vgl. Keller, Pandekten, S. 594 ff.
289 Lippmann, Die Wirkungen der Annahme der Anweisung, S. 61.
290 Vgl. Thöl, Das Handlesrecht, § 327.

anderes gilt für die assignatio als Spezialfall eines Auftrags[291]. Indes ist nur Puchta[292] bereit, die freie Widerruflichkeit auch nach erfolgtem Akzept anzuerkennen. Die herrschende Meinung der Zeit will dagegen den Widerruf durch das Akzept ausschließen. Begründet wird dies häufig damit, daß auch bei Zahlungsanweisungen nach der Verkehrsanschauung neben dem mandatum, ut solvat, im Deckungsverhältnis auch ein mandatum, ut accipiat, vorliegen soll[293]. Nach einem anderen Ansatz ergebe sich die Unwiderruflichkeit daraus, daß ja aus dem Akzept eine selbständige Obligation hervorgehe, weshalb der Anweisende darüber nicht mehr disponieren könne[294]. Genau diese letztere Argumentation wird auch heutzutage für die Unwiderruflichkeit der Kreditkarte vertreten. Damals wie heute stimmt aber Wendts Bemerkung[295]: „Mindestens müßte doch wohl hinzugefügt werden, daß diese selbständige Obligation auch dem Willen des Anweisenden entspreche; denn sonst wäre nicht einzusehen, wieso er dadurch eine Einbuße an seinen Befugnissen erleiden könne".

Die Auffassung von der Anweisung als Doppelmandat konnte sich auf die Dauer nicht halten und schwächte sich im19. Jahrhundert soweit ab, daß man die Anweisung als Verbindung von Zahlungsauftrag und Inkassoermächtigung ansah[296]. Besonders v. Salpius betonte die Unabhängigkeit der Anweisung von dem zugrunde liegenden Kausalgeschäft und erklärte die Anweisung in Anlehnung an den Begriff der delegatio für eine abstrakte Leistungsermächtigung und Empfangsmöglichkeit[297]. Auch die Annahme der Anweisung versucht er von den römischen Wurzeln aus zu deuten. Für ihn ist das Anweisungsakzept[298] nichts anderes, als die ihrer tilgenden Wirkung entkleidete Delegationsstipulation der Römer[299]. Wenn man statt der römischen Form (Stipulation) überall das heutige formlose Versprechen substituiere, so komme man genau auf den Fall des heutigen Anweisungsakzepts.

---

[291] Vgl. Wendt, Allgemeines Anweisungsrecht, S. 158.

[292] Puchta, Pandekten, § 326.

[293] Vgl. Unger, Die rechtliche Natur der Inhaberpapiere, S. 81 f.; Heise/Cropp, Juristische Abhandlungen II, S. 355. Etwas anders ist der Ansatz von Thöl, Handelsrecht, § 327; er meint die Anweisung sei dahin zu verstehen, daß der Assignat zahlen solle und, wenn es verlangt werde, versprechen dürfe.

[294] SeuffArch Bd. 38 Nr. 146, S. 194 (195); Bd. 18 Nr. 135, S. 216.

[295] Wendt, Allgemeines Anweisungsrecht, S. 158, 159.

[296] Vgl. Plucinsky, AcP 60 (1877), S. 289 (291); Cohn in: Handbuch des deutschen Handels- See- und Wechselrechts III, S. 1098; Dernburg, Pandekten II, S. 327.

[297] Salpius, Novation und Delegation nach römischen Recht S. 49, 51, 73.

[298] Anweisungsakzept ist derjenige Obligationsakt, durch welchen der Delegat gegen den Delegatar eine selbständige Verpflichtung übernimmt.

[299] Salpius, Novation und Delegation nach römischen Recht, S. 481.

Damit steht bei v. Salpius die Kreditanweisung ganz im Vordergrund. Die Bedeutung der Kreditanweisung zu seiner Zeit sieht er dabei darin, daß im Verkehr eine Menge Anweisungen vorkämen, die ihrem Buchstaben nach auf bloße Zahlung lauteten, die eigentlich aber als Kreditanweisungen gemeint seien, nämlich die Wechseltratten und diejenigen bloßen Anweisungen, zu welchen das gleiche schriftliche Formular benutzt werde[300]. Man müsse schon die Augen vor der Wirklichkeit verschließen, um dem Formular: Zahlen Sie an N.N. Hundert, noch seinen buchstäblichen Sinn unterzulegen. Die Absicht gehe längst auf nichts anderes mehr als auf eine Kreditanweisung[301].

4. Die Anweisung im BGB

Das BGB (§ 783 BGB) hat sich wie auch schon die Entwürfe (E. 1: § 605; E. 2: § 619) völlig von der Vorstellung getrennt, in der Anweisung liege ein einfaches oder doppeltes Mandat. Es folgt vielmehr der Deutung der Anweisung als Doppelermächtigung. Das Gesetz regelt dabei allerdings nur die in einer Urkunde verbriefte Anweisung, die auf Leistung von Geld, Wertpapieren oder anderen vertretbaren Sachen lautet und dem Empfänger ausgehändigt worden ist.

a) Die Annahmefähigkeit der Anweisung und der Einfluß des Wechsels auf die Kodifikation der Anweisung

Die Anweisung ist ein Zahlungsinstitut. Für ein Zahlungsinstitut ist eine Annahme aber eigentlich überflüssig, denn der Empfänger möchte ja Geld, nicht ein Versprechen. Der Scheck, der die einfache Anweisung als Zahlungsmittel im Wirtschaftsleben weitgehend verdrängt hat[302], ist erst gar nicht der Annahme fähig (Art. 4 ScheckG). Die Regelungen über die Annahme der Anweisung und die Schriftlichkeit derselben müssen daher einem anderen Zweck entsprechen als dem Zahlungszweck.

Einen Zugang zu den Motiven des Gesetzgebers bei Schaffung der §§ 783 ff. BGB gewährt ein Vergleich mit der Lage beim Wechsel. Die Interessen der Beteiligten am Wechsel lassen sich an folgendem Beispiel[303] verdeutlichen: Der Fabrikant A liefert dem Händler B Ware im Wert von 1000; die Zahlung soll in drei Monaten erfolgen, da B die Wa-

---

300 Salpius, Novation und Delegation nach römischen Recht, S. 490 f.
301 Salpius, Novation und Delegation nach römischen Recht, S. 479.
302 Staudinger/Marburger, § 783, Rn. 39.
303 Hueck/Canaris, Recht der Wertpapiere, S. 46.

ren erst seinerseits absetzen muß, um die nötigen Zahlungsmittel zu erhalten. Andererseits braucht A Geld, um seinen Betrieb fortzuführen, etwa um neue Rohstoffe zu kaufen, Löhne zu zahlen usw. Er wird deshalb versuchen müssen, die Forderung an B schon jetzt zu verkaufen oder doch zu verpfänden, um alsbald flüssige Geldmittel zu bekommen. Dies stellt sich aber als problematisch dar, denn der Erwerber der Kaufpreisforderung hat eine unsichere Stellung, weil er allen Einwendungen aus dem Kaufvertrag ausgesetzt ist, z.B. dem Einwand, daß die von A gelieferte Ware mangelhaft sei und B deshalb wandele. Diese Gefahr wird für den Geldgeber vermieden, wenn über die Kaufpreisforderung ein Wechsel ausgestellt wird, denn gegenüber dem Erwerber des Wechsels sind Einwendungen aus dem der Wechselausstellung zugrunde liegenden Schuldverhältnis nicht möglich.
Die Verwertung ist damit viel leichter möglich, als der Verkauf der nicht verbrieften Forderung. Die Ausstellung des Wechsels hat die Forderung umlauffähig gemacht. Die Bedeutung des Wechsels liegt deshalb nicht so sehr in der Zahlungsanweisung, die im Wechsel mit enthalten ist, sondern in der Verkaufsmöglichkeit des Wechsels[304].

b) Überblick über die Entstehung des Wechsels

Der Wechsel ist im Handelsverkehr der mittelalterlichen Städte ausgebildet worden, um die angesichts der unsicheren politischen Verhältnisse gefährliche und teure Übersendung von barem Geld von einem Handelsplatz zum anderen überflüssig zu machen[305]. Der Geldschuldner, der Geld an einem anderen Ort zu zahlen hatte (man denke auch an „Studentenwechsel" für Besucher der oberitalienischen und anderer Universitäten), zahlte bei einem Geldwechsler (campsor, Bankier) seiner Heimatstadt Geld in heimischer Währung ein und erhielt das schriftliche (meist notariell beurkundete) Versprechen des Wechslers, das Geld in eigener Person oder durch einen Dritten (Geschäftsfreund) an einem anderen Ort an den Einzahlenden oder dessen Beauftragten auszuzahlen[306]. Der Einzahler des Geldes konnte dann den Brief selbst mitnehmen, um in der fremden Stadt die betreffende Summe in der dort gangbaren Münze zur Verfügung zu haben, oder er konnte zur Bezahlung einer Schuld den Brief seinem auswärtigen Gläubiger zusenden, damit dieser das Geld dort abhob[307]. Bei der für das Mittelal-

[304] Loewenfeld, Die Anweisung in Gesetz und Verkehr, S. 20.
[305] Hueck/Canaris, Recht der Wertpapiere, S. 50.
[306] Vgl. Golschmidt, Universalgeschichte des Handelsrechts, S. 433 ff.
[307] Hueck/Canaris, Recht der Wertpapiere, S. 50.

ter bestehenden Münzzersplitterung bedeutet Überweisung von Geldern an fremden Platz in der Regel auch zugleich Überweisung in fremder Münzsorte. Daher resultieren die sprachlichen Bezeichnungen: deutsch „Wechsel"; lat. „cambium" („cambire", wechseln, ist der spätlateinische Ausdruck für das klassische „permutare"; auch die Berufsbezeichnung des campsor, des Geldwechslers und Bankiers des Mittelalters, ist von cambire abgeleitet)[308].
Seit dem 14. Jahrhundert wurde es zuerst in Florenz, dann aber auch anderwärts üblich, daß die Campsoren die Wechsel regelmäßig auf eine Messe zogen, auf der dann Kaufleute und Geldwechsler zusammentrafen, so daß z.B. ein Kaufmann in Florenz, der in London eine Zahlung zu leisten hatte, zunächst einen auf einer Messe in der Champagne zahlbaren Wechsel erhielt, für den er sich auf dieser Messe einen anderen dort ausgestellten sogenannten Ritorno-Wechsel verschaffen konnte, der in London zahlbar war[309]. Die Campsoren kamen auf der Messe in einem bestimmten Lokal oder an einem bestimmten Platz – an der Börse – zusammen, wo sie unter der Leitung des Meßvorstandes die Wechselgeschäfte abwickelten[310].
Auf den Messen und im Zusammenhang mit der Organisation scheint sich der Begriff des gezogenen oder trassierten Wechsels „Tratte" (von lat. trahere, ziehen) vornehmlich herausgebildet zu haben[311]. Der Wechsler weist dabei seinen auswärtigen Geschäftsfreund an, die Wechselsumme an den Wechselnehmer oder an den auf Veranlassung des Wechselnehmers in der Urkunde mitbenannten Präsentanten zu bezahlen[312]. Zu dem Wesen der Tratte gehörte also, daß Aussteller und Bezogener nicht identisch sind, was sich durch den Gang der Messen ergab. Es konnten nämlich immer nur einige der beteiligten Wechsler zur Messe reisen oder Angestellte entsenden, und die wenigsten hatten eine ständige Vertretung am Meßplatz. Es lag daher nahe, daß die daheimgebliebenen Wechsler auf einen Geschäftsfreund trassierten, der zur Meßzeit am Platze war und als Bezogener für den Trassanten (Anweisenden) eintrat[313]. In ähnlicher Weise ließ sich auch der kaufmännische Wechselnehmer durch einen Geschäftsfreund bei der Messe vertreten. Der Geschäftsfreund erhob gegen Präsentation des Wechsels am Meßplatz die Wechselsumme, und um ihn hierzu auf einfache Weise zu legitimieren, wurde sein Name regelmäßig in den Wechsel mit

[308] Ulmer, Das Recht der Wertpapiere, S. 163.
[309] Canstein, Lehrbuch des Wechselrechts, S. 22 f.
[310] Canstein, Lehrbuch des Wechselrechts, S. 23 f.
[311] Kuntze, Deutsches Wechselrecht, S. 153.
[312] Ulmer, Das Recht der Wertpapiere, S. 164.
[313] Kuntze, Deutsches Wechselrecht, S. 154.

aufgenommen[314]. Ähnlich war die Prozedur bei den Ritornowechseln, die vom Meßplatz auf die auswärtigen Plätze gezogen wurden.

c) Die Entstehung des Wechselakzepts

In unmittelbarem Zusammenhang mit der Aufspaltung der Funktionen des Ausstellers und des Bezogenen steht die Entstehung des Wechselakzeptes, der Wechselannahme. Außerhalb der Messen kam eine besondere Vorlegung der eingesandten Wechsel beim Bezogenen zwecks Einholung einer selbständigen Zahlungsverpflichtung kaum vor, denn es verstand sich von selbst, daß der Bezogene als Bruder, Kompagnon oder Faktor[315] des Ausstellers dessen Wechsel einlösen würde, weil der Wechsel so gut wie vom Bezogenen selbst ausgestellt war und es indirekt auch ein Schaden für den Bezogenen gewesen wäre, wenn der Wechsel unter Protest zurückgegangen wäre[316]. War aber nicht ein Zugehöriger, sondern etwa nur ein Geschäftsfreund oder Landsmann der zur Einlösung Aufgeforderte, dann war es für den Wechselinhaber ein Bedürfnis sich zu vergewissern, ob der Bezogene Willens sei, den Wechsel einzulösen und dieses Bedürfnis war auf den Messen um so dringender, weil hier die Geschäfte und Zahlungen rasch erledigt werden sollten und für die gegenseitigen Abrechnungen der Meßbesucher feststehen mußte, ob die dabei zugrunde zu legenden Wechsel auch wirklich noch auf der Messe bezahlt werden würden[317]. Die Zahlung der Meßwechsel erfolgte nämlich vorwiegend im Wege der Scontration ohne Bargeld durch bloße Ausgleichung, die nur dadurch möglich war, daß alle auf eine Messe gerichteten Wechsel nicht auf Wechselsummen in den verschiedenen existierenden Geldsorten von schwankendem Wert lauteten, sondern auf Markenscudi (scudo di marche, scutus marcharum), einer nur für die Messen bestehenden, immer dieselbe Menge Edelmetall repräsentierenden Rechnungsmünze mit konstanter Größe[318]. Für die von der Messe ab auf einen auswärtigen Platz gehenden Wechsel (Ritornowechsel) mußte dagegen vom Meßvorstand zusammen mit den Meßbesuchern ein offizieller Wechselkurs bestimmt werden[319], denn diese Wechsel mußten ja in wirklicher Münze ausgezahlt werden.

---

[314] Kuntze, Deutsches Wechselrecht, S. 154.
[315] Faktor ist ein mit der selbständigen Verwaltung einer ausländischen Handelsniederlassung betrauter Handlungsgehilfe.
[316] Kuntze, Deutsches Wechselrecht, S. 154.
[317] Kuntze, Deutsches Wechselrecht, S. 155.
[318] Grünhut, Wechselrecht I, S. 76.
[319] Kuntze, Deutsches Wechselrecht, S. 153.

Die Scontration wurde dadurch möglich, daß die meisten Wechselgläubiger gleichzeitig aus anderen Wechseln auch Wechselschuldner waren[320]. Jeder Bankier erschien deshalb mit seinem speziell für die betreffende Messe bestimmten Buch – dem Scartafacium –, in dem alle seine auf dieser Messe zahlbaren Wechselforderungen und Schulden verzeichnet waren, auf dessen Grundlage jeder Bankier berufsmäßig verpflichtet war, eine Bilanz zu errichten[321]. Die Herstellung der Bilanz setzte aber voraus, daß es außer Zweifel stand, ob die Tratten akzeptiert werden würden oder nicht, da sich erst dann ein Aktiv- oder Passivsaldo mit Sicherheit berechnen ließ. Jeder Wechselgläubiger stellte daher die Anfrage bei dem Bezogenen, ob er die Absicht habe, den Wechsel zu honorieren[322]. Fiel die Antwort bejahend aus, so erlangte die so akzeptierte Wechselforderung die Eignung zur Scontration. Das zunächst nur mündlich erteilte, durch Notiz im Scartafacium ersichtlich gemachte Akzept, das auf besonderes Verlangen auch schriftlich geleistet werden mußte, war daher Bedingung zur Zulassung des Wechsels zur Scontration. So hatte sich auf den Messen das Akzept als notwendiger, zusätzlicher Akt entwickelt, um die Scontration zu ermöglichen[323]. Mit dem Akzept wird der Akzeptant selbständiger Hauptschuldner des Wechselinhabers[324]. Nach dem Prinzip der Wechselstrenge kann der Wechselinhaber Zahlung vom Akzeptanten, oder im Regreßwege vom Trassanten, im Exekutivprozeß verlangen[325]. Dabei können nur gewisse Einwendungen (nach den Statuten von Bologne z.B. nur Falschheit der Unterschrift, die schon geleistete Zahlung und die Verjährung) vom Schuldner mit einer die Exekution hemmenden Wirkung vorgebracht werden, alle anderen dagegen nur nach vorheriger Zahlung[326].

d) Das Aufkommen des Indossaments

Rechtsregeln, die die Umlauffähigkeit des Wechsels erhöhten und die ihn später erst zu dem machten, was er geworden ist, bestanden ursprünglich nicht[327]. Da die Meßgeschäfte sich aber innerhalb des geschlossenen Kreises der kautionspflichtigen Meßbesucher, insbeson-

---

320 Canstein, Lehrbuch des Wechselrechts, S. 26.
321 Grünhut, Wechselrecht I, S. 66.
322 Grünhut, Wechselrecht I, S. 67.
323 Grünhut, Wechselrecht I, S. 67.
324 Grünhut, Wechselrecht I, S. 68.
325 Grünhut, Wechselrecht I, S. 74.
326 Grünhut, Wechselrecht I, S. 75.
327 Jacobi, Wechsel- und Scheckrecht, S. 8.

dere der Bankiers, vollzogen, von denen jeder eine Liste seiner Wechselforderungen und Schulden vorzeigen konnte, so ergab sich die Möglichkeit eine lange Kette von Wechselgläubigern und Wechselschuldnern herzustellen. Die Wechselforderungen, deren Fälligkeit gleichzeitig eintrat, konnten daher, obwohl sie von vornherein nur auf bestimmte Personen als Gläubiger gestellt waren, doch faktisch im Wege der Delegation und Zession durch eine Reihe von Gläubigern von Hand zu Hand gehen, so als wenn sie durch Indossament übertragen worden wären, bis sie schließlich an denjenigen gelangten, der sie durch Kompensation (Aufrechnung) realisieren konnte[328]. Hatte also A an B, B an C, C an D, D an E und E an A z.B. 1000 Scudi zu zahlen, dann konnten die fünf (oder auch mehr) Verpflichtungen durch Scontration zur Erlöschung gebracht werden, indem angenommen wurde, daß D seinen Schuldner C, dieser seinen Schuldner B, dieser seinen Schuldner A anwies oder delegierte, statt ihm dem E die schuldigen 1000 Scudi zu zahlen. Da nun aber auch A dem E 1000 Scudi zu zahlen und gleichzeitig von ihm 1000 Scudi zu fordern hatte, so erloschen alle Forderungen durch sozusagen im Kreise (Giro) erfolgende Delegation und die schließliche Kompensation.
Als die Kaufleute sahen, daß die Campsoren auf diese Weise Wechsel weiter begaben, taten die Kaufleute es den Bankiers (allerdings ohne vorhergehende Scontration) gleich[329]. Hatte also z.B. B von A aufgrund eines von A akzeptierten Wechsels als Präsentant 1000 Lire zu fordern und dem C 1000 Lire zu zahlen, dann setzte B auf dem Wechsel eine Quittung und die Girata (Anweisung, offenbar sogenannt, weil sie zur Zahlung einer durch Scontration (Giro) schließlich festgestellten Forderung diente) an, in welcher er den A aufforderte, die Zahlung statt ihm dem C zu leisten, indem er zugleich bestätigte, die 1000 Lire erhalten zu haben[330]. Da der Präsentant das ihm verbriefte Recht aus dem Wechsel durch einen kraft dieser Orderklausel durch ihn genannten Dritten geltend machen durfte, stellte er statt einer schriftlichen Vollmachtsurkunde im voraus, als ob er selbst die Zahlung empfangen hätte, eine Quittung aus, mit der Aufforderung an den Bezogenen, diese quittierte Zahlung an den genannten anderen zu erbringen. Dieses mit dem Quittungsvermerk versehene Mandat wurde vom Präsentanten entweder wie ein Aval an den Fuß des Wechsels gesetzt (so in Italien) oder in Übereinstimmung mit einer schon vielfach im Mittelalter, insbesondere bei Quittungen in Schuldbriefen, angewendeten Form

[328] Grünhut, Wechselrecht I, S. 78.
[329] Canstein, Lehrbuch des Wechselrechts, S. 29.
[330] Canstein, Lehrbuch des Wechselrechts, S. 29 f.

der Beurkundung zwecks größerer Sicherheit auf dem Rücken des Papieres „en dos" niedergeschrieben (so in Frankreich), woraus sich die Bezeichnung Indossament ergibt[331]. Ursprünglich lautete die Quittung dahin, daß der Girant (B) von A (seinem Schuldner, dem Bezogenen) die Zahlung erhalten habe, später aber dahin, daß ihm C (der Wechselnehmer, Giratar) den Wechsel (in Geld oder Waren) bezahlt, d.h. ihm dafür den Wert, die Valuta, gegeben habe (daher der Name: Valutaklausel)[332]. Mit dieser Valutaklausal erlangte der Wechselnehmer ein selbständiges Gläubigerrecht und der Girant begründete zugleich eine Haftung seiner Person für den Eingang des Wechsels, wie es beim Trassanten der Fall ist[333]. Durch die Übertragungsmöglichkeit des Wechsels wurde es üblich, daß der Wechselnehmer, auch wenn er durch den Wechsel remittieren, also jemandem eine Zahlung machen wollte, den Wechsel nicht wie bisher an die Ordre eines besonders genannten Präsentanten, sondern an seine Ordre stellen, sich also selbst als Wechselinhaber eintragen ließ, so daß er in der Lage war, nach Belieben durch Indossament einen Präsentanten zu substituieren[334]. So entwickelte sich zunächst die einmalige, später dann die beliebig weitere Übertragungsmöglichkeit des Wechsels.

Das Indossament erwies sich als eine Neuerung von außerordentlicher Tragweite. Während bisher der Kaufmann gezwungen war, wegen der Meßwechsel, sei es zur Einkassierung dessen, was er von seinen Kunden zu fordern hatte, sei es zur Begleichung dessen, was er schuldete, sich stets an den Bankier zu wenden und dessen Vermittlung in Anspruch zu nehmen, so konnte nunmehr, da der Wechselinhaber durch das Indossament in die Lage gesetzt war, den Wechsel leicht zu Geld zu manchen, der Kaufmann selber seinem Lieferanten durch Wechsel remittieren, die er selbst auf seine Kunden zog und indossierte, oder durch Wechsel, die er von seinen Kunden direkt auf sich indossieren ließ, einkassieren[335]. So hat schließlich die Scontration, die ursprünglich den Campsoren so große Vorteile gebracht hatte, zur Ausbildung des Indossaments und damit zugleich zur Ausschließung der Campsoren bei dem Geschäft der Ausstellung und Weiterbegebung der Wechsel und zum Verfall der Messen geführt[336].

Infolge des Indossaments trat auch die Bedeutung des Akzepts mehr in den Vordergrund, da die darin enthaltene Garantie einen wichtigen

331 Grünhut, Wechselrecht I, S. 91 f.
332 Canstein, Lehrbuch des Wechselrechts, S. 30.
333 Grünhut, Wechselrecht I, S. 92.
334 Grünhut, Wechselrecht I, S. 93.
335 Grünhut, Wechselrech I, S. 95.
336 Canstein, Lehrbuch des Wechselrechts, S. 33 f.

Hebel für die Begebbarkeit des Wechsels bildete. Dazu konnte aber die mündliche Erklärung des Akzeptanten nicht genügen, da mündliche Akzepte leicht abzuleugnen und schwer zu beweisen waren[337]. So kam es, daß das Indossament die Umbildung des mündlichen Akzepts in das schriftliche zur Folge hatte. Jeder neue Wechselnehmer konnte der Unterschrift des Akzeptanten vertrauen, auch wenn er, wie in der Regel, die Verhältnisse des Trassanten gar nicht kannte. Es bildete sich deshalb die Verkehrssitte heraus, das Akzept lange vor der Verfallzeit einzuholen, ja es kam sogar eine strenge Pflicht zur sofortigen Präsentation zum Akzept auf[338].

e) Der Wechsel als Anweisung mit Regreßversprechen

Einflußreich war besonders die Deutung der Wechselentstehung, wie sie Goldschmidt[339] geliefert hat. Er ging davon aus, daß der Eigenwechsel die Urform des Wechsels darstellt. Wollte oder konnte nun der Wechselaussteller nicht selbst die Zahlung am Zahlungsort vornehmen, dann mußte er einen anderen mit dieser Zahlung beauftragen. Zum Erweis dieses Auftrags, der wohl auch dem Beauftragten durch Avisbrief mitgeteilt wurde, gab der Wechselaussteller dem Wechselnehmer (Remittenten) oder einem weiteren Zahlungsnehmer (Präsentanten) - sofern dieser vom Wechselnehmer schon bezeichnet worden war - eine gewöhnliche, in der Regel nicht einmal notarielle Anweisung[340]. Die Anweisung dient dabei lediglich der Ausführung der in der Wechselurkunde übernommenen Verpflichtung. Goldschmidt[341] geht also beim durch einen Beauftragten zu zahlenden Wechsel vom Bestehen zweier Urkunden aus:

1. von dem eigenen Wechsel, der die Rechtsverhältnisse zwischen Aussteller und Nehmer regelt;
2. von der Anweisung (Tratte), die der Aussteller dem Nehmer auf den Trassaten (Angewiesenen) erteilt und die dazu bestimmt ist, das Rechtsverhältnis zwischen dem Trassanten (Anweisendem) und dem Trassaten (Angewiesenem) zu normieren sowie den Remittenten oder Präsentanten gegen den Trassaten zu legitimieren.

Vgl. hierzu die vor einem Genueser Notar am 23. Juni 1248 aufgenomme Urkunde:

---

[337] Grünhut, Wechselrecht I, S. 102.
[338] Grünhut, Wechselrecht I, S. 103.
[339] Goldschmidt, Universalgeschichte des Handelsrechts, S. 433 ff.
[340] Goldschmidt, Universalgeschichte des Handelsrechts, S. 434.
[341] Goldschmidt, Universalgeschichte des Handelsrechts, S. 436.

Viris nobilibus et discretis domino Curo Palio et domino Jacobo Ferramanta de Alba amicis karissimis. Johannes Bavosus Januensis salutem et omne bonum. Discretioni vestre presenti instrumento cupio declarare me in Janua recepisse a Ruffino Tardito de Alba libras 124 Janue quas promisi eidem solvi facere in Alba. Unde dilectionem et amiciciam vertram deprecor prout possum quatenus dictas libras 124 Janue eidem Ruffino pro me dare et solvere debeatis. Scientes quod solucionem quam ei feceritis de predictis vel alter vestrum firmam et ratam habere et tenere promitto sub pena dupli cum stipulacione promissa et obligacione bonorum meorum ... [342]

An die edlen und vornehmen Männer, Herrn Curus Palius und Herrn Jacobus Ferramanta von Alba, sehr werte Freunde. Johannes Bavosus aus Janua sendet seinen Gruß und wünscht alles Gute. Eurer Vornehmheit wünsche ich mit der vorliegenden Urkunde zu erklären, daß ich in Janua von Ruffinus Tarditus von Alba 124 januesische Pfund angenommen habe, von denen ich versprochen, daß ich veranlasse, daß sie demselben in Alba eingelöst werden. Von daher bitte ich Eure Liebenswürdigkeit und Freundlichkeit, so sehr ich kann, daß ihr die genannten 124 januesischen Pfund demselben Ruffinus an meiner Stelle geben und auszahlen mögt. Seid gewiß, daß ich mit dem versprochenen Kontrakt und durch Verbürgung mit meinen Vermögen unter Erwartung eines doppelten Strafgeldes verspreche, die Einlösung, die ihr oder einer von euch ihm von dem genannten Geld gemacht haben werdet, als bindend und rechtskräftig anzusehen und zu behandeln[343].

Allmählich wurde dann Goldschmidt zufolge das Wechselversprechen (Regreßversprechen) in der Tratte „subintellegiert“[344]. War die ursprüngliche Tratte bloße Ausführungsanweisung des Eigenwechsels, so wurde nun der Wechsel in Trattenform ausgestellt, so daß der eigene Wechsel neben der Tratte überflüssig wurde[345].
Diese Deutung der Entstehung des Wechsels begünstigte auch die Ansicht, daß zwischen Wechsel und Anweisung eine Teilidentität bestehe[346]. Thöl meint, der gezogene Wechsel unterscheide sich der Form nach von der Anweisung nur dadurch, daß sich jene Urkunde Wechsel nenne[347], und materiell sei in der Tratte eine Anweisung enthalten. Die Tratte sei, richtig verstanden, eine Anweisung mit hinzutretendem Wechselversprechen[348]. Durch das Hinzutreten des Wechselverspre-

342 Zitiert nach Ulmer, Das Recht der Wertpapiere, S. 165.
343 Die Übersetzung ist bewußt wörtlich gehalten, da sie in erster Linie als Übersetzungshilfe fungieren soll.
344 Goldschmidt, Universalgeschichte des Handelsrechts, S. 446.
345 Goldschmidt, Universalgeschichte des Handelsrechts, S. 447.
346 Thöl, Handelsrecht, § 331, S. 1087 ff.; zustimmend Wendt, Allgemeines Anweisungsrecht, S. 4 ff.
347 Thöl, Handelsrecht, § 331, S. 1087.
348 Thöl, Handelsrecht, § 331, S. 1088.

chens ändere sich das durch die Anweisung begründete Rechtsverhältnis, wenn das Wechselversprechen bedeu-tend werde. Wenn dagegen die Zahlung der Tratte trassiertermaßen erfolge, dann habe die Tratte nicht als Wechsel, sondern nur als Anweisung Bedeutung gehabt; und wenn die Tratte als Wechsel keine Bedeutung habe erlangen können, weil das Wechselversprechen ungültig gewesen sei, dann könne sie die volle Bedeutung einer Anweisung behalten. Von den im Verkehr umlaufenden Tratten seien nun aber die Mehrzahl nicht unter Protest gegangen, deshalb liege die Bedeutung der meisten Tratten in der mitenthaltenen Anweisung, denn die Tratte sei ja bloß eine durch das Wechselversprechen gesicherte Anweisung[349].

Offenbar haben solche Überlegungen auch bei der Kodifizierung des Anweisungsrechts im BGB eine Bedeutung gehabt, als man sich entschied, die Anweisung in wechselartig verbriefter Form auszugestalten. Obgleich Wendt den Darlegungen Thöls im Ansatz zustimmt, meint er doch kritisch: „Zu diesen Sätzen habe ich noch das hinzuzufügen, daß es nach denselben nicht darauf ankommt, die Anwendung des Wechselrechts auf die einfachen Anweisungen festzustellen, sondern daß die Aufgabe vielmehr so bestellt ist, im Wechselrecht das allgemeine Anweisungsrecht zu erkennen, aus dem Besonderen das Allgemeine zu entwickeln. Denn es handelt sich nicht um analoge Anwendung des Wechselrechts, sondern um die Grenzscheidung zwischen Wechselrecht und Anweisungsrecht, um die Erkenntnis, wieviel von den Sätzen, mit welchen unsere Wechsellehre zu arbeiten pflegt, der besonderen wechselrechtlichen Grundlage entbehrt, wie wenige umgekehrt ausschließlich Eigentum des Wechselrechts sind". Aus der geschichtlichen Entwicklung der Tratte – wie sie insbesondere von Goldschmidt dargelegt wurde – ergebe sich, daß die Tratte in erster Linie dem Anweisungsrecht zu unterstellen sei und das Anweisungsrecht älter und ursprünglicher als das Wechselrecht sei [350]. Wendt bemerkt daher auch zum Entwurf des BGB[351]: „Es liegen keine zwingenden Gründe dafür vor, die Anweisung selbst und so ihre Übertragung an die Schriftform zu binden und nur in dieser für möglich zu erklären. Immerhin bleibt es richtig, daß, wenn die Anweisung ihrerseits nur schriftlich soll geschehen können, dann auch für die Übertragung der

---

[349] Thöl, Handelsrecht, S. § 331, S. 1089; vgl. auch Meder AcP 198 (1998), S. 72 (85).

[350] Wendt, Allgemeines Anweisungsrecht, S. 5.

[351] Wendt, Allgemeines Anweisungsrecht, S. 138.

gleiche Satz wiederholt werden muß. Denn die Übertragung ist nichts als eine neue Anweisung; das hatten schon die Motive zur ersten Lesung erkannt und ausgesprochen".

III. Das Kreditkartenmodell der angenommenen Anweisung

Bisher war in bezug auf das Kreditkartenverfahren schon von der (nicht angenommenen) Anweisung die Rede, und es wurde gezeigt, daß eine solche – außer beim Forderungskaufmodell – stets konstruktiv erforderlich ist. Die eigentlich interessante Möglichkeit, die Anweisung als gesetzliches Modell der Kreditkarte zu verstehen, besteht aber in Konstruktion des Kreditkartenverfahrens als angenommene Anweisung. Canaris zieht diese Möglichkeit nicht in Betracht; er befaßt sich aber eingehender mit der Anweisung des BGB.

1. Das „Anweisungsmodell" von Canaris[352] und die Beziehung von Anweisung und Weisung beim Weisungsmodell

Nach Canaris' Vorstellung legt es die Nähe des Kreditkartengeschäfts zum bargeldlosen Zahlungsverkehr nahe, den Zahlungsvorgang als Anweisungskonstruktion zu erklären[353]. Danach sei in der Unterschrift des Karteninhabers auf der Rechnung die konkludente Anweisung an den Kartenherausgeber zu sehen, den entsprechenden Betrag an das einreichende Unternehmen auszuzahlen. Es handele sich dabei sogar um eine Anweisung auf die die § 783 ff. BGB nicht wie sonst im Bankrecht nur analog, sondern unmittelbar angewendet werden könnten, weil die Anweisungsurkunde dem Begünstigten ausgehändigt und von diesem dem Bezogenen vorgelegt werde, wie es in § 783 BGB vorgesehen sei. Der Kartenherausgeber habe gegenüber dem Karteninhaber grundsätzlich eine Pflicht zur Bezahlung der Forderungen des Vertragsunternehmens. Da der Kartenherausgeber somit gegenüber dem Karteninhaber zu einer erfolgsbezogenen Tätigkeit verpflichtet sei, liege zwischen beiden ein auf eine Werkleistung gerichteter Geschäftsbesorgungsvertrag i.S. von §§ 675, 631 ff. BGB vor[354]. Daraus leite sich dann auch der Regreßanspruch gemäß §§ 675, 670 BGB ab[355].
Das Vertragsunternehmen erhalte zu seiner Absicherung ein „(antizipiertes globales) abstraktes Schuldversprechen i.S. von § 780 BGB"[356].

[352] Canaris, Bankvertragsrecht, Rn. 1624-1651.
[353] Canaris, Bankvertragsrecht, Rn. 1624.
[354] Canaris, Bankvertragsrecht, Rn. 1628.
[355] Canaris, Bankvertragsrecht, Rn. 1624.
[356] Canaris, Bankvertragsrecht, Rn. 1626.

Eine geschäftsbesorgungsrechtliche Weisung erwähnt Canaris dagegen nicht. Canaris faßt den Geschäftsbesorgungsvertrag offenbar als nicht mehr durch eine Willenserklärung konkretisierungsbedürftig auf. Der Geschäftsbesorgungsvertrag bezieht sich dann schlicht auf alle Geschäfte, bei denen der Karteninhaber die Karte zur Zahlung einsetzt. Im Unterschied zur Giroüberweisung ist diese Konstruktion möglich, da von vornherein feststeht, welche Verbindlichkeiten zu bezahlen sind. Beim Girovertrag dagegen ist es offen, an wen der Bankkunde zahlen will, so daß es in der Tat der Konkretisierung des Geschäftsbesorgungsrahmenvertrags bedarf. Die Konstruktion des Geschäftsbesorgungsvertrags beim Kreditkartenverfahren als (nur gattungsmäßig bestimmten) Rahmenvertrag ist also nicht zwingend erforderlich, sondern läßt sich in erster Linie als Adaption[357] der Giroüberweisungskonstruktion verstehen.
Das von Canaris[358] vertretene Modell zur Abbildung der Vorgänge beim Kreditkartenverfahren wird häufig als „Anweisungskonstruktion" bezeichnet[359]. Dabei wird der Begriff besonders zur Abgrenzung gegenüber dem Weisungsmodell benutzt[360]. Canaris selbst benutzte dagegen die Bezeichnung als Gegenbegriff zur Abtretungskonstruktion[361].
Man darf nicht meinen, daß sich bei Canaris – weil er auf eine Weisung nicht eingeht – Anweisung und Weisung als sich ausschließende Alternativen gegenüberstehen. Vielmehr geht Canaris grundsätzlich von einem Nebeneinander von Weisung und Anweisung aus (z.B. bei der Giroüberweisung[362] und beim Scheck[363]).
Erwähnt nun Canaris die Weisung nicht, so stellt sich bei den Darstellungen zum Weisungsmodell das umgekehrte Bild dar: hier bleibt die Anweisung unerwähnt oder wird sogar abgelehnt[364]. Es kann aber kein Zweifel bestehen, daß auch nach dem Weisungsmodell parallel zur geschäftsbesorgungsrechtlichen Weisung eine Anweisung besteht, denn, wie die Darstellung der bereicherungsrechtlichen Rückabwicklung schon gezeigt hat[365], auch die Zuwendung des Kartenherausge-

---

[357] Hadding, Festschrift für Pleyer, S. 17 (35); vgl. auch Custodis, Das Kreditkartenverfahren, S. 48.
[358] Canaris, Bankvertragsrecht, Rn. 1622 ff.
[359] Vgl. nur OLG Karlsruhe WM S. 184 (187) und Canaris, Bankvertragsrecht, Rn. 1624.
[360] Vgl. Martinek in: Bankrechts-Handbuch, § 67, Rn 19.
[361] Vgl. Canaris, Bankvertragsrecht, Rn. 1624 u. 1625.
[362] Canaris, Bankvertragsrecht, Rn. 323.
[363] Canaris, Bankvertragsrecht, Rn. 686.
[364] Hadding, Festschrift für Pleyer, S. 17 (35).
[365] Vgl. S. 80.

bers an das Vertragsunternehmen soll natürlich als Leistung auf Deckungs- und Valutaverhältnis bezogen werden[366]. Eine Anweisung liegt also auch beim Weisungsmodell in jedem Falle vor[367]. Die Weisung betrifft nämlich ausschließlich den im Deckungsverhältnis als Kausalgeschäft vorliegenden Geschäftsbesorgungsvertrag. Sie konkretisiert für die jeweilige Kartenbenutzung die Pflicht des Kartenherausgebers, den Karteninhaber von seiner Verbindlichkeit gegenüber dem Vertragsunternehmen zu befreien. Demgegenüber verschafft die Anweisung dem Kartenherausgeber die abstrakte Rechtsmacht, auf das Valutaverhältnis für den Karteninhaber zu leisten. Beide gemeinsam erst realisieren den mit dem Kreditkartengeschäft verfolgten Zweck. Die Frage ist deshalb nur, ob es sich um eine Anweisung im weiteren (bereicherungsrechtlichen) Sinne handelt oder ob es eine bürgerlichrechtliche Anweisung gemäß §§ 783 ff. BGB ist. Während Canaris eine Antwort im letzteren Sinne gibt, muß man nach dem Weisungsmodell davon ausgehen, daß eine Anweisung im weiteren Sinne gemeint sein soll. Gegen die unmittelbare Anwendung der Anweisungsregelungen der §§ 783 ff. BGB wird insbesondere geltend gemacht, daß damit eine angemessene Lösung der Widerrufsproblematik nicht gefunden werden könne[368]. Für die Frage des Widerrufs sei dann nämlich § 790 BGB einschlägig. Danach kann der Anweisende die Anweisung dem Angewiesenen gegenüber widerrufen, solange nicht der Angewiesene sie dem Anweisungsempfänger gegenüber angenommen oder die Leistung bewirkt hat. Da bei der „Anweisungskonstruktion“ von Canaris ebenso wie beim Weisungsmodell eine Annahme der Anweisung nicht vorgesehen ist, kann nach § 790 BGB die Weisung zunächst nur dann nicht widerrufen werden, wenn die Leistung bewirkt ist. Mit der Widerruflich-

---

366 Kümpel, Bank- und Kapitalmarktrecht, Rn. 4.283 (zur Giroüberweisung) und Rn. 4.1048 (zum Netzgeld).

367 Vgl. Staudinger/Marburger, § 783, Rn. 48: „Die Unterschrift des Karteninhabers auf dem Belastungsbeleg hat rechtlich also eine Doppelnatur: sie ist geschäftsbesorgungsrechtliche Weisung und zugleich eine dieser gegenüber abstrakte Anweisung“. Hiergegen wendet sich Häuser (in: Soergel/Häuser, Vor § 783, Rn. 6): „Schwer vorstellbar ist, daß eine solche Erklärung gleichzeitig abstrakte Anweisung und kausale geschäftsbesorgungsrechtliche Weisung in einem sein soll“. Die Ablehnung bezieht sich aber wohl nur auf die etwas mißverständliche Bezeichnung „Doppelnatur“; Häuser erkennt nämlich an, daß es denkbar ist, sowohl eine Ermächtigung als auch eine geschäftsbesorgungsrechtliche Weisung zu erteilen, was beispielsweise beim Scheck der Fall ist. In der Sache selbst dürfte daher wohl kein Dissens herrschen. Vgl. ferner Kienholz, Die Zahlung mit Kreditkarte im Nah- und Fernabsatz, S. 136 f.

368 Pfeiffer in: Westphalen, Kreditkartenvertrag, Rn. 28; vgl. auch Martinek, Moderne Vertragstypen III, S. 78.

keit der Anweisung verhält es sich insofern also genauso wie mit der Widerruflichkeit der Weisung[369].
Will man die Unwiderruflichkeit der Weisung deshalb bejahen, weil der Kartenherausgeber eine irreversible Vermögensverfügung vorgenommen hat[370], dann muß man von einem doppelten Auftrag ausgehen: einem Auftrag zur Eingehung des abstrakten Schuldversprechens und einem Auftrag zur Zahlung. Da sowohl das Schuldversprechen als auch die Zahlung dem Anweisenden als Leistung angerechnet werden soll, wird man davon ausgehen dürfen, daß korrespondierend zu den Aufträgen jeweils eine entsprechende Anweisung zur Verpflichtung und zur Zahlung vorliegt. Wenn dann der Kartenherausgeber das Schuldversprechen eingegangen ist, dann kann weder die darauf gerichtete Weisung, noch die darauf gerichtete Anweisung widerrufen werden. Möglich bleibt nur der Widerruf der Zahlungsweisung und -anweisung. Ein solcher könnte das Verfahren aber nicht mehr stören, denn das Vertragsunternehmen hätte schon seinen Anspruch gegen den Kartenherausgeber und dieser könnte für das Schuldversprechen Aufwendungsersatz geltend machen. Die Anwendung von § 790 BGB würde diesem Konzept, die Weisungswiderruflichkeit auszuschließen, also nicht schaden[371].
Problematischer könnte § 790 BGB für den Ansatz werden, den Widerruf als konkludent vertraglich ausgeschlossen zu betrachten[372]. Der vertragliche Widerrufsausschluß würde sich zwar sowohl auf die Weisung als auch auf die Anweisung beziehen, doch könnte die Vereinbarung in bezug auf die Anweisung unwirksam sein, wenn sich § 790 BGB entnehmen ließe, daß ein Widerrufsverzicht unzulässig sei.
Überwiegend wird jedoch ein Widerrufsverzicht gegenüber dem Angewiesenen als zulässig erachtet[373]. Als Folge davon bleibt der Widerruf ohne Wirkung[374]. Für die Möglichkeit des Widerrufsverzichts spricht, daß § 790 BGB den Schutz des Angewiesenen bezweckt, und dieser

---

369 Vgl. S. 75.
370 Vgl. S. 75.
371 Zu § 790 BGB zuerst Meder, NJW 1993, S. 3245 f.
372 Vgl. S. 84.
373 So Brandis JW 1931, 2223 f.; Enneccerus/Lehmann, Schuldverhältnisse, § 205 II 1; Erman/Hantl-Unthan, § 790, Rn. 1; MünchKomm/Hüffer § 790, Rn. 6; Palandt/Thomas, § 790, Rn. 2 ; RGRK/Steffen, § 790, Rn 4; Staudinger/Marburger, § 790, Rn. 7; anders Soergel/Häuser, § 790, Rn. 1; Planck/Landois, § 790 Anm. 1 c; Thur, JherJb 48 (1904), S. 1 (35, Fn. 47).
374 Palandt/Thomas, § 790, Rn. 2.

Schutz wird durch den Widerrufsausschluß schon vor Annahme oder Leistung nur verstärkt[375].
Damit zeigt sich, daß die Anwendung von § 790 BGB in bezug auf die Widerrufsfrage beim Weisungsmodell zu keinem anderen Ergebnis führt als die Nichtanwendung der Vorschrift. Das Weisungsmodell und die Anweisungskonstruktion von Canaris begrifflich als Gegensätze darzustellen, ist deshalb recht verwirrend. Man sollte die beiden Ansätze - die prägenden Gemeinsamkeiten hervorhebend - besser als weites Anweisungsmodell (= Weisungsmodell) und enges Anweisungsmodell (= Anweisungskonstruktion von Canaris) bezeichnen.

2. Meders Kartenmodell der angenommenen Anweisung

Meder[376] hat sich als erster mit der angenommenen Anweisung als Konstruktionsmöglichkeit für das Kreditkartenverfahren näher beschäftigt.
Vor allem in den ersten Jahrzehnten nach Inkrafttreten des BGB habe man die Leistungsfähigkeit des Anweisungsmodells zur Erfassung von Problemen erkannt, die bei Durchführung unbarer Zahlungsvorgänge spezifisch auftreten. Zur Ausschöpfung seines Regelungspotentials bedürfe es aber einer Erweiterung des Instituts über den vom Gesetzgeber geschaffenen Rahmen hinaus. Als zu eng erwiesen hätten sich die vornehmlich dem Wechselrecht entlehnten Förmlichkeiten, welche einer Anwendbarkeit des Instituts, etwa auf Anweisungen, die nicht zur Zirkulation bestimmt waren, entgegenstünden[377].
Das Kreditkartenverfahren entspreche den Merkmalen eines erweiterten Anweisungsbegriffs[378]. Besonders mit Blick auf die Widerrufsproblematik ergebe sich, daß das Anweisungsrecht dazu bestens geeignet

---

[375] Brandis, JW 1931, S. 2223 (2224); Staudinger/Marburger, § 790, Rn. 7.

[376] Meder, Die bargeldlose Zahlung, S. 243 f.; Meder, ZBB 2000, S. 89 (95 f.); Meder, AcP 198 (1998), S. 72 (101, 103 f.); sowie Meder, NJW 1993, S. 3245 ff. und Meder NJW 1994, S. 2597 f.
Zutreffend nimmt Meder dabei in AcP 198 (1998), S. 72 (101 f.) auch Stellung zur Martineks Meinung, ein Widerruf sei bei Anwendung des Anweisungsrechts gemäß § 790 BGB noch bis zur monatlichen Abrechnung zwischen Kartenunternehmen und Vertragsunternehmen möglich. Bei Martineks Meinung: „Denn nach § 790 Satz 1 BGB endet das Widerrufsrecht erst mit Bewirkung der Leistung und ist nach Satz 2 der Vorschrift nicht deshalb ausgeschlossen, weil der Angewiesene dem Anweisungsempfänger zur Leistung verpflichtet ist" hat Martinek in der dogmatischen Fixierung auf das Weisungsmodell die Möglichkeit des Widerrufsausschlusses durch eine angenommene Anweisung gar nicht in Erwägung gezogen.

[377] Meder, Die bargeldlose Zahlung, S. 234 ff . u. 245

[378] Meder, Die bargeldlose Zahlung, S. 228 ff. u. 245.

sei, die zwischen Kreditkarten- und Vertragsunternehmen bestehende Sonderrechtsbeziehung einzuordnen. Gegenüber einer Heranziehung der §§ 675, 665 BGB beim Weisungsmodell, wonach der Auftraggeber seine Anweisung im Grundsatz frei widerrufen könne, biete die Vorschrift des § 790 BGB den Vorteil, daß sie eine differenzierte Regelung des Widerrufsrechts enthalte, deren Beschränkungen es erlaubten, den Konflikt einer interessengerechten Lösung zuzuführen[379].
Da es sich bei der Annahme i.S.d. § 784 BGB typologisch um ein abstraktes Schuldversprechen handele, ergäben sich weitgehende Übereinstimmungen mit Autoren, die das Vollzugsverhältnis als Vertrag i.S.d. § 780 BGB qualifizierten. Auch bei der Lösung über die §§ 783 ff. BGB würde die abstrakte Verpflichtung des Herausgebers in dem Zeitpunkt begründet werden, in dem das Vertragsunternehmen den Beleg ordnungsgemäß ausgestellt habe[380]. In der Ausfertigung des Leistungsbelegs könne nämlich eine Anweisung gesehen werden. Die Annahme der Anweisung könne man über die Figur der stillschweigenden Vertragsannahme mit Verwahrungsvorbehalt konstruieren[381].
Dabei stehe auch nicht das Formerfordernis des § 784 Abs. 2 BGB entgegen, denn hierdurch sollten geschäftsunkundige Teile der Bevölkerung geschützt werden, wenn sie beabsichtigten, eine zur Zirkulation bestimmte Anweisung anzunehmen[382]. Leistungsbelege seien aber nicht zur Zirkulation bestimmt und Kreditkartenherausgeber gehörten nicht zu jenen Kreisen der Bevölkerung, denen das in § 784 Abs. 2 BGB vorgesehene Formerfordernis Schutz gewähren solle.

3. Marburgers Kartenmodell der angenommenen Anweisung

Auch Marburger[383] will die abstrakte Verpflichtung des Kartenherausgebers gegenüber dem Vertragsunternehmen als Rechtsfolge einer Annahme i.S.v. § 784 BGB auffassen. Bei der Zahlung mit der Kreditkarte würden alle relevanten Daten der Karte auf den Belastungsbeleg aufgebracht, so daß neben dem Karteninhaber auch das Kartenunternehmen klar erkennbar sei. Nach dem Zweck des § 784 BGB ließen sich diese Angaben auf dem Belastungsbeleg, soweit sie sich auf das Kartenunternehmen bezögen, als dessen Annahmeerklärung begreifen, ausgesprochen vom Karteninhaber als seinem Vertreter. Daß die Unterschrift des Karteninhabers auf dem Belastungsbeleg dann nicht nur

---

379 Meder, Die bargeldlose Zahlung, S. 245 f.
380 Meder, ZBB 2000, S. 89 (95).
381 Vgl. zur stillschweigenden Vertragsannahme S. 67.
382 Meder, Die bargeldlose Zahlung, S. 234 ff; Meder, ZBB 2000, S. 89 (95 f.).
383 Staudinger/Marburger, § 783, Rn. 49.

die im eigenen Namen erteilte Anweisung, sondern zugleich auch die im Namen des Kartenunternehmens erklärte Annahme verkörpere, sei zwar ungewöhnlich, nicht aber unzulässig. Die Deutung als Annahme beantworte zugleich die Frage nach dem Widerrufsrecht des Karteninhabers. Aufgrund der zeitgleichen Annahme i.S.v. § 784 BGB sei nämlich die in der Kreditkartenzahlung liegende Anweisung nach § 790 S. 1 BGB von Anfang an unwiderruflich. Dies sei sachgemäß, weil das Vertragsunternehmen ähnlich wie bei der Barzahlung stehen und außerdem das Kartenunternehmen nicht in Störungen des Valutaverhältnisses hineingezogen werden solle.

Die Frage, wie eine mißbräuchliche Verwendung der Kreditkarte durch einen Dritten rechtlich zu behandeln sei, läßt Marburger offen. Man wird zur Ausfüllung der Frage die Erwägungen Bröckers[384] und Kümpels[385] heranziehen dürfen, und es sprechen auch die gleichen Erwägungen gegen Marburgers Modell, die gegen den vertretungsrechtlichen Ansatz beim Weisungsmodell geltend gemacht wurden.

4. Einzelfragen zum Modell der angenommenen Anweisung

Das Modell der angenommenen Anweisung hat dann seine Feuerprobe bestanden, wenn es auch bei einer unwirksamen, einer nur mündlichen Anweisung und beim Widerruf seine Leistungsfähigkeit beweisen kann.

a) Unwirksamkeit der Anweisung

Die Unwirksamkeit der Anweisung stellt für das Entstehen der abstrakten Verpflichtung des Kartenherausgebers gegenüber dem Vertragsunternehmen kein Problem dar. Zur Annahme der Anweisung ist nämlich nicht die Gültigkeit derselben erforderlich, es genügt, daß überhaupt eine Anweisung erteilt wurde[386]. Die Wirkungen der An-

---

[384] Vgl. S. 65.

[385] Vgl. S. 66.

[386] Staudinger/Marburger § 784, Rn. 2; Palandt/Thomas § 784, Rn. 1; RGRK/Steffen § 784, Rn. 1; Planck/Landois § 784, Anm. 1a:

> Die Annahme setzt eine Anweisung voraus. Es muß also jedenfalls eine Urkunde vorliegen, welche sich äußerlich als Anweisung darstellt. Zweifelhaft kann sein, ob die Gültigkeit der Annahme davon abhängt, daß die Anweisung selbst gültig ist. Bejaht man die Frage, so muß man annehmen, daß die Annahme ungültig ist, wenn die Anweisung gefälscht war oder wenn der Anweisende zur Zeit der Ausstellung der Anweisung geschäftsfähig war oder wenn die Anweisung von dem Anweisenden dem Anweisungsempfänger nicht ausgehändigt, sondern ihm gestohlen war usw. Für die Zulässigkeit derartiger

nahme treten also auch dann ein, wenn die Anweisung gefälscht, die Urkunde dem Empfänger vom Anweisenden nicht ausgehändigt, sondern diesem gestohlen worden oder der Anweisende bei der Begebung geschäftsunfähig war.

b) Folgen des (An-) Weisungswiderrufs

In der Benutzung der Kreditkarte liegt - wie oben dargelegt[387] - eine Weisung und eine Anweisung. Nach dem Kreditkartenmodell der angenommenen Anweisung ist jedoch nur noch die Weisung widerruflich. Da Weisung und Anweisung von einander unabhängig sind, hat die Unwiderruflichkeit der Anweisung keine Rückwirkung auf die Widerruflichkeit der Weisung[388]. Widerruft der Karteninhaber, dann hat das zu Folge, daß der Anspruch gegen den Kartenherausgeber auf Zahlung der Verbindlichkeit gegenüber dem Vertragsunternehmen entfällt. Der Kartenherausgeber verliert zudem seinen Aufwendungsersatzanspruch. Das abstrakte Schudversprechen, das durch die Anweisungsannahme zustande gekommen ist, bleibt dagegen unberührt. Der Kartenherausgeber kann nach Bereicherungsrecht beim Karteninhaber Regreß nehmen[389].
Vom Ergebnis her stellt sich - sachgerechterweise - die Lage daher so dar, als wenn auch ein Weisungswiderruf ausgeschlossen gewesen wäre.

Einwendungen spricht, daß der Angewiesene die Annahmeerklärung regelmäßig nur in der Voraussetzung abgeben wird, daß er seinerseits die Leistung auf Grund der Anweisung dem Anweisenden werde in Rechnung stellen können. Juristisch würde das Verhältnis so zu konstruieren sein, daß die Gültigkeit der Anweisung als stillschweigende Bedingung der Annahmeerklärung angesehen wird. Indessen wird man sich für die entgegengesetzten Ansicht zu entscheiden haben. Das Verhältnis ist das gleiche wie bei der Akzeptierung eines gefälschten Wechsels. Durch die Annahme wird nach der dem § 784 zugrunde liegenden Auffassung eine neue, völlig selbständige Verbindlichkeit begründet. Die Anweisung ist der Anlaß, die Anweisungsurkunde die äußerliche Grundlage für die Annahmeerklärung; aber diese ist nicht durch die Gültigkeit der Anweisung bedingt. Es würde auch dem Zweck des Instituts, welches den Bedürfnissen des Verkehrs zu dienen bestimmt ist, widerstreiten, wenn die Gültigkeit der Annahme-erklärung wegen Mängel der Anweisung, die nicht aus der Urkunde selbst ersichtlich sind, in Frage gestellt werden könnte.

[387] Vgl. S. 102.
[388] Vgl. zur Gegenmeinung die Stellungnahme von Würsch zum Recht in der Schweiz: S. 125.
[389] Vgl. OLG Hamm WM 1986, S. 1216 (1217); Staudinger/Lorenz, § 812, Rn. 50.

c) Möglichkeit einer mündlichen Anweisung

Im BGB wird nur die verurkundete Anweisung geregelt. Zur Wirksamkeit einer mündlichen Anweisung heißt es in den Motiven[390]: „Einer Anweisung, welche vom Anweisenden nur mündlich, etwa bei gleichzeitiger Anwesenheit des Empfängers und des Angewiesenen, sowohl an den Einen als auch an den Anderen gerichtet würde, ist, wenn auch der Entwurf schweigt, die Gültigkeit und Wirksamkeit nicht abgesprochen". Die Gesetzesverfasser wollten also durch die Nichterwähnung der formlosen Anweisung nicht deren Möglichkeit und Gültigkeit in Frage stellen. Auch die geschichtliche Entwicklung der Anweisung zeigt, daß die Schriftlichkeit der Anweisung nicht wesensimmanent ist, sondern daß es sich dabei um eine Entwicklung handelt, die vom Wechsel her übernommen wurde[391]. Mündliche Anweisungen sind daher zulässig[392].

Da es bei der formlosen Anweisung um den gleichen Zweck geht wie bei der schriftlichen Anweisung des BGB (nämlich um eine Simultanleistung), können die BGB-Regelungen soweit übernommen werden, als sie nicht Schriftlichkeit voraussetzen[393]. Wie die Geschichte des Wechsels gezeigt hat, ist die Annahmefähigkeit der Anweisung nicht an die schriftliche Form gebunden. Die Form dient lediglich der Übertragbarkeit. Problematisch könnte allerdings sein, daß dann auch die Schutzvorschrift des § 784 Abs. 2 nicht mehr zur Anwendung käme[394]. Die Vorschrift des § 784 Abs. 2 ist nämlich in das BGB aufgenommen worden, um dem Schuldner die mit dem Geschäft verbundenen Risiken vor Augen zu führen: Den Materialien zum BGB läßt sich entnehmen, daß die Gesetzesverfasser mit dieser Regelung die Absicht verfolgt haben, den „geschäftsungewandten Volkskreisen" Schutz zu gewähren, indem sie die bei einem Abstraktionsgeschäft strengere Haftung des Schuldners an eine entsprechende Formvorschrift knüpften[395]. Das Problem löst sich jedoch auf, wenn man bedenkt, daß der Wegfall von § 784 Abs. 2 BGB nicht zur Formlosigkeit führt, sondern statt dessen die Formvorschrift des § 780 BGB zum Zuge kommt. Bei den §§ 783 ff. BGB handelt es sich nämlich um Spezialvorschriften

---

[390] Motive II, S. 558.

[391] Meder, Die bargeldlose Zahlung, S. 234 ff.

[392] Vgl zum Ergebnis: BGHZ 3, S. 238 (240); RGRK/Steffen, Vor § 783, Rn. 9; Staudinger/Marburger, § 783; Rn. 35; Erman/Hantl-Unthan, Vorbem § 783, Rn. 5; Palandt/Thomas, § 783, Rn. 2; Planck/Landois, § 783, Anm. 2 b.

[393] Staudinger/Marburger, § 783, Rn. 35; Planck/Landois, § 783, Anm. 2 b.

[394] In diesem Sinne Kümpel, Bank- und Kapitalmarktrecht, Rn. 4.1053, der offenbar hieraus folgert, die nicht schriftliche Anweisung sei nicht annahmefähig.

[395] Meder, Die bargeldlose Zahlung, S. 235; Motive II 560.

über die Entstehung einer abstrakten Verpflichtung im Dreipersonenverhältnis. Sind die Spezialvorschriften nicht anwendbar, ist auf die allgemeine Regelung im § 780 BGB zurückzugreifen[396]. Dies bedeutet allerdings keine Einschränkung der praktischen Brauchbarkeit mündlicher Anweisungen, denn der eingeschaltete Zahlungsmittler wird stets ein Kaufmann sein, so daß nach § 350 HGB in diesen Fällen für die Annahme der Anweisung Formfreiheit gilt[397].

Damit ist freilich noch nicht die oben aufgeworfene Frage beantwortet, wie es sein kann, daß die Zahlungsanweisung des BGB annahmefähig ist, und warum man diese Gestaltung samt § 790 BGB analog für die mündliche Anweisung übernehmen sollte. Die Erklärung für die Annahmefähigkeit der Zahlungsanweisung des BGB liegt schlicht darin, daß das Gesetz davon ausgeht, neben der Zahlungsanweisung liege noch eine Verpflichtungsanweisung vor. Daß diese Verpflichtungsanweisung dann angenommen werden kann, ist selbstverständlich. Das BGB fingiert also neben der Zahlungsanweisung noch eine Verpflichtungsanweisung (§ 784 Abs. 1 BGB). Die Annahmefähigkeit der Zahlungsanweisung des BGB ist daher im Vergleich zur römischen Urform der Anweisung weder eine Neuheit noch ein systematischer Bruch. Das BGB legt mit Selbstverständlichkeit die römische Anweisung zugrunde, fingiert aber die parallele Verpflichtungsanweisung und begründet mit § 790 BGB eine Verknüpfungsvorschrift zwischen Zahlungs- und Verpflichtungsanweisung. Die Anweisung des römischen Rechts wird hierdurch ausgebaut und den Bedürfnissen des Verkehrs angepaßt.

Da sich die Annahmefähigkeit der BGB-Anweisung und § 790 BGB als systemkonform mit der römischen Anweisung erweisen und Anweisungsannahme § 784 Abs. 1 und Verknüpfungsvorschrift § 790 BGB

---

[396] Vgl. Rhode, Möglichkeit einer mündlichen Anweisung, S. 37 f.; Staudinger/Marburger, § 784, Rn. 6.

[397] Im Ergebnis ebenso, aber dogmatisch mittels teleologischer Reduktion Meder, Die bargeldlose Zahlung, S. 235:

> Rümelin hatte die sich dabei ergebende Auslegungsproblematik mit den Worten umschrieben: 'Man wird sich danach entscheiden müssen, welches Resultat man für das angemessenere hält, und bei dieser Erwägung wird der Beurteiler von mancherlei Momenten, vor allem von der größeren Neigung nach der Seite der Verkehrsfreiheit oder nach der Bevormundung des geschäftsunkundigen Publikums, beeinflußt'. Überträgt man diese Grundsätze auf das Kreditkartenverfahren, so dürfte eine Lösung des Interessenkonflikts nicht schwer fallen: Unzweifelhaft gehört das Kreditkartenunternehmen nicht jenen 'geschäftsungewandten Volkskreisen an', welche der Gesetzgeber mit Einführung eines qualifizierten Formerfordernisses vor den Wirkungen einer abstrakten Verbindlichkeit schützen wollte.

(z.B. beim Wechsel und beim Kreditkartenverfahren) den Anforderungen des Rechtsverkehrs entsprechen, sollten §§ 784 Abs. 1, 790 BGB auf die nicht schriftliche Anweisung analog angewandt werden.

IV. Weisungsmodell und Modell der angenommenen Anweisung im Vergleich

Es zeigt sich damit, daß sich Weisungsmodell und Modell der angenommenen Anweisung nur recht geringfügig unterscheiden. Wesentlicher Unterschied ist lediglich, daß beim Modell der angenommenen Anweisung § 790 BGB analog angewandt wird, beim Weisungsmodell dagegen § 790 BGB nicht zur Anwendung kommt. Das Modell der angenommenen Anweisung hat also alle Vorzüge des Weisungsmodells, es löst zudem aber auch noch die Problematik des Weisungswiderrufs. Es bedarf daher nicht der Konstruktion eines konkludenten Widerrufsausschlusses beim Weisungsmodell, um eine interessengerechte Lösung zu finden. Vielmehr bietet schon das Gesetz ein adäquates Modell an, und es ist keine wesentliche Änderung des Weisungsmodells der h.M. erforderlich, um dieses in das Modell der angenommenen Anweisung zu überführen. Man muß lediglich das globale, abstrakte Schuldversprechen in eine globale Annahmeerklärung umdeuten und §§ 784 Abs. 1, 790 BGB analog anerkennen.

V. Ecash – eine Art computerintegrierte Pre-Paid-Card

Unterstützung erfährt die Konstruktion der angenommenen Anweisung auch bei einer ganz neuen Form der bargeldlosen Zahlung: beim Ecash. Ecash ist ein Zahlungssystem, das von der Firma Digicash entwickelt wurde. Es handelt sich um eine Software für Banken, Ecash-Kunden und Ecash-Händler, die einen sicheren und für den Kunden anonymen Zahlungsverkehr über offene Datennetze wie insbesondere das Internet ermöglichen soll[398].

1. Überblick über das Verfahren[399]

Um am Ecash-Verfahren teilnehmen zu können, müssen sowohl Kunde als auch Händler bei einer Ecash emittierenden Bank angemeldet sein und über einen internetfähigen Computer verfügen. Um mit Ecash Käufe oder Überweisungen im Internet durchführen zu können,

---

398 Pichler, Zahlungsverkehr im Internet, S. 4.
399 Vgl. zu Details: Pichler, Zahlungsverkehr im Internet, S. 4 ff.

muß dann zunächst vom Kontokorrent-Konto des Kunden bei der Ecash emmitierenden Bank eine konventionelle Überweisung (per Überweisungsformular, Terminal oder Internetbanking) auf sein Ecash-Konto durchgeführt werden. Anschließend können dann vom Kunden die elektronischen Münzen durch eine online-Abhebung vom Ecash-Konto in seine Ecash-Börse (nämlich auf die Festplatte des PC) übertragen werden. Dies geschieht dadurch, daß die Software des Kunden auf seinem PC sozusagen digitale Münzen erzeugt. Der dem Ecash-Konto des Kunden belastete Betrag wird einem bei der Bank geführten Ecash-Sammelkonto gutgeschrieben. Von diesem Sammelkonto werden dann auch später die Gutschriften im Zusammenhang mit der Einlösung digitaler Münzen vorgenommen. Durch die Eingabe des Geldbörsen-Paßwortes erscheint auf dem PC das Fenster Ecash-Geldbörse und das Guthaben in der Geldbörse wird sichtbar. Dieses Verfahren stellt sicher, daß keine andere Person außer dem Kunden auf die elektronischen Münzen oder die Kontodaten zugreifen kann.
Es gibt vier Buttons im Geldbörse-Fenster, die folgende Funktionen haben:

1. Hilfe-Menü:
Unterstützung zu allen Ecash-Themen.

2. Übersicht:
Von hier aus kann Geld zwischen Girokonto, Ecash-Konto und Ecash-Geldbörse transferiert werden.

3. Protokolldatei:
Hier liegt eine Übersicht über alle getätigten Transaktionen vor. Darüber hinaus können an dieser Stelle Zahlungen storniert werden, dies jedoch nur dann, wenn die Zahlung durch den Händler noch nicht bestätigt ist, wenn also der Empfänger die Münzen noch nicht eingelöst hat.

4. Direkte Zahlungen:
Anderen Ecash-Nutzern kann hier Geld per email übersandt werden. Dabei gibt es allerdings ein Sicherheitsproblem: Da bei Festplattenabsturz auch die Münz-Dateien verloren gehen, müssen Sicherungskopien auf Diskette angelegt werden können. Folglich lassen sich die Dateien beliebig häufig kopieren. Damit der Rechner auf diesem Wege nicht zum Dukaten-Esel wird, hat jede Datei eine eigene Nummer. Bei der Zahlung überprüft das System die Nummer in einer Datenbank. Ist die Datei noch nicht über den elektronischen Ladentisch gegangen, wird der Betrag dem Händlerkonto gutgeschrieben und die Nummer in

der Datenbank gespeichert. Jede Ecash-Münze kann also nur einmal zur Zahlung verwendet werden und vom Akzeptanten auch nur einmal bei Ecash-emittierenden Bank wieder in entsprechendes (Buch-) Geld eingelöst werden[400]. Wegen des Abgleichs der Zahlungsinformationen bei der Einlösung können die digitalen Münzen ferner ausschließlich von dem Empfänger eingelöst werden, den der Kunde bei Absendung der Zahlung bestimmt hat[401]. Eine dem realen Bargeld weitaus mehr entsprechende mehrfache Weitergabe der digitalen Münzen von Nutzer zu Nutzer ohne Einschaltung einer Bank ist bei Ecash nicht möglich. Möchte ein Nutzer erhaltene digitale Münzen weiterverwenden, bleibt ihm nichts anderes übrig, als die für die Münzen erhaltene Gutschrift wieder in Ecash zu transferieren.

Die Deutsche Bank AG hat für Ecash-Konten einen Höchstbetrag von DM 400,- festgelegt. Übersteigt der Saldo auf dem Ecash-Konto durch eine Transaktion den Betrag von DM 400,-, so wird der die DM 400,- übersteigende Betrag dem Ecash-Referenzkonto (Girokonto) automatisch gutgeschrieben. Wie ein "normales" Bankkonto kann das Ecash-Konto durch einen Anruf bei der Hotline der Deutschen Bank vollständig gesperrt werden, so daß unberechtigte Zugriffe ausgeschaltet werden können. Per Ecash bleibt der Käufer anonym: Sobald vom Konto der Vertragsbank Ecash auf die eigene Festplatte geladen ist, wird das Ecash per Seriennummer authentifiziert, nicht aber dessen Besitzer. Die Identität des Zahlungsempfängers wird hingegen der einlösenden Bank regelmäßig offenbart.

2. Rechtliche Qualifikation als Anweisung[402]

Die dem Händler vom Kunden übermittelte Zahlungsdatei enthält die Anweisung (und selbstverständlich auch die geschäftsbesorgungsrechtliche Weisung)[403] gegenüber der Bank, dem Händler Geld in Form einer Gutschrift auf dessen Ecash-Konto zu leisten. Der Händler soll die Leistung im eigenen Namen bei der Bank erheben, die Bank soll sie

---

[400] Werner, BB Beilage 12 zu Heft 40/1999, S. 21.

[401] Pichler, Zahlungsverkehr im Internet, S. 10.

[402] Zum gesamten Abschnitt in diesem Sinne: Pichler, Zahlungsverkehr im Internet, S. 33 f; Werner, BB Beilage 12 zu Heft 40/1999, S. 21 (27 f.); Neumann, Die Rechtsnatur des Netzgeldes, S. 123 ff.; a.A. Escher, WM 97, 1173 ff. (für die Inhaberschuldverschreibung); Gramlich, Elektronisches Geld, 3 c cc; Gramlich, DuD 97, 383 ff. wohl für eine Abtretungskonstruktion; Kümpel, Bank- und Kapitalmarktrecht, Rn. 4.1035 (für Garantie).

[403] Pichler, Zahlungsverkehr im Internet, S. 21 f.

für Rechnung des Anweisenden, nämlich aus dem im Deckungsverhältnis gemäß §§ 675, 669 BGB erhaltenen Vorschuß, der auf das Ecash-Sammelkonto transferiert wurde, erbringen. Die Gutschrift der Bank auf dem Händlerkonto begründet einen Aufwendungsersatzanspruch (§§ 675, 670 BGB), der mit dem bereits erhaltenen Vorschuß verrechnet wird[404]. Die Annahme der Anweisung wird vorweggenommen in dem Vertrag der Bank mit dem Händer vereinbart, wobei die Annahme unter der Bedingung einer günstig verlaufenen Online-Überprüfung steht[405]. Verläuft die Online-Überprüfung der Bank negativ, entsteht mangels Annahme kein Anspruch des Händlers gegen die Bank. Der Händler teilt dies, wie in § 789 BGB vorgesehen, in aller Regel dem Kunden unmittelbar mit. Eine Stornierung der Zahlung durch den Kunden stellt einen Widerruf dar, der gemäß § 790 BGB nur bis zur Annahme möglich ist. Die an sich gemäß § 792 Abs. 1 BGB gegebene Übertragbarkeit der Anweisung ist bei der Ecash-Zahlung, die ausschließlich vom Händler, also dem ersten Anweisungsempfänger, eingelöst werden kann, entsprechend § 792 Abs. 2 ausgeschlossen.

---

[404] Pichler, Zahlungsverkehr im Internet, S. 21 f.
[405] Neumann, Die Rechtsnatur des Netzgeldes, S. 141 f.

4. Kapitel – Die dogmatische Konstruktion des Kreditkartenverfahrens in Österreich und in der Schweiz

Angesichts der unglücklichen Kodifizierung, die die Anweisung in Deutschland gefunden hat, soll zur Untermauerung der Leistungsfähigkeit der Anweisung ein Blick zu unseren Nachbarn Österreich und Schweiz geworfen werden, welche die Anweisung im Gesetz nicht auf eine verurkundete Form festgelegt haben.

VI. Schweiz

1. Die Kodifikation der Anweisung im OR

Bundesgesetz betreffend die Ergänzung des Schweizerischen Zivilgesetzbuches
(Fünfter Teil: Obligationenrecht)
Achtzehnter Titel: Die Anweisung

Art. 466

A. Begriff

Durch die Anweisung wird der Angewiesene ermächtigt, Geld, Wertpapiere oder andere vertretbare Sachen auf Rechnung des Anweisenden an den Anweisungsempfänger zu leisten, und dieser, die Leistung von jenem in eigenem Namen zu erheben.

Art. 467

B. Wirkungen
I. Verhältnis des Anweisenden zum Anweisungsempfänger

1 Soll mit der Anweisung eine Schuld des Anweisenden an den Empfänger getilgt werden, so erfolgt die Tilgung erst durch die von dem Angewiesenen geleistete Zahlung.

2 Doch kann der Empfänger, der die Anweisung angenommen hat, seine Forderung gegen den Anweisenden nur dann wieder geltend machen, wenn er die Zahlung vom Angewiesenen gefordert und nach Ablauf der in der Anweisung bestimmten Zeit nicht erhalten hat.

3 Der Gläubiger, der eine von seinem Schuldner ihm erteilte Anweisung nicht annehmen will, hat diesen bei Vermeidung von Schadensersatz ohne Verzug hievon zu benachrichtigen.

Art. 468

II. Verpflichtung des Angewiesenen

1 Der Angewiesene, der dem Anweisungsempfänger die Annahme ohne Vorbehalt erklärt, wird ihm zur Zahlung verpflichtet und kann ihm nur solche Einreden entgegensetzen, die sich aus ihrem persönlichen Verhältnisse oder aus dem Inhalte der Anweisung selbst ergeben, nicht aber solche aus seinem Verhältnisse zum Anweisenden.

[2] Soweit der Angewiesene Schuldner des Anweisenden ist und seine Lage dadurch, dass er an den Anweisungsempfänger Zahlung leisten soll, in keiner Weise verschlimmert wird, ist er zur Zahlung an diesen verpflichtet.
[3] Vor der Zahlung die Annahme zu erklären, ist der Angewiesene selbst in diesem Falle nicht verpflichtet, es sei denn, dass er es mit dem Anweisenden vereinbart hätte.

Art. 469

III. Anzeigepflicht bei nicht erfolgter Zahlung

Verweigert der Angewiesene die vom Anweisungsempfänger geforderte Zahlung oder erklärt er zum voraus, an ihn nicht zahlen zu wollen, so ist dieser bei Vermeidung von Schadenersatz verpflichtet, den Anweisenden sofort zu benachrichtigen.

Art. 470

C. Widerruf

[1] Der Anweisende kann die Anweisung gegenüber dem Anweisungsempfänger widerrufen, wenn er sie nicht zur Tilgung seiner Schuld oder sonst zum Vorteile des Empfängers erteilt hat.
[2] Gegenüber dem Angewiesenen kann der Anweisende widerrufen, solange jener dem Empfänger seine Annahme nicht erklärt hat.
[3] Wird über den Anweisenden der Konkurs eröffnet, so gilt die noch nicht angenommene Anweisung als widerrufen.

Art. 471

D. Anweisung bei Wertpapieren

[1] Schriftliche Anweisungen zur Zahlung an den jeweiligen Inhaber der Urkunde werden nach den Vorschriften dieses Titels beurteilt, in dem Sinne, dass dem Angewiesenen gegenüber jeder Inhaber als Anweisungsempfänger gilt, die Rechte zwischen dem Anweisenden und dem Empfänger dagegen nur für den jeweiligen Übergeber und Abnehmer begründet werden.
[2] Vorbehalten bleiben die besonderen Bestimmungen über den Check und die wechselähnlichen Anweisungen.

2. Die Bedeutung der Anweisung im schweizerischen Recht

Systematisch ist die Anweisung im OR im Anschluß an die besonderen Auftragsarten geregelt. Diese Einreihung geht auf das aOR vom 14. Juni 1881 zurück, welches die Anweisung als Doppelmandat verstand[406]. Mit der Revision des OR von 1911 wurde die Anweisung strukturell aus dem Auftragsrecht herausgelöst, systematisch aber dort belassen und nicht – wie es an sich einleuchtender gewesen wäre – im allgemeinen Teil des OR plaziert[407]. In Literatur und franzö-

[406] BK/Gautschi, Vorbem. zum 18. Titel, Rn. 2a ff.; OR/Koller, Vorbem. zum 18. Titel, Rn. 1; ZK/Oser/Schönberger, Vorbem. zum 18. Titel, Rn. 1.

[407] OR/Koller, Vorbem. zum 18. Titel, Rn. 1; ZK/Oser/Schönberger, Vorbem. zum 18. Titel, Rn. 1; Bucher, BT, S. 265.

sischsprachiger Judikatur wird zum Teil heute noch – in Anlehnung an den französischen Text (der geltenden Fassung) von Art. 466[408] – die Anweisung als Vertrag aufgefaßt[409]. Wie sich jedoch aus der deutschen und italienischen Fassung des Gesetzes ergibt, handelt es sich bei der schweizerischen Anweisung um eine Doppelermächtigung[410]. Der Delegat wird zur Leistung auf Rechnung des Deleganten an den Delegar und dieser zur Entgegennahme der Leistung in eigenem Namen ermächtigt.
Die Anweisung ist eine einseitige, empfangsbedürftige Willenserklärung[411]. Adressaten der Willenserklärung sind sowohl der Angewiesene

---

[408] Vgl. die Gegenüberstellung der deutschen, französischen und italienischen Fassung:

	Art. 466
A. Begriff	Durch die Anweisung wird der Angewiesene ermächtigt, Geld, Wertpapiere oder andere vertretbare Sachen auf Rechnung des Anweisenden an den Anweisungsempfänger zu leisten, und dieser, die Leistung von jenem in eigenem Namen zu erheben.
A. Définition	L'assignation est un contrat par lequel l'assigné est autorisé à remettre à l'assignataire, pour le compte de l'assignant, une somme d'argent, des papiers-valeurs ou d'autres choses fongibles, que l'assignataire a mandat de percevoir en son propre nom.
A. Definizione	Mediante l'assegno viene autorizzato l'assegnato di rimettere, per conto dell'assegnante, denaro, cartevalori od altre cose fungibili all'assegnatario e questi di ritirare la cosa in proprio nome.

[409] BGE 92 II 339 E.4; 73 II 47; OR/Koller, Vorbem. zum 18. Titel, Rn. 1.
[410] OR/Koller, Vorbem. zum 18. Titel, Rn. 1; ZK/Oser/Schönberger, Art. 466, Rn. 6 ff.; Bucher, BT, S. 267 f.
[411] OR/Koller, Art. 466, Rn. 6; ZK/Oser/Schönberger, Art. 466, Rn. 27; Bucher, BT, S. 265.
Nach Gautschi (im Berner Kommentar, Band 6, Art. 466, Rn. 3a) hat die Handlungsunfähigkeit des Anweisenden folgende Konsequenzen: Die von einem Handlungsunfähigen erteilte Anweisung ist nichtig, gleichgültig, ob der Angewiesene oder der Anweisungsempfänger die Handlungsunfähigkeit des Anweisenden kennt oder nicht. Hat der Angewiesene dem Anweisungsempfänger die Annahme der Anweisung eines Handlungsunfähigen erklärt, so beruht seine Leistungsverpflichtung i.d.R. auf einem Willensmangel, der eine persönliche Einrede gegen den Empfänger begründet. Wurde die Anweisung eines Handlungsunfähigen ausgeführt, so kann die an den begünstigten Anweisungsempfänger erbrachte Leistung zurückgefordert werden, weil der gültige Rechtsgrund der mittelbaren Zuwendung fehlt. Der Rückgabeanspruch steht als Bereicherungsanspruch nach Art. 62 ff. OR u.E. dem Angewiesenen zu, der ohne gültigen Rechtsgrund an den Anweisungsempfänger geleis-

als auch der Anweisungsempfänger[412]. Im Unterschied zur deutschen Rechtslage kann die gewöhnliche Anweisung – anders als die qualifizierten Formen von Wechsel und Scheck – formfrei, also auch durch mündlich oder gar durch konkludentes Verhalten begründet werden[413]. Und auch die Annahme der Anweisung, die ebenfalls eine Willenserklärung ist[414], kann formfrei durch ausdrückliche Kundgabe oder auch bloß durch konkludentes Handeln erfolgen[415], z.B. durch Erbringen der Leistung[416].

Da die Anweisung im schweizerischen Recht nicht wie in Deutschland verurkundet ist, ergibt sich nach dem Wortlaut der schweizerischen Anweisungsvorschriften ein wesentlich größerer Anwendungsbereich der Anweisung als im deutschen Recht. So liegen dem bargeldlosen Zahlungsverkehr mit Hilfe von Banküberweisungen sowie auch den Kreditkartensystemen Anweisungen zugrunde[417]. Die abstrakte Verpflichtung (z.B. bei der Überweisung) kommt dementsprechend nicht durch ein (selbständiges) abstraktes Schuldversprechen i.S.d. §§ 780, 781 BGB zustande, sondern durch die Sonderform der Annahme der Anweisung. Der einzelne Zahlungsauftrag bei der Überweisung wird in Lehre und Rechtsprechung als den Girovertrag konkretisierende Wei-

tet hat und keinen Auslagenregreß gegen den handlungsunfähigen Anweisenden geltend machen kann. Will man die vom Angewiesenen gutgläubig angenommene und/oder honorierte Anweisung eines Handlungsunfähigen wegen Art. 468 Abs. 1 OR als wirksame Verpflichtung und/oder Leistung betrachten, so muß man dem Angewiesenen dennoch den Bereicherungsanspruch gegen den Anweisungsempfänger zugestehen, weil der Anweisungsempfänger die mittelbare Zuwendung für Rechnung des Handlungsunfähigen ohne gültigen Rechtsgrund empfangen hat. Durch Genehmigung des gesetzlichen Vertreters konvalesziert die Anweisung sowohl im Verhältnis zum Angewiesenen als auch zum Anweisungsempfänger.

412 OR/Koller, Art. 466, Rn. 6. Die Anweisung kann dem Anweisenden und dem Anweisungsempfänger dabei auf verschiedene Arten, nicht nur mittels direkter Benachrichtigung durch den Anweisenden, zur Kenntnis gebracht werden. So kann z.B. bei entsprechender Bevollmächtigung der Anweisungsempfänger als Stellvertreter des Anweisenden die Anweisung erteilen, oder der die Anweisungsurkunde präsentierende Anweisungsempfänger kann als Bote des Anweisenden auftreten. Im Gegenzug kann auch dem Anweisungsempfänger die Willenserklärung des Anweisenden vom Angewiesenen als Bote oder Stellvertreter zur Kenntnis gebracht werden. Insbesondere ist dies der Fall, wenn der Angewiesene dem über die Anweisung nicht informierten Anweisungsempfänger die Leistung direkt erbringt.

413 BGE 92 II 339 E. 4; OR/Koller, Art. 466, Rn. 4; ZK/Oser/Schönberger, Art. 466, Rn. 26.

414 OR/Koller, Art. 468, Rn. 4.

415 BGE 121 III 112 E. 3a; 113 II 523 E. 3; BGE 105 II 109 E. 3d; BK/Gautschi, Art. 468, Rn. 1 b, c; OR/Koller, Art. 468, Rn. 4.

416 BGE 121 III 112 E. 3b; 105 II 109 E. 3d.

417 Guggenheim, Verträge der Schweizerischen Bankpraxis, S. 234;

sung[418] und gleichzeitig als Anweisung[419] an die Bank qualifiziert. Die Annahmeerklärung, die den unbedingten Zahlungsanspruch des Empfängers begründet, wird überwiegend in der Gutschriftbuchung gesehen[420].

3. Das Schuldbekenntnis im schweizerischen Recht

Das schweizerische Recht kennt mit Art 17. OR aber auch eine Vorschrift zum zweipersonalen Schuldversprechen:

Art. 17 OR

C. Verpflichtungsgrund

Ein Schuldbekenntnis ist gültig auch ohne die Angabe eines Verpflichtungsgrundes.

Das Schuldbekenntnis bedarf keiner besonderen Form, kann also auch mündlich oder durch konkludentes Verhalten zustande kommen[421].

In der Botschaft des Bundesrates an die Hohe Bundesversammlung vom 7. November 1879, betreffend den Entwurf eines Gesetzes, enthaltend schweizerisches Obligationenrecht und Handelsrecht, werden die Gedanken wiedergegeben, die den Gesetzgeber zu dieser Regelung brachten:

> Im Art. 17 hat man die ältere gemeinrechtliche Theorie der Ungültigkeit eines den Verpflichtungsgrund nicht enthaltenden Schuldbekenntnisses (sogenannten cautio indiscreta) sehr entschieden verworfen und den umgekehrten Grundsatz des französischen Rechts angenommen. Der Art. 1132 CCF[422] wird durch die französische Jurisprudenz den Verkehrsbedingungen vollkommen entsprechend dahin interpretiert, daß ein Schuldbekenntnis mit fehlender Angabe des Schuldgrundes die Rechtsvermutung des Vorhanden-

[418] BGE 110 II 285; Kleiner, Die allgemeinen Geschäftsbedingungen der Banken, Giro- und Kontokorrentvertrag, S. 40; Guggenheim, Verträge der Schweizerischen Bankpraxis, S. 234; von der Crone, Rechtliche Aspekte der direkten Zahlung mit elektronischer Überweisung, S. 54.

[419] BGE 100 II 208; 100 II 369; BK/Gautschi, Art. 466, Rn. 6a; Kleiner, Die allgemeinen Geschäftsbedingungen der Banken, Giro- und Kontokorrentvertrag, S. 41; Guggenheim Verträge der Schweizerischen Bankpraxis, S. 234; von der Crone, Rechtliche Aspekte der direkten Zahlung mit elektronischer Überweisung, S. 44.

[420] Guggenheim, Verträge der Schweizerischen Bankpraxis, S. 237; Kleiner, Die allgemeinen Geschäftsbedingungen der Banken, Giro- und Kontokorrentvertrag, S. 47.

[421] Vgl. OR/Koller, Art. 17, Rn. 3.

[422] La convention n´est pas moins valable, quoique la causa n´en soit pas exprimée.

seins eines genügenden Schuldgrundes begründe und daher bis zum Beweis des Gegenteils gültig und klagbar sei[423].

Der schweizerische Gesetzgeber wollte also den französischen Rechtszustand übernehmen, und dieser verlangt grundsätzlich für den Bestand einer Forderung einen Rechtsgrund. Art. 1132 CCF erklärt zwar, daß eine vertragliche Verbindlichkeit auch dann gültig ist, wenn der Schuldgrund nicht genannt ist (billet non causé), doch wird hiermit keine Rechtsgrundunabhängigkeit anerkannt. Es wird lediglich vermutet, daß der Forderung eine ausreichende causa zugrunde liegt[424]. Dem Schuldner obliegt der Entlastungsbeweis, daß die causa fehlt oder unerlaubt ist, d.h. er muß eine „negative Tatsache" beweisen, was häufig sehr schwer ist. Auf diese Weise kommt es sozusagen zu faktisch abstrakten Verträgen[425].
Die h.M. in der Schweiz übernimmt den Standpunkt des schweizerischen Gesetzgebers und lehnt es ab, Art. 17 OR auf das selbständige, (inhaltlich) abstrakte Schuldbekenntnis (i.S.d. §§ 780, 781 BGB) zu beziehen[426]. Entsprechend den gesetzgeberischen Vorstellungen sei nur das „beweisabstrakte" und das „einredeabstrakte" Schuldbekenntnis anzuerkennen. Unter dem beweisabstrakten Schuldbekenntnis ist – nach deutscher Terminologie – das einfache Anerkenntnis zu verstehen[427]. Ein solches führe zur Beweislastumkehr und reiche als selbständiger Klagegrund aus, auch wenn die Schuldanerkennung keinen Bezug auf das zugrunde liegende Verhältnis nehme (formelle Abstraktheit)[428]. Es sei Sache des Schuldners, das Schuldverhältnis aufzudecken, das dem Schuldverhältnis zugrunde lag. Es stehe ihm jedoch frei, alle Gegenrechte aus dem Grundverhältnis zu erheben, wie Nichtigkeit wegen Rechts- oder Sittenwidrigkeit, Formnichtigkeit, Stundung, die Einrede des nicht oder nicht richtig erfüllten Vertrages, der Simulation oder der bereits erfolgten Erfüllung. Außerdem könne sich der Schuldner auch auf Mängel bei der Abgabe des Schuldbekenntnisses stützen, wie fehlende Urteils-/Handlungsfähigkeit oder Willensmängel. Über die Beweisabstraktheit hinausgehend, könne

423 Zitiert nach Creutzig, Das selbständige Schuldversprechen, S. 25.
424 Ferid/Sonnenberger, Das Französischer Zivilrecht, § 4 , 2 M 301.
425 Ferid/Sonnenberger, Das Französischer Zivilrecht, § 4 , 2 M 302.
426 Janner, Wandlungen, S. 31 f., 35; Yung, Théorie, S. 95 ff. u. 101; Bätschi, Schuldbekenntnis, S. 100 u. 106; Schweickhardt, Schuldbekenntnis, S. 161 u. 175; vgl. auch OR/Koller, Art. 17, Rn. 13; BK/Schmidlin, Art. 17, Rn. 33; ZK/Schönenberger/Jäggi, Art. 17, Rn. 22 ff.
427 OR/Koller, Art. 17, Rn. 16.
428 Bucher, AT, § 5/IV, S. 60; OR/Koller, Art. 17, Rn. 8; BK/Schmidlin, Art. 17, Rn. 50; ZK/Schönenberger/Jäggi, Art. 17, Rn.17 ff.

dem Schuldbekenntnis auch die Wirkung eines Verzichtes auf bestimmte oder auch auf sämtliche aus dem Grundverhältnis entspringenden Einreden zukommen, so daß dem Schuldner dann die Berufung auf diese Einreden abgeschnitten ist[429]. Man spricht dann von einem einredeabstrakten Schuldbekenntnis (oder nach deutscher Terminologie vom deklaratorischen Anerkenntnis)[430].
Die Gegenmeinung[431] will nicht den gesetzgeberischen Willen, sondern den Wortlaut des Art. 17 OR in den Vordergrund stellen. Dieser besage auf der Ebene des materiellen Rechts aber keinen Ausschluß eines selbständigen Anerkenntnisses. Aus dem Grundsatz der Vertragsfreiheit und der Formfreiheit folge ohne weiteres, daß auch ein selbständiges, abstraktes Schuldversprechen zulässig sei.

4. Die dogmatische Konstruktion des Kreditkartenverfahrens in der Schweiz

Der Emissionsvertrag stellt einen Innominatvertrag dar, der einen entgeltlichen Auftrag zugunsten des Vertragsunternehmens beinhaltet[432]. Gegenstand des Vertrages ist die Zahlung der auf den Rechnungsbelegen genannten Beträge durch den Kartenherausgeber an das Vertragsunternehmen (als Geschäftsbesorgungsauftrag), und zwar ohne vorherige Deckung durch den Karteninhaber[433]. Die richtige Ausführung begründet einen Auslagenersatzanspruch des beauftragten Herausgebers. Diesen befriedigt der Inhaber durch Ausgleich der vom Herausgeber bezahlten Beträge[434]. Der einzelne Zahlungsvorgang wird in Anlehnung an das Modell der angenommenen Anweisung gedeutet, wie es der Schweiz für die Banküberweisung geläufig ist. Der Karteninhaber (Anweisender) weist den Herausgeber (Angewiesenen) im Rechnungsbeleg (Anweisung) an, dem Vertragsunternehmen (Anweisungsempfänger) eine Geldsumme zu bezahlen, und dieses, den angewiese-

---

[429] OR/Koller, Art. 17, Rn. 10; BK/Schmidlin, Art. 17, Rn. 53; ZK/Schönenberger/Jäggi, Art. 17, Rn.15 ff.
[430] OR/Koller, Art. 17, Rn. 16.
[431] Bucher, AT, § 5/IV, S. 59 f.; Creutzig, Das selbständige Schuldversprechen, S. 80, 73 ff.; vgl. auch Thur in: Thur/Peter, Allgemeiner Teil des Schweizerischen Obligationenrechts, S. 268 (danach soll im Art. 17 OR unter „Schuldbekenntnis" nicht die Anerkennung einer als schon bestehend gedachten Schuld zu verstehen sein, sondern – wie im BGB – eine Willenserklärung, durch die eine Schuld begründet werden soll).
[432] Vgl. Würsch, Die Kreditkarte nach schweizerischem Privatrecht, S. 170.
[433] Würsch, Die Kreditkarte nach schweizerischem Privatrecht, S. 169.
[434] Würsch, Die Kreditkarte nach schweizerischem Privatrecht, S. 169 f.

nen Betrag zu empfangen[435]. Die Verpflichtung zur Ausführung der Anweisung ergibt sich aus dem Emissionsvertrag. Die Zahlungsverpflichtung wird durch den Rechnungsbeleg – der neben der Anweisung noch eine auftragsrechtliche Weisung enthält[436] – auf den entsprechenden Betrag konkretisiert.
Im Aquisitionsvertrag erklärt der Kartenherausgeber dem Vertragsunternehmen im voraus, für alle die Einkaufslimite nicht übersteigenden, ordnungsgemäß ausgefüllten und rechtzeitig eingereichten Rechnungsbelege Zahlung zu leisten bzw. die entsprechenden Anweisungen des Karteninhabers auszuführen[437]. Grundsätzlich besteht für den Karteninhaber die Möglichkeit gegenüber dem Vertragsunternehmen die Empfangsermächtigung und gegenüber dem Herausgeber die Zahlungsermächtigung (und -weisung), z.B. durch telefonische Mitteilung an den Kartenherausgeber, zu widerrufen. In bezug auf die daraus resultierenden Rechtsfolgen ist zwischen verschiedenen Zeitpunkten zu unterscheiden. Ist der angewiesene Betrag bezahlt, so ist die Anweisung erloschen, weshalb sie nicht mehr Gegenstand eines Widerrufes sein kann[438]. Widerruft der Karteninhaber vor Ausführung der Zahlungs(an)weisung, dann ist zwischen dem Widerruf gegenüber dem Vertragsunternehmen und dem Widerruf gegenüber dem Kartenherausgeber zu unterscheiden. Soweit der Widerruf die Empfangsermächtigung des Vertragsunternehmens betrifft, ergibt sich aus der mangels Parteiabrede anwendbaren anweisungsrechtlichen Regel des Art. 470 Abs. 1 OR, daß der Widerruf ausgeschlossen ist, wenn der Inhaber die Anweisung zur Tilgung seiner Schuld, d.h. zum Vorteil des Vertragsunternehmens erteilte, was bei der Anweisung durch Rechnungsbeleg zutrifft[439]. Durch Umkehrschluß folgt aus der eben zitierten anweisungsrechtlichen Regel, daß der Widerruf dann beachtlich ist, wenn die Anweisung ausnahmsweise nicht oder nicht mehr zur Tilgung der Kaufpreisschuld dient (z.B. nach Anfechtung oder Rücktritt vom Vertrag zwischen Inhaber und Vertragsunternehmen). Soweit der Widerruf an die Adresse des Herausgebers geht, ist zwischen der Zahlungsanweisung und der Zahlungsweisung (die beide ja der Rechnungsbeleg enthält) zu unterscheiden. Der Widerruf der Zahlungsanweisung ist

---

[435] Würsch, Die Kreditkarte nach schweizerischem Privatrecht, S. 171; vgl. auch Allgemeine Geschäftsbedingungen für Eurocard/Mastercard Privatkunden, Nr. 5.
[436] Würsch, Die Kreditkarte nach schweizerischem Privatrecht, S. 175.
[437] Giger/Schluep, Kreditkartensysteme, S. 213; anders Würsch, Die Kreditkarte nach schweizerischem Privatrecht, S. 167; Schluep/Baudenbacher, Das Kreditkartengeschäft, SPR VII/2, 1979, S. 890 (897).
[438] Würsch, Die Kreditkarte nach schweizerischem Privatrecht, S. 211.
[439] Würsch, Die Kreditkarte nach schweizerischem Privatrecht, S. 211.

gemäß Art. 470 Abs. 2 OR ausgeschlossen, wenn der Herausgeber dem Vertragsunternehmen die Annahme der Anweisung des Inhabers erklärt, was durch Hereinnahme des Rechnungsbelegs geschieht[440]. Die Zahlungsweisung an den Herausgeber bleibt dagegen als auftragsrechtliche Ausführungsweisung bis zu deren Ausführung widerruflich, um dem Inhaber die Handlungsfreiheit zu erhalten[441]. Die einander entgegengesetzten Lösungen von Anweisungsrecht und Auftragsrecht vertragen sich allerdings, weil die Zahlungsermächtigung vom Widerruf der Ausführungsweisung nicht berührt wird. Trotz ihrer grundsätzlichen Selbständigkeit sind beide aber doch vom Zweck her miteinander verknüpft: Die Ermächtigung wurde erteilt, damit der Herausgeber tun kann, was er als Verpflichteter muß; die Verpflichtung ihrerseits wurde auferlegt, damit der Herausgeber tun muß, was er als Ermächtigter kann[442]. Dieser Umstand und ebenso das Interesse an Rechtssicherheit gebieten es Würsch zufolge, den Widerruf für Weisung und Anweisung gleich zu behandeln. Welche Lösung – Beachtlichkeit oder Unbeachtlichkeit – dabei vorzuziehen sei, müsse durch eine Interessenabwägung ermittelt werden. Im Anweisungsrecht sei der Interessenkonflikt zugunsten des Anweisungsempfängers (Vertragsunternehmen) zu entscheiden: Die an sich schutzwürdige Handlungsfreiheit des Ermächtigenden (Inhabers) trete vor dem Vertrauensschutz des Begünstigten zurück. Dieser Entscheid rechtfertige sich auch für die Weisung beim Kreditkartenverfahren: Die Handlungsfreiheit des Auftraggebers habe vor dem Empfängerschutz zurückzutreten[443]. Der Herausgeber habe daher weder als Ermächtigter noch als Beauftragter den Widerruf zu beachten[444].

Neben der vorweggenommenen Annahme der Anweisung enthält der Akquisitionsvertrag noch eine Abtretungsklausel[445]. Durch sie verspricht das Vertragsunternehmen Abtretung sämtlicher Ansprüche gegen die Karteninhaber an den Kartenherausgeber. Diese Zession dient aber einzig und allein zur Abdeckung der eigenen Zahlungspflicht des Kartenherausgebers gegenüber dem Vertragsunternehmen[446]. Der Kartenherausgeber verschafft sich also lediglich eine Sicherheit gegenüber dem Karteninhaber, die Abtretung soll aber nicht wie beim deutschen Forderungskaufmodell den eigentlichen Zahlungsvorgang abbilden.

---

[440] Würsch, Die Kreditkarte nach schweizerischem Privatrecht, S. 211.
[441] Würsch, Die Kreditkarte nach schweizerischem Privatrecht, S. 211 f.
[442] Würsch, Die Kreditkarte nach schweizerischem Privatrecht, S. 212.
[443] Würsch, Die Kreditkarte nach schweizerischem Privatrecht, S. 212 f.
[444] Würsch, Die Kreditkarte nach schweizerischem Privatrecht, S. 213.
[445] Vgl. Geschäftsbedingungen für das Eurocard/MasterCard-System Nr. 6.1.
[446] Giger/Schluep, Kreditkartensysteme, S. 202 f.

VII. Österreich

1. Die Kodifikation der Anweisung im ABGB

Anweisung (Assignation)

§ 1400. [Begriff] Durch die Anweisung auf eine Leistung eines Dritten wird der Empfänger der Anweisung (Assignatar) zur Einhebung der Leistung bei dem Angewiesenen (Assignat) und der letztere zur Leistung an ersteren für Rechnung des Anweisenden (Assignant) ermächtigt. Einen unmittelbaren Anspruch erlangt der Anweisungsempfänger gegen den Angewiesenen erst, wenn die Erklärung des Angewiesenen über die Annahme der Anweisung ihm zugekommen ist.

§ 1401. [Anweisungsarten; Nichthonorierung; Schuldtilgung] (1) Insoweit der Angewiesene das zu Leistende dem Anweisenden bereits schuldet, ist er diesem gegenüber verpflichtet, der Anweisung Folge zu leisten. Wenn durch die Anweisung eine Schuld des Anweisenden bei dem Empfänger, der die Anweisung angenommen hat, getilgt werden soll, ist der Empfänger verpflichtet, den Angewiesenen zur Leistung aufzufordern.
(2) Will der Empfänger von der Anweisung keinen Gebrauch machen oder verweigert der Angewiesene die Annahme oder die Leistung, so hat der Empfänger dies dem Anweisenden ohne Verzug anzuzeigen.
(3) Die Tilgung der Schuld erfolgt, wenn nichts anderes vereinbart ist, erst durch die Leistung.

§ 1402. [Einreden] Hat der Angewiesene die Anweisung dem Empfänger gegenüber angenommen, so kann er diesem nur solche Einwendungen entgegensetzen, welche die Gültigkeit der Annahme betreffen oder sich aus dem Inhalte der Anweisung oder aus seinen persönlichen Beziehungen zum Empfänger ergeben.

§ 1403. [Widerruf; Tod; Verjährung] (1) Solange der Angewiesene die Anweisung noch nicht dem Empfänger gegenüber angenommen hat, kann sie der Anweisende widerrufen. Besteht zwischen dem Anweisenden und dem Angewiesenen kein anderer Rechtsgrund, so gelten für das Rechtsverhältnis zwischen beiden die Vorschriften über den Bevollmächtigungsvertrag; die Anweisung erlischt jedoch nicht durch Tod des Anweisenden oder Angewiesenen. Inwiefern die Aufhebung der Anweisung auch gegenüber dem Empfänger rechtswirksam ist, bestimmt sich nach dem zwischen diesem und dem Anweisenden obwaltenden Rechtsverhältnis.
(2) Der Anspruch des Empfängers gegen den Angewiesenen verjährt in 3 Jahren.

2. Die Bedeutung der Anweisung im österreichischen Recht

Wie schon in der Schweiz, so spielt auch in Österreich die angenommene Anweisung eine weitaus größere Rolle als in Deutschland, und auch hier liegt der Grund dafür in der Formfreiheit der Anweisung[447].

---

[447] Kommentar zum ABGB/Ertl, § 1400, Rn. 3.

Auch in Österreich wird die Giroüberweisung als angenommene Anweisung verstanden[448]. Angewiesener ist die Bank, Anweisungsempfänger der Kontoinhaber, auf dessen Kosten der Betrag überwiesen wird. Im weiteren Verlauf des Überweisungsverfahrens schreibt die Bank dem Konto des Anweisungsempfängers die betreffende Summe durch einen internen Buchungsvorgang gut. Die Gutschrift bildet die Annahme der Anweisung[449], was eine abstrakte Verpflichtung der Bank gegenüber dem Kontoinhaber begründet. Eines Zugangs beim Kontoinhaber bedarf die Annahme analog § 864[450] nicht[451]. Die Giroanweisung ist innerhalb der „gewöhnlichen" Anweisung insoweit eine Besonderheit, als daß sie dem Angewiesenen nicht die tatsächliche Leistung, sondern nur die Verpflichtung zu einer solchen Leistung aufträgt. Der Empfänger soll also nicht unmittelbare Zahlung, sondern eine Geldforderung gegen seine Bank, also Buchgeld erhalten. Speziell anweisungsrechtliche Konsequenzen hat dies aber nicht[452].

Gewisse Schwierigkeiten bereitet das Verständnis des Überweisungsauftrags als Anweisung allerdings deshalb, weil diese nach § 1400 ABGB aus einer doppelten Ermächtigung besteht, bei den Überweisungen jedoch typischerweise keine Ermächtigung des Empfängers erfolgt, auf Rechnung des Anweisenden eine Forderung gegen die Bank entgegenzunehmen. Der Einwand, es fehle die zweite Ermächtigung, könnte aber dadurch entkräftet werden, daß die beauftragte Bank zugleich als Bote des Überweisenden tätig wird, indem sie dem Empfänger die Ermächtigung mitteilt; allerdings kommt diese Mitteilung dem Empfänger erst durch die Aushändigung des Überweisungsauf-

---

[448] Vgl. Getreuer, Kreditkartenverträge, B I 2 c; Koziol in: Avancini/Iro/Koziol, Bankvertragsrecht I, Rn. 6/20.

[449] Koziol in: Avancini/Iro/Koziol, Bankvertragsrecht I, Rn. 6/58.

[450] **§ 864. [Stille Annahme]** Ist eine ausdrückliche Erklärung der Annahme nach der Natur des Geschäfts oder der Verkehrssitte nicht zu erwarten, so kommt der Vertrag zustande, wenn dem Antrag innerhalb der hierfür bestimmten Frist tatsächlich entsprochen worden ist.

[451] Klang/Bydlinski, Band 4/1, § 864, S. 333 f.
Zum äquivalenten Problem beim Zustandekommen der abstrakten Schuldversprechens nach deutschem Recht bemerkt Meder (WM 1999, S. 2137 (2138, 2141)) zutreffend, daß durch § 151 BGB [bzw. § 864 ABGB analog] lediglich der Zugang der Erklärung entbehrlich werde, der Annahmewille jedoch durch eine nach außen erkennbare Handlung erklärt worden sein müsse. Eine Gutschrift solle aber auch in jenen Fällen wirksam sein können, in denen der Begünstigte keine Kenntnis von ihr erlangt hat. Deshalb sei die Lösung über eine stillschweigende Willenserklärung sachgerechter, da in diesem Fall keine nach außen erkennbare Annahmehandlung notwendig wäre.

[452] Kommentar zum ABGB/Ertl, § 1400, Rn. 5; a.A.: Klang/Wolff, Band 6, § 1400, S. 328.

trags - also nach der Gutschrift - zu[453]. Eine andere Konstruktionsmöglichkeit liegt darin, die Bank des Empfängers, die bei eingliedrigen Überweisungen mit der beauftragten Bank identisch ist, auch als Empfangsboten des Empfängers für die Anweisungserklärung diesem gegenüber anzusehen[454].

3. Die Konstruktion des Kreditkartenverfahrens in Österreich

Man kann nun versuchen auch das Kreditkartenverfahren als angenommene Anweisung zu konstruieren[455]. Der Karteninhaber weist dann die Kreditkartengesellschaft an, den Rechnungsbetrag, wie er in dem Rechnungsformular erscheint, das der Vertragsunternehmer an den Kartenherausgeber schickt, an den Vertragsunternehmer zu bezahlen. Das unterschriebene Rechnungsformular ist die Anweisungserklärung. Der Kreditkartenherausgeber nimmt die Anweisung schon vorher, im Zeitpunkt des Vertragsschlusses (Rahmenvertrag) an, wodurch sie nach § 1402 ABGB unabhängig von der Verpflichtung des Anweisenden dem Anweisungsempfänger gegenüber verpflichtet ist. Diese Blankoannahme wird von der h.L.[456] und Rechtsprechung[457] in Österreich anerkannt. Andere halten sie für nicht statthaft. So sieht Bichler[458] in der vorweggenommenen Annahme einen Widerspruch zu § 1403 ABGB. Diese Bestimmung normiere nämlich ein Widerrufsrecht, mit dem der Anweisende die Anweisung bis zum Zeitpunkt der Annahme durch den Angewiesenen widerrufen könne, und dieses Widerrufsrecht würde dem Anweisenden entgegen dem Schutzzweck des § 1403 ABGB genommen. Getreuer[459] meint das ABGB gehe schon terminologisch („Annahme einer Anweisung") davon aus, daß die Anweisung vor der Annahme erklärt werde. Zudem spreche das erhöhte Schutzbedürfnis des abstrakt Verpflichteten (Kartenherausgebers) gegen die Blankoannahme, es sei nämlich problematisch, wenn der Karteninhaber den Inhalt der abstrakten Verpflichtung mehr oder weniger frei bestimme. Diese Kritik ist aber kaum überzeugend, denn § 1403 soll nicht den Anweisenden, sondern den Angewiesenen schützen[460],

---

[453] Koziol in: Avancini/Iro/Koziol, Bankvertragsrecht I, Rn. 6/20.
[454] Koziol in: Avancini/Iro/Koziol, Bankvertragsrecht I, Rn. 6/20.
[455] Vgl. Getreuer, Kreditkartenverträge, B II 1 g; Bichler, ÖBA 1986, S. 594 (601).
[456] Klang/Wolff, § 1402, S. 326; Kommentar zum ABGB/Ertl, § 1402, Rn. 1; Pisko, Lehrbuch des österreichischen Handelsrechts, S. 317.
[457] OGH in: QuHGZ 77 H 1-2/149.
[458] Bichler, ÖBA 1986, S. 594 (601); vgl. Getreuer, Kreditkartenverträge, B II 1 g.
[459] Getreuer, Kreditkartenverträge, B II 2 b ii.
[460] Getreuer, Kreditkartenverträge, B II 1 g (Fn. 77).

und der Kartenherausgeber bedarf auch keines Schutzes, denn es ist ja gerade seine Aufgabe, Forderungen zu begleichen, die der Karteninhaber eingeht und durch die Wahl des Kaufgegenstandes bezüglich Höhe der Forderung und Vertragspartner bestimmt.
Ein anderer Punkt bringt aber eine große Schwächung der österreichischen Anweisungskonstruktion, nämlich die Ansicht der h.L.[461], daß eine wirksame Annahme eine gültige Anweisung voraussetze. Begründet wird diese Ansicht folgendermaßen: „Dem Angewiesenen, der die Anweisung angenommen hat (Akzeptant), stehen nur folgende Einwendungen gegen den Anweisungsempfänger zu: 1. Einwendungen gegen die Gültigkeit der Annahme, z.B., daß sie erzwungen oder in unzurechnungsfähigem Zustande abgegeben wurde; 2. Einwendungen 'aus dem Inhalte der Anweisung', z.B., daß der darin verzeichnete Zahlungstag noch nicht eingetreten sei; 3. Einwendungen 'aus seinen persönlichen Beziehungen zum Empfänger', z.B. ein Stundungsvertrag mit diesem. Diese Einwendungen führt § 1402 ausdrücklich an. Dazu kommen aber noch: 4. Einwendungen gegen das Entstehen der Anweisung. Denn die Annahme kann wirksam nur gegenüber dem Empfänger erfolgen. Ist aber die Anweisung ungültig, so ist der Anerklärte nicht 'Empfänger' ...“[462].
Folgt man der h.L., so würde eine Ungültigkeit der Anweisung (z.B. wegen Geschäftsunfähigkeit des Anweisenden oder wegen Fälschung) dazu führen, daß der Kartenherausgeber dem Vertragsunternehmen aus der Anweisungsannahme nicht verpflichtet wäre. Beide Parteien wollen aber auch für diesen Fall eine Verpflichtung des Kartenherausgebers begründen[463]. Die h.L.[464] subsumiert das Vertragsverhältnis Kartenherausgeber – Vertragsunternehmen deshalb unter die Regeln einer Garantie. Wenn jemand angewiesen wird, eine Leistung zu erbringen, und wenn er sich dazu auch verpflichten will, liegt es allerdings grundsätzlich näher, daß er dies durch eine Annahme der Anweisung erklärt als dadurch, daß er eine Garantie abgibt, denn während die Anweisungsannahme die Übernahme einer Verpflichtung im Rahmen des Zahlungswegs ist, hat die Garantie vorwiegend Siche-

---

[461] Avancini in: Avancini/Iro/Koziol, Bankverträge I, Rn. 7/64; Klang/Wolff, Band 6, § 1402, 332; Gschnitzer, Schuldrecht AT, S. 205; a.A.: Ehrenzweig, System II/1, 288 (Fn. 19).
[462] Klang/Wolff, Band 6, § 1402, S. 332; ihm folgend Gschnitzer, Schuldrecht AT, 205 f.
[463] Getreuer, Kreditkartenverträge, B II 2 b ii.
[464] Avancici, Österreichische Landesreferate, S. 111 (Fn. 27); Bichler, ÖBA 1986, S. 594 (601); vgl. auch Getreuer, Kreditkartenverträge, B II 1. h; für die Scheckkarte OGH in EvBl 1980/178; Schinnerer/Avancini, Bankverträge I, S. 132.

rungscharakter und ist demzufolge – wirtschaftlich gesehen – subsidiärer Natur[465].

Um sowohl die Schwächen der Anweisungskonstruktion als auch die Schwächen der Garantiekonstruktion zu überwinden, bietet es sich an, beide Ansätze zusammenzuführen in einem Modell der angenommenen Anweisung mit zusätzlicher Garantie für den Fall einer ungültigen Anweisung. Dies entspricht der Ansicht Avancinis für die Scheckkarte,[466] und dieser Ansatz liegt auch den Geschäftbedingungen der österreichischen Eurocard zugrunde:

Geschäftsbedingungen des Emissionsvertrages[467]

6. Anweisung
Der KI[468] weist durch Unterzeichnung des Leistungsbeleges oder in einer anderen Art und Weise EPA[469] unwiderruflich an, den vom VU[470] dem KI in Rechnung gestellten Betrag zu bezahlen. EPA nimmt bereits jetzt die Anweisung an. ...

Geschäftsbedingungen des Akquisitionsvertrages[471]

11. Zahlungsgarantie
Europay Austria gewährleistet die Bezahlung aller ordnungsgemäß vom Karteninhaber mit Unterschrift auf dem Leistungsbeleg anerkannten Rechnungen unter der Bedingung, daß vom Vertragsunternehmen sämtliche Bestimmungen dieses Vertrages, insbesondere die Punkte 4, 5, 6, 7, 8, 9 eingehalten wurden.

4. Zur Gültigkeit abstrakter Schuldverträge im österreichischen Recht

Abgesehen von der zusätzlichen Garantiezusage deckt sich diese Kreditkartenkonstruktion im Grundsatz mit Meders Anweisungsmodell[472]. Aus deutscher Sicht ist es aber auf den ersten Blick recht verblüffend, daß in Österreich entgegen dem Wortlaut des § 1402 ABGB nach h.L.

---

[465] So zur Scheckkarte Avancini in: Avancini/Iro/Koziol, Bankvertragsrecht I, Rn. 7/63.
[466] Avancini in: Avancini/Iro/Koziol, Bankvertragsrecht I, Rn. 7/63 f.
[467] Vgl. den gesamten Text der AGB im Anhang S. 204 ff.
[468] Karteninhaber.
[469] Europay Austria.
[470] Vertragsunternehmen.
[471] Vgl. den gesamten Text der AGB im Anhang S. 204 ff.
[472] Nur, daß bei Meder die Annahme nicht vorweg, sondern durch stillschweigende Vertragsannahme geschieht.

eine ungültige Anweisung nicht annahmefähig ist, zumal die hierfür angegebene Erklärung kaum zu befriedigen vermag. Der tiefere Sinn dieser Ansicht kann nur durch Betrachtung der österreichischen Haltung zur Gültigkeit abstrakter Verträge zutage gefördert werden.
Nach h.L. im österreichischen Recht sind abstrakte Verträge nur dann zulässig, wenn dies vom Gesetz vorgesehen ist[473].
Es kann dabei zwischen einer vollkommenen, materiellen und einer bloß geminderten, formellen Abstraktheit unterschieden werden. Eine materielle Loslösung bedeutet, daß dem Schuldner die Berufung auf die causa abgeschnitten wird, er keinerlei Einreden und Einwendungen erheben kann und ihm auch nicht die Möglichkeit offensteht, mittels eines Bereicherungsanspruchs die Leistung wieder zurückzuerlangen[474]. Bei formell abstrakten Rechtsgeschäften kann der Gläubiger zwar ohne Angabe des Rechtsgrundes allein aufgrund des Versprechens die Leistung begehren, dem Schuldner bleibt aber die Möglichkeit der Bereicherungseinrede aus dem Grundverhältnis[475].

5. Unzulässigkeit abstrakter zweipersonaler Verträge

Im österreichischen Recht sind materiell abstrakte zweipersonale Verträge unzulässig, denn für den Schuldner sind Verträge, die ihm jedes Zurückgreifen auf das Grundverhältnis abschneiden besonders gefährlich[476]. Dies fällt besonders ins Gewicht, da für einen solchen Vertrag keine schützende Formvorschrift besteht, sondern gemäß § 883 ABGB Formfreiheit gilt. Ferner würden vom Grundverhältnis materiell losgelöste abstrakte Verträge die Möglichkeit eröffnen, zahlreiche zwingende Vorschriften, insbesondere gesetzliche Verbote und auch Formvorschriften zu umgehen. Die Verneinung der Zulässigkeit materiell abstrakter Verträge kann des weiteren auch auf § 937 ABGB[477] gestützt werden. Die volle Loslösung von der causa bei den abstrakten Versprechen bedeutet nämlich nichts anderes als einen allgemeinen Verzicht auf sämtliche Einwendungen aus dem Grundverhältnis, die die Gültigkeit des Vertrages, die Nichterfüllung durch den Partner usw. betreffen.

---

[473] Koziol, Garantievertrag, S. 21; Ehrenzweig, System II/1, S. 178; Hasenöhrl, Obligationenrecht I, S. 375 ff; Koziol/Welser, Grundriß I S. 87; Schey, Obligationsverhältnisse, S. 166 ff.
[474] Koziol, Garantievertrag, S. 24.
[475] Koziol, Garantievertrag, S. 24.
[476] Koziol, Garantievertrag, S. 30.
[477] **§ 937**. Allgemeine, unbestimmte Verzichtsleistungen auf Einwendungen gegen die Gültigkeit eines Vertrages sind ohne Wirkung.

Es bestehen nach österreichischem Verständnis aber auch gegen die Anerkennung von bloß formell abstrakten Verträgen schwerwiegende Bedenken. Bei diesen wird dem Schuldner zwar die Möglichkeit von Einreden erhalten, doch wird dadurch die besondere Gefährlichkeit derartiger Verpflichtungen nicht beseitigt und auch die Überprüfung des Inhalts nicht ausreichend gewährleistet[478]. Das zeige sich im folgenden Unterschied zu den kausalen Verpflichtungen: Könnte der Gläubiger aus einem abstrakten Versprechen, dem ein unerlaubtes oder sittenwidriges Verhältnis zugrunde liegt, klagen, so müßte der Schuldner die Unerlaubtheit oder Sittenwidrigkeit einwenden, weil er auf andere Weise dem abstrakten Leistungsbegehren nicht begegnen könnte. Jene Möglichkeit wird ihm aber praktisch häufig verschlossen bleiben, da ihn strafrechtliche und sonstige Konsequenzen von der Aufdeckung des Grundverhältnisses abhalten werden. Bei kausalen Verträgen müßte der Kläger hingegen einen bestimmten Rechtsgrund angeben und sich daher auf ein verbotenes oder sittenwidriges Grundverhältnis berufen. Selbst wenn er zur Vermeidung der Angabe des wahren Verhältnisses einen anderen Grund unterschreibt, bleibt dem Schuldner die Möglichkeit zu beweisen, daß dieser angegebene Grund in Wahrheit nicht besteht. Nur bei kausalen Verträgen sei daher eine ausreichende Überprüfbarkeit der Verbots- und Sittenwidrigkeit gewährleistet. Zweipersonale Garantien bedürfen daher zu ihrer Gültigkeit der Anführung der causa, die sie erklärt[479].
In der älteren Literatur wird zudem angeführt, daß die Loslösung des Geschäfts von seiner causa etwas durchaus Künstliches sei, ein Mittel der juristischen Technik, das dem Rechtsverkehr erst durch das positive Recht gegeben werden müsse[480]. Der Lebenszweck, welchem der Vertrag diene – und jeder Vertrag diene einem solchen – sei der Grund seiner Anerkennung im Recht und die Richtschnur für seine rechtliche Normierung. Der Abschluß eines abstrakten Vertrages bedeute daher, daß der rechtlichen Beurteilung, vor allem dem Richter, die Frage gerade nach demjenigen abgeschnitten werde, wonach grundsätzlich das Ob und Wie der Geltung des Geschäfts zu messen sei[481]. Gegen jeden Versuch, den abstrakten Vertrag in Ermangelung gesetzlicher Anhaltspunkte durch Begriffsdeduktion zu retten, spreche ferner entscheidend, daß dann auch das mündliche Versprechen gelten müßte. Da stoße man aber noch augenfälliger als bei schriftlichen Schuldbe-

[478] Koziol, Garantievertrag, S. 30.
[479] Koziol, Garantievertrag, S. 31.
[480] Schey, Obligationenverhältnisse, S. 167; Hasenöhrl, Obligationenrecht I, S. 381.
[481] Schey, Obligationenverhältnisse, S. 167.

kenntnissen auf die Frage: War es wirklich der Wille der Parteien, jenes Versprechen von der aus den vorausgegangenen Verhandlungen jedenfalls hervorleuchtenden causa unabhängig zu machen, und waren sie sich der Bedeutung dieser Lostrennung auch bewußt?

Diese Argumentation läßt sich kaum nachvollziehen. Insbesondere ist nicht einzusehen, daß es unzumutbar sein soll, wenn der Schuldner die Unerlaubtheit oder Sittenwidrigkeit des Schuldversprechens darlegen muß. Hat der Schuldner selbst nicht unerlaubt oder sittenwidrig gehandelt, dann besteht für ihn kein Grund die Unerlaubtheit oder Sittenwidrigkeit durch den Gläubiger aufzudecken. Hat er aber selbst unerlaubt oder sittenwiedrig gehandelt, dann muß er eben mit diesem selbst gewählten Verhalten und dessen Konsequenzen leben. Falsch ist es demgegenüber sicherlich aus Mitleid mit ihm eine dogmatische Konstruktion abzulehnen.

6. Zulässigkeit abstrakter dreipersonaler Verträge[482]

Anders verhält es sich jedoch bei abstrakten dreipersonalen Verträgen. Daß die österreichische Rechtsordnung in dreipersonalen Verhältnissen abstrakte Rechtsgeschäfte zuläßt, ergibt sich eindeutig aus Artikel 16 WechselG: Sobald der Wechsel in die Hände eines Dritten gelangt, sind dem Verpflichteten die Einreden aus dem Grundgeschäft abgeschnitten. Auch bei der bürgerlichrechtlichen Anweisung ist nach der Annahme durch den Angewiesenen dessen Verpflichtung losgelöst vom Deckungs- und Valutaverhältnis (§ 1402 ABGB). Entscheidender Grund für die Gültigkeit solcher dreipersonaler, abstrakter Rechtsgeschäfte ist nach Ansicht von Koziol, daß - obwohl zwischen Verpflichtetem und Begünstigtem eine abstrakte Verbindlichkeit bestehe - doch eine Kette von Grundverhältnissen gegeben sei und auf diesem Umweg auch eine Berufung auf den Rechtsgrund und auf alle Einwendungen möglich sei. Verpflichtung einerseits und Berechtigung andererseits seien daher im Ergebnis nicht abstrakt, sondern kausal, allerdings auf einem Umweg. Das genüge jedoch sowohl für eine ausreichende Inhaltskontrolle als auch zur Vermeidung des Ergebnisses, daß jemand ohne materielle Grundlage eine endgültige Zuwendung an einen anderen vornehmen muß bzw. behalten kann: Der Angewiesene habe die Möglichkeit eines Rückgriffs gegen den Anweisenden, und dieser kann bei Mängeln im Valutaverhältnis eine Rückabwicklung gegenüber dem Anweisungsempfänger erreichen.

---

[482] Zum ganzen Abschnitt: Koziol, Garantievertrag, S. 33.

Die gleichen Gründe, die für die Möglichkeit einer abstrakten Verbindlichkeit bei Wechsel und Anweisung sprechen, treffen selbstverständlich auch für den abstrakten Garantievertrag zu.

7. Konsequenz: Die Unannehmbarkeit einer ungültigen Anweisung

Die Ablehnung von dreipersonalen abstrakten Verträgen ist wohl der eigentliche Grund dafür, daß eine ungültige Anweisung nach österreichischem Verständnis nicht angenommen werden kann. Denn die Anweisung ist es ja gerade, die die Zuwendung des Angewiesenen an den Empfänger auf Deckungs- und Valutaverhältnis umbricht. Fehlt es an der Anweisung, dann würde die Annahme des (vermeintlich) Angewiesenen gegenüber dem Empfänger zu einem zweipersonalen abstrakten Vertrag führen. Ein solcher ist aber unzulässig, so daß auch die Annahme der unwirksamen Anweisung keine Geltung haben darf.

5. Kapitel - Die rechtliche Stellung des Minderjährigen im Kreditkartenverfahren

Nach der Darstellung des Kreditkartenverfahrens ist nun der Blick auf die Besonderheiten zu richten, die sich dadurch ergeben, daß ein Minderjähriger als Karteninhaber am Kreditkartenverfahren beteiligt ist. Dazu ist zunächst das Minderjährigenrecht im allgemeinen zu erörtern und dann auf den speziellen Anwendungsfall der Kreditkarte zu konkretisieren.

VIII. Geschäftsfähigkeit des Minderjährigen[483]

Ausgangspunkt der Erörterung des Minderjährigenrechts muß dabei das römische Recht bilden, denn im geltenden Recht wirkt das römische Recht in vielfältiger Weise nach. Der Grund für diesen starken Einfluß des römischen Rechts liegt darin, daß das römische Recht - von landesrechtlichen Vorbehalten abgesehen - erst mit Inkrafttreten des Bürgerlichen Gesetzbuches am 1.1.1900 außer Kraft gesetzt wurde. Bis dahin hatte es in der durch die jahrhundertelange Praxis gewonnen Ausgestaltung und Modifizierung als „gemeines Recht" noch für rund 16,5 Millionen Einwohner - ein Drittel der damaligen Reichsbevölkerung - unmittelbar gegolten.

1. Römisches Recht

Das römische Recht unterscheidet zwischen puberes (Mündigen) und impuberes (Unmündigen). Innerhalb der impuberes ist zwischen den infantes (Kindern) und den impuberes infantia majores (älteren Unmündigen) zu differenzieren.

a) Infantes

Infantes waren im ursprünglichen römischen Recht diejenigen Unmündigen, die noch nicht sprechen konnten (infans = qui fari non potest)[484]. Die Sprechfähigkeit - verstanden als das Vermögen, vernünftige Gedanken zusammenhängend auszudrücken[485] - bildete deshalb das Unterscheidungskriterium, weil ein Sprechunfähiger Rechtsakte nicht wirksam vornehmen konnte, da die Wirksamkeit von Rechtsge-

---

[483] Vgl. zur Geschichte des Minderjährigenrechts die ausführliche Darstellung von Knothe: Die Geschäftsfähigkeit der Minderjährigen in geschichtlicher Entwicklung.
[484] Gai. D. 44, 7, 1, 13; 46, 6, 6; Ulp. D. 26, 7, 1, 2; 45, 1, 70; Mod. D. 36, 1, 67, 3.
[485] Savigny, System III, S. 30; Sohm/Mitteis/Wenger, Institutionen, § 92, Fn. 3.

schäften und vor allem Prozeßhandlungen von der fehlerlosen Aussprache der zwingenden Spruchformeln abhing[486]. Im Laufe der Zeit wurde die Sprechfähigkeit auf die fixe Altersgrenze von 7 Jahren festgesetzt[487], wobei die Entwicklung dahin unter Justinian ihren Abschluß gefunden zu haben scheint[488]. Als infans galt infolgedessen nunmehr ein Unmündiger vor Vollendung des 7. Lebensjahres. Ob er im Einzelfall bereits vorher sprechen konnte, war dagegen nicht mehr von Bedeutung. Für die Wahl der 7-Jahres-Grenze[489] mag die von den Griechen übernommene zahlenmystische Heraushebung der Zahl 7 bedeutsam gewesen sein[490]. Zudem setzte sich in der Kaiserzeit als

---

486 Knothe, Die Geschäftsfähigkeit der Minderjährigen, S. 8.

487 Vgl. Knothe, Die Geschäftsfähigkeit der Minderjährigen, S. 8 ff. sowie folgende spätklassischen Digestenstellen:

> D. 26, 7, 1, 2 (Ulp. 35 ad ed.): ... licentia igitur erit (tutoribus), utrum malint ipsi suscipere iudicium an pupillum exhibere, ut ipsis auctoribus iudicium suscipiatur: ita tamen, ut pro his, qui fari non possunt vel absint, ipsi tutores iudicium suscipiant, pro his autem, qui supra septimum annum aetatis sunt et praesto fuerint, auctoritatem praestent.
>
> Es ist daher ihrem [des Vormunds] Belieben überlassen, ob sie lieber selbst sich dem Rechtsstreite unterziehen, oder den Mündel stellen wollen, damit dieser auf ihr Vollwort hin dem Rechtsstreit sich unterziehe, jedoch mit der Beschränkung, daß für solche, die noch nicht sprechen können, oder abwesend sind, die Vormünder selbst den Rechtsstreit übernehmen, für die aber, welche das siebente Jahr zurückgelegt haben, ihr Vollwort erteilen.
>
> D. 23, 1, 14 (Mod. 4. diff.): In sponsalibus contrahendis aetas contrahentium definita non est ut in matrimoniis. quapropter et a primordio aetatis sponsalia effici possunt, si modo id fieri ab utraque persona intellegatur, id est, si non sint minores quam septem annis.
>
> In bezug auf die Eingehung eines Verlöbnisses ist das Alter derjenigen, welche es eingehen wollen, nicht bestimmt wie bei den Ehen; und darum können auch vom frühesten Alter an Verlöbnisse geschlossen werden, wenn nur von beiden Personen verstanden wird, daß dies geschieht, das heißt, wenn sie nicht jünger als sieben Jahre sind.

488 Jörs/Kunkel, Römisches Privatrecht, § 51, 1b; F. Schluz, Classical Roman Law, Rn. 302; Knothe, Die Geschäftsfähigkeit der Minderjährigen, S. 14 f.

489 Eindeutige Angaben für die Gründe dieses Termins sind in den Rechtsquellen nicht enthalten.

490 Savigny, System III, S. 32 (Fn. h); Knothe, Die Geschäftsfähigkeit der Minderjährigen, S. 16.

Endtermin der Unmündigkeit das 14. Lebensjahr durch, so daß eine Teilung dieser Periode in zwei Hälften nahe lag[491].
Die infantes waren geschäftsunfähig[492]. Die für den gewaltfreien infans erforderlichen Rechtsgeschäfte schloß deshalb - sofern sie nicht höchstpersönlicher Natur waren - dessen Tutor (Vormund) ab[493]. Zudem konnte auch ein Sklave des infans für das Kind Rechtsgeschäfte vornehmen[494].

b) Impuberes infantia maiores

Die impuberes infantia maiores waren die nicht mehr im Kindesalter befindlichen Unmündigen. Der Knabe blieb nach dem ursprünglichen römischen Rechtszustand unmündig bis er geschlechtsreif geworden war (pubes factus)[495]. Zur Symbolisierung der Geschlechtsreife nahm der junge Römer die Mannestoga (toga virilis) an, was durch einen in der Öffentlichkeit vorgenommenen feierlichen Akt bei dem Fest der Liberalien am 17. März eines jeden Jahres geschah[496]. Welches Alter der Junge dabei hatte (regelmäßig zwischen 14 und 16) lag im Ermessen seiner Familie[497]. Für Mädchen hatte sich dagegen schon in vorklassischer Zeit das vollendete 12. Lebensjahr als allgemeiner Mündigkeitstermin durchgesetzt, da schon in der älteren Zeit bei Frauen die zur

---

[491] Knothe, Die Geschäftsfähigkeit der Minderjährigen S. 22.

[492] Savigny, System III, S. 39; Kipp, Das römische Recht, S. 167; Jörs/Kunkel, Römisches Privatrecht, § 51, 1 b.

[493] Knothe, Die Geschäftsfähigkeit der Minderjährigen S. 20. Der Tutor (Vormund) handelte dabei im *eigenen* Namen und verfügte insbesondere im *eigenen* Namen über die dem Mündel gehörigen Gegenstände, was Ausfluß der eigentümerähnlichen Stellung (domini loco) war, die dem Tutor als Verwalter des Mündelvermögens an diesem zukam. Die Vertretung durch freie Personen ließ das römische Recht der Antike nämlich grundsätzlich nicht zu. Die Wirkungen der vom Vormund geschlossenen Geschäfte traten mithin nur in dessen Person ein, nicht aber in der des infans. Klagen oder verklagt werden konnte daher aus diesen Rechtsakten auch nur der Tutor selbst.

[494] Knothe, Die Geschäftsfähigkeit der Minderjährigen S. 21. Da nach römischem Recht nur die Vertretung durch Freie unzulässig war, erwarb aus den Geschäften des Sklaven - anders als aus den vom Tutor vorgenommenen - das Kind selbst das Klagerecht. Verklagt werden konnte der infans dagegen aus den Geschäften des Sklaven nicht, denn der Gewaltunterworfene vermochte durch sein Handeln die Rechtslage des Gewalthabers nur zu verbessern, nicht aber zu verschlechtern.

[495] Gai. 1, 196; Ulp. Epit. 11, 28; Savigny, System III, S. 59; Kaser, Handbuch I, §§ 20 II, 65 II 2.

[496] Knothe, Die Geschäftsfähigkeit der Minderjährigen, S. 22.

[497] Savigny, System III, S. 59 ff; Wackernagel, Die Lebensalter, S. 43 f.; Knothe, Die Geschäftsfähigkeit der Minderjährigen, S. 22.

Feststellung der Geschlechtsreife erforderliche körperliche Untersuchung als unanständig erschien[498]. Mit dem Aufstieg Roms und der Ausweitung von Handel und Verkehr wurde allerdings aus Rechtssicherheitsgründen gefordert, die Orientierung an der tatsächlichen Geschlechtsreife bei den Knaben zugunsten einer festen Altersgrenze aufzugeben, und im Jahre 529 legte Justinian eine Altersgrenze durch Gesetz fest; bei Knaben betrug sie 14 Jahre und bei Mädchen wurde die 12-Jahres-Regelung weitergeführt[499]. Die Entwicklung des Mündigkeitstermins verlief somit weithin parallel zu dem für die Grenze der infantia dargestellten Prozeß: von der Feststellung des betreffenden Status nach äußerlich wahrnehmbaren Symptomen (Sprachfähigkeit, Geschlechtsreife) zur Maßgeblichkeit eines bestimmten Lebensalters[500].

[498] Inst. 1, 22 pr.; Knothe, Die Geschäftsfähigkeit der Minderjährigen, S. 26 f.

[499] Inst. 1, 22 pr.:

> Pupilli pupillaeque cum puberes esse coeperint, tutela liberantur. pubertatem autem veteres quidem non solum ex annis, sed etiam ex habitu corporis in masculis aestimari volebant. nostra autem maiestas dignum esse castitate temporum nostrorum bene putavit, quod in feminis et antiquis impudicum esse visum est, id est inspectionem habitudinis corporis, hoc etiam in masculos extendere: et ideo sancta constitutione promulgata pubertatem in masculis post quartum decimum annum completum ilico initium accipere disposuimus, antiquitatis normam in femininis personis bene positam suo ordine relinquentes, ut post duodecimum annum completum viripotentes esse credantur.
>
> Mündel beiderlei Geschlechts werden von der Vormundschaft frei, sobald sie geschlechtsreif werden. Allerdings wollten die alten Juristen die Geschlechtsreife bei Männern nicht allein nach den Jahren, sondern auch nach der körperlichen Beschaffenheit beurteilen. Doch haben wir in unserer Majestät für gut befunden, es sei unserer sittenreinen Zeit würdig, das, was bei Frauen schon den Altvorderen als unzüchtig erschien, nämlich eine Besichtigung der körperlichen Beschaffenheit, auch bei Männern für unzüchtig zu halten. Und deshalb haben wir durch Verkündung einer unverbrüchlichen Konstitution verfügt, daß bei Männern die Geschlechtsreife sofort mit Vollendung des vierzehnten Lebensjahres anzunehmen ist. Für Frauen haben wir es bei der wohlangemessenen Regelung des alten Rechts belassen, wonach sie mit Vollendung des zwölften Lebensjahres als mannbar angesehen werden.

[500] Knothe, Die Geschäftsfähigkeit der Minderjährigen, S. 27 f.

c) Die Fähigkeit zur Vornahme von Rechtsgeschäften

Die impuberes infantia maiores konnten grundsätzlich[501] alle Rechtsgeschäfte in eigener Person vornehmen. Zu bestimmten Geschäften bedurften sie jedoch der Mitwirkung (auctoritas) ihres Tutors[502]. Die auctoritas (abgeleitet von „augere" = wachsen lassen, größer werden) ergänzte und vervollständigte den als unvollkommen angesehenen Willen des Unmündigen und verlieh dem betreffenden Rechtsakt damit die gleiche Wirkung wie dem Geschäft eines Mündigen[503]. Der Tutor mußte bei dem Abschluß des zu autorisierenden Geschäfts persönlich anwesend sein und die auctoritas sofort erteilen, um damit gleichsam den noch unvollkommenen Verpflichtungswillen des impuberes unmittelbar zu ergänzen. Eine nachträgliche Autorisierung war unwirksam[504].

d) Die auctoritas als Wirksamkeitsvoraussetzung bei rechtsnachteilhaften Rechtsgeschäften

Selbständig vornehmen konnte der Unmündige diejenigen Rechtsgeschäfte, die seine Rechtsstellung verbesserten[505]. Ob ein Rechtsge-

---

501 Schlechthin ausgenommen waren sie lediglich von der Eheschließung und der Testamentserrichtung.

502 Inst. 1, 21 pr.:

> Auctoritas autem tutoris in quibusdam causis necessaria pupillis est, in quibusdam non est necessaria...
>
> In einigen Fällen bedürfen Mündel der förmlichen Zustimmung des Vormunds, in anderen nicht...

503 Karlowa, Römische Rechtsgeschichte II, S. 278; Kaser, Handbuch I, §§ 21 II 3, 87 IV; Knothe, Die Geschäftsfähigkeit der Minderjährigen, 31.

504 Gai. D. 26, 8, 9, 5; Inst. 1, 21, 2; Kipp, Das römische Recht, § 41, 2; Jörs/Kunkel, Römisches Privatrecht, § 188, 3; F. Schulz, Classical Roman Law, Rn. 302; Knothe, Die Geschäftsfähigkeit der Minderjährigen, S. 31.

505 Inst. 1, 21 pr.:

> ... ut ecce si quid dari sibi stipulentur, non est necessaria tutoris auctoritas: quod si aliis pupilli promittant, necessaria est: namque placuit meliorem quidem suam condicionem licere eis facere etiam sine tutoris auctoritate, deteriorem vero non aliter quam tutore auctore.
>
> Lassen beispielsweise Mündel sich versprechen, daß ihnen etwas gegeben wird, ist die förmliche Zustimmung des Vormunds nicht erforderlich; versprechen sie jedoch anderen etwas, so ist sie erforderlich. Denn es hat sich die Auffassung durchgesetzt, daß sie ihre Rechtslage auch ohne förmliche Zustimmung des Vormunds verbessern können, verschlechtern aber nur mit förmlicher Zustimmung des Vormunds.

schäft die rechtliche Situation des Unmündigen verbesserte oder verschlechterte beurteilten die Römer dabei einzig und allein nach rechtlichen Gesichtspunkten. Besser wurde die Rechtslage nur dann, wenn der Mündel durch das Geschäft ausschließlich Rechte erwarb oder von Verbindlichkeiten oder sonstigen Belastungen frei wurde[506]. Jedwede Einbuße an Rechten und jede aus dem Geschäft erwachsende Verpflichtung verschlechterte dagegen ohne weiteres die rechtliche Position; ein solches Rechtsgeschäft bedurfte daher selbst dann der auctoritas tutoris, wenn es - etwa als gegenseitiger Vertrag - neben diesen Nachteilen für den Unmündigen Vorteile mit sich brachte, deren wirtschaftlicher Wert den der Einbuße überstieg[507]. Zu den rechtsvorteilhaften Geschäften zählten insbesondere diejenigen Rechtsgeschäfte, bei denen sich ein anderer dem Unmündigen gegenüber verpflichtet[508], sowie die Entgegennahme eines Schulderlasses (acceptilatio) durch einen Gläubiger[509]. Die auctoritas tutoris war dagegen erforderlich, wenn das Rechtsgeschäft die Rechtslage des Mündels verschlechterte, so z.B. bei der Veräußerung eines dem Unmündigen gehörenden Gegenstandes[510] und der Freilassung eines Sklaven[511], sowie inbesondere bei allen Rechtsgeschäften, bei denen sich der Mündel verpflichtete[512] - also bei allen gegenseitig verpflichtenden Verträgen.

e) Die Rechtsfolge des Fehlens der auctoritas

Fehlte die auctoritas, so verpflichtete der Vertrag nur den (mündigen) Kontrahenten des Pupillen; allein der Unmündige erwarb ein auf die vereinbarte Leistung gerichtetes Klagerecht (actio), etwa bei einem Verkauf die actio venditi auf Zahlung des Kaufpreises[513]. Eine (klagbare) Verbindlichkeit des Pupillen und damit eine actio des anderen Teils auf die Gegenleistung - bei einem Kauf also die actio empti auf Leistung der Kaufsache - erzeugte der Vertrag hingegen nicht[514]. Kenn-

[506] Knothe, Die Geschäftsfähigkeit der Minderjährigen, S. 33.
[507] Cuq, Manuel des institutions juridiques des Romains, S. 211; Knothe, Die Geschäftsfähigkeit der Minderjährigen, S. 33.
[508] Inst. 3, 19, 9.
[509] Ulp. D. 46, 4, 2.
[510] Gai. 2, 80.
[511] Gai. D. 26, 8, 9, 1.
[512] Inst. 3, 19, 9.
[513] Knothe, Die Geschäftsfähigkeit der Minderjährigen, S. 36.
[514] Ulpian D. 19, 1, 13, 29 (32. ad ed.):

> Si quis a pupillo sine tutoris auctoritate emerit, ex uno latere constat contractus: nam qui emit, obligatus est pupillo, pupillum sibi non obligat.

zeichnend für den ohne vormundschaftliche Mitwirkung geschlossenen gegenseitigen Vertrag ist somit nach dem römischen Recht der Antike die einseitige Wirksamkeit dieses Vertrages. Die Römer spalteten die beiden Verbindlichkeiten auf und beurteilten die Wirksamkeit jedes einzelnen von ihnen gesondert nach dem Kriterium der Verbesserung oder Verschlechterung der Rechtsposition des Unmündigen[515]. Verlangte der Unmündige von dem allein verpflichteten mündigen Kontrahenten die geschuldete Leistung, dann mußte er (obwohl ihm keine klagbare Verpflichtung oblag) die vereinbarte Gegenleistung erbringen[516]. Dem mündigen Kontrahenten stand aber ein Zurückbehaltungsrecht zu[517]. Wegen der Befugnis des anderen Teils, dem Leistungsbegehren des Pupillen nur gegen Erbringung der Gegenleistung zu entsprechen, stellte sich die einseitige Wirksamkeit des nicht autorisierten gegenseitigen Vertrages als Recht des Unmündigen dar, einseitig darüber zu entscheiden, ob der Vertrag (auf beiden Seiten) erfüllt oder nicht durchgeführt werden sollte[518]. Nur der Pupillus konnte –

> Wenn jemand von einem Unmündigen ohne Ermächtigung des Vormunds gekauft hat, so besteht der Vertrag von einer Seite; denn der Käufer ist dem Unmündigen verpflichtet, dieser aber jenem nicht.

Inst. 1, 21 pr.:

> ...unde in his causis, ex quibus mutae obligationes nascuntur, in emptionibus venditionibus, locationibus conductionibus, mandatis, depositis, si tutoris auctoritas non interveniat, ipsi quidem qui cum his contrahunt obligantur, at invicem pupilli non obligantur.

> Wenn deshalb in den Fällen, in denen wechselseitige Verbindlichkeiten entstehen, wie bei Kauf, bei Miete, Pacht Dienst- und Werkvertrag, bei Auftrag und Verwahrung, eine förmliche Zustimmung des Vormunds nicht erteilt wird, werden zwar diejenigen, die mit den Mündeln abschließen, verpflichtet, die Mündel ihrerseits dagegen nicht.

515 Knothe, Die Geschäftsfähigkeit der Minderjährigen, S. 36 f.

516 Knothe, Die Geschäftsfähigkeit der Minderjährigen, S. 37.

517 Vgl. (wobei die Echtheit der Stelle umstritten ist) Paulus D. 18, 5, 7, 1:

> ... si (pupillus) ab initio sine tutoris auctoritate emisset, ut scilicet ipse non teneatur, sed agente eo retentiones (reo) competant ...

> ...als ob er (der Unmündige) ursprünglich ohne Ermächtigung des Vormunds gekauft hätte, so daß er selbst nicht daran gebunden ist, aber auch, wennn er klagt, ihm (die gekaufte Sache) vorenthalten werden kann...

518 Savigny, System III, S. 40; Bekker SZ 15 (1894), S. 145 (193); Knothe, Die Geschäftsfähigkeit der Minderjährigen, S. 38 f.

sofern sein Tutor die auctoritas erteilte – seinen Kontrahenten (gerichtlich) zur Leistung zwingen, wobei er dann aber die Gegenleistung zu erbringen hatte. Er konnte aber ebenso von einem Leistungsbegehren absehen (und mußte dies, wenn der Tutor die auctoritas verweigerte); der Vertrag blieb dann beiderseits unerfüllt. Dem mündigen Teil war hingegen jede Initiative versagt: Mangels einer entsprechenden actio konnte er den Unmündigen nicht auf Leistung verklagen, er hatte aber auch keine Möglichkeit eine Klage des Pupillen zu verhindern, sondern er konnte dann lediglich vom Pupillen auch die Gegenleistung fordern. Auch ein Mittel, den Pupillen (bzw. den Tutor) zu zwingen, sich für die Durchführung des Vertrages oder den Verzicht auf diese verbindlich zu entscheiden und dadurch die für ihn möglicherweise nachteilige Zeit der Ungewißheit zu beenden, während er sich ständig leistungsbereit halten mußte, dürfte dem anderen Teil nach der Quellenlage nicht zugestanden haben[519].

f) Der Eigentumserwerb des Pupillus in Erfüllung einer Verbindlichkeit

Die schon beim gegenseitigen Vertrag kennengelernte Trennung von vorteilhaften und nachteilhaften Rechtsfolgen innerhalb eines einheitlichen Rechtsgeschäfts setzt sich bei den Römern auch bei der Behandlung das Eigentumserwerbs durch den Pupillen im Rahmen der Erfüllung einer Verbindlichkeit des mündigen Kontrahenten fort. Der Eigentumserwerb wurde dementsprechend isoliert von der darauf gerichteten Forderung betrachtet und als rechtlich vorteilhaft[520] angesehen. Die auf den Eigentumserwerb gerichtete Forderung müßte nun an sich durch Erfüllung untergehen; doch diese Rechtsfolge wäre rechtlich nachteilig. Wegen der Trennung von Eigentumserwerb und Erfüllung blieb die ohne auctoritas erfolgte Erfüllung deshalb ohne Folge, die Schuld erlosch nicht[521]. Der Unmündige wurde dadurch also einerseits Eigentümer der Sache, andererseits behielt er seine auf den Eigentumserwerb gerichtete Forderung. Hinter diesem Ergebnis steht das Ziel, den Unmündigen vor einem Vermögensverlust ohne oder gegen den Willen des Tutors zu schützen. Verlor oder vergeudete nämlich der Unmündige das ohne auctoritas an ihn gezahlte Geld, dann verblieb ihm immer noch die Forderung gegen seinen Schuldner, so

[519] Knothe, Die Geschäftsfähigkeit der Minderjährigen, S. 39.
[520] Gai. 2, 84; Gai. D. 26, 8, 7 pr.; Knothe, Die Geschäftsfähigkeit der Minderjährigen, S. 289.
[521] Gai. 2, 84; Paul. D. 46, 3, 15.

daß sein Vermögensstand nach Erfüllung nicht ungünstiger sein konnte als davor[522].

g) Bereicherungseinrede und Bereicherungsklage als Schutz vor dem Mißbrauch der Geschäftsfähigkeitsregelung

Hatte nun solchermaßen der Unmündige den Leistungsgegenstand erworben und die Forderung darauf behalten, dann konnte der Kontrahent eine nochmalige Klage mit der exceptio doli abwehren, sofern sich die erste Leistung noch im Vermögen des Mündels befand[523]. Diese Einrede sollte – ebenso wie die Regelung, nach welcher der Pupillus die Leistung aus dem ohne auctoritas geschlossenen gegenseitigen Vertrag nur gegen das Angebot der Gegenleistung verlangen konnte – verhindern, daß der Unmündige die seinem Schutz dienenden Vorschriften mißbraucht, um auf Kosten anderer einseitige Vermögensvorteile zu erzielen. Daneben kam es zur Anerkennung eines entsprechenden Klagerechts, so daß der mündige Kontrahent gegen den Pupillen eine actio auf Rückgewähr der durch das nicht autorisierte Geschäft erlangten und noch vorhandenen Bereicherung hatte[524].

h) Die lex Plaetoria und die Wiedereinsetzung in den vorigen Stand

Um die Wende vom 3. zum 2. vorchristlichen Jahrhundert wurde durch die lex Plaetoria (oder Laetoria) eine neue Altersgrenze – das 25. Lebensjahr – eingeführt und trat neben die fortbestehende Einteilung in Mündige und Unmündige[525]. Der Grund für die Wahl dieses Zeitpunktes liegt wohl darin, daß nach verbreiteter Vorstellung in der Antike das erste Viertel der auf maximal 100 Jahre bemessenen Lebenszeit eine Periode der Vorbereitung auf das nachfolgende selbständige Leben darstellt[526]. Für die Mündigen, aber noch nicht 25-jährigen Jugendlichen bürgerte sich die Bezeichnung „minores viginti quinque annis" oder einfach „minores" (Minderjährige) ein[527]. Für das Alter von

---

[522] Knothe, Die Geschäftsfähigkeit der Minderjährigen, S. 366.
[523] Gai. 2, 84; Paul. D. 46, 3, 15; Ulp. D. 44, 4, 4, 4; Knothe, Die Geschäftsfähigkeit der Minderjährigen, S. 48 f.
[524] Gai. D. 14, 3, 10; Pomp. D. 46, 3, 66; Ulp. D. 26, 8, 1 pr. u. 5 pr.; D. 13, 6, 3 pr.; Knothe, Die Geschäftsfähigkeit der Minderjährigen, S. 49.
[525] Knothe, Die Geschäftsfähigkeit der Minderjährigen, S. 53 f.
[526] Huschke, ZRG 13 (1878), S. 311 (313); Knothe, Die Geschäftsfähigkeit der Minderjährigen, S. 55.
[527] Savigny, Von dem Schutz des Minderjährigen im Römischen Recht, Verm.

über 25 Jahren kam der Ausdruck „legitima aetas“[528] (Volljährigkeit) auf, da die juristische Bedeutung dieses Alters auf einer lex (Plaetoria) beruhte[529].
Die lex Plaetoria richtete sich gegen das sog. „circumscribere“ der Minderjährigen[530]. Damit ist ein Übervorteilen oder Benachteiligen gemeint, das auf einem dolus des Geschäftspartners des Minderjährigen beim Abschluß des Vertrages beruhte[531]. Das circumscribere der minores XXV annis war unter Strafe gestellt, wobei die Verurteilung aufgrund einer privaten Popularklage erfolgte[532]. Das Urteil lautete auf Zahlung einer Geldbuße[533]. Damit konnte der Minderjährige zumindest den Wert der von ihm erbrachten vertraglichen Leistung zurückfordern. Die Klage wurde im Honorarrecht dann noch um eine entsprechende dauernde Einrede ergänzt, für den Fall, daß der Minderjährige noch nicht geleistet hatte[534].
Ein weiterer Rechtsbehelf stand dem Minderjährigen[535] mit der Wiedereinsetzung in den vorigen Stand (in integrum restitutio) zur Seite. Die Wiedereinsetzung wegen Minderjährigkeit setzte voraus, daß ein Minor durch ein von ihm geschlossenes Rechtsgeschäft einen Vermögensschaden erlitten hatte[536] und dieser Schaden gerade auf der jugendlichen Unreife des Minderjährigen beruhte[537]. Die Möglichkeit der Wiedereinsetzung entfiel, wenn der Minderjährige sich bei Vertragsschluß in Täuschungsabsicht für volljährig ausgegeben hatte[538]

Schriften II, S. 331 f.; Huschke, ZRG 13 (1878), S. 311 (312); Knothe, Die Geschäftsfähigkeit der Minderjährigen, S. 54.

[528] C. Th. 8, 12, 2: „...annos Laetoriae legis egressus legitimam compleverit aetatem“.

[529] Knothe, Die Geschäftsfähigkeit der Minderjährigen, S. 54 f.

[530] Cicereo, de officiis 3, 15, 61: „Atque iste dolus malus et legibus erat vindicatus, ut ... circumscriptio adulescentium lege Plaetoria, ...“

[531] Knothe, Die Geschäftsfähigkeit der Minderjährigen, S. 55 f.

[532] Knothe, Die Geschäftsfähigkeit der Minderjährigen, S. 56 f.

[533] Knothe, Die Geschäftsfähigkeit der Minderjährigen, S. 57. Unsicher ist, ob diese Buße einen bestimmten Betrag oder ein Mehrfaches des vom minor auf Grund der circumsciptio Geleisteten umfaßte (vgl. Savigny, Verm Schriften. II, S. 337).

[534] Savigny, Von dem Schutz des Minderjährigen im Römischen Recht, Verm. Schriften II, S. 339 ff.; Huschke, ZRG 13 (1878), S. 311 (323 f.); Jörs/Kunkel, Römisches Privatrecht, § 193, 3b; Knothe, Die Geschäftsfähigkeit der Minderjährigen, S. 61.

[535] Das gilt wohl auch für den Pupillen (vgl. Mod. D. 4, 4, 29 pr).

[536] Ulp. D. 4, 4, 44. – daher das gemeinrechtliche Sprichwort „minor restituitur non tamquam minor, sed tamquam laesus“.

[537] Knothe, Die Geschäftsfähigkeit der Minderjährigen, S. 63; Ulp. D. 4, 4, 11, 4.

[538] C. 2, 42, 2 u. 3.

oder nach erreichter Volljährigkeit das Geschäft bestätigte[539]. Der Minderjährige mußte das Gesuch auf Wiedereinsetzung innerhalb einer Frist von einem Jahr[540] (später 4 Jahre)[541] seit Volljährigkeit stellen. Über das Wiedereinsetzungsverfahren entschied der Prätor (Gerichtsmagistrat) nach billigem Ermessen (causa cognita)[542]. Gab er dem Wiedereinsetzungsgesuch statt, dann wurde das angefochtene Rechtsgeschäft ex tunc unwirksam[543]. Die in intergrum restitutio war für den Minderjährigen wesentlich günstiger als die actio und die exceptio legis Plaetoriae, denn der minor brauchte hier lediglich das Vorliegen eines auf seiner jugendlichen Unerfahrenheit beruhenden objektiven Schadens zu beweisen, der schwer zu führende Beweis einer circumscriptio (und damit einer Arglist des Vertragspartners) entfiel dagegen[544].

i) Die cura minorum (Pflegschaft über Minderjährige)

Die Fähigkeit der minores viginti quinque annis zur selbständigen Vornahme von Rechtsgeschäften wurde vom späteren klassischen bis zum justinianischen Recht fortschreitend geringer, was auf die ständige Ausweitung der Befugnisse von Kuratoren zurückzuführen ist, die in einer immer größeren Zahl den Minderjährigen zur Seite gestellt wurden[545]. Seit Mark Aurel konnte ein Minderjähriger auf seinen Antrag hin einen von ihm angegebenen Kurator als Helfer in allen Vermögensangelegenheiten erhalten[546]. Der Minderjährige blieb dabei aber geschäfts- und verpflichtungsfähig[547], auch wenn tatsächlich der Pfleger alle Rechtsangelegenheiten besorgte. Die wichtigste Aufgabe des Kurators bestand darin, den Minderjährigen in dessen rechtsgeschäftlichem Handeln zu beraten. War er mit einem Rechtsgeschäft einverstanden, erteilte er seine Zustimmung (Konsens), was formlos und auch nach Vornahme des Geschäfts möglich war[548]. Die Zustimmung

[539] C. 2, 45, 1 u. 2.
[540] Knothe, Die Geschäftsfähigkeit der Minderjährigen, S. 64.
[541] C. 2, 52, 7.
[542] Knothe, Die Geschäftsfähigkeit der Minderjährigen, S. 64.
[543] Knothe, Die Geschäftsfähigkeit der Minderjährigen, S. 65.
[544] Savigny, Von dem Schutz des Minderjährigen im Römischen Recht, Verm. Schriften II, S. 351 f.; Knothe, Die Geschäftsfähigkeit der Minderjährigen, S. 66.
[545] Knothe, Die Geschäftsfähigkeit der Minderjährigen, S. 69.
[546] Knothe, Die Geschäftsfähigkeit der Minderjährigen, S. 71.
[547] Jörs/Kunkel, Römisches Privatrecht, § 51, 1c; F. Schulz, Classical Roman Law, Rn. 335; Knothe, Die Geschäftsfähigkeit der Minderjährigen, S. 58.
[548] Kaser, Handbuch I, § 90 II 2; Knothe, Die Geschäftsfähigkeit der Minderjährigen, S. 74 f.

des Kurators hat die rechtliche Geschäftsfähigkeit zwar nicht berührt, aber sie hat im Rahmen der Ermessensentscheidung des Prätors über das Wiedereinsetzungsgesuch eine große Bedeutung gehabt. Bei erteiltem Konsens wird der Prätor lediglich bei einer offensichtlichen Fehlentscheidung des Kurators dem Wiedereinsetzungsgesuch stattgegeben haben[549]. In der spätrömischen Zeit, in der nahezu alle (gewaltfreien) Minderjährigen einen Kurator zu erbitten pflegten, wurde deshalb die Wiedereinsetzung praktisch von einem Rechtsbehelf gegen die Folgen der Unerfahrenheit des minor selbst zu einem Rechtsbehelf gegen die Auswirkungen schlechter Geschäftsführung des Kurators[550].

j) Die Einschränkung der Geschäftsfähigkeit und Abschaffung der Prozeßfähigkeit

Den Grundsatz der Geschäftsfähigkeit der minores viginti quinque annis haben die Römer formell niemals beseitigt, sie beschränkten aber die Geschäftsfähigkeit, indem sie für die Vornahme einer im Laufe der Zeit immer größer werdenden Zahl von bedeutsamen Rechtsakten die Zustimmung des Kurators forderten[551]. In spätklassischer und diokletianischer Zeit wurde die Mitwirkung eines Kurators für die Annahme als Erfüllung[552] und die Veräußerung von Gegenständen des Minderjährigenvermögens[553] erforderlich. Seit einer von Caracalla 214 n. Chr. erlassenen Konstitution[554] mußte, wer einen Minderjährigen verklagen wollte, den minor auffordern, die Bestellung eines Prozeßkurators (curator in litem) zu beantragen, denn mit diesem Kurator hatte der andere Teil dann den Rechtsstreit zu führen. Kam der Minderjährige dieser Aufforderung nicht nach, so konnte sogar der zukünftige Kläger selbst den Antrag stellen[555], womit der Grundsatz durchbrochen wurde, daß ein curator minoris nur auf Antrag des minor selbst bestellt werden durfte. Diese in bezug auf die Prozeßfähigkeit eingeleitete Entwicklung brachte Konstatin mit einem Reskript[556] aus dem Jahre 319 zum Abschluß, indem er die Bestellung eines Prozeßkurators für alle Prozeßhandlungen des Minderjährigen anordnete.

[549] Knothe, Die Geschäftsfähigkeit der Minderjährigen, S. 78 f.
[550] Knothe, Die Geschäftsfähigkeit der Minderjährigen, S. 78.
[551] Knothe, Die Geschäftsfähigkeit der Minderjährigen, S. 79
[552] Vgl. Ulp. D. 4, 4, 7, 2.
[553] Vgl. C. 2, 21, 3; Knothe, Die Geschäftsfähigkeit der Minderjährigen, S. 80 ff.
[554] C. 5, 31, 1.
[555] Lenel SZ 35 (1914), S. 129 (202 f.); Jörs/Kunkel, Römisches Privatrecht, § 193, 3c; Knothe, Die Geschäftsfähigkeit der Minderjährigen, S. 80.
[556] C. 3, 5, 2.

Die Minderjährigen hatten die aktive und passive Prozeßfähigkeit damit vollstänig verloren[557].

k) Die cura minorum als Regelfall

Seit Konstantin (306-337) dürfte wegen der verlorenen Prozeßfähigkeit und den Einschränkungen der Geschäftsfähigkeit die cura minorum zum Regelfall geworden sein[558]. Die cura minorum erschien dabei im allgemeinen Bewußtsein immer mehr als bloße Fortsetzung der tutela impuberum, an die sich die cura ja anschloß[559]. Entsprechend verwischte sich auch der in klassischer Zeit scharf ausgeprägte Unterschied zwischen den impuberes infantia maiores und den viginti quinque annis[560]. Beide Gruppen wurden in zunehmendem Maße als eine einheitliche Klasse jugendlicher Personen mit geminderter Selbständigkeit im Rechtsverkehr betrachtet und der Begriff „minor" wandelte sich in der Rechtssprache der konstantinischen Kanzelei zur Bezeichnung für alle noch nicht 25-jährigen Personen[561]. Die weitgehende Angleichung der Geschäftsfähigkeit der minores viginti quinque annis an diejenige der Unmündigen hatte den Zeitraum geminderter Selbständigkeit des jungen (gewaltfreien) Römers im Vergleich zur ursprünglichen Regelung (volle Geschäftsfähigkeit mit der Pupertät) nahezu verdoppelt, was sich in manchen Fällen jedoch als lästiges und überflüssiges Hemmnis erwies, da mancher römische Jüngling seine Angelegenheiten auch vor dem 25. Lebensjahr durchaus selbständig wahrnehmen konnte[562]. Es bestand deshalb die Möglichkeit einer vorzeitigen Volljährigkeitserklärung (venia aetatis) durch den Kaiser (auf Antrag des Minderjährigen)[563].

---

[557] Lenel SZ 35 (1914), S. 129 (203); Knothe, Die Geschäftsfähigkeit der Minderjährigen, S. 92.
[558] Vgl. Savigny, Von dem Schutz des Minderjährigen im Römischen Recht, Verm. Schriften II, S. 371 ff.; Lenel SZ 35 (1914), S. 129 (130); Knothe, Die Geschäftsfähigkeit der Minderjährigen, S. 92.
[559] Kaser, Handbuch II, § 231 III; Knothe, Die Geschäftsfähigkeit der Minderjährigen, S. 92 f.
[560] Kaser, Handbuch I, § 207 I 2; Knothe, Die Geschäftsfähigkeit der Minderjährigen, S. 93.
[561] Knothe, Die Geschäftsfähigkeit der Minderjährigen, S. 93 f.
[562] Knothe, Die Geschäftsfähigkeit der Minderjährigen, S. 98.
[563] C. Th. 2, 17, 1 = C. 2, 44, 2; Knothe, Die Geschäftsfähigkeit der Minderjährigen, S. 99.

Die cura minorum endete damit, und der minor konnte grundsätzlich alle Rechtsgeschäfte ohne Konsens des Kurators vornehmen; es blieb ihm aber auch die Möglichkeit der Wiedereinsetzung in den vorigen Stand verschlossen[564].

l) Veräußerungsverbote mit staatlichem Genehmigungsvorbehalt

Es wurde aber nicht nur die rechtliche Handlungsfähigkeit der Minderjährigen beschränkt, sondern auch der Spielraum des Tutors und Kurators wurde zunehmend weiter eingeengt. Tutor und Kurator bedurften zu wichtigen Geschäften für den Minderjährigen staatlicher Genehmigung. Nach der 195 n. Chr. unter Septimus Severus erlassenen „oratio Severi"[565] war es dem tutor impuberis (und in analoger Anwendung wohl auch dem curator minoris)[566] grundsätzlich untersagt, wirtschaftlich besonders wertvolle, auf dem Lande oder im Bereich der Vorstadt gelegene Grundstücke ohne Dekret des Prätors zu veräußern. Das Dekret durfte dabei nur erteilt werden, wenn die Veräußerung erforderlich war, um mit dem Erlös auf andere Weise nicht zu tilgende Schulden des Pupillen zu begleichen. Nach einem Reskript[567] von 294 n. Chr. erklärten Diokletian und Maximian eine Veräußerung ohne Dekret für unwirksam. Konstantin dehnte das Veräußerungsverbot in einem Gesetz[568] von 326 n. Chr. auf alle beweglichen und unbeweglichen Sachen der Unmündigen und Minderjährigen (mit Ausnahme abgenutzter und verdorbener Kleider sowie überflüssigen Viehs) aus, und Justinian schließlich verlangte in zwei Erlassen[569] von 531 n. Chr. auch für die Einziehung bestimmter Forderungen der impuberes und minores ein richterliches Dekret.

2. Jüngeres gemeines Recht[570]

Die grundsätzliche Geschäftsunfähigkeit der infantes, wie sie in den römischen Quellen erscheint, wurde vom gemeinen Recht übernom-

---

564 C. 2, 44, 1.
565 Vgl. Ulp. D. 27, 9, 1, 2.
566 Lenel SZ 35 (1914), S. 129 (168 f.); Knothe, Die Geschäftsfähigkeit der Minderjährigen, S. 97.
567 C. 5, 71, 16 pr.
568 C. 5, 37, 22.
569 C. 5, 37, 25 u. 27.
570 Vgl. die ausführliche Darstellung von Knothe, Die Geschäftsfähigkeit der Minderjährigen, S. 206 ff.

men und erfuhr ihren dogmatischen Hintergrund durch die Entwicklung der Theorie der Handlungsfähigkeit. Unter einer Handlung ist dabei eine Äußerung des Willens in der sinnlich wahrnehmbaren Welt zu verstehen[571]. Nach diesem Ansatz ist das Grundelement der Handlungsfähigkeit das Willensvermögen, die Fähigkeit überhaupt einen juristisch relevanten Willen zu bilden[572]. Diese Fähigkeit ist während der ersten Lebensjahre eines Menschen regelmäßig nicht vorhanden[573]. Daher werden „Willenserklärungen" von Kindern – auch wenn sie rechtlich vorteilhaft sind – als nicht existent behandelt. Aus Gründen der Rechtssicherheit wurde eine feste Altersgrenze befürwortet, und die Vorgabe der Römer (7 Jahre) wurde übernommen. Rechtsgeschäfte für das Kind mußte der Tutor als gesetzlicher Vertreter abschließen. Die impuberes infantia maiores konnten dagegen grundsätzlich Rechtsgeschäfte in eigener Person abschließen, da sie ein allgemeines Willensvermögen besaßen, es fehlte ihnen freilich die Einsicht in die rechtliche Bedeutung einer juristischen Handlung[574]. Ohne weiteres wirksam konnten daher nur solche Rechtsgeschäfte sein, welche die Rechtslage des Pupillen ausschließlich verbesserten, denn bei diesen war eine Schädigungsgefahr von vornherein ausgeschlossen. Alle anderen Geschäfte waren hingegen nur mit der formlosen[575] Zustimmung des Tutors wirksam. Umstritten war, ob die auctoritas auch extunc wirken konnte[576].

Eine heftige Kontroverse bestand zudem bezüglich der Wirkungen des nicht konsentierten gegenseitigen Vertrages. Den Streit löste das Bemühen der Pandektisten aus, die Rechtsfolgen dieser Verträge durch die Einordnung in ein umfassendes System der Ungültigkeitsgründe

---

[571] Savigny, System III, § 104 (S. 5); Puchta, Pandekten, § 49; Arndts, Pandekten, § 58; Bekker, System II, § 82; Dernburg, System I, § 67; Hölder, Pandekten, § 39; J.-A. Seuffert, Praktisches Pandektenrecht I, § 68; Regelsberger, Pandekten I, § 129; Unger, System II, § 75 (S. 23).

[572] Puchta, Pandekten, § 49; Vorlesungen, § 50; Institutionen II, § 202; Arndts, Pandekten, § 59; Regelsberger, Pandekten I, § 57 I; Unger, System II, § 75 (S. 23).

[573] Puchta, Pandekten § 50; Vorlesungen, §§ 23, 50; Institutionen II, § 202; Rosshirt, Gemeines deutsches Civilrecht I, § 80 II; Sintenis, Das praktische gemeine Civilrecht I, § 17 B a (S. 136); Windscheid/Kipp, Lehrbuch des Pandektenrechts I, § 71 (Fn. 6); Unger, System II, § 76 I 2.

[574] Puchta, Pandekten, §§ 49, 50; Vorlesungen, § 50; Institutionen II, § 202; Regelsberger, Pandekten I, § 57 I; Unger, System II, § 76 II vor 1.

[575] Kraut,Vormundschaft II, S. 111, 114; Mittermaier, Grundsätze des gemeinen deutschen Privatrechts, § 425; Savigny, Von dem Schutz des Minderjährigen im Römischen Recht, Verm. Schriften II, S. 394; Göschen, Vorlesungen III, 1 § 761 a.E.

[576] Dafür: Wächter, Pandekten I, § 84 III; Dernburg, Pandekten I, § 84; dagegen: Sintenis, Das practische gemeine Civilrecht III, § 145 (Fn. 1); Schweppe, Das Römische Privatrecht I, § 105.

des Rechtsgeschäfts dogmatisch zu präzisieren[577]. Während einige den römischen Quellen streng folgten und somit von einer teilweisen (nämlich einseitigen) Nichtigkeit des Vertrages ausgingen[578], rückten andere den Aspekt in den Vordergrund, daß die gegenseitigen Leistungspflichten wesensmäßig untrennbar und in ihrer Existenz schlechthin voneinander abhängig sind[579]. Die beiden Verbindlichkeiten wurden demnach als zwei Hälften ein und desselben Rechtsgeschäfts betrachtet, kraft dessen jeder Kontrahent gleichzeitig Gläubiger und Schuldner war[580]. Diese synallagmatische Verknüpfung mußte auch dann gewahrt bleiben, wenn einer der Vertragsschließenden unfähig war, ohne Zustimmung des Vormundes für sich eine Verpflichtung zu begründen[581]. Nur die Verpflichtung des voll geschäftsfähigen Teils entstehen zu lassen, hätte dem so verstandenen Wesen des gegenseitigen Vertrages widersprochen[582]. Der Schutz des Unmündigen konnte bei diesem Konzept dann nur dadurch gewährleistet werden, daß man dessen Vormund die Befugnis einräumte, über das Schicksal des gesamten Vertrages und damit beider Obligationen zu entscheiden[583]. In diesem Sinne wurde dann vertreten, daß der Unmündige den Vertrag gleichsam unter der aufschiebenden Rechtsbedingung der Genehmigung geschlossen habe[584] oder, daß der Vertrag zwar zunächst beiderseitig nichtig, aber durch Genehmigung heilbar sei[585].

Bei den mündigen Minderjährigen war die Geschäftsfähigkeit bei Rechtsgeschäften unter Lebenden[586] in der gleichen Weise eingeschränkt wie bei den impuberes infantia maiores[587]. Es gab also durch Verschmelzung von tutela impuberum und cura minorum bloß eine einzige Form der Altersvormundschaft.

---

577 Knothe, Die Geschäftsfähigkeit der Minderjährigen, S. 211 f.

578 Vgl. näher Knothe, Die Geschäftsfähigkeit der Minderjährigen, S. 217 ff.

579 Puchta, Pandekten, § 232; Vorlesungen, § 232.

580 Fr. Mommsen, Beiträge III, 415 ff.

581 Knothe, Die Geschäftsfähigkeit der Minderjährigen, S. 216.

582 Fr. Mommsen, Beiträge III, 416.

583 Puchta, Pandekten, § 232.

584 Puchta, Pandekten, § 232; Knothe, Die Geschäftsfähigkeit der Minderjährigen, S. 214.

585 Wächter, Pandekten I, § 84 III.

586 Anderes gilt für die Eheschließung.

587 Puchta, Pandekten, § 51; Wächter, Pandekten I, § 48 III (S. 224 f.); Kraut, Vormundschaft II, 103 ff; Knothe, Die Geschäftsfähigkeit der Minderjährigen, S. 225.

3. Das Bürgerliche Gesetzbuch für das Deutsche Reich[588]

Das BGB unterteilt die Minderjährigen - im Gegensatz zum römischen und gemeinen Recht - nur noch in Kinder (Personen, die das 7. Lebensjahr noch nicht vollendet haben) und sonstige Minderjährige. Mit der Altersgrenze des vollendeten 7. Lebensjahres hat das BGB die Regelung des gemeinen Rechts, dem schon die älteren deutschen Kodifikationen und das preußische Geschäftsfähigkeitsgesetz gefolgt waren, übernommen[589]. Personen unter 7 Jahren sind geschäftsunfähig (§ 104 Nr.1 BGB). Ihre Willenserklärungen sind nach § 105 Abs.1 BGB nichtig und zwar selbst bei rein vorteilhaften Geschäften[590]. Deshalb muß Rechtsgeschäfte für das Kind der gesetzliche Vertreter abschließen. Gesetzlicher Vertreter eines unter elterlicher Gewalt (heute: elterlicher Sorge) stehenden Kindes war nach der ursprünglichen Fassung des BGB (§ 1630 S.1 a.F.) allein der Vater. Heute sind beide Eltern gemeinsam zur gesetzlichen Vertretung berufen (§ 1629 Abs. 1 BGB n.F.). Minderjährige, die das 7. Lebensjahr vollendet haben, sind gemäß § 106 BGB in der Geschäftsfähigkeit beschränkt. Sie können nach Maßgabe der §§ 107 ff. BGB jedoch schon in eigener Person Rechtsgeschäfte abschließen. Vollständige Autonomie in den rechtsgeschäftlichen Handlungsmöglichkeiten billigt das BGB der natürlichen Person erst mit 21 Jahren zu. Die Festsetzung des Volljährigkeitsalters auf 21 Jahre (§ 2 BGB a.F.) hat sich am Reichsgroßjährigkeitsgesetz von 1875 orientiert[591]. Die Einteilung der dem Kindesalter entwachsenen Minderjährigen in unmündige und mündige, die auf die römische Unterscheidung zwischen impuberes infantia maiores und minores viginti quinque annis zurückgeht, wurde dagegen nicht in das BGB übernommen. Die tatsächlich bestehenden beträchtlichen Unterschiede zwischen der geistig-charakterlichen Reife von Jugendlichen, die ge-

588 Vgl. die ausführliche Darstellung bei Knothe, Die Geschäftsfähigkeit der Minderjährigen, S. 265 ff.

589 Motive I, S. 52.

590 Buchka, Vergleichende Darstellung, § 4 II; Hölder, AT, Anm 2 zu § 104. Insbesondere bei Schenkungen der Eltern an ihr noch nicht 7 jähriges Kind erweist sich die nach dem BGB bestehende Rechtslage als mißlich. Einer Annahme der Schenkung durch die Eltern steht grundsätzlich das Verbot des § 181 BGB seinem Wortlaut nach entgegen. Es ist die Bestellung eines Ergänzungspflegers erforderlich (§ 1909 BGB), was gerade bei kleineren Geschenken unverhältnismäßig aufwendig ist und daher so gut wie nie angewendet wird. Der Zweck des Minderjährigenschutzes wird damit in der Praxis geradezu in sein Gegenteil verkehrt. Der BGH (BGHZ 59, 236 (240)) wendet daher die Vorschrift des § 181 BGB in teleologischer Reduktion dann nicht an, wenn das Rechtsgeschäft für den Vertretenen lediglich rechtlich vorteilhaft ist.

591 Motive I, S. 52.

rade das Kindesalter zurückgelegt haben, und den jungen Leuten in den letzten Jahren vor der Volljährigkeit glaubte der Gesetzgeber des BGB durch die Möglichkeit der Volljährigkeitserklärung, einer erweiterten Geschäftsfähigkeit für gewisse Bereiche nach den §§ 112, 113 BGB sowie der Vorschrift des § 110 BGB ausreichend berücksichtigt zu haben[592].

Die Volljährigkeitserklärung regelte des BGB in den §§ 3-5 a.F. im wesentlichen nach dem Vorbild der preußischen Vormundschaftsordnung[593]. Der für volljährig Erklärte erlangte gemäß § 3 Abs. 2 BGB a.F. die rechtliche Stellung eines Volljährigen, mit der Konsequenz, daß die elterliche Gewalt erlosch. Voraussetzung von seiten des Minderjährigen war, daß er das 18. Lebensjahr vollendet hatte (§ 3 Abs. 1 BGB a.F.) und in die Volljährigkeitserklärung einwilligte (§ 4 Abs. 1 BGB a.F.). Minderjährige unter elterlicher Gewalt[594] bedurften nach § 4 Abs. 2 BGB a.F. grundsätzlich der Einwilligung des Gewaltinhabers. Die Volljährigkeitserklärung sollte schließlich gemäß § 5 BGB a.F. nur erfolgen, wenn sie das Beste des Minderjährigen beförderte. Waren diese Voraussetzungen gegeben, dann erfolgte die Volljährigkeitserklärung durch Beschluß des Vormundschaftsgerichts.

Der Gedanke eines Minderjährigenschutzes durch langes Verbleiben unter elterlicher Gewalt mußte aber im letzten Drittel des Jahrhunderts den gewandelten Vorstellungen einer neuen Generation weichen. Das vom Bundestag mit großer Mehrheit verabschiedete, am 1.1.1975 in Kraft getretene Gesetz zur Neuregelung des Volljährigkeitsalters faßte die Vorschrift des § 2 BGB neu: Die Volljährigkeit tritt nunmehr bereits mit dem vollendeten 18. Lebensjahr ein[595]. Die Bestimmungen der §§ 3-5 BGB a.F. über die Volljährigkeitserklärung wurden ersatzlos gestrichen, denn die bisherige Regelung ließ eine Volljährigkeitserklärung erst vom 18. Lebensjahr an zu und wurde durch die Herabsetzung des Volljährigkeitsalters auf 18. Jahre bedeutungslos. Die Herabsetzung war dabei in erster Linie eine politische Entscheidung und nicht etwa das Ergebnis psychologischer, anthropologischer und soziologischer Forschungen[596]. Eigentliches Reformziel war die umfassende Emanzipation der Jugendlichen, ihre Befreiung aus der als Zwang und Fremdbestimmung bezeichneten rechtlichen Abhängigkeit von dem gesetzlichen Vertreter, insbesondere dem Elternhaus. Die früher begin-

---

[592] Motive I, S. 53.

[593] §§ 61 Abs. 2, 97 Abs. 1.

[594] Außgenommen sind minderjährige Witwen.

[595] Vgl. Knothe, Die Geschäftsfähigkeit der Minderjährigen, S. 247 f.

[596] Becker, ZBlJR 1972, S. 380; Dannemann, Mitarbeit 1973, S. 142; Bresser, Festschrift für Schaffstein, S. 329.

nende Volljährigkeit sollte einen Teil der Eltern veranlassen, ihre Erziehung aufgeschlossener zu gestalten und dem Jugendlichen frühzeitig mehr Selbständigkeit einzuräumen; die Jugendlichen selbst sollten frühzeitig zur vollen Verantwortung des Erwachsenenlebens herangeführt und in die demokratische Gesellschaft voll integriert werden[597]. Den geistig-ideologischen Hintergrund des Reformprojektes bildete dabei die Ende der 60er Jahre entstandene, vor allem von der studentischen Jugend getragene antiautoritäre Bewegung, die einen Abbau aller etablierten äußeren Zwänge zugunsten einer möglichst ungehemmten Entfaltung des Individuums erreichen wollte[598].

a) Die Fähigkeit zur Vornahme von Rechtsgeschäften

Das BGB übernahm nicht den von der Pandektenwissenschaft entwickelten Oberbegriff der rechtlichen Handlungsfähigkeit, sondern regelt die Fähigkeit zum Abschluß von Rechtsgeschäften in den §§ 104 ff. BGB und die Deliktsfähigkeit in §§ 827-829 BGB je für sich. Rechtshandlungen, die weder Rechtsgeschäfte noch Delikte waren, blieben bewußt ungeregelt, doch sollten regelmäßig die Geschäftsfähigkeitsregeln analog gelten[599].

b) Das Kriterium des lediglich rechtlichen Vorteils

Der Minderjährige bedarf gemäß § 107 BGB der Einwilligung seines gesetzlichen Vertreters bei allen Willenserklärungen, durch die er nicht lediglich einen rechtlichen Vorteil erhält. Dies gilt in gleicher Weise für das einseitige wie für das zweiseitige Rechtsgeschäft. Unter der Einwilligung ist dabei nach der Legaldefinition des § 183 S. 1 BGB die vorige Zustimmung zu verstehen. Sie kann gemäß § 182 Abs. 1 BGB sowohl dem Minderjährigen als auch dem Adressaten der Minderjährigenerklärung gegenüber erklärt werden. Ist eine Einwilligung von seiten des gesetzlichen Vertreters erteilt worden, bedarf der Minderjährige keines weiteren Schutzes, da der Vertreter das Geschäft auf seine Zweckmäßigkeit für den Minderjährigen hin hat kontrollieren können. Ist dagegen eine Einwilligung nicht erteilt und somit die Willenserklärung des Minderjährigen nicht mit positivem Ergebnis kontrolliert worden, dann kann durch das Gesetz nach dem Gedanken des Minderjährigenschutzes nur eine solche Willenserklärung als ohne weiters gültig anerkannt

---

[597] Knothe, Die Geschäftsfähigkeit der Minderjährigen, S. 314.
[598] Knothe, Die Geschäftsfähigkeit der Minderjährigen, S. 315.
[599] Motive I, S. 129.

werden, die lediglich vorteilhaft für den Minderjährigen ist. Mit dem Kriterium des lediglich *rechtlichen* Vorteils hat der Gesetzgeber ein alternatives, z.B. in Frankreich zugrunde gelegtes Kriterium zur Bestimmung der Vorteilhaftigkeit verworfen: nämlich das des wirtschaftlichen Vorteils[600]. Er orientiert sich vielmehr an dem erstmals von den Römern entwickelten und vom gemeinen Recht fortgesetzten Prinzip der Rechtsvorteilhaftigkeit.

c) Was heißt lediglich rechtlicher Vorteil?

Ein unbefangener Betrachter müßte meinen, daß mit § 107 BGB eine einfache Regelung geschaffen wurde, die keinerlei Probleme in der Anwendung bereitet. Das konsequente Abstellen auf die Rechtsvorteilhaftigkeit war Rechtsprechung und Lehre aber von Anfang an unsympathisch. Eine im Sinne des Gesetzeswortlauts konsequente Anwendung des Kriteriums der Rechtsvorteilhaftigkeit ist deshalb schon am Anfang des Jahrhunderts nicht gegeben. In unterschiedlichem Umfang werden rechtsnachteilhafte Faktoren für irrelevant erklärt. Häufig sollen öffentliche Lasten und Abgaben außer Betracht bleiben[601], andere nehmen auch noch die Bereicherungsansprüche aus[602]. Ein weiterer Ansatz[603] besteht darin, nur rechtsgeschäftliche (sich aus dem Inhalt der Erklärung ergebende) Nachteile zu berücksichtigen. Speziell zum Erwerb eines Grundstücks wird danach unterschieden, ob die damit verbundenen Lasten den Erwerber oder den Eigentümer als solchen treffen oder bloß auf dem Gegenstand ruhen[604].

d) Stürners Ansatz einer teleologischen Reduktion des § 107 BGB[605]

Stürner nimmt an der Praxis des Umgangs mit § 107 BGB Anstoß, da diese nicht dogmatisch untermauert wird. Er meint, daß in der

---

600 Vgl. Motive I, S. 133.

601 BayObLG NJW 1967, S. 1912 (1913); Krückmann, Institutionen des BGB, S. 51; MünchKomm/Gitter, § 107, Rn. 7.

602 Thur, AT des BGB, S. 340; Crome, System des dt. Bürgerlichen Rechts, S. 364.

603 Cosack, Lehrbuch des Bürgerlichen Rechts I, S. 171 f; Henle, Lehrbuch des Bürgerlichen Rechts I, S. 164 f.; vgl. auch Enneccerus/Nipperdey, AT, 2. Halbband, § 151 II 1 (Fn. 3); Soergel/Hefermehl, § 107, Rn. 1; RGRK/Krüger-Nieland, § 107, Rn. 17.

604 RGZ 148, S. 321 (324); Jauernig/Jauernig, § 107, Anm. 2 c; MünchKomm/Gitter, § 107, Rn. 10 f.

605 Stürner, AcP 173 (1973), S. 402 ff; zustimmend Larenz/Wolf, AT , § 25, Rn. 25.

Rechtswirklichkeit eine wirtschaftliche Bewertung ausschlaggebend sei[606]. Daß eine solche wirtschaftliche Betrachtungsweise ein gangbarer Weg sei, versucht er durch den Verweis auf das französische Recht (Art. 1305 C.C.F.) zu zeigen. Dort nämlich werde darauf abgestellt, ob das Rechtsgeschäft unter Berücksichtigung der persönlichen Verhältnisse des Minderjährigen wirtschaftlich nützlich sei, wobei die wirtschaftliche Einzelbetrachtung offenbar nicht zu einer untragbaren Rechtsunsicherheit führe[607]. Im deutschen Recht würde häufig (heimlich) genauso entschieden, obwohl äußerlich eisern am Grundsatz der ausschließlich rechtlichen Betrachtung festgehalten werde[608]. Stürner will nun diesem Vorgehen eine solide dogmatische Basis geben und schlägt deshalb eine am Normzweck orientierte teleologische Reduktion des § 107 BGB vor[609]. Der Normzweck des § 107 BGB bestehe darin, den Minderjährigen vor einer Gefährdung seines Vermögens und seines geistigen und leiblichen Wohls zu schützen, was aus Gründen der Rechtssicherheit durch das formale Kriterium des lediglich rechtlichen Vorteils geschehe[610]. Es zeige nun aber nicht jeder rechtliche Nachteil eine Gefährdung des Vermögens oder des geistigen und leiblichen Wohls an, sondern es gebe Rechtsnachteile, die nach ihrem Typ, nach ihrer abstrakten und generellen Natur, regelmäßig zu keiner Gefährdung führten. Diese sollen grundsätzlich außer Betracht bleiben[611]. Nur ausnahmsweise seien abstrakt ungefährliche Rechtsnachteile beachtlich, wenn im konkreten Fall bereits bei Vornahme des Rechtsgeschäfts die Vermögensbeeinträchtigung feststehe und der Geschäftspartner des Minderjährigen die vermögensbeeinträchtigende Wirkung des Rechtsgeschäfts kenne[612].

Stürner ersetzt also mit anderen Worten das Kriterium des lediglich rechtlichen Vorteils, die Umschreibung also eines konkreten Rechtsvorteils, durch Fallgruppen von abstrakter wirtschaftlicher Nützlichkeit. Um nun aber nicht bei einem bloß abstrakten Schutz stehenzubleiben, ist eine konkrete wirtschaftliche Schlechterstellung dann beachtlich, wenn der Geschäftspartner diese bei Geschäftsabschluß erkennt.

---

[606] Stürner, AcP 173 (1973), S. 402 (415).
[607] Stürner, AcP 173 (1973), S. 402 (416).
[608] Stürner, AcP 173 (1973), S. 402 (416 f.).
[609] Stürner, AcP 173 (1973), S. 402 (420).
[610] Stürner, AcP 173 (1973), S. 402 (417).
[611] Stürner, AcP 173 (1973), S. 402 (417).
[612] Stürner, AcP 173 (1973), S. 402 (417).

e) Köhlers Deutung des § 107 BGB durch eine sorgerechtliche Betrachtungsweise[613]

Einen anderen Weg, um § 107 BGB praxisgerecht umzuformen, geht Köhler, indem er die Vorteilhaftigkeit eines Geschäfts durch eine sorgerechtliche Betrachtungsweise zu deuten sucht. Er geht von einem dreifachen Schutzzweck des § 107 BGB aus. Zum einen soll der Minderjährige wegen seiner geringen geistigen Reife und geschäftlichen Erfahrung vor einer Gefährdung seines Vermögens und seines persönlichen Wohls bewahrt werden[614]. Zum anderen sei der Schutz der elterlichen Sorge selbständiger Regelungszweck. Jeder Erweiterung des Kreises der zustimmungsfreien Geschäfte über den Wortlaut des § 107 BGB hinaus bewirke nämlich gleichzeitig eine Einschränkung des elterlichen Sorgerechts[615]. Schließlich solle § 107 BGB noch den Schutz der Rechtssicherheit gewährleisten, was durch das formale Kriterium des lediglich rechtlichen Vorteils geschehe[616]. Leitgedanke Köhlers Argumentation ist, daß in erster Linie der gesetzliche Vertreter dazu berufen sei, die Ungefährlichkeit oder Nützlichkeit eines Rechtsgeschäfts des Kindes zu beurteilen. Jeder Versuch, bestimmte Nachteile als unbeachtlich, da ungefährlich, auszugrenzen, bedeute gleichzeitig, daß insoweit der Gesetzesinterpret seine Auffassung von der Ungefährlichkeit oder Nützlichkeit des Geschäfts an die Stelle der Beurteilung durch die Eltern (bzw. Vormund, Pfleger) setze[617]. Abgrenzungskriterium von zustimmungsfreien zu zustimmungsbedürftigen Geschäften soll deshalb die Wertung sein, ob das Rechtsgeschäft nach Art und Umfang der damit verbundenen Nachteile einer Kontrolle durch den gesetzlichen Vertreter bedürfe, was nicht bei geringfügigen und fernliegenden Nachteilen der Fall sei[618]. Dabei sei der Rechtssicherheit insoweit Rechnung getragen, als einerseits in Zweifelsfällen Zustimmungsbedürftigkeit anzunehmen sei und andererseits Fallgruppen gebildet werden könnten[619]. In der Praxis bedeute das sorgerechtliche Kriterium, daß der schenkungsweise Erhalt eines Grundeigentums, Erbbaurechts oder Wohnungseigentums zu den zustimmungsbedürftigen Geschäften zähle[620].

---

[613] Köhler, JZ 1983, S. 225 ff; Köhler, BGB AT, § 17, Rn. 11 ff.
[614] Köhler, JZ 1983, S. 225 (226).
[615] Köhler, JZ 1983, S. 225 (226).
[616] Köhler, JZ 1983, S. 225 (226).
[617] Köhler, JZ 1983, S. 225 (228).
[618] Köhler, JZ 1983, S. 225 (228).
[619] Köhler, JZ 1983, S. 225 (228).
[620] Köhler, JZ 1983, S. 225 (230).

f) Kritik und eigener Ansatz: Für eine wortlautgetreue Anwendung des § 107 BGB

Stürner stellt völlig zurecht fest, daß die Stellung von h.L. und Rechtsprechung zur Frage des lediglich rechtlichen Vorteils unbefriedigend ist, da sie einer dogmatischen Konzeption ermangelt. Der Vorschlag einer teleologischen Reduktion des § 107 BGB ist auch ein methodisch begrüßenswerter Weg, die Auslegung des § 107 BGB durch Rechtsprechung und h.L. dogmatisch zu begründen. Einer Prämisse für die Anwendbarkeit der teleologischen Reduktion wird aber sehr wenig Aufmerksamkeit geschenkt, nämlich der Frage, ob und warum eine wortlautgetreue Anwendung des § 107 BGB unhaltbar ist[621].

Köhlers sorgerechtlicher Ansatz bemängelt richtigerweise die „Entmündigung" der Eltern durch den Rechtsanwender, der mit der Auslegung der Rechtsvorteilhaftigkeit den Eltern ein Stück Dispositionsbefugnis nimmt. Zudem ist seine Ansicht, der Grundstückserwerb bedürfe grundsätzlich der Zustimmung, eine wichtige, richtungsweisende Gegenposition zur h.L. Aber auch Köhler unterstellt ohne genauere Begründung, daß eine wortlautgetreue Anwendung des § 107 BGB nicht gangbar ist[622].

Es soll daher nun überprüft werden, ob nicht auch eine wortgetreue Anwendung des § 107 BGB interessengerecht sein könnte. Alle, auch die geringsten Rechtsnachteile, müßten dann berücksichtigt werden, seien es öffentliche Lasten, nichtrechtsgeschäftliche Nachteile oder auch nur Bereicherungsansprüche. Das Erfüllungsgeschäft wäre stets rechtsnachteilig, da ein bestehender schuldrechtlicher Anspruch durch Erfüllung unterginge oder bei Nichtbestehen eines schuldrechtlichen Anspruchs ein Bereicherungsanspruch entstünde. Der Kreis zustimmungsfreier Rechtsgeschäfte wäre dann in der Tat sehr gering (beschränkt im wesentlichen auf den Schenkungsvertrag, die Aneignung sowie die Kündigung eines zinslosen Darlehens, wenn der Minderjährige Darlehensgeber ist). Aber bedürfen alle anderen Rechtsgeschäfte der Genehmigung? Keineswegs, denn § 110 BGB deckt (ohne einer genaueren Darstellung vorgreifen zu wollen) einen nicht geringen Bereich von Geschäften ab. Werden dem Minderjährigen vom gesetzlichen Vertreter (oder von einem Dritten mit Zustimmung des Vertreters) Mittel zu einem bestimmten Zweck oder zur freien Verfügung überlassen, dann gilt der geschlossene Vertrag von Anfang an als wirksam. Der Genehmigung bedürfen daher lediglich nicht konsentierte, rechtsnachteilige Geschäfte, für die der gesetzliche Vertreter auch

[621] Vgl. Stürner, AcP 173 (1973), S. 402 (416 f.).
[622] Vgl. Köhler, JZ 1983, S. 225 (225).

keine Mittel zur Verfügung gestellt hat. Bei diesen Geschäften ist aber ein Risiko für den Minderjährigen stets in größerem oder kleinerem Umfang vorhanden, so daß die Genehmigung durch die Eltern mehr als sinnvoll erscheint. Durch die rückwirkende Kraft der Genehmigung ist es auch ausgeschlossen, daß für den Minderjährigen während der Zeit zwischen Abgabe der Willenserklärung und Genehmigung eine Verschlechterung seiner Lage eintritt. Eine wörtliche Anwendung des § 107 BGB ist also durchaus sinnvoll. Gegen die nicht wortgetreue Anwendung des § 107 BGB spricht aber noch ein weiterer Umstand, nämlich die dogmatische Unschlüssigkeit der h.M. bezüglich der Wirkung der Erfüllung einer Verbindlichkeit gegenüber dem Minderjährigen. Der h.M. liegt bei dieser Frage das Konzept des römischen Rechts zugrunde[623], also die Trennung der Rechtsfolgen in für den Minderjährigen rechtsvorteilhafte und deshalb gültige und in rechtsnachteilhafte und deshalb unwirksame Folgen. Das BGB hat sich aber in § 107 für eine Gesamtbetrachtung entschieden[624]. Ist auch nur eine Folge des Rechtsgeschäfts für den Minderjährigen rechtsnachteilig, dann ist wegen der synallagmatischen Verbundenheit das *gesamte* Geschäft mit all seinen rechtlichen Folgen (schwebend) unwirksam. Dieser Grundsatz beansprucht auch Gültigkeit im Fall des Eigentumserwerbs zur Erfüllung einer Verbindlichkeit des Minderjährigen. Der Eigentumserwerb ist als mit seiner Folge (dem Untergang des Anspruchs darauf) als Einheit zu sehen. Als Konsequenz ergibt sich daraus, daß der Eigentumserwerb in Erfüllung einer Verbindlichkeit stets rechtsnachteilhaft ist, weshalb der Vertreter genehmigen muß.
Alles zusammengenommen stellt sich deshalb die wörtliche Anwendung des § 107 BGB als eine interessengerechte und dogmatisch schlüssige Verwirklichung des Minderjährigenschutzes dar. Einer Einschränkung der Vorschrift bedarf es nicht. Die Konsequenz der h.M. zum § 107 BGB, Forderung und Gegenforderung mal getrennt zu betrachten, mal zusammen zu sehen, ist dogmatisch unhaltbar.

g) § 107 BGB innerhalb des Kreditkartenverfahrens

Für das Kreditkartenverfahren ergibt sich, daß sowohl der Emissionsvertrag, als auch Weisung und Anweisung rechtlich nachteilig sind. Der Emissionsvertrag ist rechtsnachteilig, weil den Minderjährigen Sorgfaltspflichten und die Belastung mit dem Disagio treffen. Die Weisung ist rechtsnachteilig, weil sie als Folge den Aufwendungsersatzan-

[623] Knothe, Die Geschäftsfähigkeit der Minderjährigen, S. 368.
[624] Vgl. den Streit um diese Frage im gemeinen Recht S. 148.

spruch nach sich zieht. Und die Anweisung ist rechtlich nachteilig, weil durch sie ein Bereicherungsanspruch des Kartenherausgebers gegen den Minderjährigen entsteht[625].

h) Die Rechtsfolge fehlender Einwilligung

Was die Rechtsfolge einer fehlenden Einwilligung des gesetzlichen Vertreters angeht, ist zwischen Verträgen und einseitigen Rechtsgeschäften zu unterscheiden.

(1) Verträge

Die Wirksamkeit eines ohne Einwilligung geschlossenen Vertrages hängt gemäß § 108 Abs. 1 BGB von der Genehmigung des Vertreters ab[626], die der Gesetzgeber als aufschiebende Gesetzesbedingung für die Wirksamkeit des Vertrages ansah[627]. Mit dem Tatbestand „geschlossener Vertrag“ ist gemeint, daß die Bestandteile des Vertrages (Angebot und Annahme) nicht einzeln als einseitige Rechtsgeschäfte betrachtet werden, sondern zusammen den Tatbestand des Vertrages bilden[628]. Unter der Genehmigung ist nach der Legaldefinition des § 184 Abs. 1 BGB die nachträgliche Zustimmung zu verstehen, die auf den Zeitpunkt der Vornahme des Rechtsgeschäfts zurückwirkt. Bis zur zustimmenden oder ablehnenden Erklärung des gesetzlichen Vertreters ist der Vertrag schwebend unwirksam[629]. Der Abschluß des Vertrages löst dessen Wirkungen (noch) nicht aus, die Unwirksamkeit ist aber auch nicht endgültig (es liegt also keine Nichtigkeit vor), denn die Genehmigung kann das Geschäft noch wirksam machen. Endgültig unwirksam wird es erst mit der Verweigerung der Genehmigung. Den Gedanken, in der Genehmigung erst die Annahme des von dem Kont-

---

[625] So auch Larenz/Canaris, Schuldrecht II/2, § 70 IV 2 c („Zwar sind Anweisung und/oder Tilgungsbestimmung nach §§ 111, 107 BGB wirksam, wenn sie dem Minderjährigen lediglich einen rechtlichen Vorteil bringen ..., doch ist das hier auch dann nicht der Fall, wenn die Schuld, auf die der Minderjährige gezahlt hat, bestand; denn darin, daß dieser bei Wirksamkeit seiner Zahlung der Rückgriffskondiktion der Bank ausgesetzt wäre, liegt ein rechtlicher Nachteil ...“); wohl auch Esser/Weyers, Schuldrecht, § 48 III 3 b; für rechtliche Vorteilhaftigkeit dagegen Thielmann, AcP 187 (1987), S. 23 (43); Reuter/Martinek, Ungerechtfertigte Bereicherung, S. 431 f.

[626] Ist der Minderjährige unbeschränkt geschäftsfähig geworden, so geht die Genehmigungsbefugnis nach § 108 Abs. 3 auf ihn über.

[627] Motive I, S. 135.

[628] Thur, AT des BGB, S. 348 (Fn. 89).

[629] Soergel/Hefermehl, vor § 104, Rn. 11; MünchKomm/Gitter, § 108, Rn. 4.

rahenten des Minderjährigen erklärten Vertragsantrages zu sehen (wie es im gemeinen Recht vertreten wurde), verwarfen die Verfasser des BGB ausdrücklich wegen der sich hierdurch ergebenden unter Umständen nachteiligen ex-nunc-Wirkung der Genehmigung[630]. Während des Schwebezustandes ist die Rechtsstellung der Parteien in bezug auf die einseitige Dispositionsbefugnis über das Geschäft unterschiedlich. Der Vertreter des Minderjährigen (nach Erreichen der Volljährigkeit auch dieser selbst) hat es in der Hand, den Vertrag für beide Seiten durch Genehmigung wirksam oder durch Verweigerung der Genehmigung endgültig unwirksam werden zu lassen. Der volljährige Kontrahent kann sich dagegen nur unter den Voraussetzungen des § 109 BGB einseitig vom Vertrag lösen, indem er den Widerruf erklärt, was aber nur bis zur (externen oder internen) Genehmigung des Vertrages zulässig ist (§ 109 Abs. 1 BGB). Der Widerruf ist ausgeschlossen, wenn der Vertragsgegner die Minderjährigkeit kannte (Kennenmüssen genügt nicht[631]), es sei denn, daß der Minderjährige der Wahrheit zuwider das Vorliegen der Einwilligung behauptet und der Vertragsgegner diese Behauptung bei Abschluß des Vertrages für wahr gehalten hat (§ 109 Abs.2 BGB). Diese Lockerung der Bindung des Kontrahenten an den Vertrag ist gegenüber der Rechtslage vor dem BGB ein Novum, war doch vorher grundsätzlich von einer unlösbaren Bindung des Kontrahenten auszugehen. Die 2. Kommission entschied sich jedoch für die Lockerung, da dem geschäftsfähigen Vertragsteil ein positiver Schaden drohe, dem Minderjährigen dagegen höchstens ein Gewinn entgehe und eine Bindung des Kontrahenten – besonders wenn ein Fall der Illoyalität des Minderjährigen vorliege – ungerechtfertigt sei[632]. Neben der Möglichkeit, während der Schwebezeit aus dem Vertrag auszusteigen, eröffnet das BGB in § 108 Abs. 2 im Anschluß an das Preußische Geschäftsfähigkeitsgesetz[633] von 1875 dem mündigen Vertragsgegner das Recht, Sicherheit bezüglich des Bestehens des Vertrages herbeizuführen[634]. Er kann den gesetzlichen Vertreter zu einer Erklärung über die Genehmigung auffordern, mit der Wirkung, daß eine Erklärung des gesetzlichen Vertreters dann nur noch dem Vertragsgegner gegenüber erfolgen kann und eine vor der Aufforderung ergangene interne Erteilung oder Verweigerung der Genehmigung unwirksam wird (§ 108 Abs. 2 S. 1 BGB). Gibt nun der gesetzliche Vertreter die geforderte Erklärung nicht innerhalb zweier Wochen seit Empfang

630 Motive I, S. 135 f.

631 Palandt/Heinrichs, § 109, Rn. 4.

632 Prot. II, S. 130 f.

633 § 4 Abs. 2.

634 Vgl. Motive I, S. 136 f.

der Aufforderung ab, dann gilt die Genehmigung[635] als verweigert (§ 108 Abs. 2 S. 1 BGB).

(2) Einseitige Rechtsgeschäfte

Für das einseitige Rechtsgeschäft gelten dagegen andere Prinzipien. Nach § 111 S. 1 BGB ist ein von einem Minderjährigen ohne die erforderliche Einwilligung des gesetzlichen Vertreters vorgenommenes einseitiges Rechtsgeschäft unwirksam. Der Empfänger eines einseitigen Rechtsgeschäfts soll nämlich (insbesondere wenn es sich um ein Gestaltungsrecht handelt) dessen Wirksamkeit oder Unwirksamkeit sofort erkennen können[636]. Der Absicherung dieses Anliegens dient auch S. 2 des § 111 BGB. Selbst ein mit Einwilligung des gesetzlichen Vertreters von dem Minderjährigen vorgenommenes einseitiges empfangsbedürftiges Rechtsgeschäft ist dann unwirksam, wenn der Minderjährige die Einwilligung nicht in schriftlicher Form vorlegt und der andere das Geschäft aus diesem Grunde unverzüglich zurückweist. Nach S. 3 ist die Zurückweisung jedoch ausgeschlossen, wenn der Vertreter den anderen von der Einwilligung in Kenntnis gesetzt hat. Das nicht konsentierte einseitige Rechtsgeschäft ist damit praktisch nichtig, weshalb der 1. Entwurf diese Geschäfte auch als nichtig bezeichnete[637]. Die Verfasser des 2. Entwurfes zogen aber schließlich den Begriff „unwirksam" vor[638], weil auch das ohne Einwilligung vorgenommene einseitige

---

[635] Die Vorschrift des § 108 Abs. 2 S. 1 BGB entgegen dem Wortlaut auch auf die Einwilligung auszudehnen ist dagegen nicht möglich; vgl. Prot. II, S. 129 f.; Dernburg, BR I, § 121 III; Biermann, BR I, § 61 Fn. 13; Riedel, Das Bürgerliche Gesetzbuch I, S. 396; Enneccerus/Nipperdey, AT, 2. Halbband, § 152 Fn. 12; Flume, AT II, § 13, 7 c) cc); Kohler, Jura 1984, 349; Soergel/Hefermehl, § 108, Rn. 8; dafür aber: Endemann, Lehrbuch I, 1 § 29, 4a m. Fn. 32; Palandt/Heinrichs, § 108, Rn; Erman/Brox, § 108, Rn. 7; Jauernig/Jauernig, § 108, Anm 2 b.

[636] Motive I, S. 133 f.; Prot. I, S. 132.

[637] E I § 65:

> Ein Minderjähriger, welcher das 7. Lebensjahr zurückgelegt hat, ist in der Geschäftsfähigkeit beschränkt.
> Er ist fähig zur Vornahme von Rechtsgeschäften, durch welche er lediglich Rechte erwirbt oder lediglich von Verbindlichkeiten befreit wird.
> Zur Vornahme von Rechtsgeschäften anderer Art bedarf er der Einwilligung des gesetzlichen Vertreters. Fehlt dieses Erfordernis, so ist das einseitige Rechtsgeschäft nichtig, der Vertrag zwar gültig, die Wirksamkeit desselben aber von der Genehmigung des gesetzlichen Vertreters abhängig ...

[638] E II § 85:

> Ein einseitiges Rechtsgeschäft, welches der Minderjährige ohne die erforderliche Einwilligung des gesetzlichen Vertreters vornimmt, ist unwirksam. ...

Rechtsgeschäft eines Minderjährigen durch Vereinbarung zwischen dem Minderjährigen und dem anderen Teil entsprechend der §§ 108, 109 BGB behandelt werden kann[639]. Unter Umständen wird eine solche Vereinbarung als stillschweigend geschlossen anzusehen sein, wenn der andere Teil sich, obwohl er den Mangel der Einwilligung des gesetzlichen Vertreters kannte, mit der Vornahme des Rechtsgeschäfts einverstanden erklärt[640]. Das gilt insbesondere dann, wenn das einseitige Rechtsgeschäft von den Parteien einvernehmlich in einen gleichzeitig abgeschlossenen Vertrag eingeordnet wird[641].
Ganz ähnlich liegt auch der Fall beim Abschluß des Emissionsvertrages. Der Kartenherausgeber weiß um die Minderjährigkeit des Karteninhabers beim Abschluß des Emissionsvertrages, er möchte sich aber auch bei den einseitigen Rechtsgeschäften (Weisung und Anweisung), die – wenn auch nicht Bestandteil des Emissionsvertrages – doch notwendige Vervollständigung desselben sind, nach den §§ 108, 109 BGB behandeln lassen, weil dies für ihn (jedenfalls wenn man der h.M. im Bereicherungsrecht folgt[642]) günstiger ist als die Unwirksamkeit von Anfang an nach § 111 BGB hinzunehmen. Bei Unwirksamkeit der Anweisung (und gültiger Verpflichtung im Valutaverhältnis) hat der Kartenherausgeber nach h.M. nämlich nur einen Bereich-erungsanspruch gegen das Vertragsunternehmen, dagegen aber keinen gegen den Minderjährigen; damit wird das Sicherungsinteresse des Vertragsunternehmens und das Bestreben nach Bargeldähnlichkeit beeinträchtigt. Durch die Abbedingung des § 111 BGB wird die Abweichung vom Vertragsprinzip der Barzahlung wiederhergestellt. Es besteht jedenfalls die Chance, daß durch Einwilligung oder Genehmigung von Weisung und Anweisung das Zahlungsverfahren seinen vorgesehenen Lauf nehmen kann.

i) Gesetzliche Institute zur Erweiterung der Geschäftsfähigkeit des Minderjährigen

Es gibt Situationen, in denen die Einzelkontrolle durch den gesetzli-

---

[639] Vgl. Ebbecke, Gruchot 63 (1919), S. 177 (182 f.); Knothe, Die Geschäftsfähigkeit der Minderjährigen, S. 291 (Fn. 79).
[640] Planck/Flad, § 111 Anm. 2; vgl. auch Palandt/Heinrichs, § 111, Rn. 3; dagegen für eine teleologische Reduktion: Larenz/Canaris, Schuldrecht II/2, § 70 IV 2 c; für § 180 S. 2 BGB analog: Canaris, Bankvertragsrecht, Rn. 374.
[641] BGH NJW 90, S. 1721; Planck/Flad, § 111, Anm. 2; Palandt/Heinrichs, § 111, Rn. 3; MünchKomm/Gitter, § 111, Rn. 7.
[642] Vgl. dazu S. 174.

chen Vertreter (wie sie die §§ 107 ff. BGB vorsehen) inkonsequent, unpraktisch oder sogar unmöglich wäre. Der Gesetzgeber schuf deshalb zur Ermöglichung einer gewissen rechtlichen Selbständigkeit des Minderjährigen zwei berufs- und tätigkeitsbezogene Selbständigkeitstatbestände (§§ 112, 113 BGB) sowie einen allgemeinen nur formal, aber nicht inhaltlich begrenzten Selbständigkeitstatbestand (§ 110 BGB).

(1) Die Erwerbsmündigkeit § 112 BGB[643]

Schon seit der Periode des Usus Modernus war in Wissenschaft und Rechtsprechung die Teilmündigkeit freiberuflich tätiger oder gewerbetreibender Minderjähriger als allgemeines deutsches Gewohnheitsrecht anerkannt[644]. Diesem Grundsatz schloß sich auch das preußische Geschäftsfähigkeitsgesetz von 1875 an. Dessen § 5 Abs. 1 erklärte einen Minderjährigen, dem der Vater oder Vormund den selbständigen Betrieb eines Erwerbsgeschäftes gestattet hatten, für fähig zum Abschluß aller Rechtsgeschäfte, die der Geschäftsbetrieb mit sich brachte, ohne daß der gesetzliche Vertreter zustimmen mußte. Als Erwerbsgeschäft galt dabei jede selbständige Tätigkeit zu Erwerbszwecken[645]. In der Gestattung des Betriebs eines Erwerbsgeschäfts durch den gesetzlichen Vertreter erblickte man aber keine teilweise Vollgeschäftsfähigkeitserklärung, sondern lediglich einen Generalkonsens[646]. Die Gestattung wurde deshalb - obwohl das Gesetz darüber nichts enthielt - als vom gesetzlichen Vertreter zurücknehmbar erachtet[647].
Mit § 112 enthält auch das BGB eine besondere Vorschrift für minderjährige Gewerbetreibende. Ein von einem gesetzlichen Vertreter zum selbständigen Betrieb eines Erwerbsgeschäfts ermächtigter Minderjähriger ist für solche Geschäfte unbeschränkt geschäftsfähig, die der Geschäftsbetrieb mit sich bringt. Das sind alle Rechtsgeschäfte, die ihrer objektiven Beschaffenheit nach dem Zweck des Geschäftsbetriebs dienen können, auch wenn das einzelne Geschäft vom Minderjährigen nicht zum Zweck des Geschäftsbetriebs vorgenommen wird[648]. Zum Geschäftsbetrieb können als Hilfsgeschäfte auch Geschäfte gehören, die der Befriedigung der Lebensbedürfnisse des Minderjährigen die-

[643] Vgl. Knothe, Die Geschäftsfähigkeit der Minderjährigen, S. 378 ff.
[644] Knothe, Die Geschäftsfähigkeit der Minderjährigen, S. 378 f.
[645] Hesse, Vormundschaftsordnung, S.313; Knothe, Die Geschäftsfähigkeit der Minderjährigen, 383.
[646] Knothe, Die Geschäftsfähigkeit der Minderjährigen, S. 382 f.
[647] Dernburg, Vormundschaftsordnung, S. 177.
[648] Palandt/Heinrichs, § 112, Rn. 4; Thur, AT des BGB, S. 353; Oertmann, § 112, 5a.

nen[649]. Außerhalb der Ermächtigung liegen Geschäfte, zu denen der Vertreter der Genehmigung des Vormundschaftsgerichts bedarf. Die Ermächtigung nach § 112 BGB kann nur mit Genehmigung des Vormundschaftsgerichts erteilt und zurückgenommen werden. Die Vorschrift des § 112 BGB war nach Ansicht des Gesetzesverfasser nicht zuletzt deshalb notwendig, da weder gewerberechtlich noch handelsrechtlich die Führung von Erwerbsgeschäften an die Volljährigkeit gebunden war und das Zivilrecht daher nicht im Wege stehen sollte[650]. § 112 BGB lehnt sich an das preußische Geschäftsfähigkeitsgesetz an, gestaltet aber die Handlungserweiterung des Minderjährigen nicht als Generalkonsens, sondern als teilweise Volljährigkeitserklärung des gesetzlichen Vertreters aus[651].
Durch die Herabsetzung der Minderjährigkeitsgrenze auf 18 Jahre ist die Bedeutung des § 112 BGB stark gesunken. Ist aber der Minderjährige nach § 112 BGB teilweise für volljährig erklärt, dann hat die Vorschrift bezüglich des Kreditkartenverfahrens eine große Bedeutung. Eine Kreditkartenzahlung wird nämlich bei den meisten Geschäftsbetrieben dienlich sein können, z.B. wenn es darum geht, über das Internet etwas für den Geschäftsbetrieb zu kaufen.

(2) Die Dienst- oder Arbeitsmündigkeit § 113 BGB[652]

Im Unterschied zu § 112 BGB, der sich auf die selbständige Tätigkeit bezieht, regelt § 113 BGB die unselbständigen Beschäftigungen, also Dienst und Arbeitsverhältnisse. Sowohl vom konstruktiven Ansatz her als auch in bezug auf die geschichtliche Entwicklung finden sich viele Parallelen zum § 112 BGB. Wie auch die Erwerbsmündigkeit so entwickelte sich sie Arbeitsmündigkeit, die noch den Römern unbekannt war, in der Zeit des Usus Modernus als allgemeines deutsches Gewohnheitsrecht[653]. Hatte der Vater oder Vormund zugestimmt, daß sich ein Minderjähriger als Dienstbote verdingte, so konnte dieser

---

[649] Dernburg, BR I, § 122, Fn. 4; Thur, AT des BGB, S. 354; Enneccerus/Nipperdey, AT, 2. Halbband, § 151, Fn. 15.

[650] Motive I, 141 f.

[651] Motive I, S. 142 f.; Crome, System I, § 83 II 4 m.Fn. 44; Riedel, Das Bürgerliche Gesetzbuch I, 403 ff.; Schefold, AcP 94 (1903), S. 305 ff; Soergel/Hefermehl § 112, Rn. 1; MünchKomm/Gitter § 112, Rn. 1.

[652] Vgl. zusammenfassend: Knothe, Die Geschäftsfähigkeit der Minderjährigen S. 387 ff. und ausführlich: Gefaeller, Entstehung und Bedeutungswandel der Arbeitsmündigkeit (§ 113 BGB).

[653] Kraut, Vormundschaftsordnung II, S. 630; Gefaeller, Entstehung und Bedeutungswandel der Arbeitsmündigkeit (§ 113 BGB), S. 30, Knothe, Die Geschäftsfähigkeit der Minderjährigen, S. 387.

Minderjährige - falls der Vertreter den Konsens nicht auf den Dienst bei einem bestimmten Dienstgeber begrenzt oder nur für einen gewissen Zeitraum erteilt hatte - Dienstverhältnisse fortan ohne weitere Zustimmung des Vertreters eingehen oder auflösen; der einmal erteilte Konsens galt demnach im Zweifel auch für jede spätere Begründung, Inhaltsänderung oder Aufhebung von Gesindeverhältnissen[654]. Das preußische Geschäftsfähigkeitsgesetz von 1875 erweiterte die gewohnheitsrechtlichen Grundsätze auch auf Arbeitsverhältnisse gewerblicher Arbeitnehmer. Die nach § 6 erforderliche Genehmigung zum Eintritt in ein Dienst- oder Arbeitsverhältnis war - wie die Genehmigung eines Gewerbebetriebes nach § 5 - eine generelle Zustimmung zu den in der Vorschrift genannten Rechtsgeschäften[655].

Das BGB dagegen konstruiert die Arbeitsmündigkeit in § 113 - wie schon die Erwerbsmündigkeit in § 112 - als teilweise Vollgeschäftsfähigkeitserklärung[656]. Die Ermächtigung zum Eintritt in Dienst oder Arbeit hat allerdings leichtere Voraussetzungen als die Ermächtigung zum selbständigen Betrieb eines Erwerbsgeschäfts[657]. Sie kann nämlich ohne Genehmigung des Vormundschaftsgerichtes erteilt und zurückgenommen werden (§ 113 Abs. 1 u. 2 BGB). Dem entspricht aber auch eine geringere Intensität in der Wirkung. Die Ermächtigung macht den Minderjährigen geschäftsfähig für solche Rechtsgeschäfte, welche die Eingehung oder Aufhebung eines Dienst- oder Arbeitsverhältnisses der gestatteten Art oder die Erfüllung der sich aus einem solchem Verhältnis ergebenden Verpflichtungen betreffen. Dieser Umfang der Ermächtigung kann aber, im Gegensatz zu § 112 BGB, vom gesetzlichen Vertreter bei oder nach Erteilung der Ermächtigung in beliebiger Weise beschränkt werden, insbesondere auf ein einzelnes Dienstverhältnis[658]. Eine spezielle Ermächtigung gilt nach § 113 Abs. 4 BGB aber im Zweifel als allgemeine Ermächtigung zur Eingehung von Verhältnissen derselben Art. Von der Ermächtigung nicht gedeckt sind - wie beim § 112 BGB auch - Verträge, zu denen der Vertreter der Genehmigung des Vormundschaftsgerichts bedarf.

§ 113 BGB hat - gerade auch am Anfang des Jahrhunderts - scharfe Kritik erfahren, da die Vorschrift die Ausbeutung von Jugendlichen

---

[654] Kraut, Vormundschaftsordnung II, 630; Gierke, Deutsches Privatrecht I, § 44 I 4 c; Gefaeller, Entstehung und Bedeutungswandel der Arbeitsmündigkeit (§ 113 BGB), S. 30 f., Knothe, Die Geschäftsfähigkeit der Minderjährigen, S. 387.

[655] Knothe, Die Geschäftsfähigkeit der Minderjährigen, S. 391 f..

[656] Hachenburg, BGB, S. 180; MünchKomm/Gitter, § 113, Rn. 1; Knothe, Die Geschäftsfähigkeit der Minderjährigen, S. 393.

[657] Thur, AT des BGB, S. 354 f.

[658] Thur, AT des BGB, S. 355.

durch die besitzenden Schichten begünstige und auch gerade zu diesem Zweck geschaffen worden sein solle[659].
Die Bedeutung der Vorschrift ist seit der Herabsetzung des Volljährigkeitsalters von 21 auf 18 Jahre eher gering. Zudem findet § 113 BGB seit Einführung des Berufsbildungsgesetzes (BBiG)[660] auf Ausbildungsverträge keine Anwendung[661] mehr. Zwar zählen zu den Arbeitsverträgen begrifflich auch Lehrverträge[662], nach § 3 Abs. 2 BBiG sind auf Berufsausbildungsverträge aber nur dann die für den Arbeitsvertrag geltenden Rechtsvorschriften anwendbar, wenn sich aus dem Wesen und Zweck der Berufsausbildung nichts anderes ergibt. Gerade das ist aber der Fall, denn der Gedanke einer teilweisen rechtlichen Selbständigkeit paßt nicht zu einem Ausbildungsverhältnis, da der Minderjährige hier unter erzieherischer Anleitung des Ausbilders steht und keine selbständige Rolle wahrnimmt[663].
Liegt eine (gültige) teilweise Volljährigkeitserklärung nach § 113 BGB vor, dann setzt der Tatbestand der Vorschrift (Ermächtigung nur zur Eingehung, Aufhebung oder Erfüllung von Arbeits- und Dienstverträgen) einer Anwendbarkeit beim bargeldlosen Zahlungsverkehr enge Grenzen. Wenigstens wird man aber die Eröffnung eines Lohn- und Gehaltskontos (wegen des engen Sachzusammenhangs mit der Eingehung des Arbeitsverhältnisses)[664] als von der Ermächtigung gedeckt ansehen können[665]. Ebenso wirksam sind Bar- abhebungen in Höhe des Lohns, denn im Ergebnis erhält der Minderjährige seinen Lohn dann nicht anders als bei der Barauszahlung[666]. Der Minderjährige darf über den ausgezahlten Betrag aber grundsätzlich nicht verfügen, sondern muß ihn beim gesetzlichen Vertreter abliefern[667].

---

659 Menger, Das bürgerliche Recht und die besitzlosen Klassen, S. 70 ff.; Gefaeller, Entstehung und Bedeutungswandel der Arbeitsmündigkeit (§ 113 BGB), S. 33 f.
660 Berufsbildungsgesetz vom 14. 8. 1969.
661 LAG Stuttgart, BB 1956, S. 925; Palandt/Heinrichs, § 113, Rn. 2; MünchKomm/Gitter, § 113, Rn. 7; Soergel/Hefermehl, § 113, Rn. 2.
662 RAGE 3, S. 221 (223); Schatter, RdA 51, 445 (446 f.); Kaskel/Dersch, Arbeitsrecht, S. 248.
663 Vgl. Schaub, Arbeitsrechts-Handbuch, § 32 II, § 174 II.
664 Jauernig/Jauernig, § 113, Anm. 3.
665 MünchKomm/Gitter, § 113, Rn. 16; Scheerer, BB 1971, S. 981 (983); Capeller BB 1961, S. 453 (454); Canaris, Bankvertragsrecht, Rn. 375.
666 Canaris, Bankvertragsrecht, Rn. 375; Soergel/Hefermehl § 113, Rn. 5; Palandt/Heinrichs § 113, Rn. 4; Capeller BB 1961, S. 453 (454).
667 Capeller BB 1961, S. 453 (454).

Von § 113 BGB nicht gedeckt sind daher Überweisungen, da sie Verfügungen über den Lohn darstellen[668] und gleiches gilt natürlich auch für den Einsatz einer Kreditkarte.

(3) § 110 BGB

Nach § 110 BGB gilt ein von einem Minderjährigen ohne Zustimmung des gesetzlichen Vertreters geschlossener Vertrag als von Anfang an wirksam, wenn der Minderjährige die vertragsmäßige Leistung mit Mitteln bewirkt, die ihm zu diesem Zweck oder zur freien Verfügung von dem Vertreter oder einem Dritten überlassen worden sind.
Die Vorschrift hatte im römischen und gemeinen Recht keine Vorgänger und wurde neu vom BGB eingeführt[669]. Funktionell übernimmt § 110 BGB die Aufgabe, die vorher durch Annahme eines Generalkonsenses in bezug auf Verträge zur Deckung des gewöhnlichen Lebensbedarfs für Minderjährige mit gewisser Selbständigkeit bewerkstelligt wurde[670].

(a) Der Standpunkt der Motive

Für die Frage, ob mit der Mittelüberlassung zugleich eine konkludente Zustimmung erteilt wird, unterscheiden die Motive[671] zwischen dem dinglichen Rechtsgeschäft und dem ihm zugrunde liegenden schuldrechtlichen Vertrag. Hinsichtlich des dinglichen Rechtsgeschäfts, das auf seiten des Minderjährigen eine Verfügung enthält, also belastend ist, tritt die Wirksamkeit ein, wenn der „Zweck der Überweisung" erreicht ist. Ob hierin eine Zustimmung im Sinne der §§ 107, 108 BGB zum dinglichen Vertrag liegt, wird nicht in eindeutiger Weise geklärt, aber die Motive sehen wohl im „Zweck der Überlassung" eine Zustimmung allgemeiner Art, denn schließlich bedarf es keiner besonderen Einwilligung mehr[672]. Die Bedeutung des § 110 BGB scheint nach den Motiven allein darin zu bestehen, den schuldrechtlichen Vertrag wirksam zu machen[673]. Falls ein belastender schuldrechtlicher Vertrag vom Minderjährigen geschlossen wurde, ist er nach allgemeinen Regeln schwebend unwirksam. „Tritt Erfüllung seitens des Minderjähri-

---

[668] MünchKomm/Gitter, § 113, Rn. 16; Scheerer, BB 1971, S. 981 (983); Capeller, BB 1961, S. 453 (455).
[669] Motive I, S. 148; Riedel, Das Bürgerliche Gesetzbuch I, S. 399.
[670] Vgl. Fn. 693.
[671] Motive I, S. 147 f.
[672] Faltermeier, Konstruktion und Problematik des § 110 BGB, S. 11 f.
[673] Faltermeier, Konstruktion und Problematik des § 110 BGB, S. 12.

gen hinzu, so wirkt sie so, wie die Genehmigung des Vertreters oder des Minderjährigen nach Erlangung der vollen Geschäftsfähigkeit"[674]. Nach den Motiven handelt es sich bei § 110 BGB also nicht um einen Sonderfall der Einwilligung, sondern um eine gesetzliche Genehmigungsfiktion. Von diesem Hintergrund aus ist dann auch der Standort der § 110 BGB im Gesetz (nämlich nach den §§ 108, 109 BGB über die Genehmigung) schlüssig.

(b) Ansicht der h.M. zur Bedeutung von § 110 BGB

Die gegenwärtig h.M. steht dagegen auf dem Standpunkt, bei § 110 handele es sich um einen speziellen Fall der Einwilligung nach § 107 BGB, deren Umfang sich aus der mit der Überlassung der Mittel verbundenen Zweckbestimmung ergebe[675]. Die Worte „ohne Zustimmung" seien i.S.v. „ohne ausdrückliche Zustimmung" zu verstehen[676]. Die Einwilligung sei jedoch in der Weise inhaltlich beschränkt, daß der Vertrag nicht bereits mit seinem Abschluß, sondern erst mit Erfüllung durch den Minderjährigen wirksam werden solle[677]. Konstruktiv wird § 110 BGB von einigen[678] als Auslegungsregel angesehen, andere[679] halten die Vorschrift für eine inhaltliche Modifikation der konkludenten Einwilligung (eine gesetzliche Fiktion) dahingehend, daß die Einwilligung aufschiebend bedingt durch die Erfüllung des Minderjährigen sei. Den Vertretern der h.M. ist gemeinsam, daß sie den Wirksamkeitsgrund der nach § 110 BGB geschlossenen Verträge in dem Willen des gesetzlichen Vertreters sehen, der in der Mittelüberlassung zum Ausdruck kommt[680]. Dementsprechend ist der rechtsgeschäftliche Handlungsrahmen des Minderjährigen durch den Willen des Vertreters

[674] Motive I, S. 148.
[675] RGZ 74, S.234 (235); Palandt/Heinrichs, § 110, Rn. 1; MünchKomm/Gitter, § 110, Rn. 3.
[676] AG Waldshut VersR 85, S. 937 (938); Palandt/Heinrichs, § 110, Rn. 1.
[677] Palandt/Heinrichs, § 110, Rn. 1; Soergel/Hefermehl, § 110, Rn. 1.
[678] Lindacher, Festschrift für Bosch, S. 533 (541); Scherner, BGB – Allgemeiner Teil, S. 157.
[679] Zitelmann, Die Rechtsgeschäfte, S. 70 f. („Die tatsächliche Erfüllung soll gleich der Genehmigung wirken. Das läßt sich vielleicht so ausdrücken. In der Vermögensüberweisung soll ein doppeltes Moment gesehen werden: der Mundwalt ertheilt durch sie allgemeinen Konsens zu allen dinglichen Geschäften, und zugleich bedingten allgemeinen Konsens zu den zu Grunde liegenden obligatorischen Geschäften bedingt nämlich derart: ich konsentiere in das obligatorische Geschäft, falls du die Leistung mit den betreffenden Vermögensgegenständen machst."); Medicus, Bürgerliches Recht, Rn. 173; wohl auch MünchKomm/Gitter, § 110, Rn. 1 ff.
[680] Nierwetberg, Jura 1984, S. 127 (128).

insoweit begrenzt, wie derselbe sich nach Auslegung des Einwilligungsempfängers gemäß §§ 133, 157 BGB darstellt. In dieser Berücksichtigung des Vertreterwillens soll nach Auffassung der h.M. auch der eigentliche Vorteil der Konstruktion liegen, denn die Vorstellung der Motive erleichtere die Erziehungsaufgabe des gesetzlichen Vertreters nicht, sondern erschwere sie, da der Vertreter nur die Wahl zwischen dem Gängelband zweckgebundener Mittel und einem totalen Taschengeld habe[681].

(c) Eigene Ansicht – Der Zweck des § 110: risikobegrenzte und elterlich definierte rechtliche Selbständigkeit

Der h.M. liegt eine unzutreffende Vorstellung über den Zweck des § 110 BGB zugrunde. § 110 BGB dient nämlich nicht dazu, dem gesetzlichen Vertreter die Erziehung insoweit zu „erleichtern", als nur vom Vertreter gewollte Geschäfte rechtsgültig sein sollen, sondern § 110 BGB will dem Minderjährigen im Gegenteil eine gewisse rechtliche Selbständigkeit gewähren und ihn bei der Ausübung dieser Selbständigkeit gleichzeitig vor rechtlichen Nachteilen schützen[682]. Der Minderjährige soll „Bagatellgeschäfte", Geschäfte die seine Einsichtsfähigkeit – nach der durch die Mittelüberlassung ausgedrückten Einschätzung der Eltern – nicht überfordern, rechtlich selbständig abschließen können, gleichzeitig soll er sich aber (zu seinem Schutz) nicht zu mehr verpflichten können, als er zu erfüllen vermag. Das Interessante der Regelung liegt darin, daß die rechtliche Selbständigkeit von den Eltern insbesondere durch die Höhe der überlassenen Mittel bestimmt werden kann. Mit dem Ziel des § 110 BGB, dem Minderjährigen eine gewisse Selbständigkeit einzuräumen, steht die Vorschrift in geistiger Nähe zu den §§ 112, 113 BGB. Bei §§ 112 und 113 BGB ist die Selbständigkeit allerdings funktional begrenzt, nur Erwerbs- und Arbeitstätigkeit sollen durch den rechtlichen Freiraum befördert werden. § 110 BGB ist dagegen von Gesetzes wegen inhaltlich grundsätzlich offen. Eine inhaltliche Beschränkung ist zwar durch eine Zwecksetzung möglich, die Beschränkung liegt aber in der Hand der Eltern und ist nicht vom Gesetz her vorgegeben. § 110 BGB bestimmt das rechtliche Können des Minderjährigen (von der Zwecksetzungsmöglichkeit abgesehen) rein formal durch die überlassenen Mittel. Die

---

[681] MünchKomm/Gitter, § 110, Rn. 4; Wieser, FamRZ 1973, S. 434 (Fn.1); Duvernell, Die Probleme des § 110 BGB, S. 27.

[682] Vgl. Nierwetberg, Jura 1984, S. 127 (130, 132); Safferling, Rpfleger. 1972, S. 124 (125); Dernburg, BR I, § 122.

Eltern haben es damit in der Hand, entsprechend ihrer Einschätzung der geistigen Reife des Minderjährigen demselben eine entsprechende risikobegrenzte Selbständigkeit zu gewähren. Mit dieser rechtlichen Selbständigkeit wird dem gesetzlichen Vertreter die Erziehung des Minderjährigen auch nicht erschwert, denn der gesetzliche Vertreter kann den Umfang der Selbständigkeit selbst bestimmen und die Auswirkungen der Geschäfte in tatsächlicher Hinsicht dadurch beseitigen, daß er über die so erworbenen Objekte weiter verfügt: sie verkauft, vernichtet etc[683]. Nebenbei sei bemerkt: Die Herabsetzung der Minderjährigkeitsgrenze wird im allgemeinen als wichtige Befreiung des jungen Menschen von der elterlichen Abhängigkeit aufgefaßt. Wenn man dem folgt, dann ist aber kaum ein Grund zu sehen, der Selbständigkeit im kleinen, die § 110 BGB ermöglicht, die Anerkennung und Wertschätzung zu versagen.

(d) Dogmatische Argumente gegen die h.M.

Der Wortlaut der Vorschrift spricht gegen die h. M., da der Vertrag des Minderjährigen „ohne" Zustimmung" geschlossen sein muß. Aber selbst wenn man sich auf den Standpunkt stellen wollte, daß „ohne Zustimmung" „ohne ausdrückliche Zustimmung" bedeute, spricht die Formulierung, daß der Vertrag nur als wirksam „gilt", aber nicht wirksam „ist", gegen die These einer Einwilligung des gesetzlichen Vertreters[684]. Auch in dem Umstand, daß der gesetzliche Vertreter die Mittel „zu diesem Zweck" übergibt, kann nicht auf eine Zustimmung des gesetzlichen Vertreters geschlossen werden, denn der Ausdruck „zu diesem Zweck" knüpft an den vorherigen Satzabschnitt an, daß der Minderjährige die Leistung bewirkt; damit ist also gemeint, daß die Mittel zu dem Zweck überlassen werden, hiermit einen bestimmten Vertrag zu erfüllen, nicht aber einen Vertrag zu schließen[685]. Noch problematischer als die Modalität der Überlassung von Mitteln zum Zweck der Vertragserfüllung ist die Modalität der Überlassung „zur freien Verfügung". Wollte man auch hierin eine Einwilligung sehen, dann müßte man den unbeschränkten Generalkonsens anerkennen[686]. Ein solcher wird aber auch von den Anhängern der h.M. zum § 110 BGB für ungültig gehalten[687]. Die h.M. hat aber auch noch weitere, nämlich theorieimmanente Probleme. Wenn der gesetzliche Vertreter dem Minder-

---

[683] Vgl. allerdings zu § 107 BGB: Pawlowski, Allgemeiner Teil des BGB, Rn. 180.
[684] Vgl. Faltermeier, Konstruktion und Problematik des § 110 BGB, S. 29.
[685] Faltermeier, Konstruktion und Problematik des § 110 BGB, S. 29
[686] Faltermeier, Konstruktion und Problematik des § 110 BGB, S. 54.
[687] Vgl. nur MünchKomm/Gitter, § 107, Rn. 24.

jährigen beispielsweise DM 100,- überläßt, dann kann der Vertreter damit zweierlei erreichen wollen: zum einen kann er damit eine schlüssige (spezielle oder beschränkt generelle) Einwilligung zum Ausdruck bringen wollen, oder aber er wollte keine Einwilligung erteilen, sondern hat lediglich die Absicht die Geschäfte des Minderjährigen gegebenenfalls zu genehmigen. Folgt man der h.M. dann findet § 110 BGB im letzteren Falle keine Anwendung, sondern nur im ersten Fall. Im ersten Fall aber - wenn also der gesetzliche Vertreter eine Einwilligung erteilen will - kommt § 110 BGB nach der Dogmatik der h. M. entweder nicht zum Zuge oder aber der Wille des gesetzlichen Vertreters wird unnötigerweise übergangen.
Nicht zum Zuge kommt § 110 BGB, wenn man die Vorschrift als Auslegungsregel begreift, denn wenn der gesetzliche Vertreter sich nicht mit der nachträglichen Genehmigung zufrieden gibt, sondern von vornherein die Einwilligung erteilt, dann soll diese auch ohne weitere Veränderungen gelten. Der Wille zur unbedingten Gültigkeit der Einwilligung wird dagegen unnötigerweise übergangen, wenn man innerhalb der h. M. die Auffassung vertritt, § 110 BGB gestalte die Einwilligung des gesetzlichen Vertreters derart um, daß sie als aufschiebend bedingt durch die Erfüllung des Geschäfts anzusehen sei. Unnötig ist diese Modifikation der Einwilligung, weil sie nicht dem Minderjährigenschutz dient. Hat nämlich der gesetzliche Vertreter durch seine Einwilligung zum Ausdruck gebracht, daß eine Verpflichtung für den Minderjährigen unbedenklich ist, dann bedarf es keines weiteren Schutzes für den Minderjährigen. § 110 BGB ist daher wegen dieser (theorieimmanenten, grammatikalischen und historischen) Unstimmigkeiten der h.M. entsprechend der Auffassung der Motive als gesetzliche Genehmigungsfiktion aufzufassen[688].

(e) § 110 BGB im Kreditkartenverfahren

Als überlassene Mittel i.S.d. § 110 BGB kommen alle Vermögensgegenstände in Betracht[689]. Daher ist auch das Geld auf dem Konto taugliches Mittel. Das Bewirken der vertragsgemäßen Leistung mit überlassenen Mitteln ist nicht im Sinne einer eigenhändigen Übergabe zu verstehen, vielmehr genügt (wie beispielsweise bei der Überweisung) das ein Verhalten des Minderjährigen dafür ursächlich ist, daß unter Minderung der überlassenen Mittel die vertragsgemäße Leistung ein-

[688] Vgl. Safferling, Rpfleger. 1972, S. 124 (125); Nierwetberg, Jura 1984, S. 127 (132).
[689] Palandt/Heinrichs, § 110, Rn. 3; Larenz/Wolf, AT, § 25, Rn. 39.

tritt. Für den Vertrag zwischen dem Minderjährigen und dem Geschäft ergibt sich daraus, daß die Genehmigungswirkung erst dann eingreift, wenn der Kartenherausgeber an das Vertragsunternehmen gezahlt hat und zudem beim Minderjährigen Rückgriff genommen hat. Die Bezahlung durch den Kartenherausgeber allein macht den Vertrag noch nicht wirksam, da dies nicht mit den dem Minderjährigen überlassenen Mitteln geschehen ist.
Problematisch könnte der Umstand sein, daß § 110 BGB vom „Vertrag" spricht, nicht aber von der (auch nur einseitigen) Willenserklärung. Da sich aber der Kreditkartenherausgeber bereit erklärt hat, sich nach den §§ 107 ff. wie bei einem Vertrag behandeln zu lassen, ist auch § 110 BGB anwendbar[690]. Überlassen sind Mittel dann, wenn der Minderjährige auf sie tatsächlich zugreifen kann, und auch diese Mittel zur Zahlung eines bestimmten Vertrages oder zur freien Verfügung vom gesetzlichen Vertreter vorgesehen sind. Es ist deshalb auch möglich, ein Bankguthaben einem Minderjährigen in einer bestimmten, begrenzten Höhe zu überlassen (also beispielsweise EUR 500, von dem Guthaben i.H.v. EUR 1000). § 110 BGB gilt dann nur für die EUR 500, nicht aber für den restlichen Betrag. In der Überlassung von Buchgeld wird regelmäßig die Einwilligung liegen, durch Anweisungen und Weisungen über diese Mittel zu disponieren. § 110 BGB läßt sich daher im bargeldlosen Zahlungsverkehr ebenso unproblematisch anwenden, wie bei der Barüberlassung von Mitteln.

(4) Der Generalkonsens

Aus der Existenz von § 110 wurde besonders am Anfang des Jahrhundert gefolgert, ein auch nur beschränkter Generalkonsens könne nicht wirksam sein, da es der Vorschrift des § 110 sonst nicht bedurft hätte[691]. Hiergegen ist aber einzuwenden, daß § 110 gerade die Fälle betrifft, in denen keine (spezielle oder generelle) Zustimmung des gesetzlichen Vertreters vorliegt. Die Vorschrift kann daher weder durch Analogieschluß noch durch Gegenschluß für die Frage der Zulässigkeit des Generalkonsenses Bedeutung erlangen.
Nach gemeinem Recht war zudem der Generalkonsens gewohnheitsrechtlich[692] anerkannt[693]. Es sei nicht erforderlich, daß der Vormund

---

690 Canaris, Bankvertragsrecht, Rn. 375 (für analoge Anwendung des § 110 BGB auch auf einseitige Rechtsgeschäfte); ihm folgend Hagemeister, JuS 1992, S. 839 (840).
691 Blume, JherJb. 48 (1904), S. 417 (446); Dillmann, Handlungsfähigkeit, S. 67; Kistemaker, Geschäftsfähigkeit, S. 38; E. Schulz, DB 1963, 407 f.
692 Heinzerling, Handlungsfähigkeit, S. 184.

eines minderjährigen Studenten oder Offiziers diesen auf Schritt und Tritt begleite, um so die von diesem abgeschlossenen Rechtsgeschäfte zu genehmigen[694]. Von dieser Regelung abzugehen, lag für die Verfasser des BGB keine Veranlassung vor. Wäre aber trotzdem eine Ablehnung des Generalkonsenses beabsichtigt gewesen, so müßte dies einwandfrei aus den Materialien hervorgehen. Die Gesetzesverfasser gehen außerdem bei § 110 bezüglich des dinglichen Geschäfts selbst von einem Generalkonsens aus. Mit heute ganz h.M. ist daher der beschränkte Generalkonsens als zulässig anzusehen[695].

4. Bereicherungsausgleich bei unwirksamer Anweisung

Eine interessante bereicherungsrechtliche Problematik ergibt sich, wenn der Vertrag des Minderjährigen mit dem Vertragsunternehmen wirksam ist, aber die Anweisung unwirksam ist. Eine solche - praktisch sehr seltene - Konstellation kann sich ergeben, wenn die Eltern eine Einwilligung zu einem Kaufvertrag des Minderjährigen erteilt haben, jedoch keine Einwilligung auch für den Kreditkarteneinsatz vorlag, etwa weil der Kaufvertrag mit Barmitteln bezahlt werden sollte, und wenn die Eltern auch eine Genehmigung des Kreditkarteneinsatzes verweigern, weil ihnen beispielsweise auffällt, daß die Kaufsache mit einem Mangel behaftet ist. Es stellt sich dann die Frage, von wem der Kreditkartenherausgeber den bezahlten Kaufpreis zurückverlangen kann: vom Vertragsunternehmen oder vom Minderjährigen.

---

693 Regelsberger, Pandekten I § 131 III („Vormund und Vater können die Genehmigung ausdrücklich oder stillschweigend erteilen, nicht bloß für ein einzelnes Geschäft, sondern auch allgemein für eine Gruppe von Geschäften, nur nicht im voraus für alle Geschäfte, weil darin eine Aufhebung der gesetzlichen Verfügungsunfähigkeit läge. Eine derartige allgemeine Genehmigung gilt, wenn nicht das Gegenteil zur genügenden Kenntnis gebracht ist, als erteilt für einen Minderjährigen, der mit Einwilligung des Vaters oder Vormunds:
a) eine gewisse selbständige Lebensstellung einnimmt (als Offizier, Studierender u.s.w.), zu allen Verträgen, die zur Deckung des gewöhnlichen Lebensbedarfs dienen oder durch die besondere Lebensaufgabe geboten sind;
b) sich dem Erwerb durch Dienst oder Arbeit widmet, zur Eingehung und Auflösung von Dienst- oder Arbeitsverhältnissen;
c) ein Handles- oder sonstiges Erwerbsgeschäft betreibt, zur Vornahme derjenigen Geschäfte, die der Betrieb des genehmigten Geschäfts mit sich bringt."; ferner Gierke, Privatrecht, S. 397; Stobbe, Handbuch, § 40, S. 337 ff.; Janke, Vertrag des Minderjährigen, S. 15.
694 Jhering, JherJb. 12 (1873), S. 313 (367 ff).
695 BGHZ 47, 352 (359); Flume, AT II, § 13, 7 c aa; Staudinger/Dilcher § 107, Rn. 4; Erman/Brox § 107, Rn. 10; Soergel/Hefermehl § 107, Rn. 14; MünchKomm/Gitter § 107, Rn. 24; Palandt/Heinrichs § 107, Rn. 9.

a) Gegenwärtige herrschende Ansicht

Die Antwort wird heute ganz überwiegend[696] dahingehend gegeben, daß wegen der Schutzbedürftigkeit des Minderjährigen nur ein Anspruch gegen den Empfänger möglich sei.

b) Römisches und gemeines Recht

Diese Wertung ist jedoch erst das Ergebnis einer verhältnismäßig neuen Rechtsentwicklung. Im römischen[697] und gemeinen Recht[698] entschied man sich für den Bereicherungsanspruch gegen den Minderjährigen. In den Digesten ist von Hermogenian die Entscheidung für die Anweisung eines Geisteskranken und von Pomponius die Entscheidung für die Anweisung eines pupillus ohne auctoritas überliefert:

D 44, 4, 16 Hermogenianus libro sexto juris epitomarum

Si debitor a furioso delegatus creditori eius solvat, quem compotem mentis esse existimabat, et ita cum eo agatur: exceptione doli in id, quod in rem furiosi processit, defenditur.

Wenn der vom Geisteskranken delegierte Schuldner, der den Geisteskranken für geistig gesund hielt, dem Gläubiger des Geisteskranken zahlt und dann gegen ihn Klage erhoben wird, so wird er mit der exceptio doli in Hinsicht auf das verteidigt, was in das Vermögen des Geisteskranken gelangt ist.

D 46, 3, 66 Pomponius libro sexto ex Plautio

Si pupilli debitor iubente eo sine tutoris auctoritate pecuniam creditori eius numeravit, pupillum quidem a creditore liberat, sed ipse manet obligatus: sed exceptione se tueri potest. si autem debitor pupilli non fuerat, nec pupillo condicere potest, qui sine tutoris auctoritate non obligatur, nec creditori, cum quo alterius iussu contraxit: sed pupillus in quantum locupletior factus est, utpote debito liberatus, utili actione tenebitur.

Wenn der Schuldner des Mündels auf dessen Geheiß ohne förmliche Zustimmung des Vormunds dem Gläubiger des Mündels Geld zahlt, so befreit er zwar das Mündel von der Verbindlichkeit gegen den Gläubiger, er selbst aber bleibt verpflichtet: aber er kann sich mit der exceptio doli schützen.

---

[696] BGHZ 111, 382 (384); Palandt/Thomas, § 812, Rn. 52a; MünchKomm/Lieb, § 812, Rn 74; Staudinger/Lorenz, § 812, Rn. 51; Larenz/Canaris, Schuldrecht II/2, § 70 IV 2 c; a.A.: Möschel JuS 1972, 297 (301 f.); Flume, NJW 1991, S. 2521 ff.; Flume, NJW 1984, S. 464 ff.

[697] D 44, 4, 16; 46, 3, 66.

[698] Wendt, Allgemeines Anweisungsrecht, S. 57 f.

Wenn aber der Angewiesene nicht Schuldner des Mündels gewesen ist, kann er weder gegenüber dem Mündel kondizieren, der ohne förmliche Zustimmung des Vormunds nicht verpflichtet wird, noch gegenüber dem Gläubiger des Mündels, mit dem er auf Geheiß eines anderen kontrahiert hat. Das Mündel aber haftet mit einer Klage (utilis actio), auf was es reicher geworden ist, weil es ja von seiner Schuld befreit worden ist.

Wenn nach der Entscheidung des Hermogenian der vom Geisteskranken Angewiesene, der die Schuld des Geisteskranken bezahlt hat, gegenüber der Klage desselben die exceptio doli hinsichtlich des vom Geisteskranken Erlangten hat, so heißt dies, daß der Geisteskranke durch die Zahlung befreit wird, wie dies in der Pomonius-Stelle ausdrücklich hinsichtlich des Pupillus gesagt wird[699].
Dieser Auffassung liegt eine der heutigen (herrschenden) Bereicherungsdogmatik fremde These zugrunde, daß grundsätzlich Übereinstimmung zwischen Zahlendem und Zahlungsempfänger über die Zuordnung der Zahlung zu dem Valutaverhältnis als causa besteht und das Fehlen einer wirksamen Anweisung nur bei Kenntnis des Zahlungsempfängers oder bei Fehlen einer die Zahlung im Valutaverhältnis rechtfertigenden causa rechtlich relevant ist[700].

c) Eigener Ansatz: Rechtsschein auch zu Lasten des Minderjährigen

Der jetzt vorzustellende Ansatz legt die herrschende Bereicherungsdogmatik, d.h. die schon oben dargestellte Lehre von der Anscheinsbotenmacht zugrunde. Interessanterweise führt diese Ansicht – ebenso

[699] Flume, NJW 1991, S. 2521.
[700] Flume, NJW 1984, S. 464; vgl. auch Wendt, Allgemeines Anweisungsrecht, S. 57 u. 58: „Daß die Leistung des Angewiesenen an den Delegatar als eine solche an den Anweisenden selbst behandelt, daß in Folge dessen der Pupill als Empfänger einer Zahlung angesehen werden dürfe, ruht ausschließlich auf der Anweisung und setzt Gültigkeit derselben voraus. Die Geschäftsunfähigkeit des Pupillen zerstört also die ganze Grundlage, auf welcher erst eine condictio sine causa gegen ihn möglich werden konnte. ... Die Rückwirkung der Leistung auf das Verhältnis des Pupillen zum Delegatar führt aber zuletzt doch zum entgegengesetzten Ergebnis. Aus der ersten Stelle ist in Erinnerung zu bringen, daß die angewiesene Zahlung in vollem Maße die Kraft hat, den Pupillen von seiner Schuld gegen den Delegatar frei zu machen: pupillum a debitore liberat. Mit dieser Folge ist also für den Pupillen die vorher noch vermißte Bereicherung eingetreten, allerdings nur in dem Maße seiner Schuld, und wenn diese etwa geringer gewesen sein sollte als die zur Zahlung angewiesene Summe, so würde es sich daran zeigen, daß die condictio indebiti gegen ihn nur auf diesem Umwege zuständig werden kann: sed pupillus in quantum locupletior factus est, utpote debito liberatus, utili actione tenebitur".

wie diejenige des römischen Rechts – dazu, daß im Valutaverhältnis Tilgungswirkung eintritt, so daß der Anweisende von einer Verbindlichkeit befreit wird und dem Angewiesenen deshalb Wertersatz schuldet. Außer für den Fall, daß der Rechtsschein zerstört wurde, führt die neue Dogmatik zu keinem anderen Ergebnis als die alte römische. Es drängt sich daher die Frage auf, ob nicht die römischrechtliche Lösung in bezug auf den Minderjährigen im bereicherungsrechtlichen Dreiecksverhältnis auch auf der Grundlage der heutigen herrschenden Bereicherungsdogmatik richtig ist.

Geht man mit der h.M. davon aus, daß der Angewiesene die Tilgungsbestimmung des Anweisenden als Bote überbringt und sich deshalb die Grundsätze der Anscheinsvollmacht heranziehen lassen, dann folgt daraus nicht automatisch auch eine Nichtzurechenbarkeit dieses Rechtsscheins zu Lasten des Minderjährigen. Daß der Minderjährige nicht rechtscheinszurechnungsfähig ist, ist für den rechtsgeschäftlichen Bereich zwar genauso zutreffend wie anerkannt[701]. Es geht hier aber gerade um den nichtrechtsgeschäftlichen Fall des Bereicherungsrechts. Mit der Anwendung der Regeln der Anscheinsvollmacht ist deshalb für das Bereicherungsrecht nicht auch die Zurechnungsunfähigkeit zu übernehmen, da es in diesem Punkt an einer vergleichbaren Interessenlage fehlt[702]. Der Minderjährige bedarf nämlich keines Schutzes, da er ja nur insoweit dem Anweisenden haftet als er von der Schuld befreit worden ist[703]. Die Schuld des Minderjährigen ist sozusagen nur auf einen anderen Gläubiger verschoben worden, so daß die Entstehung eines Rechtsnachteils ausgeschlossen ist. Diese Betrachtungsweise steht auch nicht im Widerspruch zu der vom Verfasser vertretenen strengen Auslegung des § 107 BGB. Bei § 107 BGB handelt es sich um eine strikte Ordnungsvorschrift, die Rechtssicherheit schaffen soll. Im Bereicherungsrecht besteht eine vergleichbare Vorschrift nicht. Sie ist aber auch nicht erforderlich, da im Bereicherungsrecht von vornherein klar ist, daß die Forderung gegen den Minderjährigen

[701] Vgl. nur Canaris, Die Vertrauenshaftung im deutschen Privatrecht, S. 452 f.
[702] A.A.: Larenz/Canaris, Schuldrecht II/2, § 70 IV 2 c: Die §§ 812 ff. als Folgen rechtsgeschäftlichen Handelns müßten ebenso hinsichtlich der Zurechenbarkeit des Rechtsscheins behandelt werden, wie die Zurechenbarkeit eines Rechtsscheins im Rahmen rechtsgeschäftlichen Handelns. Dieses Argument ist aber nicht überzeugend, weil es unvollständig ist. Eine gleiche Behandlung der Folgen rechtsgeschäftlichen Handelns und des rechtsgeschäftlichen Handelns selbst ist nur dann gerechtfertigt, wenn die Gründe, die die Zurechenbarkeit beim rechtsgeschäftlichen Handeln ausschließen, auch bei den Folgen des rechtsgeschäftlichen Handelns einschlägig sind. Diese Voraussetzung des Analogieschlusses hat Canaris aber nicht begründet, sondern nur stillschweigend unterstellt.
[703] Flume, NJW 1991, S. 2521 (2522).

sich durch die Anweisung in der Höhe nicht verändert. Damit ist sowohl beim § 107 BGB als auch beim Minderjährigen in der bereicherungsrechtlichen Rückabwicklung das Prinzip der klaren Vorhersehbarkeit der Rechtsfolgen gewahrt. In bezug auf das Ergebnis der Überlegungen (Zulässigkeit der Bereicherungsklage gegen den Minderjährigen) hat daher schon Wendt (1895) völlig zutreffend bemerkt: „Die Verpflichtungsunfähigkeit schließt in Wirklichkeit nur die rechtsgeschäftlich begründeten Obligationen, nicht aber die Bereicherungsklagen aus"[704].

Die mangelnde Schutzwürdigkeit des Minderjährigen bei der Rückabwicklung im Bereicherungsrecht anerkennen auch Reuter/Martinek[705] und Thielmann[706], wenn sie meinen, daß die Anweisung eines beschränkt Geschäftsfähigen hinsichtlich der Tilgungsbestimmung für die Leistung des Angewiesenen lediglich rechtlich vorteilhaft sei. So richtig das Ergebnis dieser Meinung (Bereicherungsanspruch gegen den Minderjährigen) ist, so zweifelhaft ist doch aber der eingeschlagene Weg, denn hier wird eine dogmatische Unstimmigkeit geschaffen, um einen dogmatisch fehlerhaften Ausgangspunkt auszugleichen. Der erste Fehler besteht darin, den Minderjährigen als nicht Rechtsscheinszurechnungsfähig anzusehen, und dieser Fehler soll dann dadurch ausgeglichen werden, daß die Anweisung als rechtlich vorteilhaft bewertet wird. Diese Auffassung stützt aber im Ergebnis jedenfalls die vom Verfasser vertretene Meinung, und nur in der Begründung sind sozusagen die Vorzeichen umgekehrt, statt Zurechenbarkeit (-); Rechtsvorteilhaftigkeit (+), muß es Zurechenbarkeit (+); Rechtsvorteilhaftigkeit (-) heißen.

Als Ergebnis läßt sich daher festhalten, daß – auch wenn man von der herrschenden Bereicherungsdogmatik ausgeht – das Ergebnis der römischrechtlichen und gemeinrechtlichen Ansicht (nämlich Bereicherungsanspruch gegen den Minderjährigen) richtig ist.

5. Vergleich der Kreditkartenmodelle

Nachdem die einzelnen Kartenmodelle dargestellt und untersucht wurden, ist es naheliegend, dieselben in bezug auf ihre Leistungsfähigkeit, insbesondere auch bezüglich der Involvierung eines Minderjährigen, zu vergleichen. Weisungsmodell und Modell der angenomme-

---

[704] Wendt, Allgemeines Anweisungsrecht, S. 57.

[705] Reuter/Martinek, Ungerechtfertigte Bereicherung, S. 431 f; a.A.: Larenz/Canaris, Schuldrecht II/2, § 70 IV 2 c; wohl auch Esser/Weyers § 48 III 3 b.

[706] Thielmann, AcP 187 (1987), S. 23 (43).

nen Anweisung bereiten in bezug auf einen minderjährigen Karteninhaber in der Regel keine Schwierigkeiten. Lediglich die h.M. zur Frage des Minderjährigen bei der bereicherungsrechtlichen Rückabwicklung ist nicht bargeldäquivalent. Bei der Barzahlung könnte der Empfänger nämlich das Geld behalten, da er seinen Zahlungsanspruch gemäß § 242 BGB einem etwaigen Rückzahlungsverlangen des Minderjährigen entgegensetzen könnte. Das Modell der angenommenen Anweisung hat gegenüber dem Weisungsmodell den Vorteil, daß es die Problematik des Weisungswiderrufs - ohne besondere vertragliche Vereinbarung - einfach durch Anwendung des gesetzlichen Modells interessengerecht zu lösen vermag. Die formlose Anweisung ist allerdings nicht im Gesetz ausdrücklich geregelt, so daß eine analoge Anwendung der § 783 ff. erforderlich ist, was möglicherweise einen gewissen Abschreckungseffekt zur Folge haben kann.
Das Forderungskaufmodell umgeht die Problematik des Weisungswiderrufs und des Minderjährigen, indem im Forderungskaufmodell weder Weisung noch Anweisung vorhanden sind. Zudem ergibt sich bei diesem Modell - wenn ein wirksamer Vertrag im Valutaverhältnis besteht - die bargeldäquivalente Folge, daß in jedem Fall (anders als bei der h.M. zum Minderjährigen im Bereicherungsausgleich) der dem Vertragsunternehmen gezahlte Betrag unangetastet bleibt.
Damit dürfte unter Berücksichtigung der momentanen Rechtsprechung zum Bereicherungsrecht das Forderungskaufmodell das für die Praxis vorzugswürdige Kreditkartenmodell sein.

IX. Der Kreditcharakter der Kreditkarte und seine Folgen für einen minderjährigen Karteninhaber

Das minderjährige Kind steht unter elterlicher Sorge (§ 1626 Abs. 1, S. 1 BGB). Mit dem elterlichen Sorgerecht korrespondiert die Sorgepflicht. Die elterliche Sorge umfaßt grundsätzlich zwei Funktionsbereiche: Die Personensorge und die Vermögenssorge. Die Personensorge umfaßt alle persönlichen Angelegenheiten des Kindes, wobei die Aufzählung des § 1631 Abs. 1 BGB nicht abschließend ist[707]. Die Vermögenssorge schließt alle Maßnahmen ein, die dazu dienen, das Vermögen des Kindes zu erhalten, zu verwerten und zu vermehren[708]. In beiden Bereichen steht den Eltern jeweils die tatsächliche Sorge § 1626 Abs. 1 BGB und die Vertretung des Kindes § 1629 BGB zu[709]. Die El-

[707] MünchKomm/Hinz, § 1626, Rn. 33.
[708] MünchKomm/Hinz, § 1626, Rn. 51.
[709] Vgl. MünchKomm/Hinz, § 1626, Rn. 30, 33, 39, 51, 55.

tern üben die Sorge grundsätzlich gemeinsam im gegenseitigen Einverständnis aus, § 1627 S.1 BGB.

1. Vertretung des Kindes

Grundsätzlich sind die Eltern Gesamtvertreter, §§ 1626 Abs. 1, 1629 Abs. 1, S.2 BGB. Ein Elternteil kann jedoch den anderen analog § 125 Abs. 2, S. 2 HGB ermächtigen, allein für das Kind zu handeln. Bei Geschäften des täglichen Lebens ist von einer stillschweigenden Ermächtigung auszugehen[710]. Auch in Notfällen kann ein Elternteil alleine handeln (§ 1629 Abs. 1, S.4 BGB)[711]. Handelt ein Elternteil ohne die erforderliche Mitwirkung des anderen, so gelten die §§ 177 ff. BGB entsprechend[712]. Einzelvertretung findet nach den allgemeinen Grundsätzen der Gesamtvertretung stets bei der Empfangsvertretung statt, § 1629 Abs. 1, S. 2 BGB. Darüber hinaus hat ein Elternteil Einzelvertretungsmacht, wenn ihm die elterliche Sorge allein zusteht oder ihm die Entscheidung nach § 1628 Abs. 1 BGB übertragen ist, § 1629 Abs. 1, S.3 BGB. Das Vertretungsrecht der Eltern unterliegt der allgemeinen Beschränkung des § 181 BGB. Handeln die Eltern nicht im Namen des Kindes, so kommt ein Rechtserwerb des Kindes nach den allgemeinen Vorschriften nicht in Betracht. Es greift dann jedoch zum Schutz des Kindesvermögens die Surrogationsvorschrift des § 1646 BGB ein. Man ging dabei bei Schaffung der Vorschrift davon aus, daß der Vater das Kindesvermögen tatsächlich nach außen wie sein eigenes behandelt und regelmäßig nicht zum Ausdruck bringt, daß er als Vertreter des Kindes handelt[713]. Angesichts dessen werde der dem Kind zugedachte Erwerb für dasselbe erst dann eintreten, wenn der Vater das Erworbene dem Kind mittels besonderen Akts übertragen habe; dabei laufe das Kind aber Gefahr, einen solchen Akt nicht nachweisen zu können. Um das Kind dieser Gefahr zu entheben, ist bestimmt, daß wenn der Vater mit Mitteln des Kindes bewegliche Sachen erwirbt, mit dem Erwerb das Eigentum auf das Kind übergeht, d.h., daß das Kind in demselben Augenblick das Eigentum erwirbt, in welchem an sich der Vater es erwerben würde, es sei denn, daß der Vater nicht für Rechnung das Kindes erwerben will, was zu beweisen ist. Nicht für Rechnung des Kindes will er in diesem Sinne erwerben, wenn er das Erworbene für sich zu behalten beabsichtigt, aber auch dann,

[710] MünchKomm/Hinz, § 1629, Rn. 11, 13.
[711] MünchKomm/Hinz, § 1629, Rn. 10, 14.
[712] Allg. Meinung, vgl. MünchKomm/Hinz, § 1629, Rn. 15.
[713] Windscheid/Kipp, Lehrbuch des Pandektenrechts III, § 517, S. 78.

wenn er, vorbehaltlich späterer Übertragung auf das Kind, zunächst für sich erwerben will.

2. Ausschluß der Vertretungsmacht

Die elterliche Sorge erstreckt sich nicht auf die Angelegenheiten des Kindes, für die ein Pfleger bestellt ist, § 1630 Abs. 1 BGB. Wegen des möglichen Interessenwiderstreits sind die Eltern auch in den Fällen von der Vertretung des Kindes ausgeschlossen, in denen gemäß § 1795 ein Vormund von der Vertretung des Mündels ausgeschlossen ist, § 1629 Abs. 2, S.1 BGB. Weiterhin sind die Eltern von der Vertretung ausgeschlossen, wenn Ihnen die Vertretungsmacht für einzelne Angelegenheiten vom Familiengericht (bis zum 30. 06. 1998 vom Vormundschaftsgericht) entzogen worden ist, § 1629 Abs. 2, S. 3 i.V.m. § 1796 BGB.

Gegenstände der Verwaltung

Die Verwaltung erstreckt sich auf alles Vermögen des Kindes, ausgenommen allein dasjenige, welches das Kind von Todes wegen oder durch unentgeltliche Zuwendung unter Lebenden erwirbt und in Ansehung dessen der Erblasser durch letztwillige Verfügung (der Zuwender unter Lebenden bei der Zuwendung) bestimmt hat, daß der Erwerb von der Verwaltung der Eltern ausgeschlossen sein soll, § 1638 Abs. 1 BGB[714]. Der Ausschluß erstreckt sich auch auf die Surrogate des Erwerbs gemäß § 1638 Abs. 2 BGB.

Beschränkungen der Vertretungsmacht

Das Gesetz begrenzt die rechtliche Macht der Eltern durch die Vorschrift, daß sie Schenkungen in Vertretung des Kindes nicht machen können, ausgenommen solche, durch die einer sittlichen Pflicht oder einer auf den Anstand zu nehmenden Rücksicht entsprochen wird (§ 1641 BGB).

Ein allgemeines Veräußerungsverbot wie im römischen Recht besteht dagegen nicht[715].

---

[714] Windscheid/Kipp, Lehrbuch des Pandektenrechts III, § 517, S. 77.

[715] Der Vater kann über die Substanz des Vermögens nicht verfügen, Veräußerungen, welche er mit demselben vornimmt sind nichtig, und das Kind kann nach Beendigung des väterlichen Rechts die Nichtigkeit derselben geltend machen, ohne daß ihm aus der bis dahin abgelaufenen Zeit eine Verjährung entgegensetzt werden könnte. Ausnahmsweise ist dem Vater die Veräußerung gestattet:

a) bei Sachen, welche dem Untergang ausgesetzt oder unnütz sind,

b) zur Abtragung von Schulden und Lasten, welche das Kind mit dem Erwerbe

Familiengerichtlicher Genehmigungen bedürfen die Eltern in geringerer Zahl als der Vormund[716].

X. Das Erfordernis familiengerichtlicher Genehmigung gemäß § 1822 Nr. 8 BGB

Der Gedanke, den Mündel vor den Folgen eines Darlehensvertrages zu schützen, besteht schon im römischen Recht. Dort haftet der Mündel nur dann, wenn das vom Vormund aufgenommene Darlehen zum Nutzen des Mündels verwendet wird. Nimmt der Vormund für den Pflegling ein Darlehen auf, so muß der Darleiher zur Begründung der Klage gegen den Pflegling beweisen, daß das aufgenommene Geld dem Vermögen des Pfleglings zugute gekommen sei (in rem minoris pecuniam profectam esse) C. 3 quando ex facto tut. (5, 39):[717]

> Si in rem minoris pecunia profecta sit, quae curatori vel tutori eius nomine mutuo data est, merito personalis in eundem minorem actio danda est.
>
> Wenn zum Nutzen des Minderjährigen Geld verwendet worden ist, welches auf den Namen des Minderjährigen seinem Kurator oder Vormund zum Darlehen gegeben worden ist, so muß gebührenderweise eine persönliche Klage gegen den gedachten Minderjährigen gestattet werden.

Im gemeinen Recht bestand dagegen kein Schutz des Mündels gegen eine Darlehensaufnahme auf seine Person. Der Mündel wurde durch einen Darlehensvertrag verpflichtet und ein Erfordernis vormundschaftlicher Genehmigung bestand nicht[718]. Es wurde deshalb schon im ersten für Preußen einheitlichen Vormundschaftsgesetz, der Vormundschaftsordnung vom 5. Juli 1875, ein vormundschaftliches Genehmigungserfordernis für Darlehensverträge eingeführt.

> **§. 42.** Der Genehmigung des Vormundschaftsgerichtes bedarf es:
> ...
> 12) zur Aufnahme von Darlehen;
> ...

übernommen hat, vorausgesetzt, daß sie nicht in periodisch wiederkehrenden Leistungen bestehen, in welchem Fall der Vater sie aus den Einkünften bestreiten muß (Windscheid/Kipp, Lehrbuch des Pandektenrechts III, § 517, S. 74 f.).

[716] §§ 1643, 1644, 112, 1336 II, 1484, 1491 III, 1492 III, 1750 I, 1770, 2282 II, 2290 III , 2291, 2292, 2347, 2351, 2352 BGB.

[717] J. A. Seuffert, Praktisches Pandektenrecht III, § 502, S. 85 (Fn. 3).

[718] Planck, Entwurf eines Familienrechts, S. 2123.

Der Begriff des Darlehens wurde dabei durchaus weit ausgelegt, so daß nicht nur Gelddarlehen, sondern auch alle anderen Geschäfte betroffen sein sollten, durch welche der Mündel Geld auf Kredit entnimmt[719]. Die Gewährung eines Warenkredits sollte dagegen von der Vorschrift nicht umfaßt sein[720].
In dem Entwurf zum Familienrecht folgte man dieser Vorgabe grundsätzlich. Allerdings sollte sichergestellt werden, daß der Gesetzentwurf überhaupt alle Geschäfte umfaßt, durch welche der Mündel Geld auf Kredit entnimmt. Diesen Zweck sah man aber durch die begriffliche Beschränkung auf das Darlehen gefährdet, so daß man den Anwendungsbereich explizit auf die Aufnahme von Geldern auf den Kredit des Mündels ausweitete, um etwaige Zweifel zur Auslegung des Darlehensbegriffs zu beseitigen[721]. Tragender Anlaß war dabei der Wunsch auch Kontokorrentverträge der Vorschrift zu unterstellen, die man meinte, rechtlich nicht als Darlehen ansehen zu können. Damit hat der BGB-Gesetzgeber die römischrechtliche Vorlage strukturell anders umgesetzt. Das römische Recht hatte die Intention, das Mündel vor einer Verpflichtung gegenüber einem Darlehensgeber freizuhalten, sofern nicht der Verpflichtung ein Gegenwert im Vermögen des Mündels gegenüberstand. Im Saldo sollte der Mündel also keinen Schaden erleiden. Strukturell bewerkstelligt das römische Recht dies durch eine Art Bereicherungs-/Entreicherungsvergleich. Das BGB dagegen richtet seine Blicke auf den früheren Zeitpunkt der Aufnahme des Kredites. Es typisiert bestimmte Geschäfte, das Gelddarlehen nämlich, als abstrakt gefährlich im Sinne eines negativen Vermögenssaldos. Der Warenkredit dagegen wird als solchermaßen ungefährlich angesehen. Nimmt der Vormund nämlich Geld auf Kredit des Mündels auf, dann kann er damit eine Forderung gegen ihn selbst im Namen des Mündels tilgen, und der Mündel hat nur die (möglicherweise unsichere) Ersatzforderung gegen den Vormund in der Hand. Diese Gefahr besteht beim Warenkedit dagegen nicht in gleicher Schwere. Die Verschiebung der Perspektive im Vergleich zum römischen Recht rechtfertigt sich damit, daß die Handlungsanweisung (Geldkredit: Nein; Warenkredit: Ja) eine größere Lenkungswirkung als die Vermögenssaldobetrachtung erwarten läßt, da es sich um eine klare juristische Abgrenzung handelt, die nicht mit den Unsicherheiten und Schwankungen einer wirtschaftlichen Bewertung zu kämpfen hat. Das Bestreben, eine starke Len-

---

[719] Dernburg, Vormundschaftsrecht, § 71 a), S. 288.
[720] Hesse, Vormundschaftsordnung, § 42 (Anm. 18), S. 147; Dernburg, Vormundschaftsrecht, § 71 a), S. 288.
[721] Planck, Entwurf eines Familienrechts, S. 2124.

kungswirkung durch Vermeidung wirtschaftlicher Betrachtungsweisen zu erzielen, lag ja auch schon § 107 BGB mit dem Kriterium des lediglich rechtlichen Vorteils zugrunde. Die Verfasser des BGB waren sich dabei durchaus bewußt, daß eine typisierte Betrachtungsweise nur einen unvollkommenen Schutz darstellt[722]. So kann der Schutz umgangen werden, wenn der Vormund für den Mündel einen Kreditkauf tätigt und dann die erhaltene Sache weiterverkauft. Man sah aber von einer weitergehenden Beschränkung der Vertretungsmacht für Kreditgeschäfte überhaupt ab, da eine solche den Bedürfnissen des Lebens nicht gerecht werde und zudem eine Überbelastung des Vormundschaftsgerichts zu befürchten sei.
Schlägt man nun den Bogen zur Kreditkarte, so ist die Frage zu beantworten, ob der Kreditkartenvertrag der vormundschaftlichen (familiengerichtlichen) Genehmigung bedarf (§§ 1643 I, 1822 Nr.8), weil es sich um die Aufnahme von Geld auf Kredit handelt.

1. Kredit durch abrechnungstechnische Stundung des Aufwendungsersatzes

Einigen Stimmen[723] genügt schon die abrechnungstechnische Stundung des Aufwendungsersatzanspruchs des Kartenherausgebers zur Qualifizierung des Kartenvertrages als Kredit im Sinne des § 1822 Nr. 8, 1643 Abs. 1. Andere halten den Zahlungsaufschub hinsichtlich der Kreditfrage dagegen für unerheblich[724]. Die Stundung sei lediglich ein rationelles Abrechnungsverfahren, aber keine Kreditgewährung. Der Kartenherausgeber sei nämlich regelmäßig zum Zahlungsaufschub nicht verpflichtet, vielmehr werde die Kreditkarte nur als Instrument des bargeldlosen Zahlungsverkehrs verwendet. Der Streit über den Kreditcharakter der Kreditkarte ist aber vom Grundsatz her keineswegs neu. Er findet sich vielmehr schon vor mehr als einem Jahrhundert in Gestalt der Frage nach dem Kreditcharakter der Kontokorrentabrede. Da der Kontokorrentvertrag zudem bei der Schaffung des § 1822 Nr.8 BGB Relevanz hatte, soll zunächst die Kreditfrage beim Kontokorrent betrachtet werden.

---

[722] Motive IV, S. 1144.

[723] Kunkel, Rpfleger 1 (4); Metz, VuR 1993, 69 (74); vgl. auch Canaris, Bankvertragsrecht, Rn. 1623.

[724] Kümpel, Bank- und Kapitalmarktrecht, Rn. 4.920 f.; Hammann, Die Universalkreditkarte, S. 28; Hadding, Festschrift für Pleyer, S. 17 f.; Giger/Schluep, Kreditkartensysteme, S. 154; Weller, Das Kreditkartenverfahren, S. 54 ff, 59.

2. Kredit beim Kontokorrentvertrag

Den Begriff des Kontokorrentvertrages kann man sich am leichtesten an einem Beispiel klarmachen, daß gleichzeitig zeigt, wie ein Kontokorrent entsteht und welchen Zweck die Parteien dabei verfolgen. Nehmen wir an A und B stehen miteinander in Geschäftsverbindung. A versorgt seinen Geschäftsfreund mit Steinkohlen, während dieser an A Eisen liefert. Die gegenseitig fälligen Beträge sind annähernd gleich und werden jedesmal in bar bezahlt. A und B sehen nun ein, daß das Hin- und Hersenden der Beträge kostspielig und zeitraubend ist und daß sie außerdem das Kapital, das sie zur Bezahlung stets bereithalten müssen, anderweitig produktiver verwenden können. Darum kommen sie überein, die Barzahlungen für ihre gegenseitigen Forderungen innerhalb einer gewissen Zeit z.B. eines Jahres aufzuheben und ihre Leistungen sich gegenseitig zu verrechnen. Die etwaige Differenz bei der Abrechnung, Saldo genannt, wird dann ausgezahlt oder auf neue Rechnung als Debet- oder Kreditposten vorgetragen. Dieses Abkommen, die bindende Vereinbarung, die nur aus einem gegenseitigen Geschäftsverkehr entspringenden Forderungen periodisch zu verrechnen, ist der Kontokorrentvertrag (vgl. § 355 HGB).

Die juristische Natur des Kontokorrentvertrages wurde dabei zur Zeit der Schaffung des BGB kontrovers beurteilt. Grünhut in Endemanns Handbuch des Handelsrechts[725] behandelt den Kontokorrentvertrag unter der Überschrift: Kreditgeschäfte. So allgemein gefaßt, kann man diese Einordnung des Kontokorrents weder als richtig anerkennen, noch verwerfen. Denn jedenfalls ist nicht zu leugnen, daß in einem bestimmten Sinne im Kontokorrentverkehr Kredit gewährt und in Anspruch genommen wird. Die Parteien wollen ja ihre Barzahlung ausschließen und ihre gegenseitigen Forderungen periodisch verrechnen. Da keine Barzahlung eintritt, wird also bis zur nächsten Verrechnung Kredit in Höhe dieser eigentlich fälligen Barzahlung gewährt. Dieser Betrachtung läge ein Kreditbegriff im weitesten Sinne zugrunde. Kreditgeschäft wäre ein jedes zweiseitige Geschäft, bei dem die Leistungen zeitlich auseinanderfallen[726]. In diesem Sinne wären dann Kreditgeschäfte auch beispielsweise Miete und Kauf auf Kredit. Grünhut meint allerdings nicht diesen weiten Kreditbegriff, sondern faßt den Kontokorrentvertrag als Kreditvertrag auf, und zwar in der Weise, daß die Kreditgewährung die eigentlich gewollte Leistungspflicht sei. Dement-

[725] Grünhut in: Handbuch des Deutschen Handels-, See- und Wechselrechts III, S. 936.

[726] Vgl. Theusner, Der Kontokorrentvertrag, S. 14.

sprechend definiert Grünhut[727]: „Der Kontokorrentverkehr beruht auf dem Kontokorrentvertrag; dieser besteht in der Übereinkunft zweier Personen, insbesondere zweier Kaufleute, sich gegenseitig für einen bestimmten Zeitraum rücksichtlich der während desselben abgeschlossenen Rechtsgeschäfte bis zu einem bestimmten oder zu bestimmenden Betrage Kredit zu gewähren". Sobald die Parteien einen Kontokorrentvertrag abgeschlossen, also gegenseitige Kreditgewährung einander versprochen haben, sind sie dementsprechend zur Erfüllung des Vertrages verpflichtet und können im Nichtleistungsfall auf Schadensersatz verklagt werden[728]. Es gelten nach dieser Ansicht schlicht dieselben Grundsätze wie bei dem Versprechen der einseitigen Krediteröffnung.

Diese Einordnung des Kontokorrentvertrages blieb aber nicht ohne Widerspruch. Die Gegenansicht[729] sah in dem Kontokorrent seiner juristischen Natur nach einen Stundungsvertrag, wobei eingeräumt wird, daß damit leicht ein Krediteröffnungsvertrag verbunden sein kann.

Will man nun entscheiden, welche der historischen Ansichten den Vorzug verdient, so gilt es den Vertragszweck zu betrachten. Der Zweck nämlich bestimmt die Leistungspflichten und damit auch die juristische Natur des Vertrages. Der Zweck des Kontokorrentvertrages besteht zunächst in der Vereinfachung, indem gegenseitige Ansprüche verrechnet werden, so daß nur noch ein verbleibender Saldo auszugleichen ist[730]. Zudem dient der Kontokorrent der Vereinheitlichung, indem alle Forderungen ohne Rücksicht auf ihren Schuldgrund und

---

[727] Grünhut in: Handbuch des Deutschen Handels-, See- und Wechselrechts III, S. 936 f.
Ähnlich auch Thöl, Handelsrecht, § 317, S. 1051: „Der Kontokorrentvertrag enthält das gegenseitige Versprechen gegenseitiger Kreditgewährung bis zu einem bestimmten oder zu bestimmenden Betrag"; sowie Greber, Das Kontokorrentverhältnis, S. 39; Creizenach, Der kaufmännische Contocurrent in seiner rechtlichen Bedeutung, S. 15 f.

[728] Grünhut in: Handbuch des Deutschen Handels-, See- und Wechselrechts III, S. 941. In diesem Sinne plastisch auch Wolff, Busch's Archiv, Bd. 12 (1868), S. 83 (86): „Dieser Contocurrentvertrag, welcher sich rechtlich als ein pactum de contrahendo darstellt, beruht auf der besonderen meist ausdrücklichen, seltener stillschweigenden Uebereinkunft zweier Contrahenten, daß der eine Theil dem anderen für einen bestimmten oder unbestimmten Zeitraum Credit bewilligen ... sich verpflichtet".

[729] Staub, Kommentar zum ADHGB, S. 753 (Das Wesen des Kontokorrents könne in einer gegenseitigen Kreditgewährung nicht gefunden werden); sowie Cosack, Handelsrecht, S. 348; Greber, Das Kontokorrentverhältnis, S. 39; Kemmer, Der Kontokorrentverkehr, S. 54 u. 81.

[730] Schwintowski/Schäfer, Bankrecht, § 4, Rn. 29.

ohne Rücksicht auf ihr einzelnes rechtliches Schicksal (Verzinsung, Verjährung, Erfüllungsort) verrechnet werden. Zuletzt besteht noch eine Sicherungsfunktion, ähnlich wie bei der Aufrechnung. Jeder Kontokorrentpartner weiß, daß seine Forderungen aufgrund der laufenden Geschäftsverbindung ständig mit Gegenforderungen der anderen Seite verrechnet werden können[731]. Die Parteien schließen einen Kontokorrentvertrag aber nicht, um einander als Hauptleistung Kredit zu gewähren. Der Kontokorrent gehört daher nicht zu den Kredit-, sondern zu den Zahlungsgeschäften[732].

Wenn Banken, wie dies typischerweise geschieht, im Rahmen des Girokontos einen Kreditrahmen einräumen (Kontokorrentkredit), so beruht das nicht auf der Kontokorrentabrede, sondern auf einer daneben stehenden Kreditzusage[733]. Die historische Einordnung des Kontokorrents als Stundungsvertrag ist daher die treffende. Man kann nämlich den Kontokorrentvertrag als ein Stundungs-, Aufrechnungs- und Saldoanerkenntnisabkommen verstehen[734]. Ist die Verneinung des Kreditcharakters der Kontokorrentabrede heute selbstverständlich, so war sie doch zur Zeit des Entwurfes des BGB die „Mindermeinung"[735]. Ob dieser Wechsel in der Charakterisierung der juristische Natur des Kontokorrents allerdings auch zur Folge hat, daß das Genehmigungserfordernis entfällt, kann erst entschieden werden, wenn der Kreditbegriff des § 1822 Nr. 8 BGB näher konturiert wurde.

3. Der Kreditbegriff des § 1822 Nr. 8 BGB

Das BGB verwendet in § 1822 Nr. 8 die Formulierung: „Aufnahme von Geld auf den Kredit des Mündels". Gemeint ist damit der Geldkredit im Unterschied zum Warenkredit.

Allgemein ist unter einem Kredit die Hingabe von Kaufkraft zur Nutzung gegen einen Anspruch auf spätere Gegenleistung zu verstehen[736]. Der Begriff umschreibt also einen wirtschaftlichen Sachverhalt, bei dem es um die zeitweilige Überlassung von finanziellen Mitteln geht, welche dem Kreditnehmer ohne die Kreditabsprache nicht zur Verfü-

---

[731] Blaurock JA 1980, S. 691 (692).

[732] Theusner, Der Kontokorrentvertrag, S. 14.

[733] Großkommentar HGB/Canaris, § 355, Anm. 4 f; Herold/Lippisch, Bank- und Börsenrecht, S. 44; Schwintowski/Schäfer, Bankrecht, § 4, Rn. 20.

[734] Herold/Lippisch, Bank- und Börsenrecht, S. 45.

[735] Theusner, Der Kontokorrentvertrag, S. 14.

[736] Achterberg/Lanz, Lexikon für das Geld-, Bank- und Börsenwesen, Band II I-Z, Sichwort: Kredit, S. 1060.

gung stünden[737]. Bei einer Kreditvergabe in diesem Sinne überträgt der Kreditgeber dem Kreditnehmer Geld oder geldwerte Mittel. Diese Übertragung kann auf zweierlei Art erfolgen: Entweder wird eine an sich fällige Gegenleistung gestundet (Warenkredit) oder aber es erfolgt eine unmittelbare Ausleihung von Zahlungsmitteln (Geldkredit)[738].
In diesem Sinne stellt der Kontokorrentvertrag (nach beiden rechtlichen Deutungen der Rechtsnatur) eine Kreditierung dar, und sofern Geld ausgezahlt wird (beispielsweise beim Bankkontokorrent) liegt auch ein Geldkredit vor. Qualitativ ist allerdings der Kredit, der durch die abrechnungstechnische Stundung entsteht, von demjenigen Kredit zu unterscheiden, der dadurch entsteht, daß der Kontoinhaber kein Guthaben mehr hat. Die Kontokorrentabrede mit ihrer abrechnungstechnischen Stundung führt nämlich nicht notwendiger-weise dazu, daß auf der Seite des Minderjährigen ein Minus entsteht. Dieser Fall tritt vielmehr nur dann ein, wenn über mehr Buchgeld verfügt wurde, als auf dem Konto vorhanden war. Die abrechnungstechnische Stundung für sich genommen ist dagegen sozusagen neutral. Erst wenn der Minderjährige im Soll ist, gewährt die Bank (über die abrechnungstechnische Stundung hinaus) Kredit im Sinne einer bezweckten Zurverfügungstellung sonst nicht vorhandener Kaufkraft.
Berücksichtigt man den Normzweck des § 1822 Nr. 8 BGB dann müssen beide Arten des Kredits unterschiedlich behandelt werden. Der Normzweck nämlich besteht darin, den Minderjährigen davor zu schützen, von einem Kreditgeber in Anspruch genommen zu werden, ohne daß die Eltern des Minderjährigen seinem Vermögen den Betrag haben zugute kommen lassen. Dieses Gefährdungsmoment besteht nun aber beim Buchgeld auf dem Bankkonto, sofern sich dieses nicht im Soll befindet, ebensowenig wie beim vorhandenen Bargeld. Buchgeld sollte daher (wenn es nicht durch Kredit als Hauptleistung erlangt wurde) nicht anders als Bargeld behandelt werden. Der abrechnungstechnische Kredit (die Stundung) beim Kontokorrent ist nämlich im Sinne des § 1822 Nr. 8 BGB ungefährlich. § 1822 Nr. 8 BGB ist daher in bezug auf den Kontokorrent und verglichen mit Bargeld widersprüchlich und deshalb teleologisch zu reduzieren. Erst wenn der Minderjährige ins Minus kommt und ihm zielgerichtet im Saldo sonst nicht vorhandene Kaufkraft zur Verfügung gestellt wird, ist § 1822 Nr. 8 anzuwenden.
Die Kontokorrentabrede unterfällt somit nicht dem Erfordernis famili-

737 BGH BB 1996, 178 (179).
738 BGH NJW 1980, S. 884 (885); Achterberg/Lanz, Lexikon für das Geld-, Bank- und Börsenwesen, Band II I-Z, Sichwort: Kredit, S. 1060.

engerichtlicher (vormundschaftlicher) Genehmigung[739]. Der Wille der Gesetzesverfasser steht dem nicht entgegen, da zur Zeit der Schaffung des BGB der Kontokorrentvertrag juristisch anders verstanden wurde als heute. Auch wird die Absicht der Gesetzesverfasser, mit § 1822 Nr. 8 eine klare Ordnungsvorschrift zu schaffen, nicht durchkreuzt, da der Kontokorrentvertrag im Bewußtsein der Rechtsanwender nicht als Kredit eingestuft wird.
Auch der Emissionsvertrag des Kreditkartenverfahrens kann als Kontokorrentverhältnis verstanden werden[740]. Die Voraussetzungen der teleologischen Reduktion, wie sie oben vorgeschlagen wurde, liegen beim Emissionsvertrag aber nicht vor. Es erbringt nämlich lediglich das Kreditkartenunternehmen Leistungen, die dann in die Verrechnung eingestellt werden. Dadurch ist der Karteninhaber stets im Soll. Beim Emissionsvertrag bietet sich jedoch ein anderer Ansatzpunkt für eine teleologische Reduktion des § 1822 Nr. 8: der Umstand nämlich, daß sich das Kreditkartenunternehmen nur als Zahlungsmittler zwischen Kunde und Geschäft stellt, es sich also, die Zahlungsvermittlung wegdenkend, um einen Warenkredit handelt. Diese Überlegung ist freilich nicht einschlägig, wenn der Karteninhaber auch die Möglichkeit hat, unter Einsatz der Karte an Bargeld zu gelangen. Sehen die Kreditkartenbedingungen eine solche Möglichkeit vor, dann handelt es sich um einen Kredit mit für den Minderjährigen im Sinne des § 1822 Nr. 8 spezifischem Gefährdungsmoment. Ein Genehmigungserfordernis nach § 1822 Nr. 8 kann das Kreditkartenunternehmen in diesem Fall nur dann vermeiden, wenn es für eine vorweggenommene befreiende Schuldübernahme der Minderjährigenschuld sorgt (wie es z.B. bei Eurocard und Visa der Fall ist).

---

[739] Niemand vertritt heute, daß ein gewöhnliches Bankkonto (das regelmäßig eine Kontokorrentabrede beinhaltet) familiengerichtlich genehmigt werden müßte.
[740] OLG Oldenburg WM 1994, S. 378; Pfeiffer in: Westphalen, Kreditkartenvertrag, Rn. 26.

6. Kapitel - Zusammenfassung:

Es bestehen unterschiedliche Möglichkeiten den Zahlungsvorgang im Kreditkartenverfahren rechtlich abzubilden.

In den Eurocard/Visa Bedingungen ist der Zahlungsvorgang als **Forderungskauf** konstruiert. Ein Geschäftsbesorgungsvertrag mit konkretisierender Weisung und eine Anweisung existieren bei diesem Modell nicht; sie wären auch überflüssig.

Die Literatur vertritt ganz überwiegend das sog. „**Weisungsmodell**". Beim „Weisungsmodell" soll die vorübergehende Absicherung des Vertragsunternehmens (bis zur endgültigen zeitverzögerten) Zahlung durch ein zu konkretisierendes globales Schuldversprechen des Kartenherausgebers gegenüber dem Vertragsunternehmen zustande kommen. Ein **zu konkretisierendes globales Schuldversprechen** ist eine verkappte „**Einzelvertragsfiktion**", obwohl damit vom dogmatischen Ansatz her gerade eine Alternative zu Konstruktionsmöglichkeiten geschaffen werden sollte, die sich einer Vertragsfiktion bedienen. Dogmatisch ehrlicher ist die Konstruktion durch stillschweigende Vertragsannahme. Bei dieser Konstruktionsmöglichkeit liegt der Fiktionscharakter offen und zudem besteht der Vorteil, daß sich der Fiktionsbegünstigte (Empfänger) gegen die Fiktion verwahren kann, wenn sie ihm (ausnahmsweise) ungünstig ist.

Beim „Weisungsmodell" wird der **Geschäftsbesorgungsvertrag** zwischen Karteninhaber und Kartenherausgeber durch eine auftragsrechtliche **Zahlungsweisung** konkretisiert. Diese Weisung ist bis zur Ausführung **widerrufbar**, wodurch der Aufwendungsersatzanspruch des Kartenherausgebers gegen den Karteninhaber entfällt. Das Kreditkartenverfahren ist damit gestört. Die Widerrufsmöglichkeit ist nicht bargeldäquivalent und kann im Weisungsmodell dogmatisch nicht umgangen werden. Wie grundsätzlich im Dreipersonenverhältnis besteht auch beim Weisungsmodell parallel neben der geschäftsbesorgungsrechtlichen Weisung eine (bereicherungsrechtliche, römische) **Anweisung**. Durch die Anweisung soll die Zuwendung (Zahlung) des Kartenherausgebers an das Vertragsunternehmen als Leistung des Karteninhabers an das Vertragsunternehmen gelten. Weisung und Anweisung sind dabei strikt zu unterscheiden. Beim Weisungsmodell bleibt die Anweisung aber praktisch ohne Bedeutung. Zahlt der Kartenherausgeber weisungsgemäß, dann liegt in der Weisung (samt Geschäftsbesorgungsvertrag) ein Rechtsgrund für die Zahlung.

Ein Bereicherungsanspruch kommt nicht in Frage. Widerruft der Karteninhaber aber die Weisung, dann wird auch die Anweisung mit widerrufen.

Die Problematik des Weisungswiderrufs kann durch ein **Modell der angenommenen Anweisung** gelöst werden, indem das Potential der Anweisung des BGB ausgeschöpft wird. Hierzu sind **die §§ 784 Abs. 1 und 790 BGB analog** auf nichtschriftliche Anweisungen anzuwenden.

Die **Anweisung des BGB** ist wechselartig ausgestaltet. Annahmefähigkeit und Schriftformerfordernis sind der ursprünglichen (römischen) Anweisung fremd. Diese Elemente stammen vom **Wechsel**, um die Verrechenbarkeit (auf den Wechselmessen) und die Indossierbarkeit zu ermöglichen. Die Anweisungsregeln des BGB schließen aber formfreie Anweisungen nicht aus. Insbesondere wird auch der **Schutzzweck des § 784 Abs. 2 BGB** nicht umgangen, da stattdessen § 780 BGB Anwendung findet. Wegen § 350 HGB besteht dann praktisch Formfreiheit (da der Versprechende stets ein Kaufmann sein wird).

Die Anweisung des BGB setzt die **römische Anweisung** voraus und ist mit dieser **systemkonform**. Der Grund dafür, daß die BGB-Anweisung (obwohl sie Zahlungsanweisung ist) angenommen werden kann (§ 784 Abs.1), liegt darin, daß das BGB (unausgesprochen) eine parallele **Verpflichtungsanweisung** fingiert. Nicht die Zahlungsanweisung, sondern die Verpflichtungsanweisung wird dann angenommen. **§ 790 BGB** stellt eine **Verknüpfungsvorschrift** zwischen beiden Anweisungen (der rechtsgeschäftlichen Zahlungsanweisung und der fingierten Verpflichtungsanweisung) dar. Auf das Kreditkartenverfahren können §§ 784 Abs.1 u. 790 BGB analog angewandt werden, da auch hier (wie beim Wechsel) ein Bedürfnis besteht, eine spätere Zahlung zuvor schon abzusichern.

Beim Modell der angenommenen Anweisung besteht im Deckungsverhältnis ein Geschäftsbesorgungsvertrag, der durch eine Weisung konkretisiert wird. Daneben und unabhängig davon existiert eine Anweisung. Mit der Annahme der Anweisung (§ 784 Abs. 1 analog) wird dieselbe nicht mehr widerrufbar (§ 790 BGB). Die Weisung kann dagegen weiterhin widerrufen werden, mit der Folge, daß der Aufwendungsersatzanspruch des Kartenherausgebers entfällt. Aufgrund der Anweisung kann der Kartenherausgeber aber beim Karteninhaber **bereicherungsrechtlich Regreß** nehmen. Damit bleibt trotz Weisungswiderrufs das Kreditkartenverfahren intakt.

Im **österreichischen und schweizerischen Gesetz** gibt es keine Beschränkung der Anweisung auf die schriftliche Form. Daher kann in diesen Ländern der gesamte bargeldlose Zahlungsverkehr einheitlich als angenommene Anweisung konstruiert werden. Dies dokumentiert den eigentümlichen deutschen Sonderweg in der Anweisungskodifikation.

Die Institute Anweisung und Weisung bilden auch einen Hauptuntersuchungsgegenstand bei der Frage, welche Besonderheiten sich dogmatisch ergeben, wenn ein Minderjähriger am Kreditkartenverfahren teilnimmt. Insbesondere stellt sich die Frage, ob und inwieweit die §§ 107 ff. angewandt werden können.

Bei Anweisung und Weisung handelt es sich um **einseitige Rechtsgeschäfte**. Diese können aber trotz § 111 BGB nach §§ 108, 109 BGB genehmigt werden, wenn der Erklärungsempfänger zustimmt. Der Gesetzgeber hat die Genehmigungsmöglichkeit dadurch beschrieben, daß er einseitige Rechtsgeschäfte des Minderjährigen als unwirksam bezeichnet. Mit „unwirksam" wird im BGB nämlich stets die heilbare Ungültigkeit bezeichnet. Der Kartenherausgeber stimmt schon mit dem Abschluß des Kartenvertrages der Genehmigungsmöglichkeit zu, da die Genehmigungsmöglichkeit für ihn günstiger ist, als die Unwirksamkeit von Anfang an, wenn weder Rechtsvorteilhaftigkeit noch Einwilligung vorliegen.

Um die Frage zu beantworten, ob die Anweisung rechtsvorteilhaft ist oder nicht, muß zunächst eine schlüssige **Dogmatik des § 107 BGB** entwickelt werden. Entgegen der Literatur und Rechtsprechung ist dabei § 107 BGB streng wörtlich zu verstehen. Nach der Systematik der Vorschrift ist **jeder Rechtsnachteil** zu berücksichtigen. Die in Literatur und Rechtsprechung vorgeschlagene teleologische Reduktion der Vorschrift ist nicht begründbar. Insbesondere entstehen dem Minderjährigen durch eine zeitliche Verzögerung bis zur Genehmigung wegen der Rückwirkung derselben keine Nachteile. Die Unhaltbarkeit des Konzeptes von Literatur und Rechtssprechung zeigt sich besonders plastisch in der Beurteilung des Eigentumserwerbs in Erfüllung einer Verbindlichkeit gegenüber dem Minderjährigen. Nach der Literatur soll der Minderjährige Eigentum erlangen, zugleich soll aber der Anspruch des Minderjährigen auf Eigentumsübertragung nicht untergehen. Diese Lösung entspricht dem römischen Recht, das die für den Minderjährigen rechtsvorteilhaften Folgen eines Rechtsgeschäfts gelten ließ, die rechtsnachteilhaften ungültig sein ließ. Das BGB hat sich aber für eine **Gesamtbetrachtung** entschieden. Ist nur eine Folge des Geschäfts rechtsnachteilig, so ist das ganze Geschäft unwirksam. Es gibt keinen sachlichen Grund diese gesetzgeberische Entscheidung nicht anzunehmen. Der Eigentumserwerb ist daher unwirksam, da er mit dem Verlust der entsprechenden Forderung verbunden wäre. Wendet man § 107 konsequent an, ist auch die Frage der Rechtsnachteilhaftigkeit der Anweisung schnell beantwortet. Auch die **Anweisung ist für den Minderjährigen rechtsnachteilig**, da er infolge der Anweisung einem Bereicherungsanspruch des Angewiesenen ausgesetzt ist.

§ 110 BGB ist eine Genehmigungsfiktion für überlassene Beträge, die dem Minderjährigen eine risikobegrenzte **rechtliche Selbständigkeit** gewähren soll. § 110 BGB gilt auch für überlassenes Buchgeld und das Kreditkartenverfahren. Die Fiktionswirkung tritt aber erst dann ein, wenn der Zahlungsmittler an den Empfänger gezahlt und beim Minderjährigen Rückgriff genommen hat.

Im Rahmen der **bereicherungsrechtlichen Abwicklung** eines bargeldlosen Zahlungsvorgangs wirkt ein **Rechtsschein der Tilgungsbestimmung** auch **zu Lasten eines Anweisenden, der minderjährig ist**. Der Kartenherausgeber kann sich daher an den Minderjährigen halten. Einzig dieses Ergebnis ist bargeldäquivalent, da ein Bargeldempfänger sein Geld auch behalten könnte. Er könnte seinen Zahlungsanspruch nach § 242 BGB einem Rückforderungsverlangen des Minderjährigen entgegenhalten.

Die **Abrechnungsmodalitäten** beim Kontokorrentvertrag und beim Kreditkartenverfahren stellen einen **Kredit nach der allgemeinen Begriffsdefinition** dar: Hingabe von Kaufkraft zur Nutzung gegen einen Anspruch auf spätere Gegenleistung. Der **Kreditbegriff des § 1822 Nr. 8 BGB** ist dagegen **teleologisch zu reduzieren**. Die Vorschrift stuft nur den Geldkredit als gefährlich für den Minderjährigen ein, nicht dagegen den Warenkredit. Bei der Bezahlung mit Kreditkarte im Geschäft handelt es sich aber am Ende auch um einen Warenkredit, nur daß dieser durch den Zahlungsmittler (Kreditkartenunternehmen) abgewickelt wird. Das Kreditkartenverfahren an sich unterfällt daher nicht dem Erfordernis familiengerichtlicher Genehmigung des § 1822 Nr. 8.

Wenn aber auch die Möglichkeit besteht mit der Kreditkarte **Geld abzuheben**, dann ist § 1822 Nr. 8 einschlägig. Das Genehmigungserfordernis kann dann (wie bei der Eurocard) durch eine befreiende Schuldübernahme des gesetzlichen Vertreters umgangen werden.

Anhang: Kreditkartenbedingungen

I. Deutschland

Eurocard Kundenbedingungen

1. Verwendungsmöglichkeiten der Eurocard
Mit der von der EURO Kartensysteme ausgegebenen EUROCARD kann der Karteninhaber im Inland und als weitere Dienstleistung auch im Ausland im Rahmen des EUROCARD-/MasterCard-Verbundes
- bei Vertragsunternehmen Waren und Dienstleistungen bargeldlos bezahlen und
- darüber hinaus als weitere Dienstleistung an Geldautomaten sowie an Kassen von Kreditinstituten – dort zusätzlich gegen Vorlage eines Ausweispapiers – Bargeld beziehen (Bargeldservice); über die Höchstbeträge beim Bezug von Bargeld wird der Karteninhaber gesondert unterrichtet.

Die Vertragsunternehmen sowie die Kreditinstitute und die Geldautomaten im Rahmen des Bargeldservice sind an den Akzeptanzsymbolen zu erkennen, die auf der EUROCARD zu sehen sind. Soweit mit der EUROCARD zusätzliche Leistungen (z.B. Versicherungen) verbunden sind, wird der Karteninhaber hierüber gesondert informiert.

2. Persönliche Geheimzahl (PIN)
Für die Nutzung von Geldautomaten und von automatisierten Kassen kann dem Karteninhaber eine persönliche Geheimzahl (PIN) zur Verfügung gestellt werden.

3. Nutzung der EUROCARD
Bei Nutzung der EUROCARD ist entweder
- ein Beleg zu unterschreiben, auf den die Kartendaten übertragen werden,

oder
- an Geldautomaten und bestimmten automatisierten Kassen die PIN einzugeben.

Nach vorheriger Abstimmung zwischen Karteninhaber und Vertragsunternehmen kann der Karteninhaber – insbesondere zur Beschleunigung eines Geschäftsvorfalls- ausnahmsweise darauf verzichten, den Beleg zu unterzeichnen und statt dessen lediglich seine EUROCARD-Nummer angeben.

4. Finanzielle Nutzungsgrenze
Der Karteninhaber darf seine EUROCARD nur im Rahmen seiner Einkommens- und Vermögensverhältnisse verwenden, so daß ein Ausgleich der EUROCARD-Umsätze gewährleistet ist.

5. Sorgfalts- und Mitwirkungspflichten des Karteninhabers
Der Karteninhaber hat die EUROCARD nach Erhalt unverzüglich auf dem Unterschriftsfeld zu unterschreiben und sie mit besonderer Sorgfalt aufzubewahren. Denn jede Person, die im Besitz der EUROCARD ist, hat die Möglichkeit, mit ihr mißbräuchliche Verfügungen zu tätigen.
Der Karteninhaber hat auch dafür Sorge zu tragen, daß keine andere Person Kenntnis von seiner PIN erlangt. Sie darf insbesondere nicht auf der EUROCARD vermerkt oder in anderer Weise zusammen mit dieser aufbewahrt werden. Denn jede Person, die im Besitz der EUROCARD ist und die PIN kennt, hat die Möglichkeit auch zusammen mit PIN und EUROCARD Verfügungen zu tätigen (z.B. Geld am Geldautomaten abzuheben).
Stellt der Karteninhaber den Verlust der EUROCARD oder mißbräuchliche Verfügungen mit seiner EUROCARD fest, so sind die EURO Kartensysteme – Tel.: 069/7933-0 – oder das Kreditinstitut, und zwar möglichst die kontoführende Stelle, oder eine Repräsentanz des EUROCARD-/MasterCard-Verbundes unverzüglich zu unterrichten, um die EUROCARD sperren zu lassen. Bei mißbräuchlicher Verwendung der EUROCARD ist Anzeige zu erstatten.

6. Zahlungsverpflichtung des Karteninhabers
Die EURO Kartensysteme wird die bei der Benutzung der EUROCARD entstandenen sofort fälligen Forderungen der Vertragsunternehmen gegen den Karteninhaber erwerben. Der Karteninhaber ist seinerseits verpflichtet, der EURO Kartensysteme den Forderungsbetrag zu erstatten. Die EUROCARD- Umsätze werden nach vorheriger Rechnungsstellung dem vom Karteninhaber angegebenen Konto belastet.

7. Fremdwährungsumrechnung beim Auslandseinsatz
Wird die Karte im Ausland eingesetzt, werden Forderungen, die auf fremde Währungen lauten, in Deutsche Mark zum Devisenbriefkurs des dem Eingang vorausgegangenen Börsentages umgerechnet. Fehlt ein Devisenbriefkurs, so wird die fremde Währung zum entsprechenden Marktkurs umgerechnet.

8. Reklamationen und Beanstandungen
Reklamationen und Beanstandungen aus dem Vertragsverhältnis zwischen Karteninhaber und Vertragsunternehmen sind unmittelbar zwischen diesen zu klären; sie berühren nicht die Zahlungsverpflichtung des Karteninhabers nach Nr.6 dieser Bedingungen. Der Karteninhaber hat Rechnungszusammenstellungen sowie sonstige Abrechnungen und Anzeigen auf ihre Richtigkeit und Vollständigkeit zu überprüfen und etwaige Einwendungen unverzüglich zu erheben. Die Un-

terlassung rechtzeitiger Einwendungen kann einen Schadensersatzanspruch der EURO Kartensysteme gegen den Karteninhaber begründen.

9. Haftung für Schäden aus mißbräuchlichen Verfügungen
Sobald der Verlust der EUROCARD gegenüber der EURO Kartensysteme oder dem Kreditinstitut oder einer Repräsentanz des EUROCARD-/MasterCard- Verbundes angezeigt worden ist, hat der Karteninhaber für weitere mißbräuchliche Verfügungen, die mit der EUROCARD nach diesem Zeitpunkt getätigt werden, nicht mehr einzustehen. Für Schäden, die durch mißbräuchliche Verfügungen vor Eingang der Verlustanzeige entstehen, beschränkt sich die Haftung des Karteninhabers auf einen Höchstbetrag von 100,-DM je EUROCARD oder Gegenwert in Euro.

10. Gesamtschuldnerische Haftung mehrerer Antragsteller
Für die Verbindlichkeiten aus einer gemeinsam beantragten EUROCARD haften Antragsteller und Mitantragsteller als Gesamtschuldner, d.h. die EURO Kartensysteme kann von jedem Antragsteller die Erfüllung sämtlicher Ansprüche fordern.
Sowohl Antragsteller, als auch Mitantragsteller können das Vertragsverhältnis nur mit Wirkung für beide Antragsteller durch Kündigung beenden. Jeder Antragsteller hat dafür Sorge zu tragen, daß die gekündigte EUROCARD mit Wirksamwerden der Kündigung unverzüglich an die EURO Kartensysteme zurückgegeben wird. Die Aufwendungen, die aus der weiteren Nutzung der gekündigten EUROCARD bis zu ihrer Rückgabe an die EURO Kartensysteme entstehen, haben die Antragsteller ebenfalls gesamtschuldnerisch zu tragen. Unabhängig davon wird die EURO Kartensysteme zumutbare Maßnahmen ergreifen, um Verfügungen mit der gekündigten EUROCARD nach Erklärung der Kündigung zu unterbinden.

11. Eigentum und Gültigkeit
Die EUROCARD bleibt im Eigentum der EURO Kartensysteme. Sie ist nicht übertragbar.
Die EUROCARD ist nur für den auf der Karte angegebenen Zeitraum gültig.
Nach Ablauf der Gültigkeit ist die EURO Kartensysteme berechtigt, die alte EUROCARD zurückzuverlangen. Endet die Berechtigung, die EUROCARD zu nutzen, vorher (z.B. durch Kündigung des Kartenvertrages), so hat der Karteninhaber die EUROCARD unverzüglich an die EURO Kartensysteme zurückzugeben. Die EURO Kartensysteme behält sich das Recht vor, auch während der Laufzeit einer EUROCARD diese gegen eine neue auszutauschen; Kosten entstehen dem Karteninhaber dadurch nicht.

12. Kündigung
Der Kreditkartenvertrag kann von beiden Parteien zum Ablauf des auf der EUROCARD vermerkten Monats, und zwar unabhängig von der Laufzeit der EUROCARD, jedes Jahr unter Einhaltung einer dreimonatigen Frist gekündigt werden. Darüber hinaus ist die EURO Kartensysteme für den Fall, daß der Karteninhaber das im Kartenantrag angegebene kartenausgebende Institut wechselt, zur Kündigung des Kreditkartenvertrages ohne Einhaltung einer Frist berechtigt. Die EURO Kartensysteme kann den EUROCARD-Vertrag fristlos kündigen, wenn ein wichtiger Grund vorliegt, durch den die Fortsetzung des EUROCARD- Vertrages auch unter angemessener Berücksichtigung der berechtigten Belange des Karteninhabers für die EORO Kartensysteme unzumutbar ist. Ein solcher Grund liegt insbesondere vor, wenn der Karteninhaber unrichtige Angaben über seine Vermögenslage gemacht hat oder wenn eine wesentliche Verschlechterung seiner Vermögenslage eintritt oder einzutreten droht und dadurch die Erfüllung von EUROCARD- Verbindlichkeiten gegenüber der EURO Kartensysteme gefährdet ist.

13. Folgen der Kündigung
Mit Wirksamwerden der Kündigung darf die EUROCARD nicht mehr benutzt werden. Sie ist unverzüglich und unaufgefordert an die EURO Kartensysteme zurückzugeben.

14. Einziehung und Sperre der EUROCARD
Die EURO Kartensysteme darf die EUROCARD sperren oder den Einzug der EUROCARD veranlassen, wenn sie berechtigt ist, den Kreditkartenvertrag aus wichtigem Grund zu kündigen. Die EURO Kartensysteme ist zur Einziehung und Sperre auch berechtigt, wenn die Nutzungsberechtigung der EUROCARD durch Gültigkeitsablauf oder durch ordentliche Kündigung endet.

15. Änderungen oder Ergänzungen der Geschäftsbedingungen
Änderungen oder Ergänzungen dieser Geschäftsbedingungen wird die EURO Kartensysteme durch schriftliche Benachrichtigung bekanntgeben. Sie gelten als genehmigt, wenn der Karteninhaber nicht schriftlich Widerspruch erhebt. Auf diese Folge wird ihn die EURO Kartensysteme bei Bekanntgabe besonders hinweisen. Der Karteninhaber muß den Widerspruch innerhalb eines Monats nach Bekanntgabe der Änderungen an die EURO Kartensysteme absenden.

16. Einschaltung Dritter
Die EURO Kartensysteme ist berechtigt, sich im Rahmen des Kreditkartenvertrages zur Bewirkung der von ihr zu erbringenden Leistungen und zur Einforderung der vom Karteninhaber zu erbringenden Leistungen Dritter zu bedienen.

Teilnahmebedingungen am EUROCARD Service
(Einzelhandels- Servicevereinbarung)

§ 1 Karten- Annahme
Jeder Karteninhaber, der eine von EURO Kartensysteme EUROCARD und eurocheque GmbH (nachfolgend EURO Kartensysteme) vertretene Karte (EUROCARD, MasterCard sowie zukünftige) besitzt, ist berechtigt, die Leistungen des Vertragsunternehmens bargeldlos zu Barzahlungspreisen und -bedingungen in Anspruch zu nehmen, wenn die Karte
- zeitlich gültig und unterschrieben,
- nicht durch Sperrlisten oder andere Benachrichtigungen widerrufen und
- nicht erkennbar verändert oder unleserlich ist

und der Leistungsbeleg
- bei Vorlage unterschrieben wurde und
- die Unterschrift auf dem Leistungsbeleg mit der auf der Karte übereinstimmt.

Wenn diese Voraussetzungen erfüllt sind und ausschließlich dann, wird das Vertragsunternehmen die vorgelegte Karte zu Barzahlungspreisen und –bedingungen entsprechend den Regelungen dieser Vereinbarung akzeptieren, andernfalls ist die EURO Kartensysteme nicht zur Zahlung verpflichtet. Zahlungen, die dennoch von der EURO Kartensysteme geleistet werden, kann die EURO Kartensysteme jederzeit zurückfordern oder verrechnen.

§ 2 Allgemeine Richtlinien
Die Leistungsbelege kann das Vertragsunternehmen entweder elektronisch, mit Hilfe eines von der EURO Kartensysteme initialisierten und genehmigten Terminals, das mit einem Drucker ausgestattet ist, oder manuell unter Verwendung eines Handdruckers erstellen. Der Leistungsbeleg muß am Kassenpunkt bei papiermäßiger Abrechnung in dreifacher und bei elektronischer Abrechnung in zweifacher Ausfertigung erstellt werden.
Auf dem Leistungsbeleg müssen bei elektronischer Abwicklung sämtlicher Kartendaten – bei beleghafter Abwicklung der vollständige Abdruck der Karte – sowie Name und Anschrift des Vertragsunternehmens, das Transaktionsdatum und der Gesamtbetrag sowie die mitgeteilte Genehmigungsnummer gem. § 3 dieser Vereinbarung deutlich lesbar übertragen werden.
Das Vertragsunternehmen wird darauf achten, das sowohl die Unterschrift auf dem Leistungsbeleg mit der auf der Karte übereinstimmt, als auch die auf dem Leistungsbeleg ausgedruckten Daten mit denen der Karte identisch sind. Das Vertragsunternehmen verpflichtet sich des weiteren, die Originalbelege mindestens 12 Monate aufzubewahren, die Aufbewahrungspflichten des Vertragsunternehmens gem. § 147 AO und § 257 HGB bleiben hiervon unberührt.

§ 3 Autorisierung
Das Vertragsunternehmen ist, soweit es an einem Kassenplatz über ein zuvor von der EURO Kartensysteme zugelassenes Terminal verfügt, verpflichtet, die Autorisierung und/oder die Umsatzabwicklung an diesem Kassenplatz über dieses Terminal zugleich elektronisch zeitgleich und online vorzunehmen. Das Vertragsunternehmen wird, sobald es an einem Kassenplatz ein Terminal aufgestellt hat, dies und die Terminal-ID-Nummer der EURO Kartensysteme bekanntgeben, damit das Terminal initialisiert und zur Kartenabwicklung zugelassen werden kann.
Bei Nutzung eines Terminals ist das Vertragsunternehmen verpflichtet, jeden über das Terminal abgewickelten Geschäftsvorgang, unabhängig von der Höhe, über das Terminal genehmigen zu lassen (Null-Limit).
Sollte aus technischen Gründen das Terminal die Leitungsverbindumg oder das Rechenzentrum von der EURO Kartensysteme gestört und dadurch eine elektronische Genehmigungsanfrage bzw. Transaktionsdatenübertragung nicht möglich sein, gelten die folgenden Regelungen in Ziffer 2 über die nicht elektronische Abwicklung.

2. Bei manueller Belegerstellung, von der das Vertragsunternehmen nur bei einer Störung gem. Ziffer 1 bzw. beim Fehlen eines zugelassenen Terminals am Kassenplatz Gebrauch machen wird, ist die Verpflichtung von der EURO Kartensysteme zur Zahlung pro Karteninhaber und Vorgang beschränkt auf den genehmigungsfreien Höchstbetrag von zur Zeit (siehe Vorderseite). Dieser Betrag ist kein Mindestgarantiebetrag. Er ist variabel und kann durch die EURO Kartensysteme jederzeit, abhängig von der Mißbrauchsentwicklung im Vertragsunternehmen, geändert werden. Eine Limitsenkung auf Null ist hierin eingeschlossen.
Bei einem höheren Betrag wird das Vertragsunternehmen vor Ausstellung des Leistungsbeleges die Zustimmung von der EURO Kartensysteme einholen. Der Genehmigungsdienst von der EURO Kartensysteme erteilt bei Zustimmung eine Genehmigungsnummer, die auf dem Leistungsbeleg einzutragen ist.

3. Ohne Genehmigung gem. Ziffer 1 oder 2 des § 3 dieser Vereinbarung ist die EURO Kartensysteme zur Zahlung nicht verpflichtet, die EURO Kartensysteme ist berechtigt, von dem Vertragsunternehmen Maßnahmen zu verlangen, die geeignet sind, die Berechtigung des Karteninhabers zum Einsatz der Karte festzustellen. Zahlungen, die trotz fehlender Zustimmung erfolgen, können jederzeit zurückgefordert werden, sofern die Zahlung vom Karteninhaber nicht ohne Einleitung gerichtlicher Maßnahmen erlangt werden kann.

Des weiteren ist die EURO Kartensysteme berechtigt, bei Nichtbeachtung der für die Kartenannahme und Autorisierung verlangten Maßnahmen durch das Vertragsunternehmen fristlos zu kündigen.

§ 4 Terminalwartung
Das Vertragsunternehmen verpflichtet sich, für jedes von ihm genutzte Terminal einen Wartungsvertrag abzuschließen, der die ordnungsgemäße Funktionsfähigkeit und – im Falle des Terminalausfalles – die unverzügliche Bereitstellung geeigneten Ersatzes vorsieht. Sobald bei Ausfall eines Terminals Ersatz bereit gestellt ist, wird das Vertragsunternehmen dies und die Terminal-ID-Nummer der EURO Kartensysteme bekanntgeben, damit das Ersatzterminal initialisiert und zur Kartenabwicklung zugelassen werden kann.

§ 5 Zusammenstellung der Transaktionsdaten
Bei elektronischer Umsatzabwicklung wird die EURO Kartensysteme dem Vertragsunternehmen einmal pro Woche eine Aufstellung der bei der EURO Kartensysteme erfaßten Transaktionsdaten zuschicken.

§ 6 Übertragung von Forderungen
Das Vertragsunternehmen verkauft ausschließlich der EURO Kartensysteme alle Forderungen gegen den Karteninhaber der von der EURO Kartensysteme gem. Ziffer 1 dieser Vereinbarung vertretenen Karten nach Maßgabe dieser Vereinbarung. EURO Kartensysteme erstattet dem Vertragsunternehmen den Forderungsbetrag abzüglich des vereinbarten Disagios und der Mehrwertsteuer auf das Disagio.
Das Vertragsunternehmen wird der EURO Kartensysteme die mittels eines Terminals erfaßten Transaktionsdaten elektronisch zeitgleich und online übermitteln oder die manuell erstellten Leistungsbelege unabhängig vom auf der Vorderseite vereinbarten Abrechnungsrhytmus spätestens nach Ablauf von sieben Tagen nach Ausstellung zuleiten und die Forderung dadurch an die EURO Kartensysteme abtreten. An die EURO Kartensysteme elektronisch übermittelte Transaktionsdaten, die unvollständig erfaßt oder nicht zeitgleich und online übermittelt worden sind bzw. nicht ordnungsgemäß ausgefüllte oder nach Fristablauf zugeleitete Leistungsbelege verpflichten die EURO Kartensysteme nicht zur Zahlung. Zahlungen, die dennoch geleistet werden, können jederzeit zurückgefordert oder verrechnet werden, sofern Zahlung vom Karteninhaber nicht ohne Einleitung gerichtlicher Maßnahmen erlangt werden kann.
Die EURO Kartensysteme wird die Zahlungen entsprechend dem (auf der Vorderseite) vereinbarten Abrechnungsrhytmus leisten.

§ 7 Einschaltung Dritter und Datenschutz
Das Vertragsunternehmen ist nicht berechtigt, Dritte zur Erfüllung der ihm aufgrund dieser Vereinbarung obliegenden Pflichten einzuschalten, es sei denn, der Dritte, die von diesem angebotene Technik und das zur Verfügung gestellte Verfahren wurden zuvor durch die EURO Kartensysteme zur EUROCARD-Abwicklung zugelassen. Die Möglichkeit der Einschaltung Dritter in Bereichen, die die Sicherheitsbelange von der EURO Kartensysteme nicht berühren bleibt unbenommen. Beide Vertragsparteien verpflichten sich, die Bestimmungen des Bundesdatenschutzgesetzes zu beachten. Das Vertragsunternehmen verpflichtet sich insbesondere, Daten nur nach Maßgabe dieser Vereinbarung an Dritte weiterzugeben.

§ 8 Disagio
Für Abrechnungen, die im ersten Kalenderjahr erfolgen, wird ein Basis-Disagio von (siehe Vorderseite) vereinbart. Danach richtet sich die Höhe des Basis-Disagios nach dem im vorangegangenen Kalenderjahr abgerechneten Umsatz und wird jeweils am 1. April eines Jahres für die Dauer der folgenden 12 Monate gemäß der auf der Vorderseite aufgeführten Umsatzstaffelungen vereinbart.
Zur Berechnung der Disagios ist der auf dem Leistungsbeleg ausgewiesene Endbetrag maßgeblich.
Die EURO Kartensysteme gewährt dem Vertragsunternehmen auf jede elektronisch autorisierte und elektronisch zeitgleich und online übermittelte Transaktion eine Verringerung des vereinbarten Basis-Disagios. Die Höhe der Disagio-Verringerung liegt im Ermessen von der EURO Kartensysteme und beträgt derzeit 0,15% Punkte.

§ 9 Beschwerden und Reklamationen
Beschwerden und Reklamationen eines Karteninhabers, die sich auf im Grundgeschäft gewährte Leistungen des Vertragsunternehmens beziehen, wird das Vertragsunternehmen unmittelbar mit dem Karteninhaber regulieren.
Weigert sich der Karteninhaber, wegen einer Beschwerde oder Reklamation an die EURO Kartensysteme den vollen Betrag zu zahlen, weil der Ware oder Leistung zugesicherte Eigenschaften fehlen oder sie nicht zu einer schriftlichen Produktbeschreibung entspricht, wird das Vertragsunternehmen der EURO Kartensysteme den nicht gezahlten Betrag erstatten; die EURO Kartensysteme ist auch zur Verrechnung berechtigt. In beiden Fällen wird die EURO Kartensysteme die Forderung gegen den Karteninhaber in Höhe des der EURO Kartensysteme erstatteten oder verrechneten Betrages wieder auf das Vertragsunternehmen übertragen.

§ 10 Werbeunterstützung
Das Vertragsunternehmen ist verpflichtet, von der EURO Kartensysteme kostenlos zur Verfügung gestellte Embleme an für Kunden gut erkennbarer Stelle seines Geschäftsbetriebs anzubringen.

§ 11 Inhaberwechsel
Das Vertragsunternehmen wird die EURO Kartensysteme unverzüglich benachrichtigen, wenn das Unternehmen verkauft, verpachtet oder vermietet wird und der EURO Kartensysteme Name und Anschrift des neuen Inhabers mitteilen. Mit Zugang der Nachricht vom Inhaberwechsel wird die EURO Kartensysteme von der Verpflichtung zur Zahlung an das Vertragsunternehmen befreit und ist berechtigt, an den neuen Inhaber zu leisten.

§ 12 Wirksamkeit und Dauer der Vereinbarung
Diese Vereinbarung wird wirksam, sobald ein Exemplar dieses Vertrages vom Vertragsunternehmen rechtsverbindlich unterzeichnet und von der EURO Kartensysteme gegengezeichnet worden ist.
Sofern auf der Vorderseite eine Laufzeitregelung getroffen wurde, kann diese Vereinbarung vor Ablauf der gewählten Laufzeit nicht beendet werden. Sie kann erstmals mit einer Frist von sechs Monaten zum Ende des Kalenderjahres schriftlich gekündigt werden, in das das Ende der Laufzeit fällt. Kündigt das Vertragsunternehmen nicht, verlängert sich am Ende des Kalenderjahres die Vereinbarung – unter Wegfall der für die Laufzeit gewährten Disagioreduzierung – auf unbestimmte Zeit. Sie kann dann mit einer Frist von sechs Monaten zum Ende eines Kalenderjahres schriftlich gekündigt werden.
Wurde auf der Vorderseite keine Laufzeitregelung getroffen, kann diese Vereinbarung mit einer First von sechs Monaten zum Ende eines Kalenderjahres schriftlich gekündigt werden.
Das Vertragsunternehmen wird die Karten bis zur Wirksamkeit der Kündigung honorieren.
Bei Beendigung des Vertrages wird das Vertragsunternehmen sämtliche Hinweise auf den EUROCARD- Service im Unternehmen entfernen.
Sollte eine der Bestimmungen dieser Vereinbarungen unwirksam sein oder werden, so wird die Wirksamkeit der übrigen Bestimmungen dadurch nicht berührt. Die Parteien sind gehalten, die unwirksame Bestimmung durch eine solche wirksame Bestimmung zu ersetzen, mit der das wirtschaftlich gewollte Ergebnis am besten erreicht wird. Die EURO Kartensysteme ist berechtigt, sich zur Erfüllung ihrer Aufgaben aus dieser Vereinbarung Dritter zu bedienen.
Erfüllungsort und Gerichtsstand ist Frankfurt am Main.

II. Schweiz

Allgemeine Geschäftsbedingungen für EUROCARD/MasterCard Privatkarten

Die EUROCARD/MasterCard-Kreditkarte (nachstehend „EUROCARD/MasterCard" genannt) ist ein Produkt der EUROPAY (Switzerland) SA (nachstehend „Kartenherausgeberin" genannt) und wird von letzterer unter den nachfolgend erwähnten Voraussetzungen als bargeldloses Zahlungsmittel ausgegeben. Sie wird als Erstkarte auf den Namen des/der Antragstellers/in oder, sofern im Kartenprogramm vorgesehen, auf entsprechendes Begehren hin als Zusatzkarte auf den Namen des/der Partners/in und/oder einer im selben Haushalt lebenden Person ausgestellt. Erst-, Partner-, und Zusatzkarteninhaber/innen werden nachstehend als „Inhaber" bezeichnet.

Kartenausgabe; Partner-/Zusatzkarte; Sorgfalt
1. Mit Annahme des Kartenantrages durch die Kartenherausgeberin erhält der Antragsteller eine persönliche , unübertragbare Kreditkarte sowie auf Wunsch einen persönlichen Code (PIN-Code) für den Einsatz der EUROCARD/MasterCard an entsprechend gekennzeichneten Automaten. Dieser PIN-Code kann jederzeit an Geldausgabeautomaten geändert werden. Jede ausgestellte EUROCARD/MasterCard bleibt Eigentum der Kartenherausgeberin. Mit Unterzeichnung des Kartenanträge sowie der Entgegennahme der EUROCARD/MasterCard anerkennt der Inhaber diese Allgemeinen Geschäftsbedingungen und ist für deren Einhaltung besorgt. Der Inhaber hat sämtliche Änderungen gegenüber den im Antrag gemachten Angaben , namentlich Namens- uns Adress- sowie Kontoänderungen, der Kartenherausgeberin unverzüglich schriftlich mitzuteilen.
Die Kartenherausgeberin behält sich im übrigen das Recht vor, Kartenanträge ohne Angabe von Gründen abzulehnen bzw. karten nicht zu erneuern.
2. Das Vertragsverhältnis von Partner- bzw. Zusatzkarte kann sowohl durch den Erstkarteninhaber als auch durch den Partner- bzw. Zusatzkarteninhaber beendet werden. Die Partner- bzw. Zusatzkarte verfällt automatisch beim Dahinfallen der Gültigkeit der Erstkarte.
3. Der Inhaber hat die EUROCARD/MasterCard sofort nach Erhalt mit Kugelschreiber zu unterschreiben . Er verpflichtet sich, die EUROCARD/MasterCard jederzeit sorgfältig aufzubewahren. Die EUROCARD/Mastercard darf insbesondere Dritten weder ausgehändigt noch anderweitig zugänglich gemacht werden. Ist die EUROCARD/MasterCard mit einem PIN-Code ausgestattet, so ist der Inhaber verpflichtet, den Code geheimzuhalten und an einem sicheren Ort, getrennt von der EUROCARD/MasterCard, aufzubewahren.

Kartenverwendung
4. Die EUROCARD/MasterCard dient der Erleichterung des bargeldlosen Zahlungsver-kehrs; sie berechtigt den Inhaber bei den Vertragspartnern von EUROCARD/MasterCard mit seiner Unterschrift oder PIN-Code Waren und Dienstleistungen zu bezahlen. Die Kartenherausgeberin ist jederzeit berechtigt, für den Inhaber zwecks Abdeckung des Risikos eine Kartenlimite festzusetzen oder eine Anpassung der bereits bestehenden Limite vorzunehmen. Die Limite kann bei der Kartenherausgeberin jederzeit angefragt werden. Der Inhaber kann mit seiner EUROCARD/MasterCard bei den dazu ermächtigten Banken sowie aus entsprechend gekennzeichneten Geldausgabeautomaten im In- und Ausland Bargeld beziehen. Für jeden Barbezug wird von der Kartenherausgeberin eine Kommission in Rechnung gestellt. Der jeweils gültige Kommissionssatz (derzeit 2,5%; BEI Bezügen im Ausland oder via Bankschalter mindestens CHF 10,-) kann bei der Kartenherausgeberin angefragt werden. Der Kartenherausgeberin oder einer der angeschlossenen Banken steht jederzeit das Recht zu, Bargeldbezüge zu limitieren. Bei Verwendung der EUROCARD/MasterCard im Ausland anerkennt der Inhaber die von der Kartenherausgeberin angewandten Devisenverkaufskurse sowie einen Bearbeitungszuschlag von derzeit0, 5 % des konvertierten Gesamtbetrages. Der Umrechnung in Schweizer Franken wird der Kurs am Tag der internationalen Verarbeitung zugrunde gelegt.
5. Bei Bezahlung von Waren und Dienstleistungen und/oder Bezug von Bargeld wird dem Inhaber ein manuell oder elektronisch erstellter Verkaufsbeleg vorgelegt, der von ihm zu prüfen und mittels Unterschrift bzw. PIN-Code zu genehmigen ist. Die Unterschrift muß mit derjenigen auf der EUROCARD/MasterCard übereinstimmen. Mit seiner Unterschrift bzw. seinem PIN-Code anerkennt der Inhaber die durch den Beleg ausgewiesene Forderung des Vertragspartners; gleichzeitig weist er die Kartenherausgeberin ausdrücklich und unwiderruflich an, den durch den Beleg ausgewiesenen Betrag an den betreffenden Vertragspartner zu vergüten.. Vorbehalten bleiben Telefon-und Korrespondenzkäufe sowie dadurch bezahlte Dienstleistungen, wo der Karteninhaber die entsprechende Transaktion allein durch Angabe seines Namens , der Kartennummer und des Verfallsdatums auf der EUROCARD/Master Card auslöst, mithin auf die Unterzeichnung eines entsprechenden Beleges verzichtet.
6. Bei Verwendung der EUROCARD in Verbindung mit einem Automaten muß der Inhaber anstelle seiner Unterschrift seinen persönlichen PIN-Code verwenden. Die Kartenherausgeberin behält sich vor, die Verwendungsmöglichkeiten von EUROCARD/MasterCard und/oder PIN-Code jederzeit zu erweitern, einzuschränken oder –

vorab aus technischen Gründen – aufzuheben.

Verantwortlichkeit; Haftung

7. Die Kartenherausgeberin übernimmt keine Verantwortung für den Fall, daß sich ein Vertragspartner oder eine Bank aus irgendwelchen Gründen weigert , die EUROCARD/MasterCard zu akzeptieren, oder daß aus technischen oder anderen Gründen eine Zahlung mit der EUROCARD /MasterCard nicht ausgeführt werden kann. Dasselbe gilt für Fälle, in denen sich die Verwendung der EUROCARD /MasterCard in einem Automaten als unmöglich erweist, oder wenn die EUROCARD/MasterCard durch den Automaten beschädigt oder unbrauchbar gemacht wird. Der Inhaber nimmt in diesem Zusammenhang zur Kenntnis, daß die Vertragspartner zwecks Identifizierung die Vorlage eines amtlichen Ausweises verlangen können.

8. Der Inhaber haftet vorbehaltlos für alle Verpflichtungen, die sich aus der Verwendung der EUROCARD/MasterCard mit oder ohne PIN-Code ergeben. Die Kartenherausgeberin lehnt jede Verantwortung für die unter Verwendung der EUROCARD/MasterCard abgeschlossenen Geschäfte ab; insbesondere sind allfällige Beanstandungen der bezogenen Waren oder Dienstleistungen sowie weitere Meinungsverschiedenheiten und Ansprüche aus diesen Rechtsgeschäften direkt und ausschließlich mit den betreffenden Vertragspartnern zu regeln. D Monatsrechnung ist dennoch vertragsgemäß zu bezahlen. Wird eine Partner-/Zusatzkarte ausgestellt , so haften der Erstkarteninhaber und der Partner-/Zusatzkarteninhaber solidarisch für alle Verpflichtungen, die aus der Verwendung der Partner-/Zusatzkarte entstehen.

Gültigkeitsdauer; Erneuerung

9. Die EUROCARD/MasterCard verfällt am Ende des auf der EUROCARD/MasterCard eingeprägten Monats/Jahres. Sie ist nach Ablauf der Gültigkeit sofort unbrauchbar zu machen . Der Inhaber beauftragt die Kartenherausgeberin, ihm rechtzeitig eine neue EUROCARD/MasterCard zuzustellen und die entsprechende Gebühr jährlich seiner Rechnung zu belasten. Vorbehalten bleiben die Fälle, in denen die EUROCARD/MasterCard vor Ablauf ihrer Gültigkeitsdauer nicht mehr verwendet werden darf. Erhält der Inhaber seine neue EUROCARD/MasterCard nicht mindestens 10 tage vor Verfall der bisherigen EUROCARD/MasterCard , so hat er die der Kartenherausgeberin unverzüglich zu melden. Wünscht der Inhaber keine neue EUROCARD/MasterCard, so kann er dies der Kartenherausgeberin jederzeit schriftlich mitteilen.

Zahlungsmodalitäten

Der Inhaber erhält eine Monatsrechnung, die bei Erhalt zu bezahlen ist. Im Lastschriftverfahren erfolgt die Bezahlung direkt durch Belastung des angegebenen Kontos. Kommt der Inhaber seiner Zahlungspflicht nicht nach, so gerät er ohne weitere Mahnung in Verzug und hat Verzugszinsen von monatlich 1% des Rechnungsbetrages ab dem 1. Tag seit Rechnungsstellung zu bezahlen. Für jede Mahnung wird eine Gebühr von CHF 10,- erhoben. Der Karteninhaber ist zusätzlich zum Ersatz sämtlicher weiterer Auslagen verpflichtet, die der Kartenherausgeberin bei der Erbringung überfälliger Forderungen aus diesem Vertrag entstehen. Die Kartenherausgeberin kann ihre Ansprüche jederzeit Dritten abtreten. Eine Abtretung wird dem Inhaber umgehend angezeigt. Reklamationen, welche die Monatsrechnung betreffen, sind der Kartenherausgeberin innert 30 Tagen ab Rechnungsdatum schriftlich mitzuteilen, ansonsten die Monatsrechnung als durch den Inhaber als genehmigt gilt. Der Inhaber verpflichtet sich seine EUROCARD/MasterCard nur soweit zu verwenden, als er zur fristgerechten Bezahlung der Monatsrechnungen in der Lage ist. Ist dies nicht mehr der Fall, so wird die EUROCARD/MasterCard ungültig; sie ist sofort unbrauchbar zu machen und der Kartenherausgeberin zurückzusenden.

Verlust und Diebstahl; Kartenrückgabe; Sperrung

11. Geht die EUROCARD/MasterCard verloren, wird sie gestohlen oder besteht sonstwie die Möglichkeit einer mißbräuchlichen Verwendung, so hat der Inhaber dies unverzüglich der Kartenherausgeberin unter Telefon 01-2796556 (24h-Dienst) zu melden. Für den Ersatz einer verlorengegangenen oder gestohlenen EUROCARD/MasterCard wird eine Gebühr von CHF 25,- erhoben. Der Inhaber, der seinen in diesen Allgemeinen Geschäftsbedingungen festgehaltenen Verpflichtungen vollumfänglich nachgekommen ist, haftet für den gesamten Schaden aus der mißbräuchlichen Verwendung der EUROCARD/MasterCard durch unberechtigte Dritte höchstens bis zum Betrag von CHF 100,- pro EUROCARD/MasterCard. Der Inhaber ist in jedem Fall gehalten, bei der zuständigen Polizeibehörde (In- und Ausland) Strafanzeige zu erstatten.

12. Die Kartenherausgeberin behält sich das Recht vor, ohne Angaben von Gründen EUROCARD/MasterCard-Karten zu sperren und/oder zurückzufordern. Eine zurückgeforderte EUROCARD/MasterCard ist sofort unbrauchbar zu machen und an die Kartenherausgeberin zurückzusenden. Die Kartenherausgeberin lehnt jegliche Haftung für Schäden ab, die sich infolge Widerrufs des Gebrauchs der EUROCARD/MasterCard ergeben können. Durch vorzeitige Rückforderung oder Rückgabe der EUROCARD/MasterCard entsteht kein Anspruch auf anteilmäßige Rückerstattung der Jahresgebühr. Mit Rückforderung oder Rückgabe der EUROCARD/MasterCard werden alle nicht fakturierten Rechnungsbeträge

zur sofortigen Zahlung fällig. Die Verwendung einer verfallenen, ungültigen gesperrten oder ver-/fälschten EUROCARD/MasterCard durch den Inhaber ist verboten und kann strafrechtlich verfolgt werden. Der Inhaber haftet voll umfänglich für daraus erwachsende Schäden.

Diverse Bestimmungen

13. Die Kartenherausgeberin behält sich vor, diese Allgemeinen Geschäftsbedingungen sowie die übrigen Konditionen jederzeit zu ändern. Solche Änderungen werden dem Inhaber schriftlich mitgeteilt und gelten als genehmigt, wenn der Inhaber die EUROCARD/MasterCard unbrauchbar gemacht nicht innert einer Frist von 30 Tagen der Kartenherausgeberin zurückschickt.

14. Der Inhaber ermächtigt die Kartenherausgeberin, sämtliche im Zusammenhang mit dem Kartenantrag und/oder der Kartenbenutzung als notwendig erachteten Auskünfte einzuholen und einer zentralen Stelle gesperrte oder zurückgezogene Karten zu melden. Alle Angaben werden streng vertraulich behandelt.

15. Die Kartenherausgeberin behält sich das Recht vor, jederzeit die administrative Kartenverarbeitung vollumfänglich oder teilweise auf Dritte zu übertragen, ohne den Inhaber benachrichtigen zu müssen. Solche Dritte sind ermächtigt, für die der Kartenherausgeberin aus diesem Vertrag sich ergebende Rechtshandlungen vorzunehmen und zu diesem Zwecke im Namen der Kartenherausgeberin aufzutreten.

Gerichtsstand

16. **Erfüllungsort und Gerichtsstand ist Zürich**
Der Inhaber verzichtet ausdrücklich auf den Gerichtsstand seines Domizils, doch hat die Kartenherausgeberin das Recht, ihn auch dort einzuklagen. Die Beziehungen zwischen dem Inhaber und der Kartenherausgeberin unterstehen dem schweizerischen Recht.
Ausgabe 1992/1

Geschäftsbedingungen für das EUROCARD/MasterCard-System - Akquisitionsvertrag

1. Kartenannahme

1.1 Der Vertragspartner wird alle mit dem EUROCARD/MasterCard-Logo und dem Hologramm versehenen Kreditkarten an Zahlungsstatt nehmen, sofern

- die Karte innerhalb der aufgedruckten Gültigkeitsdauer vorgewiesen wird,
- die Karte nicht erkennbar gefälscht ist,
- die Karte vom Karteninhaber unterzeichnet ist, und
- die Karte nicht auf einer allfälligen, dem Vertragspartner zugestellten Sperrliste der EUROPAY steht.

1.2 Der Vertragspartner wird keine Bargeldauszahlungen oder Darlehensgewährung gegen Belastung der Karte vornehmen.

2. Benutzung des elektronischen Abrechnungssystems

2.1 Bei Benutzung des elektronischen Abrechnungssystems hat der Vertragspartner jede Zahlung mit EUROCARD/MasterCard-Karten über das elektronische System abzuwickeln und die vom Terminal erstellte Belastungsanzeige durch den Karteninhaber persönlich unterschreiben zu lasen.

2.2 Der Vertragspartner verpflichtet sich, die bei ihm anfallenden EUROCARD/MasterCard Umsätze täglich abzurechnen und der EUROPAY einzuliefern.

2.3 Fällt das elektronische Abrechnungssystem der EUROPAY aus technischen oder anderen Gründen außer Betrieb, so hat der Vertragspartner bis zur Wiederaufnahme des Systembetriebes das unter Ziffer 3 geregelte manuelle Verfahren anzuwenden. Für solche Ausfälle muß mindestens eine zentrale Stelle – z.B. Kundendienst – mit der Möglichkeit zur manuellen Abwicklung der Transaktionen ausgerüstet sein. Der Vertragspartner wird alle technischen und organisatorischen Maßnahmen treffen, um Problemfälle lösen zu können. Jede Störung der Funktionsfähigkeit des elektronischen Abwicklungssystems ist umgehend der von der EUROPAY bezeichneten Stelle zu melden.

2.4 Bei Nichtbenutzung des elektronischen Systems oder bei nicht erfolgter Meldung von Störungen haftet der Vertragspartner für die entsprechende Transaktion und zwar ohne Rücksicht auf die im Vertrag vereinbarte Autorisationslimite.

3. Benutzung der Verkaufsbelege; Autorisation

3.1 Bei Benutzung der Verkaufsbelege darf der Vertragspartner nur die ihm von EUROPAY zur Verfügung gestellten Verkaufsbelege verwenden. Der Vertragspartner muß diese gut leserlich mit folgenden Angaben versehen:

- durch Abrollgerät aufdrucken: Kartennummer, Verfallsdatum, Name des Karteninhabers, Name des Vertragspartners, Ort;
- handschriftlich eintragen: Betrag der Bezüge in Schweizer Franken, Datum des Abschlusses, eventuelle Autorisationsnummer.

Es dürfen keine Korrekturen auf dem Verkaufsbeleg vorgenommen werden. Ist eine Korrektur erforderlich, so muß eine neuer Verkaufsbeleg ausgestellt werden. Der Verkaufsbeleg ist vom Karteninhaber persönlich zu unterschreiben (vgl. Ziff.4).

3.2 Das Original verbleibt als Kontrollbeleg beim Vertragspartner. Die erste Kopie ist unter Verwendung des Formulars "Zusammenfassung" innerhalb von 10 Tagen nach Ausstellung des Verkaufsbelegs der EUROPAY vorzulegen. Eine Zusammenfassung darf maximal 50 Verkaufsbelege enthalten. Die zweite Kopie ist dem Karteninhaber auszuhändigen.

3.3 Der Vertragspartner hat bei EUROPAY eine Autorisation per Telefon, Telex oder Telefax einzuholen, wenn :

- der Gesamtbetrag der Bezüge, welche mit derselben Karte am gleichen Tag getätigt werden, die im Vertrag vereinbarte Limite übersteigt,
- Zweifel an der Gültigkeit der Karte oder der Echtheit der Unterschrift bestehen, oder
- Zweifel an der Identität des Karteninhabers bestehen.

Der Vertragspartner verpflichtet sich, für Bezüge nicht mehrere Verkaufsbelege auszustellen, um so das Einholen der Autorisation zu umgehen. Die Höhe der vereinbarten Limite ist vertraulich und darf dem Karteninhaber nicht bekannt gegeben werden. Die vereinbarte Limite kann jederzeit durch EUROPAY neu festgesetzt werden, was dem Vertragspartner unverzüglich schriftlich mitgeteilt wird. Wenn eine Autorisation erteilt wird, muß die Autorisationsnummer auf dem Verkaufsbeleg in dem dafür vorgesehenen Feld vermerkt werden. Wird die Autorisation von EUROPAY nicht erteilt oder wird sie entgegen der Pflicht nicht eingeholt, so lehnt EUROPAY die Vergütung für den ganzen Betrag ab.

4. Belastungsanzeige und Verkaufsbeleg

4.1 Der Vertragspartner hat die vom Terminal ausgestellte Belastungsanzeige bzw. den vollständig ausgefüllten Verkaufsbeleg (Belastungsanzeige und Verkaufsbeleg nachstehend Beleg genannt) durch den Karteninhaber persönlich unterschreiben zu lassen.

Der Vertragspartner ist verpflichtet, zu prüfen,

- daß der Karteninhaber die Belege in seiner Gegenwart unterschreibt,
- daß die Unterschrift mit dem auf der Vorderseite der Karte eingeprägten Namen identisch ist, sowie
- daß die Unterschrift auf dem Beleg mit derjenigen auf der Rückseite der Karte übereinstimmt.

Bei der Benutzung des elektronischen Abrechnungssystems müssen die letzten vier Ziffern der Kartennummer mit der ausgedruckten Nummer auf der Belastungsanzeige identisch sein. Im Zweifelsfall wird der Vertragspartner die Identität des Karteninhabers anhand eines amtlichen Ausweises überprüfen und die wesentlichen Punkte (z.B. Paßnummer) auf dem beleg vermerken. Es ist verboten, die Daten auf den Belegen nach Unterzeichnung zu ändern. Die unterschriebenen Belege gelten als Schuldanerkennung des Karteninhabers gegenüber der EUROPAY.

4.2 Der Vertragspartner verwahrt alle Originale der Belege während mindestens 18 Monaten ab dem Datum des Bezuges an einem sicheren Ort. Auf Begehren von EUROPAY sind ihr die Belege innerhalb von zehn Tagen mit eingeschriebener Sendung zuzustellen. Für den Fall, daß ein Karteninhaber die Gültigkeit bzw. Verbindlichkeit eines Beleges bestreiten sollte, leistet der Vertragspartner EUROPAY die für die Einziehung der Forderung nötige Unterstützung. Die Mißachtung der Aufbewahrungspflicht durch den Vertragspartner hat Rückbelastungen von bereits erfolgten Vergütungen im Umfange der nicht aufbewahrten Belege zur Folge.

5. Kredit/Warenrücknahme

5.1 Im Falle von Beanstandungen des Karteninhabers bezüglich Waren oder Dienstleistungen hat sich der Vertragspartner nach den üblichen kaufmännischen Usancen zu verhalten. Wird eine Ware ganz oder teilweise zurückgenommen, nachdem die elektronische Transaktion getätigt bzw. der Verkaufsbeleg EUROPAY bereits zugestellt wurde, hat der Vertragspartner eine Gutschrift (Kredit) auszustellen. Bei Benutzung des elektronischen Abrechnungssystems ist eine Gutschriftsanzeige auszudrucken. Bei der Benutzung eines Verkaufsbeleges ist ein gewöhnlicher Verkaufsbeleg zu verwenden, auf dem zusätzlich das Wort "Kredit" quer anzubringen ist. Es ist dem Vertragspartner nicht erlaubt, die Rückvergütung in Bargeld vorzunehmen. Mit Vornahme einer Gutschrift durch den Vertragspartner ist EUROPAY berechtigt, unmittelbar die Rückerstattung bzw. Verrechnung des bereits bezahlten Betrages zu verlangen. Der Anspruch von EUROPAY wird mit Eingang der entsprechenden Mitteilung bei EUROPAY fällig.

6. Abtretung der Forderung, Vergütung, Rückforderung

6.1 Mit Eingang der Verkaufsbelege bei EUROPAY bzw. mit der elektronischen Einlieferung sind die auf den Belegen aufgeführten Forderungen gegenüber dem Karteninhaber an EUROPAY abgetreten. Der Vertragspartner verpflichtete sich, gegen den Karteninhaber in keiner Weise vorzugehen.

6.2 Die Vergütung der Bezüge durch EUROPAY an den Vertragspartner erfolgt unter Abzug der vereinbarten Kommission und unter Vorbehalt der Einhaltung der vertraglichen Bestimmungen durch den Vertragspartner (insbesondere betreffend Annahme der Karte (Ziffer 1), Einlieferungspflicht (Ziffer 2.2,3.2), Prüfungspflicht (Ziffer 4.1), Autorisationspflicht (Ziffer 3.3) und Aufbewahrungspflicht (Ziffer 4.2), ohne daß der Vertragspartner für die Einbringlichkeit der abgetretenen Forderungen haftet.

6.3 Die Vergütung an den Vertragspartner erfolgt innerhalb von zehn Werktagen (Montag bis Freitag) nach Eingang der durch das elektronische Abrechnungssystem übermittelten Daten bzw. der Verkaufsbelege. Verzögerungen infolge höherer Gewalt oder infolge von Defekten, die nicht durch EUROPAY verschuldet sind, bleiben vorbehalten.

6.4 Aus den Geschäftsabschlüssen, die vom Vertragspartner unter Mißachtung der Bestimmungen des vorliegenden Vertrages inkl. Geschäftsbedingungen getätigt werden, haftet der Vertragspartner für die Einbringlichkeit der entsprechenden Forderung. Eine von EUROPAY an den Vertragspartner bereits geleistete Vergütung erfolgt in diesen Fällen unter dem Vorbehalt einer späteren Rückforderung bzw. Verrechnung zu Lasten des Vertragspartners, falls die Forderung gegenüber dem Karteninhaber nicht oder nur teilweise eingebracht werden kann. Bei noch nicht geleisteter Vergütung ist EUROPAY berechtigt, die Bezahlung zu verweigern, und zwar ungeachtet, ob der Karteninhaber bereits ganz oder teilweise Zahlung geleistet hat oder nicht. Dies gilt auch bei Autorisationserteilung gemäß Ziffer 2 (Elektronisches Abrechnungssystem) bzw. Ziffer 3.3 (Benutzung der Verkaufsbelege).

6.5 Zahlungen des Karteninhabers werden unabhängig vom Zeitpunkt ihrer Leistung wie folgt zur Tilgung verwendet,

- zuerst für Belastungen, für deren Erbringlichkeit der Vertragspartner gegenüber der EUROPAY nicht haftet (Ziffer 6.1),
- sodann für die Deckung der EUROPAY entstandenen Inkassospesen aus der Einforderung der unter Mißachtung der Bestimmungen des vorliegenden Vertrages abgeschlossenen Geschäfte, und
- schließlich für Belastungen, für deren Erbringlichkeit der Vertragspartner gegenüber EUROPAY haftet (Ziffer 6.3).

6.6 Dem Vertragspartner bleibt es vorbehalten, sich die Forderungen, für deren Erbringlichkeit er haftet, von EUROPAY abtreten zu lassen und die Forderung beim Karteninhaber selbst einzufordern. Dies hat der Vertragspartner ausdrücklich und schriftlich innert 10 Tagen nach Anzeige durch EUROPAY zu verlangen. Die Abtretung erfolgt nur dann, wenn der Vertragspartner die EUROPAY vollumfänglich bezahlt und schadlos gehalten hat, d.h. insbesondere Rückerstattung allfällig geleisteter Vergütungen sowie Anrechnung der der EUROPAY bis zu diesem Zeitpunkt aufgelaufenen Inkassospesen.

7. Diverse Bestimmungen

7.1 Im übrigen gelten die Bestimmungen des Vertrages über das bargeldlose Zahlen von Waren und Dienstleistungen sowie auf der Rückseite jenes Vertrages aufgeführten Geschäftsbedingungen. Diese Geschäftsbedingungen für das EUROCARD/MasterCard-System bilden einen integrierenden Bestandteil des Vertrages über das bargeldlose Zahlen von Waren und Dienstleistungen.

III. Österreich

Allgemeine Geschäftsbedingungen Emissionsvertrag

1. Vertragsabschluß
Der Kreditkartenvertrag kommt durch Zusendung der MasterCard® (kurz Karte) an den Antragsteller zustande (§ 864 Abs.1 ABGB). Der Karteninhaber (kurz KI) ist verpflichtet, Falschprägungen seines Namens auf der Karte sofort zu melden. Eine Falschprägung des Namens ändert jedoch nichts an der Haftung des KI für die Erfüllung seiner mit der Karte eingegangenen Verbindlichkeiten.
Der KI ist verpflichtet, die Karte unverzüglich auf dem dafür vorgesehenen Unterschriftenfeld mit der gleichen Unterschrift wie auf dem Kreditkartenantrag zu unterzeichnen.
Eine vom KI beantragte Persönliche Identifikationsnummer (kurz PIN) wird diesem in einem verschlossenen Kuvert mitgeteilt. Ohne Kenntnis der PIN kann die Karte bei Selbstbedienungseinrichtungen (Geldausgabeautomaten oder PIN-Terminal) nicht verwendet werden.

2. Eigentum an der Karte
Die Karte ist nicht übertragbar und verbleibt im Eigentum der Europay Austria (kurz EPA). Ein Zurückbehaltungsrecht des KI an der Karte ist ausgeschlossen.

3. Vertragsdauer und Beendigung
3.1 Vertragsdauer
Der Kreditkartenvertrag ist auf unbestimmte Zeit abgeschlossen. Die Karte ist jedoch nur bis zum Ablauf der eingeprägten Gültigkeitsdauer gültig.
3.2 Erneuerung der Karte
Gibt der KI nicht bis spätestens zwei Monate vor Ablauf der Gültigkeitsdauer eine gegenteilige schriftliche Erklärung ab, so ist EPA verpflichtet, ihm eine neue Karte für eine weitere Gültigkeitsperiode auszustellen.
3.3 Beendigung
Der KI ist berechtigt das Vertragsverhältnis durch Rücksendung der entwerteten Karte jederzeit zu kündigen. Das Vertragsverhältnis gilt mit dem Zeitpunkt als aufgelöst, zu dem die entwertete Karte bei EPA eingelangt ist. Bestehende Verpflichtungen des KI werden durch die Kündigung nicht berührt und sind zu erfüllen. Im Falle einer Kündigung besteht kein Anspruch auf Rückerstattung einer anteiligen Jahresgebühr, es sei denn, wesentliche vertragliche Bestimmungen ändern sich.
EPA ist berechtigt das Vertragsverhältnis mit dem KI aus wichtigem Grund, insbesondere bei Verschlechterung seiner Bonität oder bei Zahlungsverzug, mit sofortiger Wirkung aufzulösen und die Karte durch jedes Vertragsunternehmen der Eurocard/MasterCard Kreditkartenorganisation einziehen zu lassen.
Mit der Vertragsauflösung endet auch die Berechtigung die PIN zu verwenden.

4. Rechte des Karteninhabers
4.1 Die Karte berechtigt den KI
- von Vertragsunternehmen (kurz VU) der Eurocard/MasterCard Kreditkartenorganisation durch Vorlage der Karte, oder soweit VUs dies ermöglichen (z.B. Mail-Order, Telefon-Order) ohne Vorlage, ohne Barzahlung alle von jenen gewöhnlich angebotenen Leistungen (Waren, Dienstleistungen oder Bargeldbezüge) zu gleichen Preisen und Bedingungen wie ein barzahlender Kunde zu beziehen.
- von hierzu ermächtigten Bargeldauszahlungsstellen bis zur Höhe des jeweils festgesetzten Limits Bargeld in Empfang zu nehmen.
- unter Verwendung der PIN entsprechend gekennzeichnete Selbstbedienungseinrichtungen zum Bezug von Leistungen zu benutzen. Innerhalb von sieben Tagen kann an Geldausgabeautomaten nur Bargeld bis zu einer Höchstgrenze bezogen werden. Diese Höchstgrenze kann sich durch Bau- und Funktionsweise des jeweiligen Geldausgabeautomaten auch verringern.

4.2 Bei Inanspruchnahme einer unter 4.1 bezeichneten Leistungen ist der KI berechtigt und verpflichtet, den vom VU in Rechnung gestellten Betrag durch Abgabe einer Anweisungserklärung (Punkt 6) zu begleichen.

5. Pflichten des Karteninhabers
5.1 Der KI ist verpflichtet, den Leistungsbeleg mit der gleichen Unterschrift wie auf der Karte zu zeichnen. Eine abweichende Unterschrift ändert nicht die Haftung des KI für die Erfüllung seiner mit der Karte eingegangenen Verbindlichkeiten. Bei Inanspruchnahme einer Selbstbedienungseinrichtung hat der KI anstelle der Unterzeichnung eines Leistungsbelegs die PIN in die dazu vorgesehene Einrichtung einzugeben.
5.2 Der KI ist nur solange berechtigt, die Karte zu verwenden, als
- das Vertragsverhältnis aufrecht
- die Karte gültig und
- er in der Lage ist, die mit der Karte eingegangenen Verpflichtungen gem. Punkt 12 rechtzeitig zu erfüllen und zu diesem Zweck während der Vertragsdauer eine Bankeinzugsermächtigung aufrecht erhält und für eine ausreichende Deckung seines Kontos Sorge trägt.

5.3 Der KI ist jedenfalls zur Zahlung der Jahresgebühr verpflichtet. Sofern im einzelnen nichts anderes ausgehandelt wurde, ist die Jahresgebühr jeweils am Ersten des Monats fällig, der dem in der Gültigkeitsdauer angegebenen Monat folgt (Beispiel: Ist als Gültigkeitsdauer auf der

Karte 8/JJ eingeprägt, ist die Jahresgebühr jeweils am 1.9. fällig.).

6. Anweisung
Der KI weist durch Unterzeichnung des Leistungsbeleges oder in einer anderen Art und Weise EPA unwiderruflich an, den vom VU dem KI in Rechnung gestellten Betrag zu bezahlen. EPA nimmt bereits jetzt die Weisung an. Durch Abgabe der Anweisungserklärung anerkennt der KI gegenüber EPA die Rechnung des VUs dem Grunde und der Höhe nach. Im Fall der Abgabe einer Anweisungserklärung, die keinen konkreten Rechnungsbetrag umfaßt, haftet der Kläger für die Bezahlung des vom VU bei EPA eingereichten Betrages.

7. Meinungsverschiedenheiten zwischen dem Karteninhaber und dem Vertragsunternehmen
Der KI hat Beanstandungen (insbesondere Mängelrügen) oder Meinungsverschiedenheiten, welcher Art auch immer, direkt mit dem VU zu klären. Dies gilt auch für Meinungsverschiedenheiten über die Höhe des Rechnungsbetrages. EPA gegenüber besteht auch in diesen Fällen die Verpflichtung, die monatlichen Abrechnungen gem. Punkt 12 zu begleichen.

8. Rückerstattungen
Der KI darf Rückerstattungen vom VU nur im Wege der Gutschrift auf sein Kartenkonto verlangen. Ist das Vertragsverhältnis zwischen dem KI und EPA im Zeitpunkt der Rückerstattung beendet, so wird EPA einen Saldo zu Gunsten des KI unverzüglich an diesen zur Auszahlung bringen.

9. Verwendbarkeit der Karte; Haftung EPAs
9.1 Akzeptiert ein VU die Karte nicht, so trifft EPA keine Haftung.
9.2 Bei Selbstbedienungseinrichtungen können technische Störungen vorkommen. EPA haftet nicht für Schäden, die auf solche Störungen zurückgehen, außer diese wurden durch vorsätzliches oder grob fahrlässiges Verhalten der EPA oder ihrer Mitarbeiter verursacht.
9.3 Für Schäden, die dem KI daraus entstehen, daß eine Karte wegen Fehlerhaftigkeit nicht akzeptiert wird, haftet EPA nur, falls sie diese grob verschuldet hat.

10. Obliegenheiten und Haftung des Karteninhabers
10.1 Der KI ist verpflichtet, die Karte sorgfältig und von der PIN, die geheim zu halten ist, getrennt zu verwahren. Keine sorgfältige Verwahrung stellt insbesondere das Zurücklassen der Karte in einer Weise dar, daß Dritte an ihr ohne erheblichen Aufwand unbefugt Gewahrsam erlangen können. Der ungesicherte/unverschlüsselte Transport der Kartendaten über frei zugängliche Datensätze gilt gleichfalls nicht als sorgfältige Verwahrung. Der KI ist nicht berechtigt, die Karte oder Kartendaten an Dritte weiterzugeben, und haftet in diesem Fall für das Verhalten des Dritten. Bei der Verwendung der PIN ist darauf zu achten, daß diese nicht von Dritten ausgespäht werden kann. Verletzt der KI diese Obliegenheiten, kann er sich nicht auf die Haftungsbefreiung des Punktes 10.3 berufen.
10.2 Kommt dem KI die Karte oder die PIN aus welchem Grund auch immer abhanden, oder treten Umstände ein, die Kenntnis eines Dritten vermuten lassen, ist er verpflichtet, EPA unverzüglich zu verständigen, wobei die PIN Mitarbeitern der EPA nicht bekanntgegeben werden darf. Verlust oder Diebstahl der Karte sind sofort den zuständigen Behörden anzuzeigen.
10.3 Nach dieser Verständigung EPAs haftet der KI nicht für den Ersatz von Schäden aus einer mißbräuchlichen Verwendung der Karte. Für den Ersatz solcher Schäden, die bis zur Verständigung EPAs entstanden sind, haftet, der KI, unbeschadet der Bestimmung des Punktes 10.4, nur bis zu einem Betrag von ATS 1000,-.
10.4 Eine wiedererlangte, verloren oder gestohlen gemeldete Karte darf auch durch den KI nicht mehr verwendet werden und ist entwertet an EPA zu senden. Bei Ausstellung einer Ersatzkarte ist EPA berechtigt, die damit verbundenen Kosten in Rechnung zu stellen.
10.5 Bei mißbräuchlicher Verwendung der Pin haftet der KI bis zur Verständigung EPAs gemäß Punkt 10.2 nur bis zu einem Betrag von ATS 15.000,-pro Abrechnung. Erfolgt die Benutzung der PIN durch den KI mißbräuchlich oder ist er an der mißbräuchlichen Benutzung der PIN durch einen aus dem Kreditkartenvertrag nicht berechtigten Dritten beteiligt, so haftet der KI unbeschränkt.

11. Sperre der Karte
11.1 EPA ist berechtigt auf Kosten des KI die Verwendbarkeit abhandengekommen gemeldeter Karten zu sperren (etwa durch Aufnahme in Sperrlisten). Dies gilt auch für Karten, die durch Auflösung des Vertragsverhältnisses ungültig geworden sind. Sämtliche VUs der Eurocard/MasterCard Kreditkartenorganisation sind berechtigt, namens EPA gesperrte Karten einzuziehen.
11.2 Bedient der KI eine Selbstbedienungseinrichtung mehrmals falsch, kann die Karte von dieser aus Sicherheitsgründen eingezogen werden Diesem Sicherheitsmechanismus stimmt der KI zu.

12. Abrechnung
Der KI erhält mindestens einmal im Monat eine Abrechnung über die mit der Karte in Anspruch genommenen Leistungen. Sofern er nicht binnen 30 Tagen nach Zustellung der Abrechnungen schriftlich widerspricht,, anerkennt er diese dem Grunde und der Höhe nach. EPA verpflichtet sich, in der Abrechnung auf die 30tägige Frist

und auf die Auslegung des Verhaltens des KI ausdrücklich hinzuweisen. Der in der Abrechnung aufscheinende Betrag ist sofort zur Zahlung fällig und wird mittels Lastschrift eingezogen. Der KI ist ermächtigt EPA, den Rechnungsbetrag samt Verzugszinsen, Spesen sowie die Jahresgebühr von dem auf dem Kartenantrag angegebenen Bankkonto einzuziehen. Für die Inanspruchnahme von Bargeldauszahlungen wird ein Entgelt verrechnet. EPA ist berechtigt, für die Bearbeitung von Kreditkartentransaktionen des KI außerhalb Österreichs dem KI eine Manipulationsgebühr in Rechnung zu stellen. Ob eine Transaktion außerhalb Österreichs vorliegt, entscheidet sich nach dem Standort des VUs. Der KI verpflichtet sich, jede Änderung seiner Bankverbindung EPA sofort bekanntzugeben und ihr eine für das neue Konto geltende Einzugsermächtigung zu erteilen.

13. Fremdwährung

Die Rechnungslegung durch EPA (Punkt12) erfolgt unabhängig davon, auf welche Währung die Rechnungen der VUs lauten, in einer in Österreich geltenden gesetzlichen Währung nach Wahl durch EPA. Der KI ist damit einverstanden, daß Rechnungen eines VUs, die auf eine nicht konvertible Rechnung lauten, vor Umrechnung in die Währung der Rechnungslegung über eine konvertible Währung umgerechnet werden, bzw. zu dem Kurs in Rechnung gestellt werden mit dem EPA belastet wurde.

14. Zahlungsverzug

Gerät der KI mit der Zahlung der Abrechnung in Verzug, so ist EPA berechtigt,

- den Ersatz der durch den Verzug entstandenen Abwicklungskosten (insbesondere der Kosten der Rücklastschriften, aller sonstigen Mahn- und Inkassospesen),
- Verzugszinsen vom jeweils aushaftenden Betrag in Höhe von 10% über der jeweiligen Bankrate p. a. zu fordern, sowie
- die Daten des KI an Institutionen zum Zweck des Gläubigerschutzes zu übermitteln.

15. Änderung der Adresse des Karteninhabers

Der KI ist verpflichtet, jede Änderung seiner Adresse EPA schriftlich bekanntzugeben. EPA ist berechtigt, Erklärungen an die zuletzt schriftlich bekanntgegebene Adresse des KI zu senden, womit sie als diesem zugegangen gelten.

16. Firmenkarten

16.1 Firmenkarten sind Karten, die über den Antrag des künftigen KI und einer mitantragstellenden Person (als Firma bezeichnet) für diesen KI ausgestellt werden.

16.2 Der KI und die Firma haften solidarisch für alle Verpflichtungen, die sich aus dem Firmenkartenvertrag ergeben, insbesondere für die rechtzeitige Bezahlung der Abrechnung. Die Haftung der Firma für Privatausgaben des KI ist bei entsprechendem Nachweis auf 10 % der Rechnungssumme begrenzt, wenn die Firma innerhalb von 30 Tagen nach Rechnungslegung unter gleichzeitiger Beibringung von Nachweisen der Abrechnung (Punkt 12) schriftlich widerspricht.

17. Zusatzkarten

17.1. Werden zur Hauptkarte Zusatzkarten ausgegeben, so haften der Hauptkarteninhaber und der Zusatzkarteninhaber solidarisch für alle Verpflichtungen, die sich aus dem Zusatzkreditkartenvertrag ergeben, insbesondere für die rechtzeitige Bezahlung der Abrechnung.

17.2. Der Hauptkarteninhaber ist berechtigt, die Zusatzkarte betreffende Erklärungen (zB Kündigung, Diebstahls- und Verlustmeldung), ohne Zustimmung des Zusatzkarteninhabers rechtswirksam EPA gegenüber abzugeben. Dies ändert jedoch nichts an der solidarischen Haftung des Hauptkarteninhabers für Verbindlichkeiten, die der Zusatzkarteninhaber nach Zugang einer derartigen Erklärung EPA eingegangen ist; die solidarische Haftung besteht auch für den Fall weiter, daß der Hauptkartenvertrag, nicht aber der Zusatzkartenvertrag, aufgelöst wurde.

18. Änderungen der Allgemeinen Geschäftsbedingungen

Änderungen dieser Geschäftsbedingungen werden dem KI an die zuletzt schriftlich bekanntgegebene Adresse zur Kenntnis gebracht. Die geänderten Geschäftsbedingungen

Gelten als genehmigt, wenn der KI nicht binnen 30 Tagen nach Zustellung schriftlich widerspricht. EPA verpflichtet sich, die Übersendung der geänderten Geschäftsbedingungen schriftlich auf die 30tägige Frist und auf die Auslegung des Verhaltens des KI hinzuweisen.

19. Erfüllungsort und Gerichtsstand

Erfüllungsort ist Wien. Es gilt österreichisches Recht. Als Gerichtsstand wird bei Verträgen, die nicht mit Verbrauchern im Sinn des § 1 KSchG abgeschlossen werden, ausschließlich Wien, Innere Stadt, vereinbart.

Fassung Jänner 1998

Vereinbarung zwischen Europay Austria Zahlungsverkehrssysteme GmbH (in Zukunft: Europay Austria) und dem angeführten Unternehmen (in Zukunft: Vertragsunternehmen)

1. Kreditkarten

a) Kreditkarten im Sinne dieser Vereinbarungen sind
- die von Europay Austria und anderen Gesellschaften des Eurocard/MasterCard-Verbundes herausgegebenen Kreditkarten mit den Bezeichnungen "Eurocard" oder "MasterCard" andere Kreditkarten, die von einer der in Österreich durch Europay Austria vertretenen Kreditkartenorganisationen ausgegeben werden.

b) Vertritt Europay Austria in Zukunft auch andere Kreditkartenorganisationen, so sind auch die Kreditkarten dieser Organisationen nach Benachrichtigung des Vertragsunternehmens durch Europay Austria als Kreditkarten im Sinne dieser Vereinbarungen anzusehen.

2. Kreditkarteninhaber

Kreditkarteninhaber im Sinne dieser Vereinbarung ist die Person, auf deren Namen eine Kreditkarte ausgestellt ist.

3. Leistung

Leistung im Sinne dieser Vereinbarung ist die Erfüllung eines einzelnen zwischen dem Vertragsunternehmen und dem Kreditkarteninhaber abgeschlossenen branchenüblichen Rechtsgeschäftes durch das Vertragsunternehmen, sei es durch Lieferung oder Leistung im engeren Sinne.

4. Anerkennung der Kreditkarte

a) Das Vertragsunternehmen erklärt sich bereit, für seine Leistungen die Kreditkarten an Zahlungs Statt zu akzeptieren, so die Kreditkarte gültig ist.

b) eine Kreditkarte ist gültig, wenn
- sie ab dem ersten Tag des auf der Karte eingeprägten "gültig ab"- Datums vorgelegt wird;
- sie vor dem Verfallsdatum vorgelegt wird;
- die Karte die Unterschrift der Person trägt, deren Namen auf der Vorderseite eingeprägt ist;
- die Karte nicht verändert oder unlesbar ist;
- das Vertragsunternehmen nicht von einem Widerruf der Karte durch eine Sperrliste (Stopliste) oder auf andere Weise informiert wurde.

c) Bei Anerkenntnis der Kreditkarte werden den Leistungen des Vertragsunternehmens keine andren als Die Konditionen und Preise für einen barzahlenden Kunden zugrundegelegt.

5. Sperrlisten (Stoplisten) und Warnmitteilungen

Sofern Europay Austria dem Vertragsunternehmen Sperrlisten (Stoplisten) übermittelt, darf das Vertragsunternehmen die in der Sperrliste (Stopliste) übermittelt, darf das Vertragsunternehmen die in der Sperrliste (Stopliste) angeführten Kreditkarten nicht anerkennen. Gleiches gilt, falls das Vertragsunternehmen Warnmitteilungen erhält.
Die Stoplisten gelten als dem Vertragsunternehmen bekannt, wenn es nicht bis zum Dienstag einer jeden Woche reklamiert, die aktuelle Stopliste nicht erhalten zu haben.

6. Einzug von Kreditkarten

a) Das Vertragsunternehmen ist berechtigt, in der Sperrliste (Stopliste) oder auf der Warnmitteilung angeführte Kreditkarten einzuziehen. Für den Einzug erhält das Vertragsunternehmen eine Prämie. Das Vertragsunternehmen ist ferner ermächtigt, offensichtlich gefälschte Kreditkarten einzuziehen, sofern das Einvernehmen darüber mit Europay Austria – auch telefonisch oder fernschriftlich – hergestellt wurde.

b) Europay Austria übernimmt alle Kosten und Aufwendungen einschließlich etwaiger Gerichtskosten, die dem Vertragsunternehmen infolge des berechtigten Einzuges einer Kreditkarte entstehen.

7. Rückerstattungen

a) Das Vertragsunternehmen darf dem Kreditkarteninhaber keine Barauszahlung leisten oder Geldbeträge erstatten, wenn Leistungen des Vertragsunternehmens in irgendeiner Weise rückgängig gemacht oder nicht wirksam geworden sind und für diese Leistungen ein Leistungsbeleg ausgefertigt wurde.

b) Rückerstattungen dürfen nur durch Kredit-Belege, die von Europay Austria dem Vertragsunternehmen zur Verfügung gestellt werden, erfolgen. Kredit-Belege sind wie Leistungsbelege innerhalb einer Woche vorzulegen. Europay Austria wird den jeweiligen Betrag abzüglich Disagio von den Beträgen abziehen, die sie dem Vertragsunternehmen zu leisten hat.

8. Genehmigungsgrenze

a) Das Vertragsunternehmen verpflichtet sich, die Genehmigungsgrenze, deren Höhe im Beiblatt zu dieser Vereinbarung festgehalten ist, zu beachten.

b) Verfügt das Vertragsunternehmen über am Eurocard/MasterCard-Service teilnehmende Zweigniederlassungen, Außenstellen oder Zweigbetriebe, so gelten die Grenzen für jeweils eine Zweigniederlassung, Außenstelle oder einen Zweigbetrieb.

c) Die Genehmigungspflicht tritt ein, wenn das Entgelt einer Leistung oder die Summe des Entgeltes für mehrere Leistungen des Vertragsunternehmens pro Tag und pro Kreditkarte die Genehmigungsgrenze überschreitet. Übersteigt das Entgelt oder die Summe des Entgeltes für mehrere Leistungen des Vertragsunternehmens ohne Genehmigung die vereinbarte Genehmigungsgrenze, so erlischt die Zahlungsgarantie für den gesamten Betrag, d.h. nicht nur für den die Genehmigungsgrenze übersteigenden Betrag.

d) Die Überschreitung der Genehmigungsgrenzen ist nur mit vorheriger telefonischer, fernschriftlicher oder telegrafischer Zustimmung von Europay Austria zulässig. Im Falle der Zustimmung wird für die Leistung eine Genehmigungsnummer mitgeteilt, die auf dem Leistungsbeleg zu vermerken ist. Eine Umgehung der Genehmigungspflicht durch Ausstellen mehrerer Leistungsbelege für den Gesamtbetrag einer Leistung widerspricht den Bestimmungen dieser Vereinbarung.

e) Das Vertragsunternehmen ist nicht berechtigt , dem Karteninhaber die Höhe der Genehmigungsgrenze bekannt zu geben.

f) Europay Austria ist jederzeit berechtigt, die Genehmigungsgrenze anzuheben oder herabzusetzen. Die erhöhte oder herabgesetzte Genehmigungsgrenze wird dem Vertragsunternehmen mit eingeschriebenem Brief bekanntgegeben und tritt mit Zustellung dieses Briefes an das Vertragsunternehmen in Kraft.

9. Leistungsbelege

a) Für jede Leistung hat das Vertragsunternehmen dem Kreditkarteninhaber eine Rechnung und für Europay Austria einen Leistungsbeleg auszustellen.

Formulare für Leistungsbelege werden von Europay Austria dem Vertragsunternehmen zur Verfügung gestellt.

b) In den Leistungsbeleg sind einzutragen:

- alle auf der Kreditkarte eingeprägten Daten mit einer Abdruckmaschine, die auf Wunsch von Europay Austria dem Vertragsunternehmen leihweise für die Dauer des Vertragsverhältnisses zur Verfügung gestellt wird;
- Firma (Namen) und Anschrift des Vertragsunternehmens;
- das Entgelt für die Leistung in österreichischen Schilling;
- das Datum der Belegausstellung;
- allenfalls die Genehmigungsnummer.

c) Die Leistungsbelege sind vom Karteninhaber in Gegenwart eines Mitarbeiters des Vertragsunternehmens zu unterfertigen. Dabei ist vom Vertragsunternehmen zu überprüfen, ob die Unterschrift auf dem Leistungsbeleg mit der auf der Karte befindlichen Unterschrift übereinstimmt.

d) Der Leistungsbeleg stellt die Bestätigung des Kreditkarteninhabers dar, die im Leistungsbeleg angeführte Leistung erhalten zu haben. Änderungen nach der Unterzeichnung durch den Kreditkarteninhaber sind unzulässig.

10. Einreichung der Leistungsbelege

a) Das Vertragsunternehmen wird die ordnungsgemäß ausgefertigten Leistungsbelege innerhalb einer Woche ab Ausstellung mit einem Einreichungsbeleg (Zusammenfassungsbeleg), für den ein Formular von Europay von Europay Austria zur Verfügung gestellt wird, bei Europay Austria einreichen.

b) Verspätet eingereichte oder nicht ordnungsgemäß ausgefüllte Leistungsbeleg müssen von Europay Austria nicht angenommen werden. Insbesondere leistet Europay Austria für diese Leistungsbelege keine Zahlungsgarantie gemäß Punkt 11.

c) Europay Austria wird sich aber, ohne hierdurch eine vertragliche Verpflichtung zu nehmen, als besonderes Service für das Vertragsunternehmen bemühen, so ihr Belege gemäß Punkt 10/b vorgelegt werden, den in diesen Belegen aufscheinenden Betrag beim jeweiligen Karteninhaber, jedoch nur außergerichtlich, zu inkassieren.

11. Zahlungsgarantie

Europay Austria gewährleistet die Bezahlung aller ordnungsgemäß vom Karteninhaber mit Unterschrift auf dem Leistungsbeleg anerkannten Rechnungen unter der Bedingungen, daß vom Vertragsunternehmen sämtliche Bestimmungen dieses Vertrages, insbesondere die Punkte 4, 5, 6, 7, 8, 9 eingehalten wurden.

12. Rückforderung

a) Das Vertragsunternehmen hat Beträge, die ihm von Europay Austria aufgrund der Zahlungsgarantie gemäß Punkt 11 ausbezahlt wurden, unverzüglich an Europay Austria zurückzuerstatten, wenn sich nachträglich herausstellt, daß bei der Ausfüllung und Übersendung dieser Leistungsbelege gegen die Bestimmungen dieses Vertrages verstoßen wurde, insbesondere

- Leistungsbelege vom Vertragsunternehmen verspätet vorgelegt wurden;
- nicht ordnungsgemäß ausgestellte Leistungsbelege eingereicht wurden;
- das Vertragsunternehmen die Genehmigungsgrenze ohne Zustimmung von Europay Austria überschritten hat oder aufgrund einer Sperrliste (Stopliste) oder in einer Warnmitteilung angeführten Karte eine Leistung erbracht hat;
- der Kreditkarteninhaber sich unter Hinweis auf Gewährleistungsansprüche gegenüber dem Vertragsunternehmen weigert, den ihm von Europay Austria in Rechnung gestellten Forderungsbetrag anzuerkennen;
- das Vertragsunternehmen seinen Verpflichtungen gemäß Punkt 13 nicht nachkommt.

b) Europay Austria ist auch berechtigt, seinen Rückforderungsanspruch gemäß Punkt 12/a zu realisieren, indem es diesen mit Forderungen, die dem Vertragsunternehmen aufgrund späterer ordnungsgemäß vorgelegter Leistungsbelege aus der Zahlungsgarantie gemäß Punkt 11 zustehen, kompensiert.

13. Aufbewahrung von Unterlagen

a) Das Vertragsunternehmen ist verpflichtet, sämtliche Unterlagen über die Abwicklung von Rechtsgeschäften mit Kreditkarteninhabern für die Dauer von sieben Jahren aufzubewahren und Europay Austria über Verlangen jederzeit herauszugeben. Ist das Vertragsunternehmen hierzu nicht in der Lage, so ist Europay Austria berechtigt, eine Rückforderung gemäß Punkt 12 geltend zu machen.

b) Sollte ein Kreditkarteninhaber gegenüber Europay Austria die Richtigkeit einer Rechnung und eines Leistungsbeleges bestreiten, so ist das Vertragsunternehmen verpflichtet, Europay Austria alle für die Einziehung der Forderung nötigen Informationen zu erteilen.

c) Europay Austria ist zudem berechtigt, in einem solchen Fall vom Vertragsunternehmen zu verlangen, daß es seine Gläubigerrechte gegenüber dem Kreditkarteninhaber an Europay Austria abtritt und alle für die Einziehung der Forderung nötige Hilfe leistet.

d) Mängelrügen und sonstige Beanstandungen, die Leistungen des Vertragsunternehmens betreffen, sind unmittelbar zwischen diesem und dem Kreditkarteninhaber zu bereinigen.

14. Entgelt

Für die von Europay Austria aufgrund dieses Vertrages dem Vertragsunternehmen erbrachten Leistungen, wie z.B. weltweite Teilnahme am Dienstleistungsnetz, Zahlungsgarantie, Verwaltung und Abrechnung, bringt Europay Austria einen im Beiblatt zu dieser Vereinbarung festgehaltenen Prozentsatz des Endbetrages der Einreichung (Bruttobetrag) als Disagio zuzüglich der Umsatzsteuer im jeweils gesetzlichen Ausmaß in Abzug.

15. Werbeunterstützung

Das Vertragsunternehmen ist verpflichtet, die ihm zur Verfügung gestellten Embleme, die die Teilnahme am Eurocard/MasterCard-Service anzeigen, an gut sichtbarer Stelle anzubringen. Das Vertragsunternehmen ist ferner bereit, Prospektständer gut sichtbar und greifbar aufzustellen.

16. Dauer

a) Diese Vereinbarung wird auf unbestimmte Zeit abgeschlossen. Sie kann von beiden Vertragsteilen unter Einhaltung einer Kündigungsfrist von drei Monaten zu jedem Monatsletzten aufgekündigt werden. Das Vertragsunternehmen ist damit einverstanden, daß es über die Kündigungsfrist hinaus, jedoch nur bis zur nächsten Drucklegung, im nationalen und internationalen Verzeichnis der Vertragsunternehmen, die an das Eurocard/MasterCard-Service angeschlossen sind, aufscheint. Das Vertragsunternehmen verpflichtet sich ferner, die Kreditkarte bis zum Ablauf der Kündigungsfrist an Zahlungs Statt zu akzeptieren.

b) Europay Austria ist berechtigt, diesen Vertrag ohne Einhaltung einer Frist durch Erklärung aufzulösen, falls

- über das Vermögen des Vertragsunternehmens ein Konkurs- oder gerichtliches Ausgleichsverfahren eröffnet wurde;
- Europay Austria bekannt wurde, daß das Vertragsunternehmen grob gegen Bestimmungen oder den Sinn dieser Vereinbarung verstoßen hat. Bietet ein Vertragsunternehmen Kreditkarteninhabern Nachlässe an, damit diese Rechnungen bar oder mit anderen Zahlungsmitteln bezahlen, so ist dies auf jeden Fall als grober Verstoß im Sinne dieser Bestimmung anzusehen.

c) Das Vertragsunternehmen ist verpflichtet, seine Rechte und Pflichten aus dem vorliegenden Vertrag auf einen allfälligen Rechtsnachfolger zu übertragen und Europay Austria von diesem Übergang unverzüglich zu verständigen.

d) Nach Beendigung dieses Vertragsverhältnisses sind Embleme, die auf die Teilnahme am Eurocard/MasterCard- Service hinweisen zu entfernen; alle von Europay Austria zur Verfügung gestellten Unterlagen, sowie die Abdruckmaschine sind unverzüglich zurückzustellen.

e) Erklärungen im Sinne dieses Punktes haben mit eingeschriebenem Brief zu erfolgen.

17. Schlußbestimmungen

a) Europay Austria hat für die Abwicklung dieses Vertrages „Abwicklungsrichtlinien" erstellt, die einen integrierten Bestandteil dieser Vereinbarung darstellen. Das Vertragsunternehmen erklärt mit der Unterfertigung dieser Vereinbarung, diese Abwicklungsrichtlinien erhalten und zur Kenntnis genommen zu haben.

b) Änderungen und Ergänzungen dieses Vertrages bedürfen der Schriftform. Änderungen, die von Europay Austria dem Vertragsunternehmen mit eingeschriebenem Brief mitgeteilt werden, gelten von diesem als genehmigt, falls es nicht innerhalb von einem Monat nach Empfang der Mitteilung Einspruch erhebt.

c) Für diese Vereinbarung gilt österreichisches Recht, Erfüllungsort und ausschließlicher Gerichtsstand ist Wien, Innere Stadt.

FSC
www.fsc.org
MIX
Papier | Fördert
gute Waldnutzung
FSC® C083411

Kolibri 360 GmbH
Ferdinand-Jühlke-Straße 7
99095 Erfurt, Deutschland
produktsicherheit@kolibri360.de

Druck:
CPI Druckdienstleistungen GmbH
im Auftrag der
Kolibri 360 GmbH
Ferdinand-Jühlke-Str. 7
99095 Erfurt